职业教育现代市场营销专业系列教材

消费者心理学（第2版）

毛帅　主编
宋阳　李博　副主编

清华大学出版社
北　京

内容简介

在以消费为导向的现代市场经济条件下，研究消费者的心理与行为已经成为开展市场营销活动的基础。本书在分析理论的同时，每章都有根据管理实际模拟的实践操练题和提供了丰富的案例，能对学生掌握现场经验给予充分的指导。本书分别讲述了消费者心理学基础理论、消费者的心理与行为、消费者的心理与营销、消费者心理与行为新发展等内容。

本书通俗易懂，内容翔实，不仅可作为高等院校、职业院校市场营销、国际商务、商务管理等相关专业教材，还可作为企业营销人员培训学习用书。

图书在版编目(CIP)数据

消费者心理学/毛帅主编. —2版. —北京：清华大学出版社，2020.1(2024.3重印)
职业教育现代市场营销专业系列教材
ISBN 978-7-302-53913-1

Ⅰ. ①消… Ⅱ. ①毛… Ⅲ. ①消费心理学—高等学校—教材 Ⅳ. ①F713.55

中国版本图书馆 CIP 数据核字(2019)第 209521 号

责任编辑：田在儒 聂军来
封面设计：刘 键
责任校对：赵琳爽
责任印制：曹婉颖

出版发行：清华大学出版社
网 址：https://www.tup.com.cn，https://www.wqxuetang.com
地 址：北京清华大学学研大厦A座 **邮 编**：100084
社 总 机：010-83470000 **邮 购**：010-62786544
投稿与读者服务：010-62776969，c-service@tup.tsinghua.edu.cn
质量反馈：010-62772015，zhiliang@tup.tsinghua.edu.cn
课件下载：https://www.tup.com.cn，010-83470410
印 装 者：三河市科茂嘉荣印务有限公司
经 销：全国新华书店
开 本：185mm×260mm **印 张**：23.25 **字 数**：481千字
版 次：2009年7月第1版 2020年3月第2版 **印 次**：2024年3月第5次印刷
定 价：66.00元

产品编号：080889-02

编写说明

党的二十大报告指出："构建全国统一大市场，深化要素市场化改革，建设高标准市场体系。""全面贯彻党的教育方针，落实立德树人根本任务，培养德智体美劳全面发展的社会主义建设者和接班人。"

消费者心理与行为是伴随商品经济发展而产生的一种社会经济现象。在以消费者为导向的现代市场经济条件下，研究消费者心理与行为已成为开展市场营销活动的基础。从一定意义上来说，不了解目标市场消费者的心理与行为特点，制定正确的营销策略和取得最佳营销效果就无从谈起。因此，消费者心理与行为研究在市场营销理论体系中占有重要的基础性地位，是研究市场细分、市场定位、营销战略与策略组合及其他细分领域的基本出发点。许多大企业和公司都设有专门的研究机构，把对消费者心理与行为的调查研究作为制定营销战略目标的重要依据。

但是，与时代发展的要求相比，有关理论的研究仍显不足。研究不断形成的现代消费者心理现象，从中发现有规律性的东西，成为摆在我们面前亟待解决的重要课题。基于上述要求，我们编写了本书。

本书主编毛帅老师毕业于中国矿业大学管理科学与工程专业，获管理学博士学位，发表学术论文二十余篇，具有丰富的科研经验，曾参与工具书《500种最有效的管理工具》、本科教材《生产与运作管理》《企业经营管理》、研究生教材《管理学》的编写，具有一定的教材编写能力。本书的副主编宋阳、李博曾参与多项科研项目报告和著作编写，具备丰富的学术研究经验。中国矿业大学管理学院工商管理2015级的廖子妍、刘佳瑶、皇甫祎、李双美、郝宏伦、张雨洁、姜宝荟、吕贺平、汲佳慧、吴应龙、俞利华、吕国盖等同学均为本书的编写做出了贡献。

在本书的编写过程中，我们力求综合运用心理学、社会学、人类文化学、社会心理学以及经济学的有关理论和方法，不仅探讨影响消费者行为的心理因素，也研究影响消费者行为的社会因素、文化因素和经济因素。本书力求达到通俗易懂，内容翔实，能够不仅适用于学生，而且适用于企业经营者和营销人员。

首先，本书的编写扩展了教材的适用性。多数教材都较多地突出国外消费者心理学的理论，比较适合大学学习及高层次学者使用，不太适合作为职业院校学生用教材。本书努力克服这一不足，无论在材料选取还是语言描述上，都力求贴近读者。

其次，加强了实用性。本书力求通俗易懂，力求加深学生对"理论指导实践"的认识。

本书分为四篇共有十六章，第一篇为消费者心理学基础理论，分别讲述了消费者心理学概述，消费者心理的影响因素，消费者的心理活动过程，消费者需求动机与行为激励;第二篇为消费者心理与行为,分别讲述了消费者的购买行为与决策,消费者的个性心理与行为差异,消费者群体的心理与行为,社会环境与消费者心理;第三篇为消费者心理与营销,分别讲述了产品与消费者心理,价格与消费者心理,商品广告与消费者心理,销售服务与消费者心理,营业环境与消费者心理;第四篇为消费者心理与行为新发展,分别讲述了品牌与消费者心理,网络、大数据与消费者心理,消费者引导与教育等内容。

在分析理论内容的同时,本书每章都有根据管理实际模拟的实践操练题和丰富的案例,能对学生掌握现场经验给予了充分的指导。

最后,不乏创新性。本书充分吸收消费者心理学的新内容,编写过程中博采众长,注重融会贯通,力求体现教材的新颖性。

由于编者水平有限,书中难免存在疏漏和不足之处,希望读者批评指正,也希望本书的出版能够对实际工作和理论研究有所帮助。

目　录

第一篇　消费者心理学基础理论

第二篇 消费者心理与行为

第三篇 消费者心理与营销

第一篇
消费者心理学基础理论

第一章　消费者心理学概述

开篇案例

“佳佳”和“乖乖”的不同命运

“佳佳”和“乖乖”是两家食品公司产品，率先上市的“佳佳”在风靡一时之后便销声匿迹，而竞争对手“乖乖”却经久不衰。为什么会出现两种截然不同的命运呢？

消费者心理学研究者指出，在购买活动中，不同消费者的心理现象，无论是简单的还是复杂的，都需要经历对商品的认识过程、情感过程和意志过程，这是三种既相互区别又相互联系、相互促进的心理活动过程。

从消费者心理活动的认识过程来看，消费者购买行为发生的心理基础是对商品已有的认识，但并不是任何商品都能引起消费者的认知。心理实验证明，商品只有某些属性或总体形象对消费者具有一定强度的刺激以后，才被选为认知对象。刺激强度达不到或超过了感觉阈限的承受度，都不会引起消费者认知系统的兴奋。商品对消费者刺激强弱的影响因素较多，以“佳佳”和“乖乖”为例，商品包装规格大小、消费对象的设计、宣传语言的选择等，均对消费者产生程度不同的刺激。“佳佳”采用大盒包装,但消费者对新产品的基本心理定式是“试试看”,偌大一包不知底细的食品,消费者颇感踌躇,往往不予问津;再加上广告语中的“失恋者爱吃佳佳”一语,又使一部分消费者在“与我无关”的心理驱动下,对“佳佳”视而不见。“乖乖”的设计就颇有吸引力:一是廉价小包装,消费者在“好坏不论,试试再说”的心理指导下,愿意一试,因为量小,品尝不佳损失也不大;二是广告突出了“吃”字,“吃得开心,开心地吃”,正是消费者满足食欲刺激的兴奋点。两相对比,“乖乖”以适度、恰当的刺激,引起了消费认知,在市场竞争中,最终击败了“佳佳”。

从消费者心理活动的情感过程来看,通常情况下,消费者完成对商品的认知过程后,具备了购买的可能性,但消费行为的发生,还需要消费者情感过程的参与,积极的情感如喜欢、热爱、愉快,可以增强消费者的购买欲望;反之,消极的情感如厌恶、反感、失望等,会打消购买欲望。在商品购买心理的认知过程和情感过程这两个阶段,“佳佳”都未能给消费者造成充分的良性情感刺激度,失去了顾客的耐心;而“乖乖”则给人以充分的积极情绪的心理刺激,大获消费者青睐。因此,消费者在意志过程的决断中,舍谁取谁,已在不言之中了。

资料来源:http://wenku.baidu.com/view/c4eb5bd380eb6294dd886cfc.html,2018-10-02.

思考:通过以上案例,你认为消费者三种心理活动过程之间有什么关系呢?

消费者心理学是心理学的一个重要分支,研究消费者在消费活动中的心理现象和行为规律。消费者心理学是一门新兴学科,目的是研究人们日常购买行为的心理活动规律及个性心理特征。消费者心理学是消费经济学的组成部分。研究消费者心理,对于消费者,可提高消费效益;对于经营者,可提高经营效益。

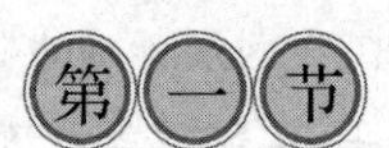

第一节 研究消费者心理学的意义

案例 1-1

拉尔夫·劳伦和他的服装世界

拉尔夫·劳伦是美国成功的服装设计师之一,当其他设计师还在创造系列产品时,劳伦已开始设计生活格调,然后通过设计一系列的产品反映这种格调。他创造了一个浪漫的世界,在那里,英俊、强健的一家人骑马狩猎,用木制球拍在草地上打网球,或是在狩猎途中为进餐而整装。他们穿着有饰章的宽松外衣(休闲装)、软麻制作的长裤,在棕榈树海滩观看马球比赛。他带来了一个美国生活方式的梦想,因为他觉察到这个世界正流行的生活方式是男人们穿着做工精细的古典服装进行优雅的体育运动,并谨慎地保持典雅的姿态。劳伦选择Polo(马球)作为产品系列的名称,采用意大利的丝绸面料,标价是15美元。1967年销售了50万美元,那是他的起点。

第二年,劳伦开始生产完整的男性系列产品,包括宽领衬衫和大翻领套装。他使用最好的丝绸创造"劳伦"形象——独特的、创新的,但同时又是古典和精细的。

1971年,他推出了一系列女性服装,表达一种含蓄典雅的女性魅力形象。随后,他创造了Chaps男性服装系列,专为那些想以较低价格表现传统美国形象的企业经理设计。他为大学生和那些刚开始为自己准备职业装的年轻男性商人引入了Polo University Club系列运动服。

1983年他创造了一系列家庭陈设品,包括床上用品、毛巾、地毯和墙纸。这个系列在1986年扩展到了家具。劳伦设计的所有家具都反映了一种生活方式,并通过在广告中显示完整而和谐的房间而推向市场。另外,劳伦还生产了面向男性和女性的两种香水——Polo和Lauren。

到20世纪80年代末,劳伦在服装界已经有了国际性的声誉,他的服装销售到意大利等20多个国家和地区。

资料来源:http://wenku.baidu.com/view/c4cb5bd380eb6294dd886cfc.html,2018-10-02.

消费者心理学研究的是消费者购买、使用商品和劳务的行为规律,是商业心理学主要研究领域之一。这里涉及商品和消费者两个方面。与前者有关的研究包括广告、商品特点、市场营销方法等,与后者有关的研究包括消费者的态度、情感、爱好以及决策过程等。消费者心理学是一个跨学科的研究领域,与社会心理学、社会学和经济学有密切联系。

消费者心理学是从广告心理学发展而来的。早期的消费研究主要是收集消费者信息,以便制作更有效的广告。后来,重点转向研究产品设计前后消费者的意见和态度。这样一来,消费者心理学逐渐成为一门独立的学科。1960年,美国心理学会正式组建了消费者心理学分会。我国从20世纪80年代中期开始研究消费者心理与行为,并从国外引进消费者心理与行为的研究成果。在此之前,我国在该领域的研究基本处于空白,不仅极少有人从心理角度研究消费和消费者,甚至连"消费者心理"一词也鲜为人知。

近年来,随着研究工作的深入,这一新兴研究领域在我国已由介绍、传播进入普及和应用阶段。各种调研机构纷纷开展对消费者态度、居民家庭计划、消费趋势预测等的调查研究,及时跟踪、分析我国消费者心理和行为的变化动态。政府有关部门也将消费者的态度、预期、行为趋向等作为制定宏观经济政策的重要依据。工商企业则将消费者心理与行为研究的有关原理直接应用到市场营销活动中,用以指导和改进产品设计、广告宣传和销售服务等。

研究消费者心理学的现实意义如下。

(1) 有助于企业根据消费者的需求调整生产经营活动,提高市场营销活动效果,增强市场竞争能力。

随着经济的发展和收入水平的提高,我国消费者的消费需求日趋多样,不仅要消费各种数量充足、质量优良的商品,而且要求享受周到完善的服务;不仅要满足生理的、物质生活的需要,而且希望满足心理的、精神文化生活等多方面的需要。谁的商品和服务能够赢得更多的消费者,谁就能在竞争中处于优势地位,就能获得较大的市场份额;反之,失去消费者,则会丧失竞争力,进而危及企业的生存。因此,企业为了在激烈的竞争中求得生存和发展,必须千方百计地开拓市场,借助各种营销手段争取消费者,满足其多样化的消费需要,不断巩固和扩大市场占有率。

企业要使营销活动取得最佳效果,必须加强对消费者心理的研究,了解和掌握消费者心理与行为活动的特点及其规律,以便为制定营销战略和策略组合提供依据。例如,在开发新产品时,可以根据目标消费者的心理需求和消费偏好设计产品的功能、款式、使用方式和期限等,针对消费者对产品需求的心理周期及时改进或淘汰旧产品,推出新产品;在广告宣传方面,可以根据消费者在知觉、注意力、记忆、学习等方面的心理活动规律,选择适宜的广告媒体和传播方式,提高商品信息的传递与接收效果。

只有加强对消费者心理与行为的研究,根据消费者心理活动的特点与规律制定和调整营销策略,企业才能不断满足消费者的消费需要,才能在瞬息万变的市场环境中应付自如,才能具备较高的应变能力和竞争能力。

(2) 有助于消费者提高自身素质,做出科学的消费决策,改善消费行为,实现文明消费。

消费活动的效果,不仅受社会经济发展水平、市场供求状况及企业营销活动的影响,而且更多地取决于消费者个人的决策水平和行为方式,而消费决策水平及行为方式又与消费者自身的心理素质状况有直接的内在联系。消费者的个性特点、兴趣爱好、认知方法、价值观念、性格气质、社会态度、消费偏好等,都会在不同程度上对消费决策的内容和行为方式产生影响,进而影响消费活动的效果乃至消费者的生活质量。

在现实生活中,消费者由于商品知识不足、认知水平偏差,消费观念陈旧,信息筛选能力较低等原因,造成决策失误、行动盲目、效果不佳甚至利益受到损害的现象随处可见。因此,就消费者角度而言,加强对消费者心理与行为的研究是十分必要的。通过传播和普及有关消费者心理与行为的理论知识,可以帮助消费者正确认识自身的心理特点和行为规律,全面了解现代消费者应具备的知识、能力,掌握科学地做出消费决策的程序和方法,学会从庞杂的信息中筛选有用成分的基本技能,懂得如何以较少的花费获取更多的收益,以及如何改善和美化生活,提高生活质量。

(3) 有助于企业提高服务质量和服务水平。

消费者购物选择的要素,一是商品本身的质量,二是销售人员的服务水平。而销售现场服务人员的仪表、语言、态度会直接影响消费者的购买决策。因此,营销人员只有认真研究消费者的心理活动及其变化规律,不断总结经验,才能根据不同类型的顾客采取不同的接待方法，使顾客乘兴而来、满意而去。这样，既卖出了商品赚回利润，又争取到更多的"回头客"，同时还提高了企业的知名度和美誉度，获得事半功倍的效果。

(4) 有助于推动我国企业不断开拓国际市场，增强企业和产品的国际竞争力。

为了使我国的产品打入和占领国际市场，有关企业必须了解和研究其他国家、地区、民族的消费者在消费需求、习惯、禁忌以及道德观念、文化传统、风俗民情等方面的特点和差异，对世界消费潮流的动向及变化趋势进行分析预测，在此基础上确定国际市场营销策略，使产品在质量、性能、款式、包装、价格、广告宣传等方面更符合销往国特定消费者的心理特点。唯有如此，我们的企业和产品才能在激烈的国际竞争中立于不败之地。反之，忽略不同社会文化条件下的心理差异，往往会遇到某些意想不到的销售障碍，甚至引起消费者的反感和抵制。因此，加强对消费者心理与行为的研究，对我国企业开拓国际市场、增强企业及产品的国际竞争力具有十分重要的现实意义。

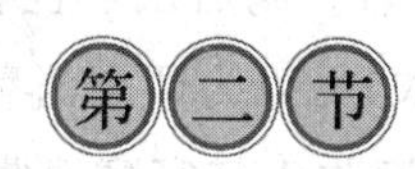

第二节　消费者心理学的发展简史

案例 1-2

当代中国人的八大消费心理

古语云："攻心为上，攻城为下。""心战为上，兵战为下"已成为营销战争的"心经"。而攻心为上，对营销来说就是抓住消费者的心。

人是社会生活的主体，人的生活离不开消费。在市场经济条件下，产品价值的最终实现离不开消费者，同时企业的价值创造过程也需要消费者积极参与。在我国，随着市场经济的迅速发展，消费者的消费心理已逐渐成为影响市场运行的支配性力量。消费者行为是由消费者的心理过程和个性心理等心理现象及外部环境相互作用所决定的。因此，要真正理解消费者行为并做出有效的营销决策，就必须研究引起消费者行为的消费者心理特征，并系统考察消费心理对营销活动的作用。而当代中国人最显著的八大消费心理分别为面子心理、从众心理、推崇权威、爱占便宜、害怕后悔、心理价位、炫耀心理、攀比心理。

资料来源：http://wenku.baidu.com/view/c4eb5bd380eb6294dd886cfc.html，2018-10-05.

一、知识积累阶段

知识积累阶段大致从两次社会大分工一直到 19 世纪。在这漫长的社会历史进化历程中，消费心理科学基本完成了基本知识的积累使命。马克思指出："两次社会分工以后，出现了以交换为目的的生产，即商品生产，随之而来的是贸易。"商品生产和贸易往来促使生产者、经营者、消费者不同程度地开始关注与消费心理范畴有关的问题。伴随人类文明渐进的步伐,人们对属于消费心理范畴的有关问题的认识逐渐从感性上升到理性,进而展开逻辑思维并提炼一系列理论范畴。东西方思想家至少论及或探讨了以下重要范畴。

(1) 消费需要问题。在东方,中国春秋末期的范蠡(陶朱公)从分析消费需要入手,以“计然七策”经营商业,荀子提出生产要“养人之欲,给人之求”(《荀子·礼论》),讲的就是满足人的消费需要;在西方,古希腊唯心主义哲学家亚里士多德提出“欲望是心理运动的资源,一切情感、需要、动作和意志均为欲望所引发”的命题,古希腊哲人色诺芬最早提出“消费”这个术语,法国古典学派的终结者西斯蒙第提出了社会生产目的是满足消费者需要的观点。

(2) 消费时间与消费习惯问题。在东方,倡导生产要注重消费季节变化和士、农、工、商的消费习惯;在西方,早期思想家也有论及消费时令和消费习俗的朴素思想。

(3) 消费阶层的划分问题。除了东方的分士、农、工、商为四个消费阶层外,西方的柏拉图也提出了“哲学王、武士和劳动者(奴隶除外)”的观点。此后虽然也有学者提出不同的分类观点,但他们都受历史局限,没有把贵族、奴隶(农)另列为两个消费阶层。

(4) 家庭消费问题。在西方,色诺芬较早分析了家庭收入与家庭消费的相互关系;在东方,中国古代先哲们也论及了家庭消费的基本问题。

(5) 物质消费与精神消费问题。在物质消费方面,中国理论家们围绕主俭还是主奢问题自先秦诸子如孔子、老子、管子、孟子、荀子一直论战到近代的魏源和谭嗣同;西方重商主义杰出代表托马斯·曼则提出了折中的消费原则,而英国古典经济学家们则强调节制消费。在精神消费方面,英国的托马斯·莫尔、法国的西斯蒙第等人也较早地讨论了精神文化消费的问题。

(6) 消费权益问题。这在东方可追溯到中国的《周礼》,在西方可追溯到两河流域的《乌鲁卡基那改革铭文》。这个问题在中国一直到清末沈家本拟定的《大清现行刑律》都包含在一些市场管理的政策、法令之中;在西方一直到美国成立世界上第一个消费者组织之前,其有关思想也都包含在一些市场管理法规和政策条文之中。这些思想共同反映了人类对自身权益的要求与召唤。

此外,在这个历史大跨度中,东、西方思想家们还就消费知觉与学习、消费环境、消费习惯、消费政策等提出了一些朴素的思想。上述与消费心理范畴有关的知识只是我们经过“逆向还原”后所考察到的结论。由于这一阶段中“消费理论”与“心理理论”尚未产生有机的“合奏”,因此,它只能说明“消费心理学有一个长久的过去”,还不足以说明这个阶段就有了消费者心理学。它在知识积累阶段只是一种量的增加,其中也蕴含中华民族传统的文化精神。

二、体系凝构阶段

体系凝构阶段大致自19世纪后期一直到20世纪70年代,这是消费者心理学在体系上开始凝构的“变奏曲”和“交响乐”时代。这个时代的开始，除了“依赖于技术的状况和需要”，以及资本主义社会矛盾发展引发的经济危机之外，还有相关学科理论的相互渗透等因素。这里侧重于对后者的分析，因为后者能够反映消费者心理科学作为一门学科的体系构建的内在逻辑规律(当然这种内在规律是与社会经济文化发展的拉动分不开的)。

消费者心理学科的诞生是与心理学、消费经济学及其他分支学科的生成有“血缘关系”的，而且很大程度上是心理科学理论在实证研究中不断向消费研究领域渗透，而与消费有关的社会经济文化问题又反作用于应用心理学所致。从心理学发展角度来说，虽然早在1509年德国麻堡大学教授葛克尔已用《心理学》标明其著作，但他仍未摆脱抽象的哲学羁绊，直到1879年德国生物学家、心理学家、哲学家冯特创建了世界上第一个心理学实验室，把自然科学的实验方法引入心理学研究，才使心理学成为一门独立的实验科学。这种实验研究方法为以后的消费心理问题探索奠定了方法论基础。从消费经济学发展来看，如同“每一门科学部门中都有一定的材料，这些材料是在以前的各代人的思维中独立形成的”一样，消费经济学的基本理论“在这些世代相继的人们的头脑中经过了自己的独立的发展道路”。19世纪前后，出现了现代消费思想并开始与传统消费思想相融合，导致消费经济理论的大发展。这种心理学与消费经济理论的同向发展，加之在19世纪中叶前后的资本主义社会经济畸形发展需要的拉动，它们开始“并轨”共进。从这个角度看，1895年，美国明尼苏达大学心理学家H.盖尔率先把心理学原理引入消费者从看广告到购买过程的实验研究，1901年W.D.斯科特率先提出“消费心理学”(Consumer Psychology)的术语是一点也不奇怪的。只是消费心理科学的理论体系尚待进一步研究，H.盖尔和W.D.斯科特虽没用“消费心理学”标其书名，但他们的思想为理论界构想消费心理学体系无疑提供了一个鲜明的信号。自此至20世纪60年代前后，一些理论家为建构消费心理学体系付出了艰辛而卓越的劳动，概括起来表现在如下三个方面。

(1) 应用心理学研究著作的大量问世。应用心理学的广泛研究为消费心理学体系的创立提供借鉴。这些研究的代表是：1900年，H.盖尔出版《广告心理学》；W.D.斯科特与H.盖尔遥相呼应，于1903年出版以探索消费心理为主要内容的《广告论》；1980年，E.A.若斯出版《社会心理学》，从而开辟了群体消费心理的研究领域；1912年，闵斯特伯格的《心理学与经济生活》问世，克伦发表《实用心理学》，专章讨论销售心理学问题；1920—1930年，丹尼尔·斯塔奇撰著并出版了《斯塔奇广告回忆指南》和《广告学原理》，并以此在美国商业史上获得“商业心理学教授”的美称。此后20多年间，经由零星片段发表至开始“组装”的还有《经营心理学》《产业心理学》和《管理心理学》等著述问世，它们都或多或少地从各个侧面探及消费心理问题，为消费心理学体系化提供了前提条件。

(2) 实验研究成果的大量涌现。继H.盖尔之后，美国心理学界出现了前所未有的消费心理“实验热”，相继推出了大批研究成果，主要有1920年J.B.华生的广告心理研究；1938年欧内斯特·迪士特的消费动机研究等。正如R.珀劳夫调查所显示，1960年以后，对这一领域的兴趣和文献量明显增加。事实上，20世纪60年代之后，密歇根大学调查研究中心的G.卡陶纳关于消费期望和消费态度的研究,哥伦比亚大学实用社会研究所的拉机斯费尔德和E.卡兹关于"人格的影响"的研究,哈佛大学R.A.鲍尔关于"知觉到的风险"的研究,诺兰集团公司的罗杰·L.诺兰关于"新产品初步设计研究"和"定位研究",以及佩里安、卡陶纳、詹姆森等人的一些调研报告,为消费心理学体系的构建奠定了科学基础。

(3) 研究方法的更新与对新问题的探索。20世纪60年代前后,美国心理学家们不仅对前人的研究成果加以整理和吸收,如选编一批论文集等,还特别注意吸收运筹学、模拟模式和形式模式的理论与方法;与此同时,研究者对现实问题也极为关注,如20世纪60年代初,镇静剂他利杜米德(Thalidomide)曾在一些国家为孕妇们广泛使用,后来人们发现,服用这种药物的妇女生下的孩子往往带有严重的身体缺陷,世界性的宣传资料引起对"人造"产品副作用的普遍怀疑,开始了消费者怀疑主义时代;万斯·帕卡德于1957年出版的《潜在威胁》对"虚伪"和"欺骗"的商业手段作了尖锐的批评。又如,对环境污染问题,卡森于1962年出版的《寂静的春天》一书中较细地论述了消费生态问题。

上述三方面的相互作用,加之如美国消费者主权运动的蓬勃发展等都是消费者心理学走向体系化的"助推器",1960年美国心理学会(APA)设立消费者心理学分会,拥有会员达400人之多。美国部分高校开始拟定《消费者心理学》大纲,在1965年前后消费者心理学的体系已基本创立。因为从消费文献学角度考察,这时的消费者心理学大纲的名称不一,有的命名为《消费者行为心理学》,有的叫作《消费者研究》,还有称为《消费者行为学(狭义)》的,其讨论的理论范畴基本上都是消费心理问题,所以我们根据美国、日本、英国等国学者学术心态特点把这些著述(含论文)的观点加以归纳统筹,确定本学科体系的创立时间。

三、学科创新阶段

学科创新阶段大致自20世纪70年代中叶延至20世纪末或21世纪初。如同其他学科的发展一样,消费者心理学的科学理论体系是在不断创新的过程中得到丰富和完善的。就目前所掌握的文献看,消费者心理学的学科创新主要表现在以下两点。

(1) 研究领域的拓展。消费者心理学研究领域的拓展可以从两个方面得到证明。其一是多学科参与研究。美国心理学会所属23个部门的研究报告、美国市场学会的研究报告都反映这种趋势。1969年创立的美国消费者研究会的会员由心理学、农业经济学、建筑学、法学、医学、市场学、数理统计学、工程学等各个领域的专家组成,彼此间起到相互促进的作用。1974年创刊的《消费者研究》杂志就是由10个不同组织支援的,这种学术风气很快在日本、英国、德国等发达国家流行。其二是探讨范围逐渐扩大。从美国主要学术杂志看,《应用心理学》(1917年创刊)、《市场》(1936年创刊)、《广告研究》(1960年创刊)、《市场调查》(1964年创刊)、《消费者研究》(1974年创刊)等权威刊物发表消费心理科学的论文、报告和调查资料不断增多,据恩格尔等人统计,1968—1972年发表成果量比以前出版的全部成果还要多，探讨范围除了消费生态问题、文化消费问题、决策模式问题之外，还有消费者保护问题、消费政策问题、消费信息处理问题（程序研究）、消费心理内在结构问题（“临床”研究）、消费信用问题、消费法学问题、消费心理控制问题等，这些在G.D.休斯和M.L.雷合编的论文集、J.B.考因编辑的论文集、W.A.伍兹编辑的论文集以及各学会的出版年鉴中都有程度不同的反映。

(2) 研究国界的突破。科学是无国界的，消费者心理学在美国诞生后很快引起日本、法国、英国、德国以及印度和中国学者的重视。例如，20世纪60年代以来日本一些社会心理学家、市场学家、临床心理学家就发表过有关消费心理的译文、研究报告、论文等（可从该国《广告》《商界》《消费者》《智力》等刊物中略见一斑），代表人物有小岛外弘、吉田正昭、马场房子、饱户弘等，他们分别以《消费心理研究》《产业心理学》《消费者行为心理学》《消费者心理学》等著作的问世而名扬海外。美国、日本分别召开的心理学会年会都邀请外国专家参加。1979年，在第四届心理学斯德哥尔摩欧洲讨论会上不少学者对消费心理学作了系统的描述。早在20世纪20年代，中国的孙科、吴应图、潘菽等人就分别发表了这方面的论文、译著等。此后，于光远、尹世杰、林白鹏等著名经济学家相继深入开展消费研究，先后提出并创建了消费经济学，尤其是1984年以来的中国消费经济学与消费心理学研究有了长足的发展。1986年，在美国纽约举行的“2000年消费者政策研讨会”以及美国消费者协会成立50周年纪念活动，1995年在马来西亚召开的“亚洲消费者与家庭经济学会”(ACFEA)首届国际学术年会，这些活动不同程度地使消费者心理科学的研究趋向国际化，不同国家和不同学科的专家学者开始“协同作战”，对消费心理学的学科创新产生积极影响。在这种人类文化大撞击、大融合的趋势面前，消费者心理科学正由“体系国家化”向“学科国际化”迈进。这个“迈进”需要一个相互学习、取长补短的过程，消费者心理科学正在按照科学发展的“国际标准”法则吸聚人类各种相关研究成果的精华去实现“自我”的更新和完善。虽然它的科学性与民族性在较长的时期内还会并存于同一生活空间，但是伴随“消费研究学科化”的深入开展及其相关学科交叉递进与升华，这一学科走向“国际化”并与实现人的全面发展相对接却是其发展的预期方向。

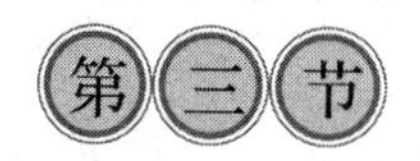

第三节　消费者心理学的研究对象及方法

案例 1-3

四季度假饭店如何为客户服务

近年来，日本游客，尤其商务游客大量涌入美国，每年约达300万人。日本饭店为了追随这个市场，纷纷到美国投资，总投资额已超过160亿美元。美国饭店业为了争夺这一利润丰厚的市场，重新设计了服务标准，加强了服务营销管理，吸引日本客人上门，使他们有宾至如归的感觉。以下是四季度假饭店的一系列为顾客服务的措施。

(1) 安排专职对日服务人员。在日本游客较多的旅游地,设置一个日本游客服务会,并安排日语流利、有丰富对日服务经验的专职经理,专门负责接待日本游客。

(2) 提供翻译服务。与“日本语翻译服务系统”(JAN)联网。这个24小时服务的系统可以提供三向电话,日本客人、饭店服务人员和口译电话员可以同时对话,便于解释美国的习俗和消除沟通上的误解。

(3) 调整总台服务人员。在总台增加懂日语的服务人员。日本商务团体常常有等级次序,这在入住排房、签名等问题上有所表现。懂日语并略通日本习俗的服务人员可以在办入住手续时处理好这个问题。另外,在客人入住后,总经理立即派人送上有其亲笔签名的欢迎卡。

(4) 提供当地的观光游览指南。饭店备有日语版的当地城市游览指南和地图,还设计了一种“信息袋”,里面盛有各种游客须知,如支付小费的标准、娱乐及观光等注意事项。饭店总裁说:“我在东京时,总是带上一盒饰有饭店名的火柴。在我找不到回饭店的路时,我就把火柴拿出来给出租司机看。我们送给日本客人印有饭店名称和地址的名片,也是出于这个目的。”

(5) 适当提供日式菜肴。日本客人在别国旅游时,对当地菜肴一般持谨慎的态度,还是更喜欢日式菜肴的。因此,饭店开始提供地道的日本料理,如早餐必备绿菜、米粥和泡菜等。在客房和日本客人经常光临的餐厅,提供日语菜单。考虑到新鲜水果在日本比较贵,饭店特地为入住的日本客人免费提供一些水果,包括在日本国内难以买到的水果。这是很受日本客人称赞的。

(6) 方便客人的商务活动。许多日本人在美投资经商,对通信、信息和办公方面的要求比较高。饭店除了提供一般的商务设施,还帮助日本客人了解经济信息,如有的饭店向客人提供东京股市行情、日本主要的经济报刊以及其他日本方面的信息。饭店还欢迎日本客人使用SCB卡——日本信用卡,这是继传统的美国运通卡、维萨卡和万事达卡之后又一种通行的信用卡。

(7) 提供舒适的家居便服。在办完公务或旅游归来回到客房之后,日本客人喜欢换上拖鞋及和服。饭店在客房里就备有拖鞋与和服。此外,还提供日式的浴衣和既有淋浴器也有浴盆的浴室,以适合日本人的习惯。

(8) 提供各式娱乐设施。日本人喜欢打高尔夫球,尤其喜欢参加著名高尔夫球俱乐部举办的培训,饭店尽量为他们安排。在天气不好时,还提供室内活动场地。

(9) 提供特别服务。饭店还把一些特殊情况考虑进去。比如,日本客人生病或需要医务人员的护理;有些带孩子的游客要到城里去消夜,需要找人看护孩子等。饭店为此增加了懂日语的医生和看护孩子的临时保姆。

(10) 让员工熟悉日本文化。日本客人有时对服务质量期望很高,觉得美国的服务较冷漠,这实际上是由文化差异造成的。饭店的服务人员对日本人的礼节很不习惯。为了消除这种隔阂,饭店对员工进行培训,让他们对美日之间的文化差异有一定的了解,还专门聘请日本礼仪专家做顾问。

通过上述一系列措施,该饭店在竞争中逐步取得了优势。

资料来源:顾文钧.顾客消费心理学[M].上海:同济大学出版社,2011.

一、消费心理与消费行为的关系

消费心理是指人作为消费者时的所思所想。

消费行为是指从市场流通角度观察的,人作为消费者时对于商品或服务的消费需要,以及使商品或服务从市场上转移到消费者手里的活动。

任何一种消费活动,都是既包含了消费者的心理活动又包含了消费者的消费行为。准确把握消费者的心理活动,是准确理解消费行为的前提。而消费行为是消费心理的外在表现,消费行为比消费心理更具有现实性。

二、消费者心理学的研究对象

消费者心理学以市场活动中消费者心理现象的产生、发展及其规律作为学科的研究对象,具体而言其侧重点在以下几个方面。

(一) 市场营销活动中的消费心理现象

不同的消费品市场以不同的消费者群体为对象,不同的消费者群体对消费品市场也有不同的心理要求。企业的营销策略会影响消费心理的产生与发展;反过来,不同的消费心理特点和心理趋向也对市场营销提出了特定的要求。因此,消费心理与市场营销活动息息相关。成功的市场营销活动是能够适应消费心理要求和购买动机的营销,是能够引导消费心理而开展有效促销活动的营销,其研究内容具体包括以下三个方面。

(1) 影响消费心理的各种社会因素和自然因素,如收入水平、消费水平对购买序列、消费结构的影响;社会风气、风俗习惯对消费观念、消费流行的影响;文化程度、职业特点对购买方式、购买选择的影响;性别、年龄、气候、地域对购买决策、购买心理的影响等。

(2) 产品设计如何适应消费心理,如产品结构设计是否符合人体工程学的要求,产品功能设计是否符合消费者的生理要求,产品包装、装潢设计是否适应消费者的重点要求,以及新产品如何适应消费者求廉的心理要求等。

(3) 从心理学的角度开展企业营销中的公共关系活动,如对业务员、营业员、服务员进行心理训练,以提高企业在顾客中的形象和声誉;改善购物环境、提高服务质量,以吸引更多的顾客成为回头客;对消费者的心理做预测分析,以便制定灵活的营销策略等。

(二) 消费者购买行为中的心理现象

消费者的购买行为中的心理活动能够影响他们的消费行为。例如,有的消费者能从社会价值、经济价值、心理价值等方面对商品做出比较全面的评估,而有的消费者只能对商品做一些表层的评论;有一些消费者面对众多的商品,能够果断地做出买或不买的决定,而有的消费者在琳琅满目的商品海洋里,则表现得犹豫不决。这说明消费者心理现象存在明显的差别性。

(1) 消费者气质、性格上的差异。根据这些差异,将他们划分为具有某些购买心理特征的群体。如胆汁质、多血质、黏液质、抑郁质等气质特征的消费者,在购买行为中会表现不同的心理活动特点。

(2) 消费者对商品的评估能力。例如,消费者对商品是深涉还是浅涉,男性、女性消费者对商品进行评估的标准有何差别,少年、青年、中年、老年消费者对商品的评估能力各有什么特点等。

(3) 时令商品、新潮商品、商品广告、销售方式、销售环境对消费者心理的影响,如质量可靠的产品为何受到客户的信赖,新颖趋时的商品如何引起消费者的兴趣,物美价廉的商品如何受到人们的青睐,以及引人入胜的广告如何激发消费者的购买欲望等。

(三) 消费心理活动的一般规律

消费者在消费行为中的心理过程和心理状态是一个发生、发展和完成的过程。这一过程人人都有,是消费者心理现象的共性。心理过程和心理状态的作用,是激活消费者的目标导向和系统导向,使他们采取某些行为或回避某些行为。对心理过程和心理状态的研究,包括以下具体内容。

(1) 消费者对商品或劳务的认识过程、情绪过程和意志过程,以及三个过程的融合交汇与统一。

(2) 消费者心理活动的普遍倾向。如普遍存在的追求价廉物美、求实从众、求名争胜、求新趋时、求奇立异等心理倾向,以及这些心理倾向的表现范围、时空、程度和心理机制等。

三、消费者心理学的研究内容

(1) 影响消费者购买行为的内在条件,包括消费者的心理活动过程、消费者的个性心理特征、消费者购买过程中的心理活动、影响消费者行为的心理因素。

(2) 影响消费者心理及行为的外部条件,包括社会环境对消费心理的影响、消费者群体对消费心理的影响、消费态势对消费心理的影响、商品因素对消费心理的影响、购物环境对消费心理的影响、营销沟通对消费心理的影响。

四、消费者心理学的研究原则

(一) 统计学原则

坚持统计学的原则,要求研究人员按照统计学的规律处理研究中的问题,如在设计研究方案、选取样本、采集数据、处理误差等方面,使用统计学的方法,遵守统计学的规律。

现代社会的每一个人都可以说是消费者,每一个人都有自己的消费愿望、消费需要或消费体验，每一位消费者的消费愿望、消费需要或消费体验都是千差万别的。对于企业而言，这些千差万别的信息都有一定的价值。但是，单个消费者的信息一般并不直接为企业提供决策依据。市场运行的规则表明，绝大多数企业是从市场统计的角度来看待消费个体的信息，将个体的信息汇总为群体的信息，对群体信息进行统计分析才能为企业决策提供依据。一种产品的开发与投放、消费心理的跟踪与监测，是针对一个细分的市场而言，这个细分的市场是由一群消费者构成的，这个消费群体包含并掩盖每一位消费者的个性。由于经济目的的驱使，企业会从整体上研究这个市场，并专注于这个市场的发展和变化，离开这个市场的整体性，企业将难以取得较好的经济效益。

（二）客观性原则

遵循客观性原则，实际上就是遵循实事求是的原则，要求研究人员从消费者的客观实际出发研究消费者的心理。在研究过程中，组织者必须抱着实事求是的态度，不允许采取敷衍了事的工作方式，不要认为得到了调查数据就可以完成任务，而不管这些数据是否符合客观实际。

国内研究消费者心理的工作难度在加大，工作压力也在增大，在这种压力面前，研究人员要自觉克服工作中随时可能出现的困难。有些人员出于个人经济目的参与研究活动，由于身体劳累、业务不熟、原则性不强、私利当头等原因，可能出现伪造数据的现象，组织者必须严格禁止这些问题的发生。

（三）全面性原则

消费者在消费过程中，会有各种各样的因素影响他们的购买决定，如需求、动机、态度等，这些因素既互相联系，也相互制约。所以，消费者心理与行为学的研究必须坚持全面性原则。

（四）发展性原则

发展性原则的要求是，在研究过程中以不断发展的态度对待研究中的各种因素，不能墨守成规，不能以过去的眼光看待市场中不断出现的新情况，在研究对象的选择、研究内容的确定、研究手段的使用等方面，要不断适应市场发展的新情况。

比如在选择调查研究对象时，以前把老年消费者群体定在50岁以上或55岁以上。从当前国内市场的发展情况看，一部分老年消费者在50岁左右还有稳定的工作、有较高的经济收入；一部分在55岁左右开始进入退休、离休、下岗行列，收入水平出现显著性下降，并在消费支出方面出现较大的变化。随看我国城市老龄化进程的加速，老年消费者的需要和动机也在不断变化，划分为50～60岁和61岁及以上两个老年消费群体是必要的。

改革开放之后，我国的职业分类发生了变化，商贸人员是改革开放之后出现的一类人员，经纪人是市场体制之下逐渐增多的一类人员，文化与信息产业将成为一个新的职业分类。研究手段的选择也要不断适应现代科学技术的发展。计算机技术以惊人的速度向各个领域渗透，给研究人员提供了快速方便的研究工具。这些实例告诉我们，要在消费者心理研究过程中用发展变化的眼光看待问题。

五、消费者心理学的研究方法

(一) 观察法

观察法是指调查者在自然条件下有目的、有计划地观察消费者的语言、行为、表情等,分析其内在的原因,进而发现消费者心理想象的规律的研究方法。观察法是科学研究中最一般、最方便使用的研究方法,也是心理学的一种最基本的研究方法。

(二) 访谈法

访谈法是调查者通过与受访者的交谈,以口头信息传递和沟通的方式了解消费者的动机、态度、个性和价值观念等内容的一种研究方法。

(三) 问卷法

问卷法是以请被调查的消费者书面回答问题的方式进行的调查,也可以变通为根据预先编制的调查表请消费者口头回答、由调查者记录的方式。问卷法是消费者心理和行为研究的最常用的方法之一。

(四) 综合调查法

综合调查法是指在市场营销活动中采取多种手段取得有关材料,从而间接地了解消费者的心理状态、活动特点和一般规律的调查方法。

(五) 实验法

实验法是一种在严格控制的条件下有目的地对应试者给予一定的刺激,从而引发应试者的某种反应,进而加以研究,找出有关心理活动规律的调查方法。

当代消费者心理变化新趋势

案例 1-4

西乐日化抓住顾客心理开展营销

北京西乐日用化工厂是北京市海淀区四季青乡化轻公司下属的一家乡办化妆品生产企业。该厂根据社会对日用化妆品需求不断增长的趋势,正式转产护肤霜。几年来,西乐厂坚持依靠科技,不断开发适销对路的新产品,目前已有6个系列42个品种的产品,不仅在激烈的市场竞争中占据一席之地,而且已经在我国北方地区广为流行、走俏。北京西乐日用化工厂之所以取得如此好的成绩,一个极为重要的原因就是该厂抓住了消费者对日用化妆品的新消费心理,展开了心理营销。

(一) 抓住顾客求新求美的心理

随着化妆品消费需求的发展,消费者不再仅仅追求化妆品的美容需要,而且更加重视其护肤、保健等多种功能。西乐厂在开发过程中意识到这一点。1984年,西乐厂引进了北京协和医院开发的硅霜生产技术,并把这种经过临床医疗试验证明护肤、治疗效果良好的专用技术,用来开发新型的化妆品,当年9月通过硅霜工业化生产技术鉴定后,很快就生产出以"斯丽康"命名的护肤霜投入市场。这种化妆品与传统护肤霜的不同之处在于,它以硅油代替了往常用的白油或动植物油脂。这种硅油涂在皮肤上能形成一种薄膜,一方面能防止皮肤表面因水分丧失而引起的干燥,另一方面又能维持皮肤细胞的正常新陈代谢。因此,斯丽康护肤霜由于使用了硅油,可起到美容、增白、洁肤的作用。长期使用硅油化妆品,不但无害,而且还可使皮肤滑润、弹性好。几年来,该厂陆续推出的"斯丽康高级护肤霜""斯丽康增白粉蜜"以及化妆用的"底霜"、婴儿用的"宝宝霜"等多种新产品,受到经常需要化妆品的顾客以及寒冷干燥地区消费者的青睐。西乐化妆品企业通过满足消费者求新求美的心理,不断占领新的市场。

(二)抓住顾客的求实心理

对于消费者来说,最担心的是化妆品的副作用,如皮肤过敏,长期使用会患皮肤病,会影响身体健康。针对这一点,西乐厂牢牢把握产品质量关,努力让消费者信赖该产品。他们抓住消费者求安全的这一心理特征,推销化妆品过程必带"三证",即生产许可证、卫生许可证和质量合格证,以取得用户对产品质量的信赖。该厂还主动邀请质量监督部门、卫生管理部门来厂检查评定。由于该厂重视科技开发,严格质量检查,注重厂容,文明生产。因此,先后得到北京市经济委员会和农业部颁发的西乐牌斯丽康高级护肤霜、斯丽康增白粉蜜等优质产品证书,在检测、卫生评比中多次得到肯定。这些上级主管部门的肯定性评价,提高了企业的声誉和形象。为了推销新产品,西乐厂还经常派技术人员参加展销会,由科技人员深入浅出地讲解皮肤的结构和斯丽康特有的功效,消除用户的疑虑和误解。

(三)抓住顾客的求名心理

西乐厂化妆品之所以很快在市场上走俏,与该厂选用"斯丽康"(SLK)这个名字不无关系。"斯丽康"由英文silicone音译而来,发音响亮,并带有一点"洋味",在一定程度上能够满足部分消费者追求高档、进口、名牌化妆品的心理需求。当广告上出现"斯丽康高级化妆品"的宣传时,广大消费者没有把这个名字与乡镇企业联系起来。由于种种原因,当前社会上对乡镇企业产品抱有质量差、档次低的成见。相反,认为高档的化妆品应是进口产品或合资企业的产品。针对部分化妆品消费者这一心理,西乐厂在广告宣传时,着重宣传产品特色。随着"斯丽康"产品的推出,当"斯丽康护肤霜"深入人心,在北京家喻户晓的时候,人们并未想到享有盛誉的"斯丽康"化妆品的厂家出自一家乡镇企业。一直到斯丽康化妆品相当走俏时,北京西乐日用化工厂的名字才逐渐为顾客知晓。

资料来源:http://www.doc88.com/p-9784748793859.html,2018-10-10.

思考:

(1) 你认为化妆品消费者的新心理特征有哪些?

(2) 北京西乐日用化工厂如何根据顾客新需求心理进行产品开发?

当今企业正面临前所未有的激烈竞争,市场正由卖方垄断向买方垄断演变,消费者主导的营销时代已经来临。在买方市场上,消费者面对更为纷繁复杂的商品和品牌选择,这一变化使当代消费者心理与以往相比呈现一种新的特点和趋势。

一、个性消费的复归

之所以称为"复归",是因为在过去相当长的一个历史时期内,企业都是将消费者作为单独个体进行服务的。在这一时期内,个性消费是主流,只是到了近代,工业化和标准化的生产方式才使消费者的个性被淹没于大量低成本、单一化的产品洪流之中。另一方面,在短缺经济或近乎垄断的市场中,消费者可以挑选的产品本来就很少,个性因而被压抑。但消费品市场发展到今天,多数产品无论在数量还是品种上都已极为丰富,复归条件已初步具备,消费者能以个人心理愿望为基础挑选和购买商品或服务。更进一步,他们不仅能做出选择,而且还渴望选择。需求更多了,变化也更多了,逐渐地,消费者开始制定自己的准则。他们不惧怕向商家提出挑战,而这在过去是不可想象的。用精神分析学派的观点考察,消费者所选择的已不单是商品的使用价值,还包括其他的"延伸物",这些"延伸物"及其组合可能各不相同。因而从理论上看,没有两个消费者的心理是完全一样的,每一个消费者都是一个细分市场。心理上的认同感已成为消费者做出购买的品牌和产品决策时的先决条件,个性化消费正在也必将再度成为消费的主流。

二、消费主动性增强

在社会分工日益细化和专业化的趋势下,即使在许多日常生活用品的购买中,大多数消费者也缺乏足够的专业知识对产品进行鉴别和评估,但他们对于获取与商品有关的信息和知识的心理需求却并未因此消失,反而日益增强。这是因为消费者对购买的风险感随选择的增多而上升,而且对单向的"填鸭式"营销沟通感到厌倦和不信任。尤其在一些大件耐用消费品(如计算机)的购买上,消费者会主动通过各种可能的途径获取与商品有关的信息并进行分析比较。这些分析也许不够充分和准确,但消费者却可从中获得心理上的平衡,降低风险感和购后产生后悔感的可能,增加对产品的信任和争取心理上的满足感。消费主动性的增强来源于现代社会不确定性的增加和人类追求心理稳定和平衡的欲望。

三、消费心理稳定性减小,转换速度加快

现代社会发展和变化速度极快,新事物不断涌现。消费心理受这种趋势带动,稳定性降低,在心理转换速度上趋向与社会同步,在消费行为上则表现为产品生命周期不断缩短。过去一件产品流行几十年的现象已极罕见,消费品更新换代速度极快,品种花式层出不穷。产品生命周期的缩短反过来又会促使消费者心理转换速度进一步加快。例

如，电视机在中国由黑白发展为彩色经历了十几年时间，但现在几乎每年都有采用新技术的电视机推出，消费者今年才买的电视到明年可能就过时了，以致一些别出心裁的商家开始经营电视机出租业务，以配合某些消费者求新和求变的需求。

四、对购买方便性的需求与对购物乐趣的追求并存

一部分工作压力较大，紧张度高的消费者会以购物的方便性为目标，追求时间和劳动成本的尽量节省。特别是对于需求和品牌选择都相对稳定的日常消费品，这一点尤为突出。然而另一些消费者则恰好相反，由于劳动生产率的提高，可供支配的时间增加。例如，一些自由职业者或家庭主妇希望通过购物消遣时间，寻找生活乐趣，保持与社会的联系，减少心理孤独感。因此他们愿意多花时间和体力进行购物，而前提必须是购物能为他们带来乐趣，能满足心理需求。这两种相反的心理将在今后较长的时间内并存和发展。

五、价格仍然是影响消费心理的重要因素

虽然营销工作者倾向于以各种差别化来降低消费者对价格的敏感度，避免恶性削价竞争，但价格始终对消费心理有重要影响。例如，最近的微波炉降价战。作为市场领导者的格兰仕拥有技术、质量和服务等多方面的优势，到最后却也被迫宣布重返降价竞争行列，为扩大市场占有率而战。这说明即使在当代发达的营销技术面前，价格的作用仍旧不可忽视。只要价格降幅超过消费者的心理界限，消费者也难免怦然心动而转投竞争对手旗下。

六、消费者心理变化新趋势

消费是生产的目的和实现形式，它随着社会经济条件的变化而不断发展。如今，人们的消费行为和消费心理发生了巨大的变化，出现了新的变化趋势，包括绿色消费、健康消费、时尚消费、理性消费、文明消费。

(1) 绿色消费是健康科学、享受有度、资源节约的消费方式，注重资源节约和循环利用，强调文明、科学和健康消费，自觉地将消费行为纳入生态系统大循环之中。它包括三层含义：一是倡导消费者消费未被污染或有助于公众健康的绿色产品；二是消费过程中注重对垃圾的处理，不造成环境污染；三是引导和转变消费观念——崇尚自然、追求健康，在追求生活舒适的同时，注重环保、节约资源和能源，实现可持续消费。这种资源节约型、环保型的可持续消费方式通过消费理念、消费行为、消费结构的生态化改进而促使形成可持续的生产方式，促进产业结构的全面调整和升级，从而促进社会经济的生态化进步。绿色消费导致绿色产业、绿色营销等经济理念的蓬勃发展。消费者个人坚持绿色消费就是顺应时代、市场及可持续发展的要求。

(2) 健康消费是指符合人的身心健康和全面发展要求、促进社会经济文化发展、追求

人与自然和谐进步的消费观念、消费方式和消费行为。经济实力的增强,科学技术的进步,市场商品的丰富,生活水平和知识水平的提高,从各个方面唤醒了人们健康与保健的意识。坚持生理健康和心理健康同等重要,永远保持一种良好的精神状态才能以全面健康的角色迎接人生的考验,才能对社会做贡献。

(3) 时尚是指某一时段的某一群体所崇尚的某种社会行动或思潮,即大众对某种物质或非物质对象的追随与模仿,它能给参与者带来情感愉悦与行动方便,给不参与者造成无形的压力。在社会生活中,时尚消费一直是比较突出的。美国社会学家凡伯伦就认为时尚最初起源于社会上层阶级的富有和对富有的炫耀,目的是"显示消费"和"显示闲暇"。德国社会学家乔治·齐美尔也认为时尚消费是"示同"和"示异"的结合。所谓"示同",就是借消费来表现与自己所认同的某个社会阶层的一致性;所谓"示异",就是借消费显示与其他社会阶层的差异性。时尚消费使消费者获得了一种"群体成员感"。

(4) 理性消费是指消费者在消费能力允许的条件下,按照效用最大化原则进行的消费。从心理学的角度看,理性消费是消费者根据自己的学习和知觉做出合理的购买决策。随着社会经济的发展,消费者追求个人效用最大化与整个社会福利最大化之间存在明显矛盾,消费者购买决策依据的个人知觉经常出现很大偏差。所以真正的理性消费应兼顾个人和社会,以人类的整体利益为出发点,以科学的消费知识为基础,在生产领域和消费领域倡导一种节约、适度、可持续的消费观。

(5) 文明消费是指人们在知识经济的背景下崇尚、追求和消费可持续的、高质量、高品位的物质和精神产品的消费理念与消费方式。文明消费不仅包括高层次的物质消费,还包括高质量的生态环境;不仅包括优美的文化环境,而且包括不断提高消费质量,提高科学文化素质,培育优良的社会机体。文明消费要求不断提高消费的文化、科技含量,提高消费结构中智力性、发展性消费的比重,反对低层次的、特别是低级庸俗的消费。

一、复习思考题

1. 简述消费者心理学的基本发展历程。
2. 当代消费者心理学的特点有哪些?
3. 消费者心理学通常采用哪些研究方法?

二、材料阅读

消费者心理学是心理学的一个重要分支,它研究消费者在消费活动中的心理现象和行为规律。消费者心理学也是一门新兴学科,它的目的是研究人们在生活消费过程中,在日常购买行为中的心理活动规律及个性心理特征。消费者心理学是消费经济学的组成部分。

研究消费心理,对于消费者,可提高消费效益;对于经营者,可提高经营效益。消费心理是影响消费者实施消费行为的众多因素之一,而不是全部。不是所有的消费心理都能转化为消费行为，也不是所有的消费行为都是由消费心理引发的。产生什么样的欲望，是个人问题，可以用消费心理学的方法研究，如为什么或怎样产生对异性的需求；满足欲望的6W(何时、何地、何手段等)2H(何代价等)如何选择，则是消费行为学问题，要用以文化人类学为基础的“消费行为学”研究。通过以下几个案例，大家能对消费者心理学有一个笼统的认识。

材料1

心理学家的研究表明，价格尾数的微小差别，能够明显影响消费者的购买行为。一般认为，5元以下的商品，末位数为9最受欢迎；5元以上的商品末位数为95效果最佳；100元以上的商品，末位数为98、99最为畅销。尾数定价法会给消费者一种经过精确计算的、最低价格的心理感觉；有时也可以给消费者一种是原价打了折扣、商品便宜的感觉；同时，顾客在等候找零期间，也可能会发现和选购其他商品。如某品牌的54cm彩电标价998元，给人以便宜的感觉，认为只要几百元就能买一台彩电，其实它比1000元只少了2元。尾数定价策略还给人一种定价精确、值得信赖的感觉。尾数定价法在欧美及我国常以奇数为尾数，如0.99、9.95等，这主要是因为消费者对奇数有好感，容易产生一种价格低廉、价格向下的概念。但由于8与发谐音，在定价中8的采用率也较高。

材料2

金利来领带，一上市就以优质、高价定位，对有质量问题的金利来领带，绝不上市销售，更不会降价处理。这给消费者提供一个信息，即金利来领带绝不会有质量问题，低价销售的金利来绝非真正的金利来产品，从而极好地维护了金利来的形象和地位。德国的奔驰轿车，每一种车型的价格比同一竞争细分市场的同类竞争产品要贵；瑞士莱克司手表，价格为五位数；巴黎里约时装中心的服装，一般售价300欧元；我国的一些国产精品也多采用这种定价方式。当然，采用这种定价法必须慎重，一般商店、一般商品若滥用此法可能会失去市场。

材料3

沃尔玛能够迅速发展，除了正确的战略定位以外，也得益于其首创的折价销售策略。每家沃尔玛商店都贴有天天廉价的大标语。同一种商品在沃尔玛比其他商店要便宜。沃尔玛提倡的是低成本、低费用结构、低价格的经营思想，主张把更多的利益让给消费者，为顾客节省每一美元是他们的目标。沃尔玛的利润通常在30%左右，而其他零售商如凯马特的利润率都在45%左右。公司每周六早上举行经理人员会议，如果有分店报告某商品在其他商店比沃尔玛低，可立即决定降价。低廉的价格、可靠的质量是沃尔玛的一大竞争优势，吸引了一批又一批顾客。

三、实训操练：体验顾客的不同消费心理

1. 实训目标

通过本实训了解不同消费者消费心理的差异。

2. 实训背景

某楼盘开始销售,每天迎接各种消费者,每个消费者的个性、需求都不一样,消费心理也各不相同。请通过本模拟体会不同消费者针对同一消费产品的不同心理活动特点。

3. 实训内容

接待买楼顾客、推销楼盘。

4. 实训要求

(1) 本实训最好在售楼处体会。

(2) 实训可分组也可单独进行,要求学生认真记录实践过程和每个顾客的不同特点。

(3) 每个同学在演练过程中一定要严肃认真,言行符合规范。

(4) 每个同学最好都能按照实训内容提前准备所售楼盘的相关资料并积累一定的售楼知识。

(5) 教师可以在现场进行指导。

5. 实训总结

学生自我总结	
教师评价	

第二章　消费者心理的影响因素

开篇案例

20 世纪 40 年代，当速溶咖啡刚刚投放市场时，厂家相信它会很快取代传统咖啡而畅销市场。因为其营养成分及味道与传统咖啡别无二致，而且饮用方便，无须花费长时间煮制。厂家为了推销速溶咖啡，更是在广告上力陈其优点，但是购买者寥寥无几。市场调查得出的结论竟是消费者不喜欢速溶咖啡的味道，这显然不是真正的原因。为了深入了解消费者拒绝饮用速溶咖啡的潜在原因，心理学家编制了两张购物单，除了咖啡一项不同之外，其余部分均相同，再将这两张购物单分别发给两组主妇。调查结果表明，购买速溶咖啡的主妇被看作是懒惰、生活没有计划，而购买传统咖啡的主妇则被描绘成勤俭、讲究生活、有经验会烹调。可见，在当时的美国，勤俭、善理家务是为众人所称道的。所以速溶咖啡不被接受，并不是其本身的原因。谜底揭开之后，广告与产品包装作了相应的修改，删去了使人产生消极心理的因素。广告不再宣传快而方便，而是宣传它具有传统咖啡的美味、芳香和质地醇厚。在包装上，将产品密封牢固，开启十分费力。于是，速溶咖啡销量大增，很快成为西方世界最受欢迎的饮品之一。

资料来源:http://blog.sina.com.cn/s/blog_60915f5b0100dx9e.html,2018-10-12.

思考:速溶咖啡的成功销售对我们研究消费者的消费过程有哪些启示?

在我们的生活中,消费者的行为表现千差万别,但无不以某些共同的心理活动为基础。消费者的心理活动过程及个性心理特征是决定其行为的内在因素。探讨这一过程,可以揭示消费者心理活动的共性,以及外部行为的共同心理基础。

第一节 影响消费者行为的因素体系概述

案例 2-1

一篇记者调查

某报社记者在调查中发现,中学生花钱喜欢随大流。每到放学时,学校门口卖小商品的摊位生意就格外火爆,中学生常常聚在店里买一些花哨的文具、手机挂件等小玩意。初中生孙敏说:"班里某个同学买了一块卡通橡皮,不到一周,很多人都跟风购买。其实也未必特想要,就是觉得别人有的自己也要有。"

其实不光是中学生买东西喜欢随大流,成年人又何尝不是如此?

再看看超市里,顾客排队购买商品时,人总是越排越多。

资料来源:戴卫东.消费心理学[M].北京:北京大学出版社,2011.

消费者行为是指消费者在消费过程中外现的各种活动、反应与行动。其中既包括商品购买中的选择、决策和实际购买行动,也包括购买前的信息搜寻、整理,购买后的使用、保养、维修等活动。随着消费水平的不断提高和消费内容的日益丰富,消费者的活动领域迅速向非实体性消费领域扩展,在娱乐、旅游、服务和知识性消费中,消费者的行为表现更加丰富多彩,复杂多样。

消费者的行为受多种因素的影响。这些因素相互联系、相互作用,共同构成复杂的体系。借鉴美国社会心理学家卢因关于人类行为模式及其基本影响因素的研究,可以将影响消费者行为的因素体系分为两大类,即个人内在因素和外部环境因素。同时得出相应结论,消费者行为是消费者个人与环境交互作用的结果,其行为方式、方向及强度,主要受消费者个人内在因素与外部环境因素的影响和制约。

个人内在因素又分为生理因素与心理因素。生理因素是指消费者的生理需要、生理特征、身体健康状况以及生理机能的健全程度等特性。从生理学与解剖学的角度看，人的生理构造与机能是行为产生的物质基础。任何行为活动都是以生理器官为载体，在一定的生理机制作用下形成的，消费行为也是如此。一定意义上可以说，消费者的每一行为都是以生理活动为基础，通过生理机能运动产生和实现的。除生理因素外，消费者的行为更多地受到自身心理因素的支配。由于心理活动是在人体生理活动基础上发展起来的脑器官的特殊机能，因此，与生理因素相比，心理因素对消费者行为的影响更为直接。消费者在购买过程中产生消费欲望，形成购买动机，搜寻商品信息，比较选择商品，采取购买行动以及对某种品牌喜爱或厌恶，对广告宣传拒绝或接受，消费态度从众还是保持个性，追求时尚还是注重传统等，无一不是心理因素的体现及其作用的结果。

同时，消费者心理行为还受到自然环境、社会环境等外部环境因素的影响。

影响消费者行为的生理因素

案例 2-2

女士专用酒的流行

据业内人士介绍，近年来，随着人们生活水平的提高，年轻人越来越崇尚个性化的生活方式，女性尤其是年轻女性饮酒的人数在不断增加。根据调查显示，中国各大城市中时常有饮酒行为的女性人数正在以每年22%的速度增长，一位啤酒经销商介绍，由于饮酒的女性数量增长很快，各种女士酒近年来不断上市。仅在最近一段时间，燕京啤酒集团推出了无醇啤酒，吉林长白山酒业推出了“艾妮靓女女士专用酒”，台湾烟酒公司研制的一种功能性饮料(五芝啤酒)，很大程度上也是针对女性市场的。哈尔滨泉雪啤酒有限公司推出的有保健功能的含“肽”啤酒，也推出营养概念，抢占女性啤酒市场。业内专家介绍说，目前国内市场上的各种女士酒大约有40种，都是近年来才出现的，预计还会有更多类似的酒出现。

资料来源：叶敏．消费者行为学[M]．北京：北京邮电大学出版社，2008.

在构成生理因素的诸变量中，尤以生理需要对消费者行为的影响最为直接。生理需要是指人们在衣、食、住、行等方面的要求。生理需要是人类为维持和繁衍后代所必须满足的基本需要，是人类一切行为活动的最初原动力。在各种消费活动中，消费者必须首先从事对衣、食、住、行等基本生存资料的消费，使生理需要得到满足，然后才有可能进行文化教育、娱乐消遣等发展和享受的消费。此外，人的生理特点决定生理需要是循环往复发生的。因此，生理需要不仅对消费者行为起主要支配作用，而且构成消费活动的基本内容。

生理特征包括人体身高、体形、相貌、性别、年龄、爆发力、抵抗力、灵敏性、适应性等方面的特征与特性。在消费活动中,消费者的生理特征对其行为有直接影响。身材高大、体形肥胖的消费者对食物、衣着等消费品的摄入量和花费比身材矮小、体形瘦弱的消费者通常要大得多。不同年龄和性别的消费者在消费需要的内容、购买方式及行为指向上都会有明显差异。

一、外在特点

(一)身高、体形

人的身高、体形等差异对消费者的影响显而易见的。以服装选购行为为例,有的人身材魁梧、体形肥胖,有的人身材矮小、体形瘦弱,他们所表现的购买倾向就有很大差别。首先,在服装尺寸的选择上,前一类人选择的服装尺寸较大,后一类人选择的服装尺寸相对较小;其次,在颜色的选择上,前者多会选择深色服装,如黑色、蓝色、绿色、灰色等冷色调,以使肥胖的体形显得瘦一些,而后者多会选择浅色或色彩强烈的服装,如白色、淡黄色、橙色、红色等暖色调的衣服,以便显得体形高大强壮一些。另外,身材高大、体形肥胖的消费者对食物等消费品的摄入量和花费比身材矮小、体形瘦弱的消费者通常要大得多。

不同国家、不同地区之间消费者体形的差异也引发了不同的消费需求。例如,日本汽车生产厂商按照本国人的身材尺寸生产了一批小汽车销往美国,结果由于汽车的脚踏板太小、座倚靠背太矮,不符合美国人的身材等原因而滞销。

(二)相貌

相貌包括五官、皮肤、毛发等要素。消费者受自身相貌特征的影响,往往会进行一些带有个性化倾向的消费活动。"爱美之心,人皆有之",眉清目秀、五官端正的消费者一般不会从事诸如矫形、整容、戴假发等特殊的消费活动,而相貌有缺陷的消费者则可能会主动搜寻有关信息,接受整容等医疗消费或者进行相关商品的购买活动。五官大小、位置高低的差异也会使消费者做出不同的消费行为。例如,西欧人喜欢使用斜口瓷杯,这是由于西欧人大多是高鼻梁,每当用平口瓷杯喝水时,杯子里的水还没喝完,鼻子就与杯口"碰架",而斜口瓷杯则能避免这一尴尬。

皮肤的类型、颜色对于消费者选择个人清洁用品和化妆品、护肤用品,具有决定性的影响。人的皮肤根据皮肤皮脂分泌的多少,可分为干性、油性、中性、混合型及过敏性皮肤等类型。消费者会根据自己皮肤类型的特点,选择使用不同的清洁用品和化妆品、护肤用品,来进行美容或护肤。另外,皮肤的颜色也决定了消费者对化妆品的选择。黄皮肤的东方人喜欢具有皮肤增白效果的化妆品,而西方白种人更倾向于使用可以使皮肤显得健康黝黑的化妆品。

毛发由体毛和头发组成。体毛浓密,生长过多的消费者出于维护自身形象的考虑,可能会购买消除体毛的商品。而头发的长短、颜色与发质状况，也会影响消费者对护发用品的选择。

（三）年龄

不同年龄的消费者因其生理机能与社会经历的差异，会有不同的消费心理，并形成不同的消费行为。按照年龄大小，通常可以将消费者分为四个不同年龄阶段的消费集群：少年儿童消费群（14岁以下），青年消费群（15～35岁），中年消费群（36～60岁），老年消费群（60岁以上）。

各消费群在消费特点与消费内容上存在明显的不同。例如，少年儿童是玩具、文具、书籍、乐器、运动器材、儿童食品、营养品、少儿服装等商品的主要消费者，他们的消费特点是具有好奇性和随意性；中青年是手机、计算机等数码产品的主要消费者，他们喜欢时尚的商品，领导时代的消费潮流；老年人则是对保健品、医疗、服务等有特殊需求的消费者。年龄差异引发了不同的消费需求。

（四）性别

性别的差异对消费者行为的影响是与生俱来的，具有内在稳定性。心理学研究表明，男性与女性的消费行为差异主要体现在消费需求、购买动机、购买决策、购买过程、购买时机等方面。男性大多粗犷、豪爽、需求单一，对商品不太挑剔；女性则天生细腻、谨慎，需求多样，对商品的选择认真、挑剔，易受商品外观及自身主观情感的影响。

二、内在特点

生理内在特点包括耐久力、爆发力、抵抗力、灵敏性、适应性等。

耐久力是指人体持续进行一项活动所能承受的最长时间限度的能力；爆发力是指人体在最短时间内使器械（或人体本身）移动到尽量远的距离的能力；抵抗力是指人体能够抵御外界致病因素侵害的能力；灵敏性是指人体在外界条件突然改变下，能够迅速、准确地协调和改变身体运动能力；适应性是指人体在面对环境压力时，通过行为反应、生理反应和基因频率改变等方式应对压力，协调与外界环境的关系，继续生存的能力。消费者的这些内在特征受其血管系统、呼吸系统、神经系统发育程度的影响和制约。

无疑，消费者的上述内在特性，对消费行为的影响是深层次的。中国人向来注重身体的调养与滋补，一旦认为自身的某一营养失调，往往会购买相关的食品、保健品或药物进行调养。例如，人体内的钙代谢正常是全身组织器官发挥正常功能的基础条件之一，钙代谢水平能够直接或间接影响人体的抵抗力，身体抵抗力弱的消费者会在保健品市场上选择购买补钙保健品，以增强身体的抵抗能力。

第三节 影响消费者行为的心理因素

案例 2-3

怀旧情感与怀旧广告

南方黑芝麻糊的一则广告深入人心：一位身穿几十年前旧式服装的儿童在自己家门口玩耍，忽然听到小巷深处传来一声“黑芝麻糊哟……”的吆喝。儿童赶快找妈妈要了一点零钱，拿起一只碗，飞快地朝吆喝声传来的方向跑去，买回一碗又香又浓的黑芝麻糊，美美地喝起来，连碗底都舔干净了。接着，镜头一转，几十年以后，这个儿童已成了中年人，每次看到南方黑芝麻糊的时候，都会想起自己儿童时代最美的享受，对南方黑芝麻糊产生了一种深厚的感情，仍然经常买给自己和家人。这则广告曾经被评为最佳广告，南方黑芝麻糊也一举成名，在很短的时间内打开市场，成为名牌产品。

资料来源：李文同．消费者心理与行为学[M]．郑州：河南人民出版社，2010．

心理因素主要是指消费者的心理活动。心理活动是人类特有的高级活动，也是世界上最精细、最复杂的活动之一，而消费者在消费过程中的心理活动正是人类这一复杂精细活动的典型反映。由于心理活动是在生理演进基础上人脑所形成的特殊机能，因此与生理因素相比，心理因素对消费者行为的影响更深刻、更复杂。

心理因素在影响消费者行为的诸因素中处于支配地位。在消费过程中，消费者首先受到某种信号的刺激，内心产生消费需求，需求达到一定强度后，会引发指向特定目标的购买动机，在动机的驱使下，消费者搜寻相关的商品信息，然后根据个人偏好，从商品质量、价格、品牌等方面对商品进行分析比较，最后做出购买决策，采取购买行动，购买后，消费者还会根据自己的感受进行评价，形成购买经验。在上述过程中，需要、动机、偏好等心理因素支配分析、选择、决策、购买、评价等一系列消费者行为。此外，消费者对某种商标、品牌喜爱或厌恶，对广告宣传接受或拒绝，消费态度是从众还是保持个性，购买动机是追求时尚还是注重传统等，无一不是心理因素作用的结果。

影响消费者行为的心理因素包括心理过程和个性心理两个方面。心理过程是指消费者心理活动的动态过程，包括认识、情感、意志三个相互联系的具体过程。认识过程是人脑对客观事物的属性及其规律的反映，具体表现为知觉、注意、记忆、想象、思维等多种心理现象。生活中，消费者的消费活动首先是从对商品或服务等消费对象的认识开始的。情感过程是指人在认识客观事物时所持的态度体验。消费者在认识消费对象时有鲜明的态度体验，如愉悦、厌恶、烦恼等。这些态度体验体现消费者的情绪或情感。意志过程是指人们自觉确立行为的动机与目的，努力克服困难以实现目标的心理过程。在消费行为中，意志过程表现为消费者根据对消费对象的认识，自觉确定购买目标，并据此调节行为，努力实现目标的过程。认识、情感、意志是统一心理过程的三个方面，它们彼此联系、相互作用，共同支配消费者的消费行为。

心理过程带有共性又总是具体地发生在每个人身上。由于先天遗传因素及后天所处社会环境不同，人与人之间在心理活动过程的特点和风格上存在明显差异，每个人所独有的心理特点和风格，就构成了他们的个性心理。消费者的个性心理差异主要表现在个性倾向性和个性心理两个方面。个性倾向性包括兴趣、爱好、需要、动机、信念、价值观等，个性心理特征则指人的能力、气质与性格。正是由于个性心理的千差万别，面对同一消费对象或环境刺激，不同的消费者会产生完全不同的反应，并有不同的行为表现。

一般而言，心理活动是一种主观活动。但是心理活动的主观性并非是绝对的。心理活动反映的是客观事物，或者说，客观事物通过人脑的反映构成心理活动的对象和内容。就这一意义而言，客观事物通过心理活动间接参与影响人的行为。因此，消费者行为除受自身生理与心理因素的支配外，还要受客观事物或外部环境的影响和制约。

第四节　影响消费者行为的外部环境因素

案例 2-4

跨文化下的营销失误

一家美国电器公司与一家日本客户签订了一个大合同。美国公司的老总专程到东京参加签字仪式。正式签字前，日本公司的总经理逐字逐句地审阅合同内容，审阅延续了很长时间。最后，美方公司老总按捺不住，提出新的一项价格折让。虽然日方总经理感到意外，但不露声色地接受了这一“惠赠”。美方经理将日方的长时间审阅误认为是日本人试图重新开始谈判。而实际上，日方经理缓慢地审阅合同细节，只不过是在此场合表达他对合同的关切和显示其权威。

另一家美国电器公司委派一对来自中西部的保守的美国夫妇作为公司驻瑞典的常驻代表。一个周末该夫妇被邀请到海滨度假。在一个偏僻的海滩上，瑞典的男主人们脱了上衣。这样的举动在瑞典十分普遍，而该对美国夫妇对此的反应则毁坏了本来很有前景的一项商业交易。

佳洁士公司在开辟墨西哥市场时，采用其在美国本土使用的科学证明方法，证明其牙膏的防龋齿功能，结果失败了。因为大多数墨西哥人对牙膏的这一好处并不看重。

宝洁公司为“佳美”牌香皂所做的广告中，男人当面赞赏女人的美貌。这一广告在很多国家获得成功。然而，在日本该广告则不尽如人意，因为日本男女之间的交往比较委婉。

资料来源：郑书莉．消费者行为理论与实训[M]．南京：南京大学出版社，2009.

由于消费活动的广泛性和复杂性,影响消费者行为的外部环境因素极其复杂,几乎涉及人类生活的各个层面和领域。按其性质划分,可以将诸多环境因素分为自然环境因素和社会环境因素两大类。

一、自然环境因素

自然环境因素包括地理区域、气候条件、资源状况、理化环境等。自然环境直接构成消费者生存的空间条件,可以促进或限制某些消费活动的进行,因而对消费者的消费行为有明显影响。

(一) 地理区域

受所处地域的地理经度、纬度以及地形、地貌的影响,南方与北方、城市与农村、内陆与沿海、高原山地与平原水乡的消费者,在消费需求和生活习惯上存在差异。例如,在饮食习惯方面,南方人偏爱甜味,北方人则偏爱咸味;在酒类偏好上,北方人喜欢辛辣的白酒,南方人则偏爱甜而醇厚的黄酒,以至于国内酒类市场一直保持"南黄北白"的消费格局。居住于城市或农村的居民对商品需求的种类、数量和购买方式也有明显区别。以购买渠道为例,由于经济发达程度不同和地域差异等因素的影响,我国农村的网络普及率、大型专卖店和购物中心的数量远不及城市,因此在购买渠道方面相对比较单一,绝大多数农村消费者仍从便利店、小超市购买商品。不仅如此,我国农村地域广阔,各地区经济发展水平差距较大,东部发达地区和中西部不发达地区(尤其是贫困地区)的农民在购买商品的种类和购买方式上也有显著差异。

(二) 气候条件

不论是地域性的气候条件,还是全球的气候环境,都在很大程度上制约消费者的行为。可以说,自古"天"与"人"休戚相关。从地域角度看,不同气候地区消费者的消费活动呈现出诸多差异。例如,炎热多雨的热带地区与寒冷干燥的寒带地区相比,消费者在衣食方面的消费明显不同。同样是冬季,热带地区的消费者需要的是毛衣、夹克等轻微御寒的服装,而寒带地区的消费者则需要厚重保暖的大衣、皮衣、羽绒服等;热带地区消费者喜欢清爽解热型饮料,寒带地区的消费者则偏爱酒精度高、能御寒的白酒。

(三) 资源状况

自然资源是人类社会赖以生存的物质基础,也是社会生产资料的主要来源。自然资源的开发、利用程度及储量与消费者的消费活动关系极为密切。例如,煤炭、石油、水电、太阳能、风能乃至核能的广泛应用,为消费者提供了众多的新型消费品,带来消费方式的变化和更新。自然资源的储量对消费者具有直接影响。一些重要的资源出现紧缺,将抑制消费者的某些需求,引发其他消费需求。例如,随着全球石油资源短缺的加剧,近年来国际市场原油价格一路飙升,由此催生了各种新能源的开发利用。汽车厂商纷纷研制和生产混合动力车、燃料电池车、生物燃料车等新能源汽车,消费者的汽车购买心理也由盲目追求豪华奢侈、大排量的高能耗车,转向理性选择环保、节能、经济的新能源汽车。又如，我国水资源短缺，人均拥有水量为世界平均水平的1/4，全国600多个城市中，有400多个城市不同程度缺水。由于工农业生产和城市生活污水处理率低，江河湖泊水质恶化的趋势尚未得到遏制。政府利用价格杠杆调节水市场需求，最直接的效应是使消费者懂得了“慎用水、节约水”，这样不仅可以提高饮用水质量，而且有利于水资源的合理配置。另外，随着水价上调，节水器、节水马桶、节水洗衣机等节水产品也深受消费者欢迎。

（四）理化环境

理化环境主要是指由人为因素造成的消费者生存空间的优劣状况，如空气、水的洁净程度，噪声的强弱程度等。理化环境的优劣直接关系消费者的身心健康，对消费者行为有重要影响。例如，我国大城市人口急剧膨胀，导致严重缺水，市政抽取地下水供市民饮用。一般而言，地下水存在离子含量偏高、水质偏硬、细菌超标等问题，并受洪、枯季的影响，水质很不稳定，于是净水以及与净水有关的设备在大城市相当畅销，消费者大量购买桶装净水或瓶装净水。

二、社会环境因素

社会环境因素对消费者的影响更为直接，内容也更加广泛，具体包括人口环境、社会群体环境、经济环境、文化环境等。

（一）人口环境

构成人口环境的因素有人口总数，人口密度及分布，人口的年龄、性别、职业与民族构成，人口素质状况等。一个国家的总人口数与该国人均国民收入水平密切相关。因而对消费者的购买力水平、购买选择指向和消费方式有直接影响。人口密度与分布状况关系消费者的消费活动空间是否适宜。一些大城市人口集中、密度过大，出现住房拥挤、交通紧张、环境污染等一系列“大城市病”，已经严重影响了消费者的正常生活和消费活动。人口的年龄、性别、职业、民族构成直接影响消费者的需求构成及消费方式。例如，人口老龄化使保健型消费品的购买量迅速上升。职业的差别通常使人们在衣着款式、档次上做出不同的选择。随着国民教育水平的提高，消费者文明消费、自主消费的意识，以及筛选信息、选择决策等能力也必然相应增强。

（二）社会群体环境

社会群体环境是指消费者所处的家庭、社会阶层、社会组织、参照群体等。家庭是与消费者关系最为密切的初级群体。家庭的规模、类型及所处生命周期不同，消费者的购买投向也会有明显不同。处于不同社会阶层的消费者，不仅收入水平、职业特点不同，而且在消费观念、审美标准、消费内容和方式上也会有明显差异。社会组织如机关、学校、军队、企业、医院等，是消费者参与社会实践活动的主要场所，其工作性质、组织结构及活动内容同样会给人们的消费生活带来某些限制和影响。各种参照群体通常会对消费者产生示范或诱导作用。消费者往往会有意识或无意识地模仿、追随参照群体的消费方式，指导自己的购买选择。

(三) 经济环境

经济环境对消费者的影响是直接而具体的。一定意义上,一切经济活动都是以消费为最终目的,并通过消费者的购买及使用活动体现其成果的。因此,从国家经济政策,政府宏观调控,国民经济发展状况,市场供求总量及其构成,到企业的产品设计,加工制作,广告宣传,销售服务,以及商品质量、款式、价格、商标、包装、装潢等各种宏观和微观经济因素,都会对消费者的行为产生直接影响。例如,我国消费者过去长期囿于限制型、被动式、无选择的消费方式,就是计划经济体制下多年奉行"高积累,低消费"建设方针,市场商品供不应求和消费品限量供应制度的结果。而近年来,消费者购买需求的迅速扩张和选择意识的增强,又与国民经济持续高速增长,商品大大丰富和买方市场逐步形成直接相关。从微观角度看,消费者在购买商品时,之所以选择这种品牌而不选择那种品牌,或在这家而不是那家商店购买,完全取决于商品质量、价格、信誉、广告宣传、售前—售中—售后服务等各种具体因素。

(四) 文化环境

社会文化环境对消费者行为的影响已经更加被人们重视。现实证明,不同国家、地区、民族的消费者,由于传统文化背景、宗教信仰、道德观念、风俗习惯以及社会价值标准不同,在消费观念及消费行为方式上会表现明显差异。

以上各因素从不同方面、层次和角度对消费者发生作用,从而构成影响消费者行为的因素体系。

一、复习思考题

1. 影响消费者行为的个人内在因素有哪些?
2. 影响消费者行为的外部环境因素有哪些?
3. 结合实例分析,消费者行为受到哪些因素的影响?

二、材料阅读

材料1

2018年3月23日,世界气象组织(WMO)发布了《2017年全球气候状况声明》,其主要内容如下:①2017年,全球平均气温较工业化前高出约1.1℃。2013—2017年全球平均温度达到了有记录以来的最高值。②过去25年,大气二氧化碳浓度已从360ppm增加到400ppm以上,已经远远超出了几十万年来的自然变率范围(180~280ppm)。③2017年,全球地表温度略低于2015年和2016年的水平,但仍位列有记录以来的第三最暖温度。此外,北极和南极的海冰覆盖范围远低于1981—2010年的平均值。④北大西洋极为活跃的飓风季、印度次大陆严重的季风洪水以及非洲东部地区持续的严重干旱,使2017年气候事件造成的总灾害损失高达3200亿美元,是有记录以来损失最大的一年。

材料 2

心理学家温卡特桑对消费者行为中的从众性和依赖性进行过实验研究。他的受试者是某大学管理系的144名学生。有A、B、C三套不同质量的男用西服，要求学生们就式样、色彩和尺寸等进行综合考虑，从中挑选一套自认为最好的服装。实验在3种条件下进行：控制条件、从众条件、对抗或诱导条件。控制条件是让个人在没有集体影响的情况下任意挑选。其余两种实验条件下个人都处于小集体中。这个小集体只有四人，三人是协助实验者的工作人员，他们名义上也是受试者，而真正的受试者只有一人，他并不了解这种安排，以为他们和自己一样。在从众的条件下，名义的受试者事先由实验者相定，一致挑选B为最好的服装，在宣布各自的评选结果时，先由名义受试者依次发言，都说B是最好的服装。实验结果表明，在从众条件下，受试者选择B为最好服装的比率最高。

三、实训操练：了解影响消费者行为的因素

1. 实训目标

通过本实训了解影响消费者消费行为的各种因素。

2. 实训背景

某家电品牌正准备研发一款新产品，他们希望调查影响消费者的购买行为的因素，从而了解消费者的需求，推出更适应市场的产品。请通过本模拟体会影响消费者消费行为的因素。

3. 实训内容

市场调查，问卷调查。

4. 实训要求

(1) 本实训最好在家电销售处做调查。

(2) 实训可分组也可单独进行，要求学生认真记录实践过程和每个顾客的不同特点。

(3) 每个同学在演练过程中一定要严肃认真，言行符合规范。

(4) 每个同学最好都能按照实训内容提前准备相关资料并积累一定的家电知识。

(5) 教师可以在现场进行指导。

5. 实训总结

学生自我总结	
教师评价	

第三章　消费者的心理活动过程

开篇案例

随着人们生活水平的提高，居住环境得到了很大的改善。由于家装而污染了家居环境，使空气质量低下损害人体健康的事件比比皆是。于是，"绿色家装"也就应运而生了。"绿色家装"在现阶段的家庭装修中已经成为一种时尚，由于和栖身者的健康有关，"绿色家装"成为人们议论和普遍关注的话题。

然而，一项最新公益调查的结果并不容乐观。调查显示，虽然中国消费者对于绿色环保的家装产品与服务有迫切需求，但是相关认知却普遍存在片面性。

相关部门的调查评比出了中国十大环保家装普及城市，青岛、北京居首，厦门第二，上海、苏州并列第三。在经济相对发达的城市，绿色家装的普及程度比较高，消费者普遍认为，要实现绿色环保的家装，应该从"安全、健康、节能"三方面考量家装产品与服务。同时，调查发现，大型家装连锁超市是中国消费者进行绿色环保家装消费的首选渠道。

消费者特别关注整体室内环境的环保性，强调室内地板是环保的、墙面是环保的、家具也是环保的，但是房间整体指标往往还是超标。

一般消费者对房屋的装修要求并不十分了解，认知过程局限于广告、装修公司和朋友的宣传，对于材料、工艺、家具数量的选择往往凭借自己的想象，为了追求流行和时尚，房屋是为好看而装修，而不是为了适合居住而装修。这些不科学的消费心理和消费行为，使“绿色家装”还停留在概念性的环保，缺少真正的数字性的环保、完整性的环保。

中国消费者协会副秘书长董京说：“消费者对绿色家装有迫切的需求，但对其认知却有很多误区，这更凸显了绿色环保家装消费教育的必要性，中消协将根据此次调查的结果，制订消费教育的方案，与有关部门、行业协会、企业合作，向消费者普及科学、准确的绿色家装消费知识。中消协还将以此调查结果为依据，向国家有关部门提出建议，呼吁出台有利于环保产品消费的政策。”

资料来源：臧良运．消费心理学[M]．北京：北京大学出版社，2015.

思考：结合以上案例，想一想你在日常消费过程中，是否有因为认知偏差而导致的不当消费行为？

消费者的心理活动过程是指支配其购买行为的心理活动的全过程，是消费者的不同心理现象对客观现实的动态反映。在市场营销活动中，虽然消费者的购买行为千差万别，但消费者各种各样的心理现象都是建立在心理活动过程的基础上，都是受其心理活动的支配和制约的。因此，研究消费者在购买行为中发生的心理活动过程，对商业工作者了解消费者心理变化，适时采取相应的心理策略和心理方法有很大帮助。

第一节　消费者心理活动过程概述

案例 3-1

小张购买冰箱的心路历程

小张大学毕业后来到成都工作，不久便建立了家庭。由于两人工作都很忙，不可能在一日三餐上花很多时间，而且炎夏之时剩饭剩菜经常不得不倒掉，后来，两人便计划购买一台电冰箱。为此，他们到处打听，跑了好几家商店，掌握了大量的相关信息，并对各种信息进行了综合、分析、比较和归纳，最后决定购买海尔牌电冰箱。他们为什么要买海尔冰箱呢？

据小张讲，他是青岛人，大学毕业后，远离家乡，对家乡怀有无限的思念，对家乡的人、物有特殊的感情，买海尔冰箱也算是对这种思念与感情的补偿。同时，海尔是全国知名品牌，海尔冰箱物美价廉。

小张在浓重的感情支配下确定了购买海尔冰箱，并立即行动。他们先去离家较近的几家商店了解销售服务情况,并选中了一家能提供送货服务的大型零售商店,高高兴兴地买回一台双门海尔冰箱。

从小张购买电冰箱的过程,可以看到他的心理活动:首先,对海尔冰箱有一定的了解;其次,由于海尔冰箱是青岛产的,有一种天然的家乡情感;最后,把确定的购买目标付诸实施,购买了海尔冰箱。

像小张这样购买家乡商品的情感,对全世界的消费者来说,有其共性。据报道,英国有许多消费者宁可购买较贵的本国产品,也不购买质量相同、价格较低的外国产品,有的甚至从不购买外国产品,并将这种消费行为称为道德消费。

资料来源:王官诚.消费心理学[M].北京:电子工业出版社,2013.

一、消费者的心理过程

心理过程是指心理活动的动态过程,即人脑对客观现实的反映过程,包括认识、情绪、意志等。

消费者的心理过程不完全等同于购买过程。购买过程习惯上是指消费者从进入商店到购买完商品这段过程。而消费者的心理过程是错综复杂的,并不局限在商店里,而是包括从他注意准备购买某种商品的信息开始,到进入商店选择商品,再到购买商品后的情感感受、评价等一系列的心理过程,并且这种心理过程会反映在每一次具体的消费活动中。

心理活动是消费者行为的基础,是影响其行为诸因素中的首要因素。消费者在寻找、购买以及使用商品或服务的过程中,受到各种心理机能或心理要素的支配。其中某些带有共性的心理机能或要素彼此联系,相互依赖,共同作用于消费行为的始终,由此构成一个统一的心理过程。消费者心理过程的实质是客观现实在消费者头脑中的动态反映。按照反映的形式和性质,这一过程又可具体分为认识过程、情绪过程、意志过程三个方面,如图3-1所示。其中,认识过程占有重要的地位。

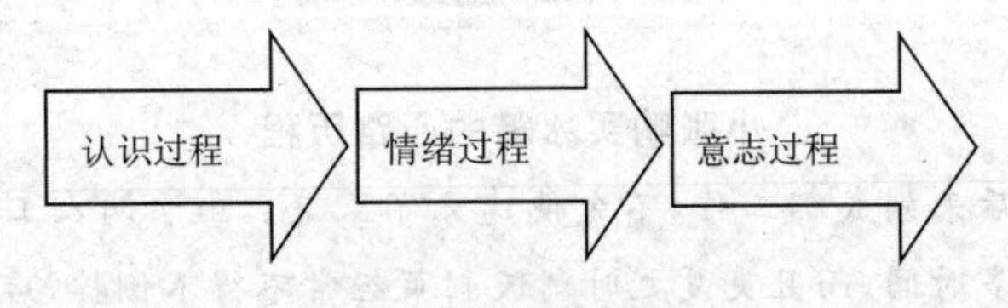

图3-1 消费者心理过程

消费者购买商品总是从对商品的认识过程开始的。对商品的认识过程是消费者购买行为形成的前提,也是消费者其他心理活动过程的基础。消费者通过大脑对外部信息加以接收、整理、加工、储存,从而形成对商品或服务的认知,这一过程即心理活动的认识过程。各种消费心理与行为现象,诸如消费动机的产生、消费态度的形成、购买过程中的比较等,都是以对商品的认识过程为先导的。

二、消费者的认识过程

认识过程不是单一的、瞬时的心理活动。消费者对商品的认识，通常是经过由现象到本质、由简单到复杂的一系列过程。例如，消费者接收到某种商品信息后，首先会对其颜色、形状、包装、说明等表层信息做出自觉反应，产生外部印象；其次集中注意力，进一步观察并了解该商品的内在质量和性能；最后运用已有的知识和经验，对已获得的商品信息进行分析、综合，去粗取精、去伪存真，并在此基础上得出对该商品全面、正确的认识及结论。因此，消费者对商品认识过程是通过感觉、知觉、记忆、想象、思维等心理机能的活动来实现的。这一认识过程可分为两个阶段，即消费者的认识形成阶段（感性认识阶段）和消费者的认识发展阶段（理性认识阶段），如图 3-2 所示。

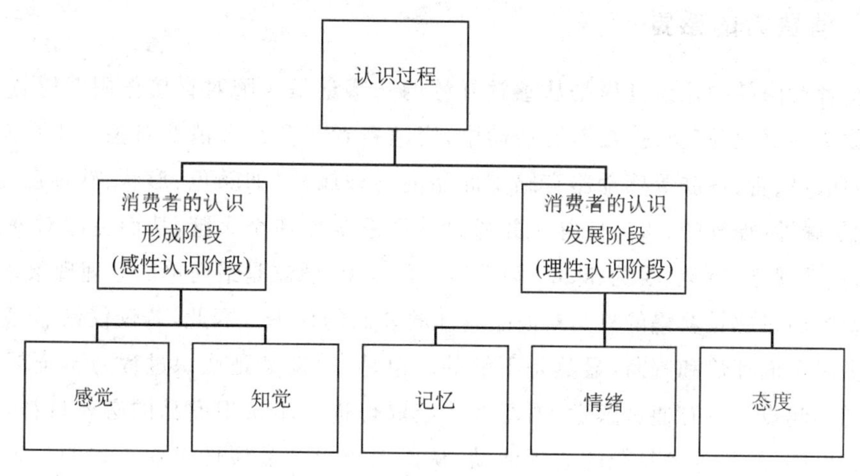

图 3-2　消费者的认识过程结构

感性认识阶段是消费者通过各种感官获得有关商品的信息及其属性资料的过程，主要包括感觉和知觉两种心理活动。理性认识阶段，主要是使消费者利用记忆、想象、思维等心理活动加深对商品的认识，完成认识的过程。

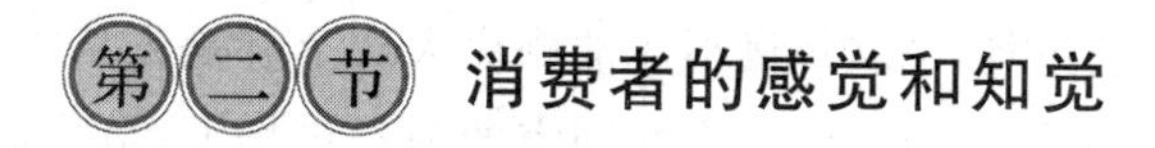

第二节　消费者的感觉和知觉

案例 3-2

史维哲·克拉克公司奶球糖的销售奇迹

史维哲·克拉克公司的奶球糖有“青少年电影糖果”的盛名。调查表明，奶球糖的最佳消费者是略微懂事的儿童（平均年龄 10 岁以下），在糖果购买方面显得机灵、谨慎、多疑。耐吃是小孩购买糖果品牌的重要选择。这一研究结果构成了史维哲·克拉克公司品牌重新定位的基石,他们的新糖果是装在盒子里而不是在包装纸中,每盒有15颗,小孩以将它们分开,慢慢地一个个吃。显然,与其他品牌相比,一盒奶球糖会吃得久一点。如果你想将一整盒奶球糖同时塞入口中,连嘴巴都合不上。新产品上市之后,奶球糖销售量迅速回升。接下来的几个月,公司的销售额超过了有史以来销售的总和。针对过去糖不耐吃的特点,克拉克公司延长了消费过程的时间知觉,成功地实现了品牌的重新定位。

资料来源:戴卫东.消费心理学[M].北京:北京大学出版社,2011.

消费者对商品的认识过程可分为两个阶段:感性认识阶段(消费者的认识形成阶段)和理性认识阶段(消费者的认识发展阶段)。感觉和知觉是感性认识阶段的重要内容。

一、消费者的感觉

消费者对商品的认识过程是从感觉开始的。感觉是人脑对直接作用于感觉器官的客观事物个别属性的反映。在消费活动中,当消费者与商品等消费对象发生接触时,会借助眼、耳、鼻、舌、皮肤等感觉器官感受商品的物理属性(如颜色、形状、软硬度、光滑度等)及化学属性(如气味、水溶性等),并通过神经系统传递至大脑,从而引起对商品的各种感觉,包括视觉、听觉、嗅觉、味觉、触觉等。可以说,感觉是最简单的心理现象。

消费者通过感觉获得的只是对商品属性的表面的认识。因此,若仅仅依靠感觉就想对商品做出全面评价和判断,显然是不够的。但是,感觉又是认识过程乃至全部心理活动的基础和起点。只有通过感觉,消费者才能取得进一步认识商品的必要材料,形成知觉、记忆、思维、想象等较复杂的心理活动,从而形成对商品属性全面正确的认识。也正是以感觉为基础,消费者才能在认识商品的过程中产生各种情感变化,确认购买目标,做出购买决策。反之,离开对消费对象的感觉,一切高级的心理活动都无从实现,消费者将失去与客观环境的联系,消费行为也无从谈起。

因此,有经验的商家在设计和宣传自己的产品时,总是千方百计地突出其特点,增强商品的吸引力,刺激消费者的感觉,加深消费者对商品的第一印象,使消费者产生"先入为主"的感觉。据专家研究,感觉还会导致流行的趋势。20世纪90年代初,无论在发达国家还是发展中国家的市场,消费风潮形成的顺序大致上都是先从听觉、视觉开始的,接着是触觉、味觉,最后是嗅觉。比如,在发达国家的消费市场上,最先形成收音机、电视机的热潮,然后出现奥黛丽·赫本发型、乞丐装的流行,接着出现喝保健饮料的风潮,最后才流行香水、清洁剂。据统计,人类对上述感觉的需求,以听、视觉为最高,约占80%,触觉占15%,而味、嗅觉仅占5%。

作为认识过程的心理机能之一,感觉有其特殊的表现形态和作用方式,具体包括感受性和感觉阈限、对比性、补偿性、联觉性等。

(一)感受性和感觉阈限

感受性是指感觉器官对刺激物的主观感受能力。它是消费者对商品、广告、价格等消费刺激有无感觉以及感觉强弱的重要标志。感受性通常用感觉阈限的大小度量。感觉阈限是指能引起某种感觉的持续一定时间的刺激量，如一定强度和时间的光亮、色彩、声音等。消费者感受性的大小主要取决于消费刺激物的感觉阈限值高低。一般来说，感觉阈限值越低，感受性就越大，感觉阈限值越高，感受性就越小，二者成反比关系。

消费者的每一种感觉都有两种感受性，即绝对感受性和相对感受性。在消费活动中，不是任何刺激都能引起消费者的感觉。要产生感觉，刺激物就必须达到一定的量。这种刚刚能够引起感觉的最小刺激量，称为绝对感觉阈限。对绝对感觉阈限或最小刺激量的觉察能力就是绝对感受性。绝对感受性是消费者感觉能力的下限。凡是没有达到绝对感觉阈限值的刺激物，都不能引起感觉。例如，若电视广告的持续时间少于 3 秒钟，就不会引起消费者的视觉感受。因此，要使消费者形成对商品的感觉，必须了解他们对各种消费刺激的绝对感受性和绝对感觉阈限值，并使刺激物达到足够的量。

当刺激物引起感觉之后，如果刺激的数量发生变化，但变化极其微小，则不易被消费者察觉。只有增加到一定程度时，才能引起人们新的感觉。例如，一种商品的价格上涨或下降 1%～2%时，消费者可能毫无察觉。但如果调幅达 10%以上，则会立刻引起消费者的警觉。这种刚刚能够觉察的刺激物的最小差别量，称为差别感觉阈限。而人们感觉最小差别量的能力即差别感受性。差别感觉阈限与原有刺激量的比值为常数，与差别感受性成反比。即原有刺激量越大，差别阈限值越高，差别感受性则越小；反之亦然。这一规律清楚地解释了一个带有普遍性的消费心理现象，即各种商品因效用、价格等特性不同，而有不同的差别阈限值，消费者也对其有不同的差别感受性。例如，一台计算机价格上调三五元乃至十几元，往往不为消费者所注意；而一碗拉面提价 5 角，消费者却十分敏感。了解消费者在不同商品质量、数量、价格等方面的差别感受性，对合理调节消费刺激量，促进商品销售具有重要作用。

（二）感觉对比性

同一感觉器官接受不同刺激会产生感觉的对比现象。不同感觉器官之间的相互作用，会引起感觉的增强或减弱。属性相反的两个刺激同时或者相继出现，在感觉上都倾向于加大差异。比如，白色对象在黑色背景中要比在白色背景中容易区分。因此，商家在广告设计或商品陈列中，要努力做到亮中取暗、淡中有浓、动中有静，这样有助于吸引消费者的注意力。

（三）感觉的补偿性

某种感觉有缺陷，可以由其他感觉来补偿。比如，一个苹果看上去有点粗糙，但吃起来却香甜可口。这一现象可以运用在商品销售策略上，增进消费者对商品的全面认识，增强消费者的购买信心，从而促进商品销售。

（四）感觉的联觉性

人体各感觉器官的感受性是相互影响、相互作用的，即一种感觉器官接受刺激产生感觉后，还会对其他感觉器官的感受性产生影响，这种现象就是联觉。消费者在同时接受多种消费刺激时，经常会出现由感觉间相互作用引起的联觉现象。例如，在优雅柔和的音乐声中挑选商品,对色泽的感受力会明显提高;进餐时,赏心悦目的菜肴会使人的味觉感受增强。除不同感觉器官之间的联觉外,同一感觉器官内不同部分的感受性也会发生联觉现象。

联觉对消费者行为有直接影响。热带国家某快餐店的墙壁原为淡蓝色,给人以凉爽宁静的感觉,顾客浅斟慢酌,影响了餐桌周转率。后来店主将墙壁刷成橘红色,顾客进店后感到燥热不安,吃完饭立刻离去,从此餐桌周转率明显提高。可见,巧妙运用联觉原理,可以有效地对消费者行为进行调节和引导。英国一家公司根据人的嗅觉位于大脑的情感中心,气味可以通过情感中心对人的态度和行为产生强烈影响的原理,专门为商店提供可以给人带来宁静感的气味,可诱使顾客延长停留时间,产生购买欲望。

二、消费者的知觉

市场中的消费者到处都受到来自外界环境的刺激,例如,广告或广告节目、商标、包装、服务等。这些刺激以光、声等形式作用于人的眼、耳等感官。眼、耳等有关感官便将外界对象的个别属性的信息传送到大脑,便产生了视、听等感觉。但是,这些原始的个别的感觉属性并不是我们实际上形成的那种有意义的和连贯的现实映象。因为大脑是在经过对来自各感受器的信息的加工之后,才形成知觉的。

如图3-3所示,我们直接看到了21片离散的图块,这是感觉到的东西。顺从这21片离散的图块,我们判断它画的是一只坐着的狗,这是从感觉信息中获得的知觉。

由此可见,在认识过程中,消费者不仅借助感觉器官对商品的个别属性进行感受,而且能将各个个别属性联系、综合起来,进行整体反映。这种人脑对直接作用于感觉器官的客观事物各种属性的整体反映,就是知觉(图3-4)。

图3-3 离散图块构成整体知觉

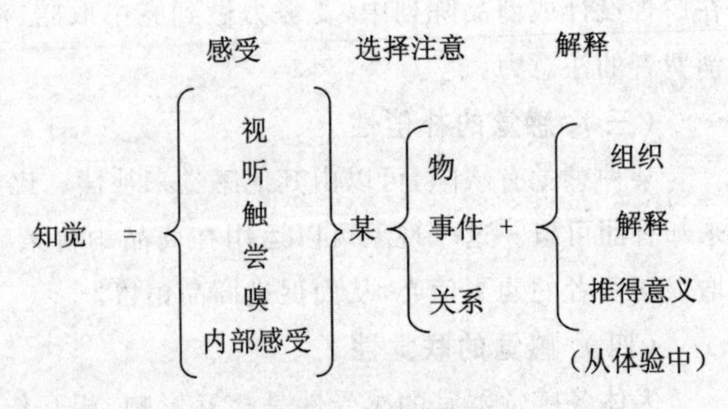

图3-4 知觉构成

知觉与感觉既紧密联系又相互区别,知觉必须以感觉为基础,因为任何客观事物都是由若干个别属性组成的综合体,事物的整体与其个别属性是不可分割的。

感觉是消费者一系列心理活动的最初阶段。任何消费者购买商品都要通过对自己的感觉(触觉、视觉、听觉、嗅觉、味觉)得到的印象进行综合分析,才能决定是否购买。因此,消费者的购买行为取决于他对商品引起刺激的知觉。进一步来说,一切产品的宣传,只有通过消费者的知觉,才能影响其购买行为。

而知觉所反映的是事物个别属性之间的相互联系,是建立在各个个别属性内在联系基础上的事物的完整映象。此外,知觉是在知识经验的参与下,对感觉到的信息加以加工和解释的过程。没有必要的知识经验,就不可能对客观事物的整体形象形成知觉。因此,知觉是比感觉更为复杂的心理活动,是心理活动的较高阶段。

消费者通常以知觉的形式直接反映商品等消费对象,而不是孤立地感觉它们的某个属性。例如,映象在人们头脑中的是苹果、皮箱,而不是红色、圆形,或黑色、长方形。因此,与感觉相比,知觉对消费者的影响更为直接,更为重要。知觉的形成与否决定消费者对商品信息的理解和接受程度;知觉的正误偏差制约着消费者对商品的选择与比较;经过知觉形成的对商品的认知,是购买行为发生的前提条件。

知觉是消费者对消费对象的主动反映过程。这一过程受到消费对象特征和个人主观因素的影响,从而表现某些独有的活动特性,具体表现在选择性、理解性、整体性、恒定性等方面。

(一) 知觉的选择性

鉴于人的感官和大脑接受与加工信息的能力有一定的限度,再加上众多心理因素(诸如兴趣、需要)的影响,从而使主体对外界信息的知觉表现不同的倾向性,个体只能对外界中的少数刺激进行感知。但是,消费者并非对所有刺激都做出反应,而是有选择地把其中一部分刺激作为信息加以接收、加工和理解,这种在感觉基础上有选择地加工处理信息并加以知觉的特性,即知觉的选择性。

决定知觉选择性的机制有三个:知觉的超负荷、知觉的感受性和知觉防御。

(1) 知觉的超负荷是指外来刺激超出个体在正常情况下所能接受的能力时,一部分刺激受到心理上的排斥。据资料显示,一位消费者在对某种商品做出购买决定时,尽管在那里有更多可供选择的商标,但一般也只考虑 7 个或者更少的商标。消费者对于每天数以百计的广告信息,知觉超负荷现象就更为严重。1969 年美国广告公司协会与哈佛大学联合进行过一次全国范围内的调查,目的在于了解消费者在半天内实际看到的广告数量。结果表明,大多数接受调查的消费者在半天内只注意了 11～20 幅广告。然而,一般成人半天内遇到的广告可能有 150 个。这说明看到广告与知觉到广告是两回事,而可回忆的广告数自然更少。

(2) 知觉的感受性或知觉的警戒是指个体对自认为有价值的或有兴趣的刺激表现出较高的感受性。这种情形在光顾商场时最容易发现。它一方面是和消费者的需要、兴趣等因素有关;另一方面也和市场信息容量、传递方式、沟通渠道等因素有关。比如,对于电子类的商品和广告,大人要比小孩子们更敏感;对于款式新颖的服装和化妆品之类的商品,女性比男性能更快地察觉到。因此,企业在向消费者提供商品信息时,其方式、方法、内容、数量等必须与消费者的文化水平、理解能力相适合,商品信息才能被迅速地、准确地理解和接受。

(3) 知觉防御是指个体对恐惧或者感到威胁的刺激倾向于回避、阻滞或反应缓慢。研究表明,被试者在一刹那间感知到的是那些自认为有价值的对象,而对恐惧性的对象则多数是视而不见的。防御心理也潜在地支配消费者对商品信息的知觉选择。当某种带有伤害性或于已不利的刺激出现时,消费者会本能地采取防御姿态,关闭感官通道,拒绝信息的输入。

(二) 知觉的理解性

知觉的理解性是指人们根据自己的知识和经验,对感知的事物进行加工分析,并用概念的形式把它们标示出来。知识经验在知觉理解中的作用主要通过概念和词语来实现。概念和词语是知觉对象的标志,如计算机、空调、汽车、软饮料等。人们借助于各种概念和词语的命名,把商品的个别属性联合成为整体。相反,如果缺乏必要的知识经验和相应的概念、词语,消费者就不能形成对商品的正确知觉。例如,20 世纪 70 年代以前,我国大多数消费者从未接触过冰箱、彩电、洗衣机、音响等家用电器,因而即使面对这些商品,也很难做出准确判断。消费实践和知识经验水平的不同,造成消费者之间在知觉理解能力和程度上的差异。知识经验的不足将直接导致消费者对商品的知觉迟缓和肤浅。

(三) 知觉的整体性

心理学研究表明,尽管知觉对象由许多个别属性组成,但是人们并不把对象感知为若干个相互独立的部分,而是趋向于把它知觉为一个统一的整体。在认知商品的过程中,消费者经常根据消费对象各个部分的组合方式进行整体性知觉。因为,通过整体知觉可以加快认知过程,同时获得稳定的心理感受。这一特性的具体表现形式有:①接近性——在空间位置上相互接近的刺激物容易被视为一个整体。例如,对于图 3-5 中的点,在知觉上倾向于按行构成图形,具体说知觉成 4 行,而很少会看成为 9 列。②相似性——刺激物在形状和性质上相似,容易被当作一个整体感知。例如,在图 3-6 中,三角形与三角形、圆形与圆形自然容易被聚集在一起。③闭锁性——刺激物的各个部分共同包围一个空间时,容易引起人们的整体知觉。图 3-7 是一些零散的线条,但是人们一眼便能看出它画的是什么东西,即产生一个完整的知觉。④连续性——当刺激物在空间和时间上具有连续性时,易被人们感知为一个整体。图 3-8 上的许多圆点,人们往往会看成由圆点组成的四条线。

除了根据消费对象各部分的组合方式进行整体认知外,知觉的整体性还表现在对消费对象各种特征的联系与综合上。人们通常把某种商品的商标、价格、质量、款式、包装等因素联系在一起,形成对该商品的整体印象。评价一家商店时,顾客依据的也不是某一单项因素，而是对商品种类档次、服务质量、购物环境、企业信誉等多种因素加以综合考虑。知觉的整体特性使消费者能够将某种商品与其他商品区别开来，当环境变化时，可以根据消费对象各种特征间的联系加以识别和辨认，从而提高知觉的准确度。

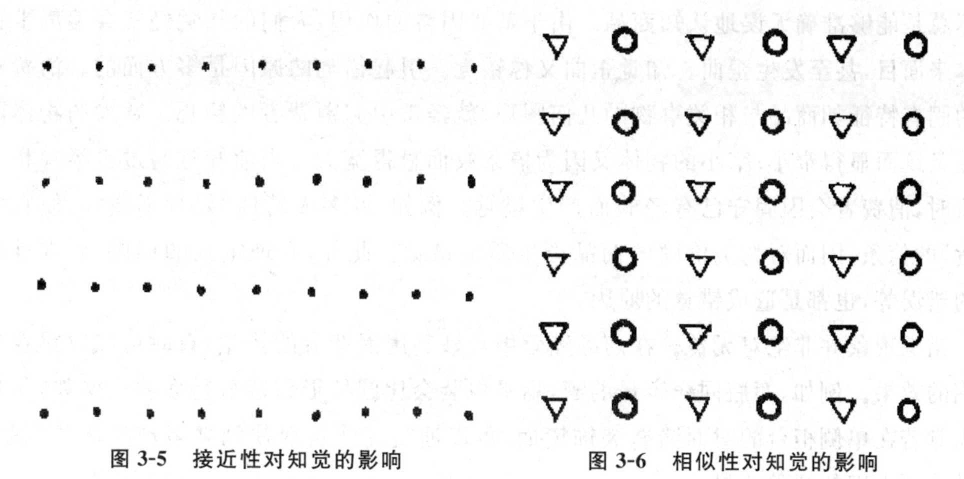

图 3-5　接近性对知觉的影响　　　　图 3-6　相似性对知觉的影响

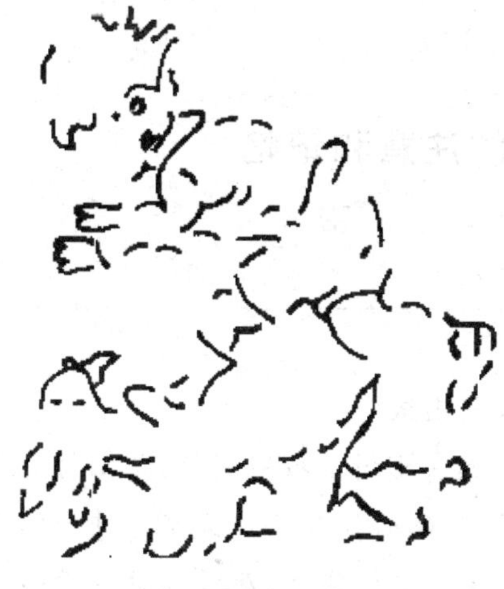

图 3-7　看看画的是什么

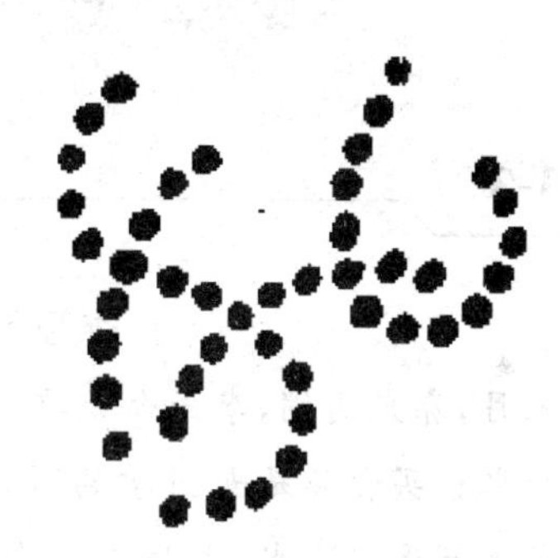

图 3-8　连续性对知觉的影响

（四）知觉的恒定性

知觉的恒定性，即在知觉过程中，由于距离、照明度、缩影比例等变化而人们知觉事物本身的特征保持相对恒定性。比如饮料企业的商标会出现在商品的包装上，也可能会出现在电视广告中、商场的宣传物品中、展销会的气球上以及该企业的运输工具上，即使该商标的形状、大小甚至颜色不同，人们仍然会把它们看成同一企业的商标。

知觉的恒定特性为商业设计大大扩展了空间，产生了更丰富的设计方式。比如，为了统一企业形象，我们提倡 CI 设计的思想，即要求企业的商标与形象设计保持统一，同时为了丰富 CI 设计的形象，可以使每一种标志的形状或大小产生一定程度的变化，避免商业设计中单调的重复与呆板。知觉的恒定性可以增加消费者选择商品的安全系数，减少购买风险，但同时也容易导致消费者对传统产品形成心理定式，阻碍新产品的推广。

三、错觉

知觉的上述特性为消费者正确全面地感知商品提供了保障。但是现实当中,消费者并不总是能够准确无误地认知商品。由于某些因素的作用,人们的知觉经常会偏离事物的本来面目,甚至发生歪曲。知觉歪曲又称错觉。引起错觉的原因是多方面的。消费对象的固有特征如商品与相关事物的几何图形,就经常引起消费者的错觉。宽大的物体因为竖条纹而显得窄小;窄小的物体又因为横条纹面显得宽大。当前知觉与过去经验相互矛盾时,消费者会因固守已有经验而产生错觉。例如,许多人笃信"好货不便宜,便宜没好货"的信条,因而对物美价廉的商品产生质量错觉。此外,心理定式的形成、思维推理上的错误等,也都是造成错觉的原因。

错觉现象并非绝对无益。在商品经营中巧妙利用消费者的错觉,有时可以取得意想不到的效果。例如,两瓶同样容量的酒,扁平包装会比圆柱形包装显得多些。又如,狭长形店堂若在单侧柜台的对面墙壁装饰镜面,可以通过光线折射使消费者产生店堂宽敞、商品陈列丰满的视觉效果。

消费者的注意和记忆

案例 3-3

李强为什么买农夫山泉

阳春三月,春光明媚,李强今天要和同学们一起去春游。按照惯例,他们得先去超市买些食品和水。买食品是女同学的事,不用他操心,他的任务就是买水。过去他们一直买娃哈哈或乐百氏纯净水,因为这两个品牌的纯净水价格便宜,质量又让人放心。但是今天,站在货架前,他迟疑了。因为当他看见农夫山泉矿泉水时,想起了前几天从电视上看到的农夫山泉的"阳光工程",即消费者每买一瓶矿泉水,公司就会将销售款中的一分钱捐给"希望工程"。李强眼前顿时浮现出"希望小学"那些可爱的孩子们和他们那一双双渴望知识的眼睛。于是,他毫不犹豫地买下了一箱农夫山泉矿泉水。

广告给消费者李强带来的感觉和留下的记忆,使他迅速地做出了购买决定,同时也产生了美好的联想。

资料来源:刘志友,聂旭日.消费心理学[M].大连:大连理工大学出版社,2007.

一、消费者的注意

在复杂的消费活动中,消费者经常需要把感知力、记忆力、思考力集中在某个特定的消费对象上。这种把心理活动指向并集中于特定对象的现象就是注意。与认识过程的其他心理机能不同,注意不是一个独立的心理活动,而是各个心理机能活动的一种共有状态或特性。这一特性主要体现在指向性和集中性两方面。注意的指向性表现为心理活动不是同时朝向一切对象,而是有选择、有方向地指向特定的客体。集中性则指心理活动能在特定的选择和方向上保持并深入下去,同时对一切不相干因素予以排除。指向性和集中性相互联系,密不可分。正是在二者的共同作用下,人们才能在感觉、知觉、记忆、思维,以及情感、意志等活动中,有效地选择少数对象,对它做出深刻、清晰、完整的反应。

(一) 注意的功能

作为心理活动的一种共同特性,注意在消费者认知商品的过程中具有一系列重要功能。

1. 选择功能

选择功能即选择有意义的、符合需要的消费对象加以注意,排除或避开无意义的、不符合需要的外部影响或刺激。面对浩如烟海的商品世界,消费者不可能同时对所有对象做出反应,只能把心理活动指向或集中于少数商品或信息,将它们置于注意的中心,而使其他商品或信息处于注意的边缘或注意的范围以外。这样,消费者才能清晰地感知商品,深刻地记忆有关信息,集中精力进行分析、思考和判断,在此基础上做出正确的购买决策。反之,没有注意,消费者的心理活动就会陷入茫然无绪的状态。

2. 维持功能

维持功能即把对选择对象的心理反应保持在一定方向上,并维持到心理活动的终结。由于注意的作用,消费者在对消费对象做出选择后,能够把这种选择贯穿于认知商品、制定决策乃至付诸实施的全过程中,而不致中途改换方向和目标,由此使消费者心理与行为的一致性与连贯性得到保证。

3. 加强功能

加强功能即排除干扰,不断提高消费者心理活动的强度与效率。在注意的情况下,消费者可以自动排除无关因素的干扰,克服心理倦怠,对错误和偏差及时进行调节和矫正,从而使心理活动更加准确和高效率地进行。例如,在注意感知时,消费者对商品的感受性会大大增强,产生错觉的可能性则有所降低。

(二) 注意的形式和特征

消费者在认知商品的过程中,往往表现不同的注意倾向。有的漫无目的,有的目标专一;有时主动注意,有时被动注意。根据消费者有无目的以及是否需要意志努力,可以将注意分为无意注意、有意注意、有意后注意三种形式。

1. 无意注意

无意注意又称随意注意,是没有预定目的,不加任何意志努力而产生的注意。消费者在无目的地浏览、观光时,经常会于无意之中不由自主地对某些消费刺激产生注意。

刺激物的强度、对比度、活动性、新异性等,是引起无意注意的主要原因,例如包装色彩鲜艳的商品、散发诱人香味的食物、形体巨大的广告牌、与背景反差明显的商品陈列、不停旋转的电动器具、闪烁变换的霓虹灯、造型或功能奇特的新产品等,都会因其本身的独有特征形成较强的刺激信号,引起消费者的无意注意。此外,消费者的潜在欲望、精神状态等,也是形成无意注意的重要诱发条件。

2. 有意注意

有意注意又称随意注意,是有预定目的、需要经过意志努力而产生的注意。在有意注意的情况下,消费者需要在意志的控制之下,主动把注意力集中起来,直接指向特定的消费对象。因此,有意注意通常发生在需求欲望强烈、购买目标明确的场合。例如,急需购买某名牌计算机的消费者,会刻意寻找、搜集有关信息,并在众多的品牌中,把注意力直接集中于所期望的品牌。这期间需要消费者付出意志努力,采取积极主动的态度,克服各种困难和障碍。与无意注意相比,有意注意是一种更高级的注意形态。通过有意注意,消费者可以迅速地感知所需商品,准确地做出分析判断,从而缩短对商品的认知过程,提高购买效率。

3. 有意后注意

有意后注意又称随意后注意,是指有预定目的,但不经意志努力就能维持的注意。它是在有意注意基础上产生的。消费者对消费对象有意注意一段时间后,逐渐对该对象发生兴趣,即使不进行意志努力,仍能保持注意,此时便进入有意后注意状态。在观看趣味性、娱乐性广告或时装表演时,人们就经常会出现有意后注意现象。这种注意形式可使消费者不致因过分疲劳而发生注意力转移,并使注意保持相对稳定和持久。但通常只发生在消费者感兴趣的对象或活动中。

以上三种注意形式并存于消费者的心理活动中。它们既相互交替,又相互转化,如无意注意可以转化为有意注意,有意注意进一步发展便转化为有意后注意。在交替与转化中,三种注意形式共同促进消费者心理活动的有效进行。

在消费过程中,消费者的注意经常表现出一系列活动特征,诸如范围、分配、紧张、分散、稳定、转移等。

注意的范围是指消费者在同一时间内所能清楚地把握消费对象的数量。在多个消费对象中,人们往往只能同时注意到少数几个对象。实验表明,成人在1/10秒的时间内能注意到4～6个彼此不联系的物体或符号,儿童只能注意2～3个。但是,如果消费对象的位置集中,彼此具有内在联系,消费者注意的范围会扩大。

注意分配是指消费者能在同一时间内把注意分配到两种或两种以上的消费对象或活动上。例如,在注意倾听广播广告的同时,又在注意观察某种商品。注意分配的重要条件是,在同时存在的两种以上的对象中,只能有一种是消费者不太熟悉的,需要集中注意感知或思考,其他则相对熟悉或了解,无须过分注意。

注意紧张是指消费者集中注意一定对象时聚精会神的程度。当消费者进入紧张注意状态时,他的意识中会极其清晰和鲜明地反映这一对象。同时,其他对象将远离注意中心。此时,消费者的注意范围和注意分配能力都有所降低,但是注意的效果将明显提高。

长时间、高度的紧张注意会引起疲劳,注意力便趋向于分散。注意力分散是指消费者无法控制或集中自己的注意力。这种情况通常发生在生理疲劳、情绪激动或意志薄弱的消费者身上。当处于注意力分散状态时,消费者对商品的感知和思考能力都会大大降低。

注意的稳定是指消费者在一定时间内把注意力保持在某一消费对象或活动上。稳定是与分散相反的注意状态。显然,当消费者稳定地保持注意力时,他对商品的了解将更加全面、深入。能否保持注意的稳定与消费对象是否单调枯燥有关,但更取决于消费者的主观状态和意志努力。

注意转移是指消费者根据新的消费目标和任务,主动把注意力从一个对象转移到另一个对象上。转移注意力是一种有意识的、需要意志加以控制的注意状态,它要求消费者具备较高的灵活性和适应性。如果能迅速、自如地转移注意力,将有助于消费者更好地适应外部环境,高效率地从事消费活动。

以上各种特征表明,注意在消费者的心理活动中具有重要作用。它既可以维持或加强心理活动的强度,也可以降低或减弱心理活动的效率。为此,在商品设计、包装、广告宣传等营销活动中,应有针对性地采取多种促销手段,以引起和保持消费者的有效注意。

(1) 通过增加消费刺激强度引起消费者的无意注意。无意注意是有意注意的先导。许多消费者都是在无意注意的基础上对某种商品产生有意注意,进而引发购买行为的。因此,通过增加消费刺激的强度,诸如商品的色泽明艳度、款式新奇度、广告的音频高度、构思巧妙程度等,来提高消费者感觉器官的感受性,可以在更大范围内促进无意注意的产生。

(2) 通过明确消费目标,培养间接兴趣,维持消费者的有意注意。有意注意是促进消费者购买的直接条件,是各种注意形态中最有意义的一类。但有意注意的形成不完全取决于消费对象的刺激强度,而主要取决于预先拟定的消费目标。显然,消费目标越明确,有意注意的形成就越顺利。为此,广泛利用各种宣传媒体,帮助消费者在充分了解商品的基础上明确目标,不失为赢得消费者有意注意的有效途径。此外,无意注意以直接兴趣为基础,即消费对象具有趣味性,对消费者具有强烈的吸引力。而有意注意以间接兴趣为基础,即消费对象本身缺乏吸引力,消费者的主要兴趣在于消费者活动的结果。由此,充分展示商品效能和使用效果,增强消费者的间接兴趣,也是维持有意注意的重要途径。

(3) 消费者自觉排除外部干扰,加强意志努力,是从主观方面保持注意稳定和集中的重要条件。随着市场竞争的加剧,消费者在把注意指向某商品时,经常受到其他消费刺激的干扰,造成注意力分散和非主动转移。这就需要消费者增强自我控制能力,通过意志努力使注意力保持在稳定状态。就经营者而言,也应力求突出商品的独特性,采取多样化的促销手段,帮助消费者克服无关因素的干扰,尽快由有意注意转入无须意志努力即可保持相对稳定的有意后注意状态。

二、消费者的记忆

(一) 记忆的概念

记忆是过去经验在人脑中的反映。具体地说,是人脑对感知过的事物、思考过的问题或理论、体验过的情绪或做过的动作的反映。与感知相同,记忆也是人脑对客观事物所做的反映活动。二者的区别在于,感知是人脑对当前直接作用的事物的反映,而记忆是人脑对过去经验的反映。也就是说,记忆中保留的映象是人的经验。

记忆是人脑的重要机能之一,也是消费者认识过程中极其重要的心理要素。在消费实践中,消费者感知过的广告、使用过的商品、光顾过的商店、体验过的情感以及操作过的动作等,在经过之后,并非消失得无影无踪,而是在大脑皮层留下兴奋过程的印迹。当引起兴奋的刺激物离开之后,在一定条件影响下,这些印迹仍然能够重新活跃起来。这样消费者就能重新再现已经消失的消费对象的表象。表象即过去感知过的事物在头脑中再现的形象。

记忆在消费者的心理和行为活动中具有重要作用。经验的逐渐积累推动了消费者心理的发展和行为的复杂化;反之,离开记忆则无法积累和形成经验,也不可能有消费心理活动的高度发展,甚至连最简单的消费行为也难以实现。例如,如果丧失对商品外观、用途或功效的记忆,消费者再次购买同一商品时,将无法辨认并进一步做出正确的判断和抉择。

记忆作为人脑对客观事物的一种反映形式,其生理基础是大脑神经中枢对某种印迹的建立和巩固。人类在长期进化的过程中形成了惊人的记忆能力。人脑可以储存大量的信息,容量大约相当于人能将地球上所有的文字知识信息全部接收下来,记忆下来。因此,记忆的容量是十分巨大的。而且,它保存的时间也很长。有的商家或广告制作人认为,消费者是非常健忘的,几乎什么都记不住。实际上,对于消费者来说,不是能否记住的问题,而是如何根据人的记忆规律,赋予消费对象以鲜明特征,把不好记忆的变为好记忆的,不便回想的变为便于回想的,短时记忆变为长久记忆,使消费者能够很快地、更多地和长时间地记住有关商品信息。

(二) 记忆的过程

消费者对过去经验的反映,是要经历一定过程的。心理学研究表明,这一过程包括识记、保持、回忆、再认等几个基本环节。

1. 识记

识记是一种有意识地反复感知,使客观事物的印迹在头脑中保留下来,成为映象的心理过程。整个记忆过程是从识记开始的,它是记忆过程的第一步。根据消费者在识记时是否有明确目的,又分为无意识记和有意识记。

（1）无意识记是事先没有明确目的，也没有经过特殊的意志努力的识记。当消费者随意浏览杂志、阅读报纸或观看电视时，虽然没有明确的目的和任务，也没有付出特别的努力，但某些广告或电视的内容却可能被自然而然地识记下来，这就是无意识记。无意识记具有很大的选择性。一般来说，那些适合消费者个人需要、兴趣、偏好，并且能激起情绪或情感反应的消费信息，给人的印象深刻，往往容易被消费者无意识记。

（2）有意识记是有预定目的，并经过意志努力的识记。例如，要购买小汽车的消费者，对各种汽车的品牌、性能、质量、价格、外观等特性，均需进行全面了解和努力识记。可见，有意识记是一种复杂的智力和意志活动，要求有积极的思维参与和意志努力。消费者掌握系统的消费知识和经验，主要依靠有意识记。

根据所识记的材料有无意义和识记者是否理解其意义，可以分为机械识记和意义识记。

（1）机械识记是在对事物没有理解的情况下，依据事物的外部联系机械重复所进行的识记。例如，没有意义的数字、生疏的专业术语等。机械识记是一种难度较大的识记，容易对消费者接收信息造成阻碍。因此，企业在宣传产品、设计商标或为产品及企业命名时，应当坚持便于消费者识记的原则。例如，20 世纪 30 年代上海祥生出租汽车公司成立之初无人问津，后来不惜重金买到一个“40000”的电话号码。这个电话号码非常好记，对公司开展电话叫车业务起到举足轻重的作用。

（2）意义识记是在对事物理解的基础上，依据事物的内在联系所进行的识记，它是消费者通过积极的思维活动，揭示消费对象的本质特征，找到新的消费对象和已有知识的内在联系，并将其纳入已有知识系统中来识记的。运用这种识记，消费者对消费对象的内容形式容易记住，保持的时间较长，并且易于提取。大量的实验表明，以理解为基础的意义识记，在全面性、速度、准确性和巩固性方面，都比机械识记优越得多。

2. 保持

保持是过去经历过的事物映象在头脑中得到巩固的过程。但巩固的过程并不是对过去经验的机械重复，它是对识记的材料进一步加工、储存的过程。即使是储存的信息材料也不是一成不变的。随着时间的推移和后来经验积累，保持的识记在数量和质量上会发生某些变化。一般来说，随着时间的推移，保持量呈减少的趋势，即人们对其经历过的事物总是要忘掉一些的。此外，储存材料的内容、概要性、完整性等，也会发生不同程度的改变。

识记保持的数量或质量变化有的具有积极意义，例如消费者在识记商品的过程中，逐渐了解并概括出商品的基本特性，对无关重要的细节忽略不计，从而把相关必要信息作为经验在头脑中储存起来；但有的变化也会产生消极作用，例如把主要的内容遗漏，或者歪曲了消费对象的本来特征。后者主要表现为遗忘。

3. 回忆

回忆又称重现，是将不在眼前的、经历过的事物表象在头脑中重新显现的过程。例如,消费者购买商品时,往往把商品的各种特点与在其他商店见到的或自己使用过的同类商品在头脑中进行比较,以便做出选择,这就需要回想。这个回想过程就是回忆。

根据回忆是否有预定目的任务,可以分为无意回忆和有意回忆。无意回忆是事先没有预定目的,也无须意志努力的回忆。有意回忆则是有目的的、需要意志努力的回忆。例如,消费者在做出购买决策时,为慎重起见,需要努力回忆以往见过的同类商品或了解到的有关信息。

消费者对消费信息的回忆有直接性和间接性之别。直接性就是由当前的对象唤起旧经验。例如,一见到瑞士雷达表广告,就想起过去了解的瑞士钟表技术及各种溢美之词。这种直接的回忆或重现有时比较容易。所谓间接性,即要通过一系列的中介性联想才能唤起对过去经验的回忆。例如,购买卡西欧计算器,消费者一时想不起卡西欧的品牌,通过阿童木的卡通形象则可能很快回想起来。这种回忆有时需要较大的努力,经过一番思索才能完成。这种情况称为追忆。运用追忆的心理技巧,如提供中介性联想,利用再认来追忆,或暂时中断追忆等,有助于帮助消费者迅速回忆起过去的经验。

4. 再认

对过去经历过的事物重新出现时能够识别出来,就是再认。例如,消费者能够很快认出购买过的商品、光顾过的商店、观看过的广告等。一般来说,再认比重现简单、容易,能重现的事物通常都能再认。

上述四个环节彼此联系,相互制约,共同构成消费者完整统一的记忆过程。没有识记就谈不上对消费对象内容的保持;没有识记和保持,就不可能对接触过的消费对象回忆或再认。因此,识记和保持是再认和回忆的前提,而回忆和再认则是识记与保持的结果及表现。同时,通过再认和回忆还能进一步巩固加强对消费对象的识记和保持。消费者在进行商品选择和采取购买行动时,就是通过识记、保持、回忆和再认反映过去的经历和经验的。

(三) 消费者记忆的类型

消费者的记忆有多种不同类型。

1. 根据记忆内容或映象的性质分类

根据记忆内容或映象的性质,可以分为形象记忆、逻辑记忆、情绪记忆和运动记忆。

(1) 形象记忆是指以感知过的消费对象的形象为内容的记忆,例如对商品形状、大小、颜色的记忆。心理学研究表明,人脑对事物形象的记忆能力往往强于对事物内在逻辑联系的记忆,二者的比例约为1000∶1。所以,形象记忆是消费者大量采用的一种主要记忆形式,其中视觉形象记忆和听觉形象记忆起主导作用。

(2) 逻辑记忆是指以概念、判断、推理等为内容的记忆。例如,关于商品质量、功能、质量标准、使用效果测定等的记忆。这种记忆是通过语言的作用和思维过程来实现的。它是人类所特有的,是具有高度理解性、逻辑性的记忆,是记忆的较高级形式。但因对消费者的逻辑思维能力要求较高,在传递商品信息时要酌情慎用。

(3) 情绪记忆是以体验过的某种情绪为内容的记忆。例如，对过去某次购物活动的喜悦心情或欢乐情境的记忆。这种形式在消费者的记忆过程中经常使用，它可以激发消费者重新产生过去曾经体验过的情感，成为出现某种心境的原因。这种记忆的印象有时比其他记忆的印象更为持久，甚至终生不忘。因此，在商品宣传时，恰当调动消费者的情感体验，可以使之形成深刻的情绪记忆。

(4) 运动记忆是指以做过的运动或动作为内容的记忆。例如，消费者对在超级市场购买商品的过程，即由进场挑选到成交结算的动作过程的记忆。运动记忆对于消费者形成各种熟练选择和购买技巧是非常重要的。

人类的记忆力十分惊人。据专家统计，人脑可容纳 10^{35} 比特的记忆的单位。记忆在消费者的心理活动中起着极其重要的作用，它在一定程度上决定着消费者的购买行为。因此，作为生产者和经营者，就应当在市场营销活动中运用记忆对消费者购买行为的影响。比如，商品的设计和包装要便于消费者的形象记忆，商品的排列和柜台的布置要便于消费者的逻辑记忆，营销人员的服务态度要诱发消费者的情感记忆。

2. 根据记忆保持时间或记忆阶段分类

根据记忆保持时间或记忆阶段，可以分为瞬时记忆、短时记忆和长时记忆。

(1) 瞬时记忆也叫感觉记忆。它是极为短暂的记忆。据研究，视觉瞬时记忆在 1 秒以下，听觉瞬时记忆在 5 秒以下。瞬时记忆的特点是，信息的保存是形象的，保存的时间很短，且保存量大。消费者在商店等购物场所同时接收到大量的消费信息，但多数呈瞬时记忆状态。在瞬时记忆中呈现的信息如果没有受到注意，就会很快消失。如果受到注意就转入短时记忆。

(2) 短时记忆的信息在头脑中储存的时间长些，但一般不超过 1 分钟。例如，消费者对广告上出现的某生产厂家电话号码边看边记，依靠的就是短时记忆。如果不重复，短时记忆的信息在 1 分钟内就会衰退或消失。此外，短时记忆的容量也不大。因此，在告知消费者数字、符号等机械性信息时，不宜过长或过多。

(3) 长时记忆是指 1 分钟以上，直至数日、数周、数年，甚至保持终生的记忆。与短时记忆相比，长时记忆的容量是相当大的，并且是以有组织的状态储存信息。长时记忆对消费者知识和经验的积累具有重要作用，它会直接影响消费者的购买选择和决策。就企业而言，运用各种宣传促销手段的最佳效果，就是使消费者对商品品牌或企业形象形成长时记忆。

在了解消费者记忆类型及其特点的基础上，企业在传递商品信息时，首先要考虑消费者接受信息的记忆极限问题，尽量把输出的信息限制在记忆的极限范围内，避免因超出相应范围而造成信息过量，使消费者无法接受。例如，在电视的“5 秒标版广告”中。播出的信息应尽量安排在 7～8 个单位内，超出这一范围，就会大大降低广告的宣传效果。其次，从记忆类型的效果看，情绪与情感因素对记忆效果的影响最为明显。消费者在愉快、兴奋、激动的情绪状态中，对商品及有关信息极易形成良好、鲜明、深刻的记忆表象，并将这一表象保持较长时间。在适当环境下,消费者也会迅速回忆和再认原有表象及情绪体验。例如,消费者在某商店受到售货员热情周到的服务,由此形成良好的心理感受,这一感受会长久地保存在他的记忆中。所以,企业在营销活动中应特别注重发挥情绪记忆的作用,如在广告和公共关系活动的创意设计中,就可以利用情感性的诉求手段来加强消费者对企业与商品的良好印象。

(四)消费者的遗忘

在消费实践中,无论何种类型的记忆都难以做到永远保持。这是由于在记忆过程中存在着另一个重要的心理机制,即遗忘。对识记过的事物不能再认或回忆,或者表现为错误的再认或回忆,称为遗忘。遗忘是和记忆保持相反的过程,其实质是由于不使用或受别的学习材料的干扰,导致记忆中保持的材料丧失。遗忘可能是永久性的,即不再复习时就永远不能再认或重现。例如,许多文字或电视广告,倘若不加注意和有意识记,很可能会完全忘记。但遗忘也可能是暂时的,消费者叫不出熟悉商品的名称,想不起使用过商品的操作程序,都属于暂时性的遗忘。

关于消费者遗忘的原因,有关学者提出两种假设,即衰退说和干扰说。衰退说认为遗忘是由于记忆痕迹得不到强化而逐渐减弱、衰退以至消失的结果。干扰说则认为遗忘是因为在学习和回忆之间受到其他刺激干扰的结果。他们认为记忆痕迹本身不会变化,它之所以不能恢复活动,是由于存在干扰。干扰一旦被排除,记忆就能恢复。这个学说最有力的证据就是前摄抑制和后摄抑制。前摄抑制是指先前学习的材料对后学习材料的干扰作用。后摄抑制是后学习的材料对先前学习材料的干扰作用。在消费活动中,前摄抑制和后摄抑制的影响是十分明显的。消费者在连续接收大量消费信息后,往往对开始和最后的信息记忆深刻,中间内容则记忆不清。

消费者的遗忘是有规律的。根据心理学家艾宾浩斯的研究,消费者的遗忘过程的曲线大致如图 3-9 所示。

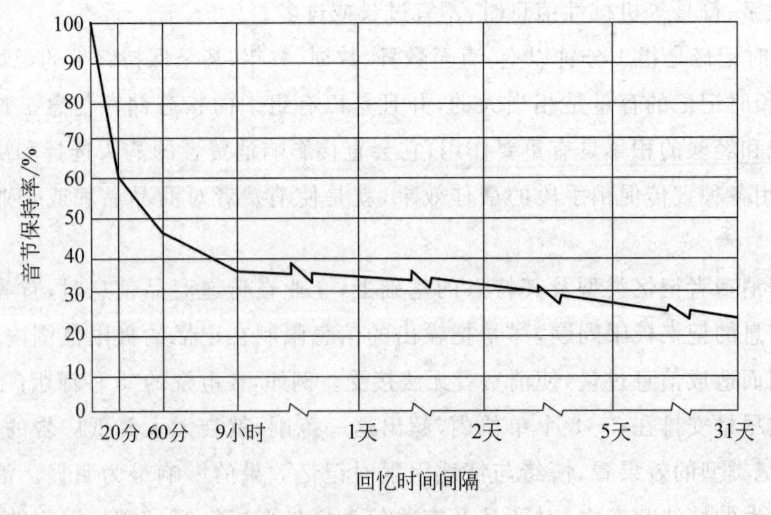

图 3-9 遗忘曲线

从遗忘曲线中可以看出，消费者在识记后保持在头脑中的材料随时间的推移而递减，这种递减在识记后的短时间内特别迅速，即遗忘较多。一项实验表明，某广告最后一次重复之后，只相隔4个星期，消费者记住它的百分数就下降了50%。此后，随着时间的推移，遗忘的速度缓慢下来，保持渐趋稳定地下降。也就是说，遗忘的进程是先快后慢。了解消费者遗忘的这一规律，对于企业有针对性地采取措施，帮助消费者减少遗忘，保持有效记忆，具有重要启示。

（1）由于独特的、不寻常的信息较少受遗忘的干扰，具有更大的记忆潜力，因此，广告必须具有鲜明的主题和特色。

（2）由于呈现信息的顺序会影响对它的保持，比如信息的中间部分最容易遗忘，因此在提供消费信息时，应尽可能将最重要的部分放置在开头或结尾，以免出现前摄抑制和后摄抑制。

（3）由于重复可以增加信息在短时记忆中停留的机会，不断地重复还有助于将短时记忆转化为长时记忆，所以在传递消费信息时，应尽可能多次重复有关内容，但应注意表现形式的多样化和重复时间的间隔性与节奏性，避免引起消费者的乏味和厌烦情绪。

（4）遗忘的恢复依赖于某些线索，这些线索反过来又会促进对识记材料的回忆。为此，商品的包装、陈列以及广告设计等都应考虑利用相同的线索帮助消费者回忆已经遗忘的信息材料。

消费者的情绪和意志

案例 3-4

用情感创造市场

20世纪80年代初，一种名叫“椰菜娃娃”的布娃娃在美国风靡一时，成为家喻户晓的“人物”，并成为连环画的主角，甚至被人们视为“爱”的象征。这种由美国克莱克公司推出的布娃娃不是像别的玩具娃娃那样放在商店的货架上，而是放置在小巧精致的婴儿床里，并附有“出生”证明，上面清楚地标着姓名、性别、出生年月、出生地点，让富有爱心的小朋友来“领养”而不是购买，这种别具匠心、充满感情色彩的布娃娃很快得到了孩子们的喜爱。于是出现了万人抢购的空前盛况，以致供不应求。

这一切应归功于该公司的成功策划。1982年年底，公司有关人员偶然接触到一些领养孩子的父母，这些领养者提示他们，赋予普通布娃娃以生命和感情色彩，将有助于培养孩子的爱心和责任感，同时也易于受到不同肤色、种族儿童的喜爱——因为孩子们总是充满爱意。正是这个有益的启示，使克莱克公司的决策者形成对椰菜娃娃的最初设想，并由此引发了美国玩具史上规模最大的一次促销活动。

1982年岁末,克莱克公司市场部、公共关系部和公司最高领导人会同爱德华广告公司、威纳尔公共关系公司的顾问一起制订了椰菜娃娃的周密促销计划。该项计划的主要内容包括以下四个方面。

(1) 对椰菜娃娃的销售方式进行认真的分析研究,设计供顾客"认领"的最佳方案;

(2) 尽可能地让玩具经销商们了解椰菜娃娃的性能和特点,提高他们的营销兴趣;

(3) 把有子女和多子女家庭作为营销的主要目标,唤起他们的购买愿望,并力争在圣诞节前夕掀起一个销售高潮;

(4) 在促销过程中,突出宣传认领卡片,使顾客充分认识椰菜娃娃的与众不同之处。

此外,为充分体现设计思想和销售宗旨,公司还编写了《椰菜娃娃父母领养指南》及其他辅助性宣传材料。

1983年2月,在纽约市举行的玩具交易会上,椰菜娃娃正式亮相。在此次交易会上,人们纷纷为一个憨态可掬、惹人喜爱、躺在模拟的婴儿室的小床上的布娃娃所吸引。敏感的新闻媒体及时予以关注,各主要报刊均对此作了连续报道。一时间,椰菜娃娃为世人瞩目,销售量大增。公司还邀请新闻媒体工作者聚会,进行适当宣传。这种销售方式也引起一些教育家和心理学家们的称赞,认为这些可爱的布娃娃在教孩子们学做父母、锻炼自我、关心爱护他人等方面能够发挥积极作用。这更加促进了椰菜娃娃的销售,美国肯萨斯城一名急于为孩子们购买椰菜娃娃的顾客,在当地商品脱销之后,甚至不惜专程乘飞机到外地去"领养"椰菜娃娃。而卡特宝石店的老板则在椰菜娃娃的身上镶嵌贵重的钻石,专卖给那些出手大方、喜好猎奇的富翁们。

资料来源:顾文钧. 顾客消费心理学[M]. 上海:同济大学出版社,2011.

消费者的心理活动是一个完整的过程,其中除认识过程外,还包括情绪过程和意志过程。情绪和意志是两种相对独立的心理要素,有各自独特的作用机制和表现形式,并在消费者的心理与行为活动中发挥特殊的影响和制约作用。

一、消费者的情绪过程

(一) 情绪与情感

情绪或情感是人们对客观事物是否符合自己的需要时产生的一种主观体验。消费者在从事消费活动时,不仅通过感觉、知觉、注意、记忆等认识了消费对象,而且对它们表现一定的态度。根据其是否符合消费主体的需要,消费者可能对其采取肯定的态度,也可能采取否定的态度。当采取肯定态度时,消费者会产生喜悦、满意、愉快等内心体验;当采取否定态度时,则会产生不满、忧愁、憎恨等内心体验。这些内心体验就是情绪或情感。

情绪或情感是一种十分复杂的心理现象。它包括五种基本类别:①喜、怒、哀、乐等经常出现的基本情绪;②痛楚、压迫等纯粹由感观刺激引起的情绪;③自信、羞辱等与自我评价有关的情绪;④爱、憎等与人际交往有关的情绪;⑤理智感、荣誉感、美感等与意识有关的情绪或情感。以上各种类别在消费者的情绪过程中都有不同形式的表现。

情绪或情感是人对客观事物的一种特殊反映形式，它的发生与认识过程一样，源于客观事物的刺激。当刺激达到一定强度时，便会引起人的相应体验，从而产生各种情绪反应。这些情绪反应不具有具体的现象形态，但可以通过人的动作、语气、表情等方式表现出来。例如，某消费者终于买到盼望已久的大屏幕彩色电视机，他的面部表情和语气会表现出欣喜的特点；而当发现买回的商品存在质量问题时，又会表现出懊丧、气愤等表情。

从严格意义上讲，情绪和情感是既有联系又有区别的两种心理体验。情绪一般是指与生理的需要和较低级的心理过程（感觉、知觉）相联系的内心体验。例如，消费者选购某品牌香水时，会对它的颜色、香型等可以感知的外部特征产生积极的情绪体验。情绪一般由当时特定的条件所引起，并随着条件的变化而变化。所以情绪表现的形式是比较短暂和不稳定的，具有较大的情境性和冲动性。某种情境一旦消失，与之有关的情绪就立即减弱或消失。情感是指与人的社会性需要和意识紧密联系的内心体验，如理智感、荣誉感、道德感、美感等。它是人们在长期的社会实践中，受到客观事物的反复刺激而形成的内心体验，因而与情绪相比，具有较强的稳定性和深刻性。在消费活动中，情感对消费者心理和行为的影响相对长久和深远。例如，对美感的评价标准和追求，会驱使消费者重复选择和购买符合其审美观念的某一类商品，而排斥其他商品。

情绪与情感之间又有密切的内在联系。情绪的变化一般受已经形成的情感的制约；而离开具体的情绪过程，情感及其特点则无从表现和存在。因此，在某种意义上，情绪是情感的外在表现，情感是情绪的本质内容。因此，生活中二者经常作同义词使用。

（二）消费者情绪的表现形式

现实生活中，消费者表现出的情绪是多种多样的，同一种情绪所具有的强度在不同场合也有一定的差别。根据情绪发生的强度、速度、持续的时间和稳定性方面的差异，可以将情绪的表现形式划分为以下四种。

1. 激情

激情是一种猛烈的、迅速爆发而持续短暂的情绪体验，如狂喜、暴怒、恐怖、绝望等。激情具有瞬息性、冲动性和不稳定性的特点，发生时往往伴有生理状态的变化。消费者处于激情状态时，其心理活动和行为表现会出现失常现象，理解力和自制力也会显著下降，以致做出非理性的冲动式购买举动。

2. 热情

热情是一种强有力的、稳定而深沉的情绪体验，如向往、热爱、嫉妒等。热情具有持续性、稳定性和行动性的特点，它能够控制人的思想和行为，推动人们为实现目标而不懈努力。例如，一个书画收藏家，为了不断增加藏品，满足自己的爱好，可以长年累月压缩其他开支，甚至借钱购买收藏品。

3. 心境

心境是一种比较微弱、平静而持久的情感体验。它具有弥散性、持续性和感染性的特点,在一定时期内会影响人的全部生活,使语言和行为都感染上某种色彩。在消费活动中,良好的心境会提高消费者对商品、服务、使用环境的满意程度,推动积极的购买行为;相反,不良的心境会使人对诸事感到厌烦,或拒绝购买任何商品,或专买用以排愁解闷的商品。

4. 挫折

挫折是一种在遇到障碍又无法排除时的情绪体验,如怨恨、懊丧、意志消沉等。挫折具有破坏性、感染性的特点。消费者处于挫折的情绪状态下,会对商品宣传、促销劝说等采取抵制态度,甚至迁怒于销售人员或采取破坏行动。

就情绪表现的方向和强度而言,消费者在购买过程中所形成的情绪,还可以分成积极、消极和双重三种类型。

(1) 积极情绪,如喜欢、欣慰、满足、快乐等。积极情绪能增强消费者的购买欲望,促成购买行动。

(2) 消极情绪,如厌烦、不满、恐惧等。消极情绪会抑制消费者的购买欲望,阻碍购买行为的实现。

(3) 双重情绪。许多情况下,消费者的情绪并不是简单地表现为积极或消极两种,如满意—不满意,信任—不信任,喜欢—不喜欢。而经常表现为既喜欢,又怀疑;基本满意,又不完全称心等双重性。例如,消费者对所买商品非常喜爱,但价格过高又感到有些遗憾。又如,由于售货员十分热情,消费者因盛情难却而买下不十分满意的商品。双重情绪的产生,是由于消费者的情绪体验主要来自商品和售货员两个方面。当二者引起的情绪反应不一致时,就会出现两种相反情绪并存的现象。

(三) 消费者购买活动的情绪过程

消费者在购买活动中的情绪过程大体可分为四个阶段。

1. 悬念阶段

在悬念阶段中,消费者产生了购买需求,但并未付诸购买行动。此时,消费者处于一种不安的情绪状态。如果需求非常强烈,不安的情绪会上升为一种急切感。

2. 定向阶段

在定向阶段,消费者已面对所需要的商品,并形成初步印象。此时,情绪获得定向,即趋向喜欢或不喜欢,趋向满意或不满意。

3. 强化阶段

如果在定向阶段消费者的情绪趋向喜欢和满意,这种情绪会明显强化,强烈的购买欲望迅速形成,并可能促成购买决策的制定。

4. 冲突阶段

在冲突阶段,消费者对商品进行全面评价。由于多数商品很难同时满足消费者多方面的需求，因此，消费者往往要体验不同情绪之间的矛盾和冲突。如果积极的情绪占主导地位，就可以做出购买决定，并付诸实践。

二、消费者的意志过程

（一）意志及其特征

意志是指个体自觉地确定目的，根据目的调节支配行动，努力克服困难，实现预定目标的心理过程。在消费活动中，消费者除了对商品进行认识和情绪体验外，还要经历意志过程。只有经过有目的地、自觉地支配和调节行动，努力排除各种干扰因素的影响，才能使预定的购买目标得以实现。如果说消费者对商品的认知活动是由外部刺激向内在意识的转化，意志活动则是内在意识向外部行动的转化。只有实现这一转化，消费者的心理活动才能现实地支配其购买行为。

消费者购买商品的意志过程有以下三个基本特征。

1. 有明确的购买目的

消费者在购买过程中的意志活动是以明确的购买目的为基础的。因此，在有目的的购买行为中，消费者的意志活动体现得最为明显。通常，为满足自身的特定需要，消费者经过思考预先确定了购买目标，然后自觉地、有计划地按购买目的支配和调节购买行动。

2. 与排除干扰和克服困难相联系

现实生活中，消费者为要达到既定目的而需排除的干扰和困难是多方面的。例如，时尚与个人情趣的差异、支付能力有限与商品价格昂贵的矛盾、售货方式落后和服务质量低劣所造成的障碍，等等。这就需要消费者在购买活动中，既要排除思想方面的矛盾、冲突和干扰，又要克服外部社会条件方面的困难。所以，在购买目的确定后，为达到既定目的，消费者还需做出一定的意志努力。

3. 调节购买行为全过程

意志对行动的调节，包括发动行为和制止行为两个方面。前者表现为激发起积极的情绪，推动消费者为达到既定目的而采取一系列行动；后者则抑制消极的情绪，制止与达到既定目的相矛盾的行动。这两方面的统一作用，使消费者得以控制购买行为发生、发展和结束的全过程。

（二）消费者购买中的意志过程

在购买活动中，消费者的意志表现为一个复杂的作用过程，其中包括做出决定、执行决定、体验执行结果三个相互联系的阶段。

1. 做出购买决定阶段

这是消费者购买活动的初始阶段。这一阶段包括购买目标的确定、购买动机的取舍、购买方式的选择和购买计划的制订，实际上是购买前的准备阶段。消费者从自身需求出发，根据自己的支付能力和商品供应情况，分清主次、轻重、缓急，做出各项决定，即是否购买和购买的顺序等。

2. 执行购买决定阶段

在这一阶段,购买决定转化为实际的购买行动,消费者通过一定的方式和渠道购买到自己所需的商品。当然,这一转化过程在现实生活中不会是很顺利的,往往会遇到一些障碍需要加以排除。所以,执行购买决定是消费者意志活动的中心环节。

3. 体验执行效果阶段

完成购买行为后,消费者的意志过程并未结束。通过对商品的使用,消费者还要体验执行购买决定的效果,如商品的性能是否良好,使用是否方便,外观与使用环境是否协调,实际效果与预期是否接近,等等。在上述体验的基础上,消费者将评价购买这一商品的行动是否明智。这种对购买决策的检验和反省,对今后的购买行为有重要意义,它将决定消费者今后是重复还是拒绝、是扩大还是缩小对该商品的购买。在通过上述阶段的基础上,消费者完成了从认识、情绪到意志的整个心理活动过程。

第五节 消费者的态度和联想

案例 3-5

爱——至清至纯

消费者对产品的整体认知和态度可以比喻为贴标签的过程。当人们对某一产品形成一种整体认知后,就会在潜意识中对该产品"贴上一定的标签",并将这种产品认知在大脑中形成储备并同相似的产品服务联系起来,作为新产品产生联想和认识的价值评判依据并不断更新。消费者对产品的态度联想与产品的属性和效用价值之间存在着一定程度的关联性。例如,屈臣氏的蒸馏水就很好地体现并阐释了这一过程。

从产品属性上来说,与矿泉水相比,许多认同健康消费理念的消费者对蒸馏水并不是非常认可,这可以说是所有蒸馏水产品在特征属性上的"硬伤";而从效用和价值属性上来说,不论是蒸馏水还是矿泉水,都是为了满足人们对水的生理需求;而这一细分市场的产品及品牌可以说是数不胜数,竞争几近白热化。然而屈臣氏蒸馏水营销团队却成功地从产品的简单物理属性和功效中跳了出来,从心理情感认知的角度对蒸馏水做了新的定义,"爱——至清至纯",用两个简单的形容词将蒸馏水的物理特性和清纯美好的情感紧密地联系了起来,从而产生了意想不到的效果。其品牌故事讲述了年轻的主人公偶遇并相恋的故事,剧情清新自然,迎合了许多人,尤其是年轻人的情感倾向,使产品形象在消费者头脑中打上了深刻的联想烙印。

曾有人说过,优秀的产品总是带有人类美好的情感,给消费者留下许多感动。品牌联想的最高境界也莫过于此。

一、消费者态度

（一）消费者态度概述

学术界对态度大致有三种不同的看法：第一种看法认为，态度主要是情感的表现，反映的是人们的一种好恶观。第二种看法认为，态度是情感和认知的统一。美国学者罗森伯格（M. Rosenburg）写道："对于态度客体的情感反应，是以对客体进行评价所持的信念或知识为依据的，所以，态度既有情感成分又有认知成分。"第三种看法则将态度视为由情感、认知和行为构成的综合体。

消费者的态度是指消费者对客体、属性和利益的情感反应，即消费者对某件商品、品牌，或公司经由学习而有一致的喜好或不喜欢的反应倾向。

人们几乎对所有事物都持有态度，这种态度不是与生俱来的，而是后天习得的。比如，我们对某人形成好感，可能是由于他或她的外貌，也可能是由于其得体的言谈举止、渊博的知识、高尚的人格。不管出自何种缘由，这种好感都是通过接触、观察、了解逐步形成的，而不是天生的。态度一经形成，具有相对持久和稳定的特点，并逐步成为个性的一部分，使个体在反应模式上表现出一定的规则和习惯性。在这一点上，态度和情绪有很大的区别，后者常常具有情境性，伴随某种情境的消失，情绪也会随之减弱或消失。正因为态度呈现的持久性、稳定性和一致性，使态度改变具有较大的困难。虽然哥白尼的日心说是科学真理，但在最初提出的很长一段时间，都被指责和谴责。这一真理获得承认，是以很多人遭受囚禁，甚至牺牲生命为代价的。由此可见，人们要改变原有的情感、立场和观念是何等的不易。

（二）消费者态度的功能

消费者对产品、服务或企业形成某种态度，并将其储存在记忆中，需要的时候，就会将其从记忆中提取出来，以应付或帮助解决当前面临的购买问题。通过这种方式，态度有助于消费者更加有效地适应动态的购买环境，使之不必对新事物或新的产品、新的营销手段都以新的方式做出解释和反应。从这个意义上，形成态度能够满足或有助于满足某些消费需要，或者说，态度本身具有一定的功能。学术界已经有不少关于态度功能的论述，受到广泛关注的是卡茨（D. Katz）的四功能说。

（1）适应功能（Adjustment Function）也称实利或功利功能，是指态度能使人更好地适应环境和趋利避害。人是社会性动物，他人和社会群体对人的生存、发展具有重要的作用。只有形成适当的态度，才能从某些重要的人物或群体那里获得赞同、奖赏或与其打成一片。

（2）自我防御功能（Ego Defense Function）是指形成关于某些事物的态度，能够帮助个体回避或忘却那些严峻环境或难以正视的现实，从而保护个体的现有人格和保持心理健康。

（3）知识或认识功能（Knowledge Function）是指形成某种态度，更有利于对事物的认识和理解。事实上,态度可以作为帮助人们理解世界的一种标准或参照物,有助于人们赋予变幻不定的外部世界以某些意义。

(4) 价值表达功能(Value-Express Function)是指形成某种态度,能够向别人表达自己的核心价值观念。在20世纪70年代末80年代初,一些年轻人以穿花格衬衣和喇叭裤为时尚,而很多中老年人对这种着装颇有微词,这反映了两代人在接受外来文化时的不同价值观念。

(三) 消费者态度改变

在内部或外部因素的影响下,消费者可能会改变原有的态度,而改变消费者的态度是营销活动的重要过程,尤其是在新商品上市、产品形象重新塑造、产品形象存在偏差、消费者对产品存有偏见等情况下,改变消费者态度是营销工作的头等大事。新商品上市,一些消费者表现不积极、不肯定甚至消极的态度,这需要运用各种策略改变这一态度。在竞争激烈的市场上,各种宣传可能给消费者造成一定的偏见,需要加以引导,使消费者形成正常的、积极的态度。

消费者的消极态度会阻碍购买决策与购买行为,企业需要采取积极的应对策略。吸引更多的购买行为,争取更多的市场份额,是企业改变消费者态度的原因。对于消费者的偏见,厂家需要推行积极主动的营销策略改变消费者的偏见,从而保护企业的利益。

改变消费者态度主要表现在如下方面。

(1) 将消费者的消极态度改变为积极态度。美国AirTran航空公司是一家短程航空公司,1996年因为一架客机坠毁,乘客对该公司的态度十分消极,乘载率低于50%。在广告和公关活动的协助下,AirTran启动了品牌形象工程,使用新的标志“a”,重新制定价格策略,开发重点客户及其市场,采取与媒体合作的新策略。这些措施实施之后,乘客的态度得以逐渐转变,积极的态度渐渐占据主流,乘载率上升到70.4%,公司的盈利能力也大大提升。

(2) 将消费者的中立态度改变为积极态度。20世纪80年代,许多消费者对头皮屑持无所谓或不在乎的态度(相对消极),经过“海飞丝”等广告宣传,人们对头皮屑清洁的态度变得较为积极了。

(3) 将消费者的积极态度改变为消极态度。这种情况主要出现在老产品存在缺陷、新产品等待上市的时期。如传统的钢结构窗户存在密封不严、保温性差的问题,塑钢窗户的广告宣传重点,一方面突出塑钢窗户的优点,形成有利于产品推广的积极态度,另一方面提醒消费者认识传统钢结构窗户的缺陷并形成消极态度,促使消费者尽快认可新产品。

改变消费者态度的方式较多,主要有以下三种。

(1) 增加消费者对于商品的信息认知,并增加消费者对商品或服务的信赖程度,这是改变消费者态度常用的一种方式。比如在汽车广告中,通过图文方式展示产品的细节,给消费者提供详细的参数与指标,使消费者对该品牌的具体性能有清楚的了解,购买态度更趋于积极。

(2) 强化诉求方式和诉求内容。迄今为止，将商品及有关信息向消费者重复宣传的主要形式是广告。广告向消费者重复相同的信息，消费者被这些同质化信息包围，其态度可能在不知不觉中被改变。广告本身所造成的模仿行为，也增加了消费者对广告的信服。这样，消费群体作为一种社会性力量强化了消费者个体态度改变。

(3) 诉之以情感性的营销手段，降低消费者态度改变的难度。消费者态度本身包含有情感性成分，使用情感性策略改变消费者的态度，可以做到“有的放矢”，容易激发消费者情感上的共鸣。日本一家儿童鞋厂，设计了一句非常著名的广告词——“像母亲的手一样温柔的儿童鞋”，情感性诉求在很短的时间就可以消除消费者的购买阻力。尼桑公司的服务人员，以诚恳专注的态度接待顾客，真正表现出对顾客的尊重，拉近了与消费者的距离，促使消费者形成积极的态度。

(四) 影响消费者态度改变的因素

改变消费者态度会遇到各种困难，以下分析其中五种。

1. 原有态度与目标态度之间的距离

一般来说，原有态度与日标态度(即改变之后要达到的态度)之间的距离越小，改变的难度也就越小，反之难度就大。消费者不愿意改变原来的态度，因为改变之后可能会出现消费风险，客观上加大了原来的态度与目标态度之间的距离。

2. 宣传手段是否合适

要改变消费者不利于企业利益的态度，必须正确运用说服的基本规律。

从一般规律来看，消费者接受的信息越全面，经过判断和分析之后态度改变的可能性会越大。详尽而细致的信息，有助于消费者做出合理的评价、判断、比较。当然，这并不意味着消费者会收集商品及服务的全部信息，由于信息不对称，消费者关心的是与决策有关的关键信息。因此企业发布信息的策略必须讲究“定位”，要以鲜明有力的方式传递与商品或服务有关的关键信息。

宣传媒体的威信高、宣传中有权威人士，容易改变消费者态度。一些企业经常利用全国性、中央媒体、名人效应增加说服力。

3. 消费者的认知是否协调

美国心理学家费斯廷(L. Festinger)从认知角度提出了态度改变的理论，又称为认知失调论。

费斯廷认为，人们对于周围的事物有许多认知，如自身环境、自身状况，以及自己的行动知识、意见和信念等。这些认知因素中，有些相互联系，有些相互独立，有些认知因素可以同时并存，而有些认知因素是不协调甚至是相互矛盾的。当认知因素之间不协调的强度加大时，消费者要减轻或消除这种不协调的动机也就越强烈。

4. 消费者的参与状态

新商品刚上市，消费者的了解较少，如果让消费者直接参与相关的推销活动，可以加快消费者态度的改变。例如,举办新产品座谈会,征求消费者对产品质量的反映,邀请消费者参观产品的生产加工过程,邀请消费者参与产品演示或示范活动,动员消费者参与促销表演活动,甚至让消费者直接参与产品的加工制作过程,等等。

为消费者举行示范性活动是高档商品销售的重要策略,往往有事半功倍的效果。像计算机、汽车、高档音响等,其结构复杂、功能繁多、操作灵活,消费者很难从其他渠道获得消费经验。许多经营单位开辟单独的演示室、展示厅或听音室、试听室,并定期进行示范活动,让消费者了解产品在功能测试、产品保养、操作技巧和使用经验方面的知识。有了这样的体验之后,消费者的态度容易向积极化方面改变,购买信心增强。

5. 消费群体对于态度改变的影响

美国心理学家勒温(K. Lewin)研究群体影响个人态度,提出群体动力学理论。这种理论对于解释消费者在一个群体中的态度改变过程有一定参考价值。

勒温把个人在群体中的活动分为两种,即主动型和被动型。主动型的人积极参与群体的各项活动,参与群体规范的制定,主动自觉地遵守群体的各项规范和要求;而被动型的人则服从于权威,听从别人安排,遵守群体的规范和要求。

二、消费者的联想

联想是由一种事物想到另一种事物的心理活动过程,在消费心理中是比较重要的一种心理活动。联想可以由当时的情境引起。如当时注意、感知到的事物,也可以由内心回忆等方式引起。在消费心理的研究中,主要着重于注意、感知等因素激发的联想,因为开展营销活动时,可以控制消费者所处的购物环境,使用各种各样的方法激发消费者形成有益于营销活动的联想。

(一) 联想的一般规律

联想是心理学家研究较早的一种心理现象。迄今为止,人们已经总结的一般性联想规律主要有四种,即接近联想、类似联想、对比联想、因果联想。除此之外,还有一种形式的联想即特殊联想。以下介绍这些联想的规律在消费心理学中的应用。

1. 接近联想

由于两种事物在位置、空间距离或时间上比较接近,所以看到第一种事物的时候,很容易联想到另一种事物。假设一个孩子第一次吃苹果的时候,不知道这种水果被称为“苹果”。在吃这种水果的时候,各种特征和感受会在孩子的大脑中留下印象,比如这种水果的形状、味道、颜色等。与此同时,孩子在吃这种水果的时候听到周围人称呼这种水果为“苹果”。因此苹果这一名字和其特征就会立刻在孩子的大脑中联系起来,这一联系结合的结果最终在孩子的大脑中留下了“苹果”这一复杂的概念。以后当这个孩子听到苹果这一名词的时候,便会想起苹果的颜色、味道、形状。又或者,当孩子看到一个苹果的时候,他会立刻想到苹果这个名词,以及所有和苹果相关的各种经历感受。

再如,成语“望梅止渴”,即看到梅子的时候,大脑中所有和梅子相关的感受会被调动，想到梅子的酸甜味道，促使唾液分泌。

2. 类似联想

两种事物在大小、形状、功能、地理、背景、时间等方面有类似之处，认识一种事物的同时会联想到另一种事物。如人们提起春天，就会想到生机与繁荣。文学中常用的比喻即类似联想，如“霜叶红于二月花”。“举一反三”是类比推理，也是联想作用。类似联想对创造发明有启发作用。创造活动中的原型启发及仿生学的研究都是运用类似联想的实例。在教学中也往往运用类似联想，如词语教学中的同音归类，形声学、近义字均取其类似，便于识记和回忆，有利于提高学习效率。

3. 对比联想

两种事物在性质、大小、外观等方面存在着相反的特点，人们在看到一种事物的同时，也会从反面联想到另一种事物。如由高山想到流水，由黑暗想到光明，忆苦而思甜，都是因对比关系引起的联想。语文教学中将一对反义词同时进行教授，算术教学中加和减，乘与除的对比，化学元素性质的对比，都是对比联想的运用。

4. 因果联想

两种事物之间存在一定的因果关系，由一种原因会联想到另一种结果，或由事物的结果联想到它的原因等。如早上看到地面潮湿，会想到可能是夜间下过了雨；感冒了，可能是衣服穿少了，天气变冷了。

5. 特殊联想

特殊联想是指由一种事物联想到另一种事物的时候，不一定是按以上的规律进行的，事物之间不存在必然的联系，而是由消费者所经历过的某些特殊事件造成的，消费者见到一种事物时就会自然地联想到另一种事物。如一位顾客在购买商品时受到了良好的服务，以后他每一次对服务十分满意的时候都会想到那位热情的服务员。

（二）联想的主要表现形式

1. 色彩联想

由商品、广告、购物环境或其他各种条件给消费者提供的色彩感知而联想到其他事物的心理活动过程，称为色彩联想。色彩联想有多种形式，如从色彩联想到空间、从色彩联想到事物的温度、从色彩联想到事物的重量等。此外，人们在服饰方面的色彩还可以使人联想到这个人的性格特点，如表 3-1 所示。

表 3-1　克拉因色彩感情价值

颜色	客观联想	生理联想	具象联想	情绪性联想
红	辉煌、激烈、豪华、跳跃（动）	热、兴奋、刺激、极端	战争、血、火、仪式、长（动）号、小号、罂粟花	威胁、警惕、热情、勇敢、庸俗、气势、激怒、野蛮、革命
橙红	辉煌、豪华、跳跃（动）	热、兴奋、烦恼	最高仪式、小号	暴躁、诱惑、生命、气势
橙	辉煌、豪华、跳跃（动）	兴奋（轻度）	日落、秋、落叶、橙子	向阳、高兴、气势、愉快、欢乐

续表

颜色	客观联想	生理联想	具象联想	情绪性联想
橙黄	闪烁、豪华(动)	温暖、灼热	日出、日落、夏、路灯、金子	高兴、幸福、生命、保护、营养
黄	闪烁、高尚(动)	灼热	东方、硫黄、柠檬、水仙	光明、希望、嫉妒、欺骗
黄绿	闪烁(动)	稍暖	春、新苗、腐败	希望、不愉快、衰弱
绿	不稳定(中性)	凉快(轻度)	植物、草原、海	和平、理想、平静、悠闲、道德、健全
蓝绿	不稳定	凉快	海、湖、水池、玉石、玻璃、铜、埃及、孔雀	异国情调、迷惑、神秘、激烈
蓝	静、退缩	寒冷、安静、镇静	蓝天、远山、海、静静的池水、水、小提琴(高音)	灵魂、天堂、真实、高尚、优美、透明、忧郁、悲哀、流畅、回忆、冷淡
紫蓝	静、退缩、明显	寒冷(轻度)、镇静	夜、教堂窗户、海、竖琴	天空、庄严、高尚、公正、无情
紫	阴湿、退缩、离散(中性)	稍暖、屈服	葬礼、死亡、仪式、地丁花、大提琴、低音号	华美、尊严、高尚、庄重、宗教、帝王、幽灵、哀悼、神秘、温存
紫红	阴湿、沉重(动)	暖、跳动的、抑制、屈服	东方、牡丹、三色地丁花	安逸、肉欲、浓艳、绚丽、华丽、傲慢、隐瞒

2. 音乐联想

音乐联想虽然比较重要,但是在实际工作中却较少遇到。音乐给人们的联想形式较多,如单纯的音乐给人的联想,音乐的题材和内容给人的联想,音乐的音量和音质给人的联想。前一种情况主要在实验条件下研究,后两种与实际工作的关系较为密切。

3. 象征符号的联想

象征符号是人们逐渐积累的、具有典型特征并代表某种事物相应含义的标志性记号。象征符号主要是针对视觉方面而言。比如,在华人社会里,由数字"8"能够联想到发,"9"联想到长久的意思。在基督教文化中,"13"代表不吉利等。所有这些象征符号是人类社会文化长期积累的结果,而且也形成了相对固定的象征意义。许多人一看到这些符号,会立即理解它的含义。

人们对象征符号的联想有可能影响商业的利益,比如国内电信市场,有些通信机器的号码会让人产生顺利、吉祥之类的联想,这些号码的销售价格也由此提升,当然这种现象是否有普遍的意义,还要依据具体情况而定,消费者在特定条件下,更愿意选择实惠而不是考虑这些联想或象征意义。

一、复习思考题

1. 感觉在消费者购物中的作用是什么?

2. 什么是知觉?知觉的特性有哪些?意义何在?

3. 简述消费者心理活动的认识过程。

4. 什么是注意和记忆？它们如何影响消费者的行为和心理？

5. 消费者意志过程及其特征是什么？

二、材料阅读

材料1

鞋靴设计与消费者色彩心理

作为鞋靴感知的重要因素，色彩能在不知不觉中左右我们的情绪、精神及行动，反过来，我们也能通过色彩表达感情。人们对鞋靴的色彩心理是复杂的，要正确理解和运用色彩，就必须要了解色彩的心理知识。对鞋靴设计师来说，利用鞋靴色彩的心理，能在鞋靴设计中正确、清晰地表达设计意图。既然色彩心理是由视觉反映引起的视觉感受，那它就必然是主观的、不固定的。因为它要受到消费者的年龄、性格、经历、风俗、文化、艺术修养等多方面因素的制约，同时又与社会环境紧密相连，因此，不同时代、不同地区的人，对颜色有着不同的认识和喜好。

红色：在视觉上形成一种迫近感和扩张感。通常，红色在高饱和状态时，最富有刺激性，给人活泼、生动和不安的感觉。

黄色：具有非常宽广的象征领域，当黄色处于最鲜艳的情况下，它向人们揭示出快乐、光明、纯真、高贵、诱惑等多种思想寓意。

绿色：刺激性不大，故此对人的生理作用及心理作用均显得非常平静温和。绿色蕴含和平、生命、青春、希望等情感特征。

蓝色：属于收缩的、内向的冷色。蓝色具有空间感，使人联想到广阔无垠的天空、一望无际的海洋。饱和度高的蓝色表现出理智、深邃、博大、永恒、真理、保守、冷酷等。

资料来源：孙妮. 鞋靴设计与消费者心理剖析[J]. 西部皮革，2008(15).

材料2

从阿牛买鞋看消费心理

阿牛要上南京去看望舅父，可是没有一双像样的鞋子。阿牛妈想，如今日子也富裕啦，该让阿牛穿一双皮鞋去，可不能在兄弟面前丢脸啊！大清早她就拉着阿牛上街买鞋去了。

到了皮鞋店，阿牛妈的眼都花啦，黑的、白的、咖啡的，尖头、方头、三截头……真是满田挑瓜，挑得眼花。

“妈，你看这一双！”阿牛，指着一双黑色火箭鞋说。

“这像什么？多少钱？”

“二十五。”

“那一双呢？”阿牛妈指着另一双咖啡色的三截头问阿牛。

“二十八。”

“那就买这一双吧！”

“妈,这双不好看,价钱又贵,我不要。”

“你懂什么!这双穿起来大方、本分。那双鞋不是你穿的。再说贵就贵一点啦。你要记住,便宜没好货,好货不便宜。”

阿牛最后买的是哪双,我不知道。但在阿牛买鞋过程中有消费心理学。

其一,“便宜没好货,好货不便宜”是一种传统消费心理状态。我们周围恐怕不少的人都有这种观念。这种心理的产生自有其渊源,这里不去分析。从现实角度看,这种心理状态特别重视商品的质量和价格,选购耐用消费品时,这种观念尤为强烈。在人们的心目中,商品的使用价值与价格一般是成正比例的。这种观念对消费者的消费决策有一定的影响。因此,在制定商品的价格时,就要首先考虑以质论价,优质优价的原则。

其二,消费心理的时代性。阿牛和阿牛妈两代人的消费心理不同。阿牛妈受传统的影响深,常以老眼光看待事物;阿牛则讲究美观、适时。这种变化与个人的文化水平、习惯、爱好等多方面的因素相关。消费心理的变化必然带来对商品需求的变化。它要求有新的品种、款式来满足这种需要。所以在商品生产的决策中如不注意这种变化,对商品的生产影响最大。黑伞、黑鞋、黑车之所以被花色伞、花色鞋、花色车所代替就是最好的证明。在新商品设计中,设计者如能考虑到消费心理的因素,将会大有好处。

资料来源:李流.从阿牛买鞋看消费心理[J].江苏商论,1985(6).

三、实训操练:采集顾客消费信息

1. 实训目标

通过本实训掌握辨别消费者心理活动过程中有用信息的能力。

2. 实训背景

某超市地处于某省三环,过去属于城乡结合的地带。超市所在地区居民较少,距离集中居民区较远,为了赢得客源,该超市从2008年起为顾客提供免费接送服务。经过几年的努力已经与许多的居民小区建立了稳定的关系,服务车定点定时地到各居民区迎送顾客,而当地居委会负责组织管理,这样逐渐培养了一部分忠诚顾客。随着城市化进程加快,城区扩张带动了居民住宅建设,原来的城乡接合带的经济迅速繁荣。随之,该超市旁边陆续开设了数家“重量级”超市。为了留住了更多的忠诚顾客,公司决定让销售部门所有员工轮班担任班车司机及车内秩序维护员,及时了解顾客的需求及各方面信息并采取相应对策。

3. 实训内容

按照实际要求获取大量关于顾客需求及其他各方面信息,以便采取应对措施。

4. 实训要求

(1) 本实训可选择在模拟的办公室或教室进行。

(2) 实训中每人轮流扮演司机和车内秩序维护员,其他同学扮演乘车顾客。

(3) 每个同学在演练过程中一定要严肃认真,言行符合规范。

(4) 每个同学最好都能按照实训内容设计演练的脚本(包括情节和台词),并给本小组成员分派角色。

(5) 教师可以临场发挥,比如增设模拟角色和任务;在同学们演练时,组织其他的同学对表演进行评论。

5. 实训总结

学生自我总结	
教师评价	

第四章　消费者需求动机与行为激励

开篇案例

资生堂满足“岁月”需求

化妆品行业竞争极其激烈，几乎所有的化妆品生产和销售企业都有生意难做、竞争压力大的感触。化妆品企业要想获得消费者的认可，在竞争激烈的化妆品市场中争夺足够的市场份额，就必须明确其目标市场，了解目标市场的消费者对于美容化妆产品的需求情况。

日本的化妆品公司，应首推资生堂公司。资生堂公司近年来一直处于日本化妆品公司的榜首地位。然而，资生堂的成功与其能够有效满足不同消费者群体的不同化妆品需求密不可分。

20世纪80年代以前，资生堂实行的是一种不对顾客进行细分的大众营销策略，即希望自己的每种化妆品对所有的顾客都适用。资生堂因此遭到重大挫折，市场占有率下降。公司经过认真反省以后，决定由原来的无差异的大众营销转向个别营销，即对不同顾客采取不同营销策略，资生堂提出的口号是“体贴不同岁月的脸”。在这种营销策略的指导下，资生堂公司推出不同品牌的产品来满足顾客的“岁月”需求，并获得了极大的成功。

资生堂根据顾客的年龄、性别、收入、购买心理等对化妆品市场进行细分。由于女性是化妆品消费的主流群体，而且年龄是决定顾客选择化妆品的主要因素，因而资生堂公司针对不同年龄阶段的女性顾客提供不同品牌的化妆品，为广大爱美女性提供不同的解决容颜“岁月”问题的方案。例如，资生堂为十几岁少女提供的是RECENTE系列，20岁左右的是ETTUSAIS系列，四五十岁的中年妇女有“长生不老”的ELIXIR系列，50岁以上的妇女则可以用防止肌肤老化的RIVITAL系列。这种针对不同细分市场使用不同品牌的差异化营销战略是资生堂公司能够获得成功的关键。另外，资生堂对其公司品牌的管理采用了品牌分生策略。即公司以主要品牌为准，对每一品牌设立一个独立的子公司。这样，每个子公司可以针对这一品牌目标顾客的不同情况，制定相应的产品、价格、促销及渠道策略。例如，资生堂公司的推出的ETTUSAIS品牌是以年龄在20岁左右、购买能力较低、对知名品牌敬而远之，对默默无闻的品牌能自主选择的女性为目标顾客的化妆品。该品牌的营销策略尤其强调与其目标顾客的需求及购买行为特点相一致。ETTUSAIS品牌在东京银座一楼销售该系列化妆品的专卖店中，陈列的品种达30多种，顾客可以随意挑选，也可以当场试用，而且商品标价也较低。考虑到目标顾客的思想行为特点，公司在ETTUSAIS系列化妆品包装上一律不写资生堂的名字，让人不易觉察这是大名鼎鼎的资生堂的产品。另外，一般店铺中，顾客一上门，售货员就会做一大串说明。而资生堂ETTUSAIS店则规定，除非顾客主动询问，售货员绝不能对其进行干扰，为这些年轻女性创造一种能完全独立自主挑选的购物气氛。

资料来源：杨洪涛．现代市场营销学：超越竞争为顾客创造价值[M]．北京：机械工业出版社，2009.

消费需要是推动消费者进行消费的最普通的内在原因，是消费心理中的一种心理倾向，消费需要离消费行为还有一定的距离。

消费需要与消费行为之间不是一一对应的关系。一种消费需要可能产生一种消费行为，比如衣服旧了需要新衣服，消费者会直接购买一件；一种消费需要也可能产生出多种消费行为，如这位消费者买回新衣服后觉得不划算，又买回一些服装裁剪的书籍打算自己学做衣服；多种消费需要也可能只形成一种消费行为，比如消费者需要购买衣服、化妆品或书籍，但最后只购买了新衣服。分析需要与消费行为之间的关系，不排斥一种（或多种）需要促成多种（或一种）消费行为，这是消费者心理的复杂性表现。

第一节 消费者需求

案例 4-1

从促进消费到引导消费——青岛国际新型生活方式展

您是否考虑过投资一套度假房满足退休后含饴弄孙的闲适生活？您是否打算从现在开始为子女的教育金规划一个合理的理财方案？您又是否愿意咨询专家为自己和家人的健康进行投资？一项调查结果显示，越来越多的中高收入家庭愿意为改善生活质量进行投资。但期间遇到的最大问题则是缺少信息平台以及专业机构为他们的投资提供资讯和给予指导。

2007年8月在青岛国际会展中心举办的“2007青岛国际新型生活方式展”即是着眼于为青岛中高收入家庭传达新的消费理念，引领新的消费方式的综合性、大规模信息平台。该展销会汇集了大批专业机构为消费者提供投资资讯、指导和咨询服务。

青岛国际新型生活方式展的目标群体是占青岛人口20%的中高收入家庭。在此次展销会上，展示了包括度假购房与家装、旅游休闲与健康、理财投资与保险在内的三大新型生活板块。在度假购房与家装板块中，来自海南及青岛周边地区的房地产开发商带来了度假购房、异地投资购房、退休养生购房、购房时段转让等多种多样的房屋投资项目。一些参展的国内外一线家居品牌及家居设计师则带来了诸如“Living Kitchen”(生动厨房)、“Living Bathroom”(生动浴室)这样一些对国内消费者相对陌生的全新个性化家居概念。在旅游休闲与健康板块中，参展的知名旅游机构及组织则针对青岛高收入家庭度假量身设计国内外经典旅游路线。自驾游、自助游、公益游等一系列时尚旅游新概念也在此次展销会上首次推荐给青岛的家庭。除此以外，高尔夫、健康会所、高级健康体检等富裕家庭专属的休闲养生方式也借助这次展销会的契机走进青岛家庭，在一定程度上消除了大众对这类消费模式的距离感和陌生感。在理财投资与保险板块中，参展的国内外金融机构也带来了同期最新的理财产品，与会的专业理财顾问还会根据不同家庭的收入结构与理财计划提供专业的理财指导。

资料来源：http://www.qingdaonews.comepaper/qdrb/htm/200701-18,2018-10-10.

一、消费者需求的概念、特征与作用

(一) 消费者需求的概念

需求是经济学、管理学、心理学、营销学研究中的重要概念，不同学科对需求的定义也是不同的。在经济学中，需求是指在一定的时期内，在特定的市场环境条件和既定的价格水平下，消费者愿意并且能够购买的商品数量。在管理学中，需求是指能够激发或强化人的行为的一种内在驱动力。在心理学中,需求是指人体内部一种不平衡的状态,是对维持生存和发展所必需的客观条件的反映。营销管理的本质就是需求管理,因而营销学家将顾客需求作为市场营销活动的出发点。在分析顾客需求过程中,营销学家从市场的角度对"需要""欲望"和"需求"进行了区分。需要是指生理和心理上的匮乏状态,即感到缺少些什么,从而想要获得它们的状态。欲望是指人们的匮乏状态想要得到某种具体满足物满足的愿望。需求则是指对于有购买能力并愿意购买的某个具体产品的欲望。因而,营销学中的需求可以用一个公式表示:需求=人+购买能力+购买欲望。因此,我们将消费者需求定义为,人们为了满足生理或心理的需要而对物质产品或服务的具有货币支付能力的欲望的总和。

(二) 消费者需求的特征

消费者需求具有多样性、动态发展性、周期性、伸缩性及可引导性等特征。

多样性体现为不同消费者的需求千差万别,同一消费者的需求也是多种多样的。需求是影响消费者对产品或品牌选择的内在驱动力,需求的多样性表明消费者对于某一品牌的选择并不是由单一的需求而引起,其购买行为可能包含多种需求。

消费者需求的动态发展性包括两层含义:一是人们的消费需求会随着社会经济的发展、人们生活水平的提高以及技术进步等环境的变化而不断发展变化;二是当消费者某种需求被满足以后,新的、更高级的需求将会被激活。例如,随着环境问题的日益突出和消费者社会意识的不断提高,很多家用汽车的购买者已经不再局限于关注汽车的价格、配置、外观、舒适性、油耗等因素,其需求开始向绿色化方向升级。

消费者需求的周期性是指消费者对消费对象的需求会因某些因素的影响而呈现周期性的变化。具体表现为当某种消费需求满足以后,经过一定时间这种需求又重新出现。影响消费者周期性需求的因素包括消费者的生理规律、自然环境的变化、社会时代的变化等。伸缩性是指由于内因或外因的影响,消费者的需求可能扩大、增加和延伸,也可能收缩、减少或抑制。影响消费者需求的伸缩性的内因包括个性、收入变化、生活环境的变化、社会阶层改变等;影响伸缩性的外因主要是指企业的市场和营销行为,如市场供应量的增加或减少,企业的产品、定价、促销、宣传等活动。

消费者需求的可引导性是指企业对消费者的需求不是无能为力的,而是可以借助一定的手段对消费者需求加以引导,使消费者需求可以朝企业预期的方向变化。

(三) 消费者需求的作用

消费者需求的作用可以从消费者和企业两个方面来分析:对于消费者来说,消费者需求催生了消费动机,从而进一步引发了消费者的消费行为;对于企业来说,满足消费者需求是市场营销活动的核心。消费者需求研究对于整个企业市场营销管理过程具有十分重要的作用,主要体现在以下三个方面。

(1) 发现消费者需求有利于企业识别市场机会、开拓市场。市场机会即市场中未被满足的需求,企业只有把握住市场中的需求变化及其趋势,才能够抓住市场机遇、开拓市场。例如,我国目前正日益进入老龄化社会,必将衍生出诸如轮椅、助听器、按摩椅等老年消费品及生活用品的需求。老年消费者消费观念的转变,也将使老年休闲娱乐、旅游度假市场成为消费新宠。

(2) 正确识别消费者需求有利于研究和选择目标市场,满足目标市场需求,确立竞争优势。顾客对于同种商品的购买行为背后潜藏着不同的需求。同样是购买服装,年轻人注重的是款式新颖、流行和时尚,老年人则注重舒适和实用。在高度竞争的市场环境里,只有比竞争对手更早地、更好地识别并满足目标消费者需求,才能投其所好,才能在强手如林的行业竞争中立于不败之地。

(3) 正确识别消费者需求有利于企业制定相应的营销战略和策略。营销战略是企业期望达到它的各种营销目标的营销筹划活动,它阐明了实现企业目标的活动计划。营销策略是指如何达到基本战略目标的具体措施,主要是指市场营销组合,即对产品、价格、渠道和促销的安排。要实现企业的各项目标,必须以消费者的需求为出发点,以消费者需求为目标制定的依据。

二、马斯洛的需求层次学说

马斯洛需求层次理论是研究人的需要结构的一种理论,是美国心理学家马斯洛(Abraham H. Maslow,1908—1970)首创的一种理论。他在1943年出版的《人类动机的理论》(*A Theory of Human Motivation Psychological Review*)一书中提出了需要层次论。这种理论的构成根据3个基本假设:①人要生存,他的需要能够影响他的行为。只有未满足的需要能够影响行为,满足的需要不能充当激励工具;②人的需要按重要性和层次性排成一定的次序,从基本的(如食物和住房)到复杂的(如自我实现);③当人的某一级的需要得到最低限度满足后,才会追求高一级的需要,如此逐级上升,成为推动继续努力的内在动力。马斯洛提出需要的5个层次如图4-1所示。

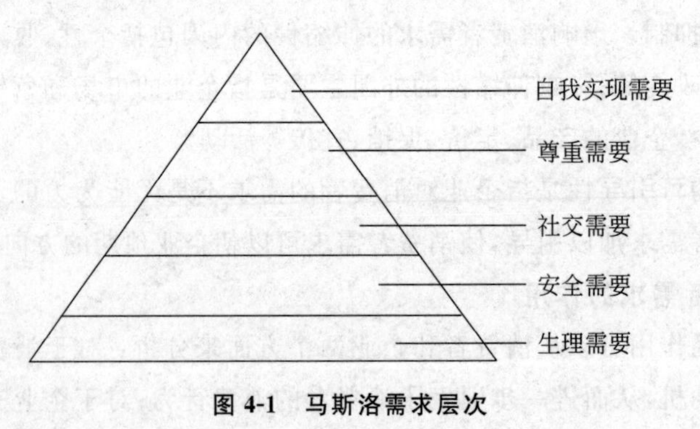

图4-1 马斯洛需求层次

(1) 生理需要是个人生存的基本需要。如吃、喝、住处。

(2) 安全需要包括心理上与物质上的安全保障,如不受盗窃和威胁,预防危险事故,职业有保障,有社会保险和退休基金等。

(3) 社交需要是指人是社会的一员,需要友谊和群体的归属感,人际交往需要彼此同情互助和赞许。

(4) 尊重需要包括要求受到别人的尊重和自己具有内在的自尊心。

(5) 自我实现需要是指通过自己的努力，实现自己对生活的期望，从而对生活和工作真正感到很有意义。

马斯洛的需要层次论认为，需要是人类内在的、天生的、下意识存在的，而且是按先后顺序发展的，满足的需要不再是激励因素等。

几乎所有介绍马斯洛的书籍都这样介绍他的需要层次论，但是，这并不是完整的需要层次论。马斯洛在著作中对需要层次论作了更多的探讨。首先，除了以上五种需要外，马斯洛还详细说明了认知和理解的欲望、审美需要在人身上的客观存在，但是他也说明，这些需要不能放在基本需要层次之中。

三、其他的需求分类法

（一）麦克利兰的显示性需要理论

与马斯洛不同，美国哈佛大学教授戴维·麦克利兰提出了显示性需要理论，侧重分析环境或社会学习对需要的影响，认为人类的很多需要是具有社会性的，而且这些社会性需求不是天生的，而是通过后天环境、经历和教育等习得的，因此这一理论又称为习得性需要理论。麦克利兰认为，在人的生存需要得到满足的前提下，人们主要强调三个方面的需要，包括成就需要、亲和需要和权力需要。

(1) 成就需要是指人们争取成功，追求优越感，希望做到最好的需要。该需要是人们愿意承担责任，解决问题或完成任务。高成就需求者往往会为自己设计具有挑战性的目标，喜欢通过自己的努力来解决问题并希望获得行为绩效的反馈，以确定自己努力行为的效果。

(2) 亲和需要是指个体在社会情境中，要求与其他人交往和亲近的需要。亲和需要较强的人更倾向于与他人交往，而且愿意为他人着想，并且可以从交往中获得快乐。因此，他们喜欢合作性而不是竞争性的工作环境，希望人与人之间的沟通与理解，对人际关系比较敏感。亲和需要还可能表现为对失去某些亲密关系的恐惧和对人际冲突的回避。从实质上看，麦克利兰的亲和需要和马斯洛的爱与归属的需要基本相同。

(3) 权力需要是指个体希望获得权力、权威，试图强烈地影响别人或支配别人的倾向。麦克利兰发现，凡是对工作成就动机高的人均无领袖欲。换言之，成就需要和权力需要是彼此不同的两种需要。研究发现，凡是对社会事务有浓厚兴趣的人，其行为背后均存在强烈的权力动机。权力动机有两种类型：个人化权力动机与社会化权力动机。前者出于为己，后者出于为人或为公。麦克利兰认为，权力可以朝着两个方向发展：一是负面方向，强调支配和服从；二是正面方向，强调劝说和激励。

（二）奥尔德弗的 ERG 理论

ERG 理论是美国学者克雷顿·奥尔德弗在马斯洛需求层次理论的基础上提出的一

种人本主义需求理论。奥尔德弗认为人的需求分为三种类型,即生存需要(Existence)、关系需要(Relatedness)和成长或发展需要(Growth),ERG理论也因此得名。

生存需要与人们基本的物质生存需要有关,包括衣、食、住以及获得能满足这些需求的生存手段,即工作。

关系需要是指人们对于发展人际关系的要求。要想满足这种需求,需要人们在工作中或工作以外与他人接触和交往,并要求获得一定的社会地位。

成长或发展需要表示个人谋求发展的内在愿望,是一种个人自我发展和自我完善的需要。只有发挥出个人的潜力和才干,并获得别人的认可,成长或发展需要才能获得满足。

奥尔德弗在这一理论中提出了一种"受挫—回归"的思想,即认为人在同一时间可能有不止一种需要起作用,如果较高层次需要的满足受到抑制,那么人们对较低层次需要的渴望会变得更加强烈。

第二节 消费者动机

案例 4-2

王老吉的崛起

曾有一段时间红色罐装王老吉的品牌定位陷入两难境地。若定位为"药茶",消费者会当成药服用,因而不能经常饮用,而且在两广地区以外的人们没有饮用凉茶的习惯,消费者在"降火"上的需求已经被牛黄解毒片之类的药物所满足,销量大大受限。除此之外,其气味、颜色、包装都与广东地区消费者观念中的传统凉茶有很大区别,而且口感偏甜,按中国"良药苦口"的传统观念,消费者自然感觉其"降火"药力不足,当产生"降火"需求时不如到凉茶铺购买,或自家煎煮。所以,对消费者来说,在最讲究"功效"的凉茶中,它也不是一个好的选择。

研究中发现,广东地区的消费者饮用红色罐装王老吉凉茶是在烧烤、登山等活动中,原因不外乎"吃烧烤时,喝一罐凉茶,预防上火""上火不是太严重时,没有必要喝黄振龙"(黄振龙是凉茶铺的代表,其代表产品功效强劲,有祛湿降火之效)。而在浙南地区,饮用场合主要集中在外出就餐、家庭聚餐等场合。在对当地饮食文化的了解过程中,研究人员发现该地区的消费者对"上火"的担忧比广东地区的消费者有过之而无不及,座谈会时桌上的话梅蜜饯、可口可乐无人问津,且被说成了"会上火"的"危险品"(后面的跟进研究也证实了这一点,可乐在温州等地销售始终处于低落状态,最后可口可乐和百事可乐几乎放弃了该市场,都不进行广告投放)。而他们评价红色罐装王老吉凉茶时经常谈到"不会上火""健康,小孩和老人都能喝,不会引起上火"。可能这些观念并没有科学依据,但这就是浙南地区消费者头脑中的观念，这也是需要关注的“唯一的事实”。

这些消费者的认知和消费行为均表明，消费者对红色罐装王老吉凉茶并无“治疗”要求，而是作为一个功能饮料购买，购买红色罐装王老吉凉茶真实动机是“预防上火”，如希望在烧烤时减少上火情况的发生等，真正上火以后可能会服用如牛黄解毒片、传统凉茶等。通过进一步研究消费者对竞争对手的看法，发现红色罐装王老吉凉茶的直接竞争对手，如菊花茶、清凉茶等产品由于缺乏品牌推广，仅仅是低价渗透市场，并未确立“预防上火”饮料的定位。而可乐、茶饮料、果汁饮料、水等明显不具备“预防上火”的功能，仅仅是间接的竞争者。同时，任何一个品牌定位的确立，都必须是该品牌最具优势的一方面，即有据可依，如可口可乐说“正宗的可乐”，是因为它就是可乐的发明者。研究人员对企业和产品自身在消费者中的认知进行了研究。结果表明，红色罐装王老吉凉茶的“凉茶始祖”身份、神秘中草药配方、175 年的历史等，显然在“预防上火”上最具优势地位的。

由于“预防上火”是消费者购买红色罐装王老吉凉茶的真实动机，显然有利于巩固加强原有市场。是否能满足企业对新定位的期望——进军全国市场，成为研究的下一步工作。通过二手资料、专家访谈等研究，一致认为，中国几千年的中药概念——“清热解毒”在全国广为普及，“降火”“祛火”的概念也深入人心，这就使红色罐装王老吉凉茶突破了地域品牌的局限。

最终红色罐装王老吉凉茶通过准确的品牌定位，给这个有着 175 年历史、带有浓厚岭南特色的产品带来了巨大的生机。2003 年红色罐装王老吉凉茶的销售额比上一年同期增长了近 5 倍，由 2002 年的 1 亿多元猛增至 6 亿多元，并以迅雷不及掩耳之势冲出广东。2004 年，尽管企业不断扩大产能，但仍供不应求，全年销量突破 10 亿元，并在之后几年持续高速增长，2009 年销量突破 170 亿元大关。

资料来源：https://wenku.baidu.com/view/252bad86227916888586d797.html?from=search，2018-10-20.

一、消费者动机的概念与作用

（一）消费者动机的概念、特征

动机是引起个体活动并维持已引起的活动，促使活动朝某个目标进行的内在作用。动机是决定人的行为的内在动力。引起动机的因素主要包括内、外两部分。内在因素主要是指人的需要，包括需要、兴趣、信念、世界观等；外在因素是诱因，包括目标、压力、责任及义务等。动机的产生既可能源于内在的需要，也可能源于外部的诱因，或是二者共同起作用的结果。比如，企业销售人员或业务员是由于工作需要而购买手机，因为他们的工作性质使他们需要时刻保持与客户以及公司的联系，购买手机是为了获得快捷、方便的通信工具；一些学生购买手机不是由于必须用手机，而是因为其他人都有手机，自己也要购买。具体购买什么品牌的手机，往往是内在需要与外在诱因共同作用的结果。

消费者动机是指在产品购买和消费过程中生理需要和心理需要的激励因素。要想为消费者提供满足其购买动机的产品,就必须了解消费者动机的特征。

消费者动机具有内隐性。即消费者的购买动机无法通过观察得到,只能通过对某些外显行为的调查和研究得出。

消费者动机具有多重性。消费者对产品或品牌进行选择的购买行为往往包含着多重动机。例如,经房地产开发商分析,购房者的动机可以包括以下五类:第一类是自住型的;第二类是投资型的,即购买后出租,以获取收益;第三类是跟风购买的;第四类是投机炒房的;第五类就是为了使自己手里的货币保值增值的。而很多购房者的购房行为是由多重动机引起的。

消费者动机具有实践性和学习性。实践性是指动机能够激发人的行为,使人的行为朝着某一目标进行。动机包含行为能量和行为方向两个方面的内容。行为能量主要由需要的强度决定,行为方向则主要受人的经验以及其对环境、对刺激物学习的影响。动机的学习性表明人的动机是可以改变的,可以随着人的不断学习和社会化而发生改变。

消费者动机还具有复杂性,任何人的行为背后都隐藏着多种动机。同一动机可能引发不同的行为,同一行为也可能是由不同动机导致的,动机的复杂性主要表现在以下五个方面:①动机与行为不是简单的对应关系;②个体明确表示的动机很可能不真实;③实际起作用的动机与消费者本人意识到的动机行为往往不一致;④存在无意识动机;⑤同时存在的多种动机之间可能存在矛盾。

(二)消费者购买动机的作用

消费者购买动机的作用主要体现在对购买行为的影响上。购买动机是消费者需求与其购买行为的中间环节,具有承前启后的作用。

动机在消费者购买行为产生与实现过程中的作用如图4-2所示。

图4-2 动机在消费者购买行为产生与实现过程中的作用

具体来说,购买动机对购买行为起到以下三种作用:①始发作用,即购买动机能够驱使消费者产生某种购买行为。②导向作用,即消费者的购买动机能促使其购买行为朝既定的方向及预定的目标进行,具有明确的指向性。③强化作用,即在一定动机驱使下所产生的行为结果反过来对动机有巨大的影响,购买动机会因良好的购买行为结果而使该购买行为重复出现,使行为得到加强;购买动机也会因不好的购买行为结果,使购买行为受到削弱,减少乃至不再出现。这两种情况都是强化的作用,前者叫正强化,后者叫负强化。正强化能够肯定、鼓励并加强某一具体的购买行为;负强化则可以削弱、惩罚某一购买行为,使后来发生的购买行为具有不确定性。

二、消费者动机的类型

消费者购买行为背后的心理动机是复杂多样的,这些心理动机主要包括以下几类。

(1) 求实心理动机，是一种以追求商品或服务的使用价值为主导倾向的动机。消费者在选购商品时，比较重视产品质量、功能，讲求实用与实惠。这种动机或心理具有普遍性，主要存在于经济收入较低的消费者和主持家务的中老年妇女中。他们在购买商品时，不爱幻想和浪漫，受商品的包装、名称、广告宣传的影响较小，而是凭经验和传统习惯，善于精打细算。他们是中、低档商品和大众化商品的主要购买者。

(2) 求廉心理动机，消费者追求商品价格低廉，希望物超所值，因而会将价格作为购买决策的第一要素。求廉动机可简单地分为两类：购买高级或高档商品时求廉，常常是在确定购买品种、款式之后，希望能少花点钱；购买低级或低档商品时求廉，即对商品质量、花色、款式要求不高，只要商品价格低廉、实用就会购买，特别喜欢购买处理、降价、折价商品。

(3) 求名心理动机，是指消费者信任名牌，乐意接受名牌高档商品，以显示自己的身份、地位的一种购买动机。具有这种购买动机的顾客一般都具有相当的经济实力和一定的社会地位。此外，表现欲和炫耀心理较强的人，即使经济条件一般，也可能具有此种购买动机。一般而言，青年人、收入水平较高的人常常具有这种购买动机。

(4) 求新心理动机，是指消费者喜欢时尚、新颖、奇特商品，以显示自己与众不同的购买心理。具有求新动机的人都是一些经济条件较好的男女青年，他们在消费需求上富于幻想，渴求变化，喜欢追逐社会潮流，购买各种新潮商品。他们易受商品宣传和社会的影响，也会凭一时兴趣和冲动购买商品。

(5) 求便心理动机，即消费者在商品购买的过程中在购买时间、购买方式上追求便利，并希望在购买时享受热情、周到的服务。具有这种购买动机的消费者特别重视时间和效率，他们希望能够快速、方便地买到中意、合适的商品，讨厌烦琐的购货方式、过长的等候时间和过低的销售效率，对购买的商品要求使用方便，便于携带与维修。随着人们生活节奏的加快，持有这种动机的消费者将越来越多。

(6) 审美心理动机，是指消费者以追求商品欣赏价值和艺术价值为主导的购买动机，在商品购买的过程中重视所选购商品的色彩、造型、外观、包装等外在的美感。

(7) 习俗心理动机，是一种由于种族、民族、宗教信仰、文化传统和地理环境等因素的不同而形成的消费观念和动机。

(8) 惠顾心理动机，是指由于消费者的购买习惯或者对商品服务人员的认可形成偏好，从而乐于光顾和购买的心理。在这种动机支配下，顾客重复地、习惯地向某一推销商或商店购买。顾客之所以产生这样的动机，主要是基于营业员礼貌周到、信誉良好、提供信用及劳务、品种繁多、品质优良、价格适当、商店交通便利、店面布置美观等。

(9) 从众心理动机，是指消费者受舆论、风俗、流行时尚的引导和影响，在购买商品时，自觉或不自觉地模仿他人的购买行为。具有这种购买动机的消费者，其购买动机是在社会风气的影响下产生的，以与众人一致为追求目标。此类消费者往往缺乏市场信息和选购经验，认为从众可以避免个人决策失误，有安全感。

(10) 癖好心理动机,是指消费者以满足个人兴趣、爱好为主导倾向的需求心理。具有这类心理的顾客具有特殊的个人偏好,成为某类商品的经常性购买者,他们对所购买的商品具有很强的鉴赏力和丰富的知识,购买行为具有经常性、稳定性的特点。例如,有集邮、钓鱼、收藏和养花等爱好的人,总是持续地购买某一类型的特殊商品。

需求与动机研究

案例 4-3

感性设计使企业起死回生

美国著名制鞋商塞浦勒斯,在企业濒临倒闭时,聘请了一位名叫弗兰克·罗里的心理学家担任总经理,成功地运用了感性设计,使企业起死回生、兴旺发达。

弗兰克·罗里认为,消费者和顾客是人,而人是有感情的,产品虽然没有感情,但可以使之具有感情色彩,让它引起消费者的遐想和共鸣。罗里的经营名言是:"顾客买回去的不是鞋,而是分门别类的情感。"他说:"当今美国社会已进入经济成熟时期,人们购买鞋子不只要求物美价廉,更重要的是要求商品能体现和寄托消费者自我意识的个性化、感情化。因此,人们不再为防寒和防湿买鞋,仅仅用廉价与高质已不足以打开销路,为了促销,唯有使鞋像演员一样,赋予其不同的个性,使其不断以鲜明的形象参加演出。"

于是塞浦勒斯公司致力于创造各种富有情感色彩的鞋子,推出"男性情感型""女性情感型",还有体现各种不同个性、迎合人们独特要求的"野性情感型""轻盈情感型"和"优雅情感型"等各类鞋子。这种别具一格、独出心裁的销售方式取得了令人意想不到的销售效果,创造了公司历史上的销售高峰。

资料来源:周斌.消费者行为学[M].北京:清华大学出版社,2013.

一、消费者的需求研究

消费需求是商品市场存在的心理基础,不能激发消费需要的商品不会有市场。消费者购买商品之前,要由消费动机支配。需求和动机是任何消费行为不可缺少的前提条件,所以对消费者需求与动机研究是一项基础的、长期性的工作。

对消费需求的研究一直是一个薄弱的环节。在研究方法上,一般以"直接询问"方式发掘出消费需求的具体内容,比如询问人们生活中、工作中有哪些不方便之处,或有什么样的希望,或询问人们对于现有商品有什么样的要求等。

消费者的回答分"自由回答法"和"选择回答法"两种。

自由回答法可以得到更详尽的信息,且回答范围很广,可能会给数据处理带来麻烦,例如：

请你回想餐具清洗的过程，你使用洗涤剂时，关注的方面有哪些？包括洗洁精、洗涤灵等。（追问三遍）

选择回答法的调查结果易于处理，回答速度也会快一些，但可能遗漏一些重要信息，例如：

下面是电视机功能的描述，在这些功能中您关注的有哪些？请在相应的序号上画一个圆圈。

1. 纯平面
2. 100赫兹扫描
3. 接收100个以上频道
4. 频道快速搜索
5. 作为计算机显示屏
6. 屏幕静电自动消除
7. 画中画功能
8. 色差输入功能
9. 带重低音功能
10. 画面模式可调
11. 重量超轻
12. 机身超薄
13. 其他（请说明）

二、研究消费者动机的方法

探寻消费者的动机，一直是生产者和经营者每天思考的问题。研究动机最简单的方法是"直接询问式"，研究人员直接询问消费者选择、购买、使用某一商品的原因。直接询问式可用于常规性调查项目。对于复杂的消费动机研究，研究方法必须系统化，研究应当限定在专门的环境，样本数量必须满足一定的规模，并配合专用的研究工具或辅助手段，计算机及专业软件也是必不可少的。

（一）直接询问式

在座谈会、入户调查、购买模拟等研究方法中，可以使用直接询问式调查消费者的动机。比如关于"三种胶卷牌子中，你为什么选择这种牌子呢?"这一问题，得到的回答是"小商店里都有，购买方便""到处都有广告，大家都买这一种""颜色比较好看"以及"没有别的可买呀，只能买这个牌子了"等，将这些回答结果归纳，购买动机分别是"购买方便""广告引导""色彩吸引人"和"品牌单一"等。

（二）联想分析法

消费者有些动机不会直接向研究人员说明，需要运用一些间接的方法才能发掘他们深层次的动机。联想分析法是间接式研究方法的一种，这种方法来源于心理学家弗洛伊德。联想分析法最初用于精神分析，现在也用于研究消费者动机。

具体做法是向消费者出示一种概念或样品，要求消费者立即回答他联想到的内容，并马上用语言表达出来。向消费者出示的概念可以是商品方面的，比如商品品牌名称、商品的属性描述、商品功能描述等；也可以是广告方面的，比如广告词、广告标语等；还可以是企业方面的，比如企业名称、企业口号等。出示的样品包括商品原型、商品包装、广告样片、模特形象、企业标志等。

消费者用口头语言回答时,要求简洁明朗,不必作详细的表述。比如向消费者出示商务通的概念卡,消费者马上想到的是"商务通不能少""高科技"和"暴发户"等。这些结果有助于企业了解过去的品牌形象和购买动机。

联想分析法获得的结果主要是语言式的描述,信息量较大,语言描述可能比较详细,但是数据处理也比较麻烦,所以用于大规模的样本研究有较大的难度。

(三)回归分析法

上述研究方法不能从定量的角度分析动机及其强度,要达到这一研究目的,必须在大样本量的基础上对消费动机进行量化,并提取动机特征。

在消费者购买胶卷的例子中,消费者"完全肯定购买"品牌A与"比较肯定购买"品牌A,他们的驱动原因是否一致呢?从统计的角度看,两者存在一定的差异,但差异不明显,如表4-1所示。

表4-1 动机深层次分析(1)

原因	比较肯定购买/%	完全肯定购买/%	合计平均/%
购买方便	20	22	21
广告引导	25	20	23
色彩吸引人	30	35	33
品种单一	15	12	13
价格优势	10	11	10
总计	100	100	100

如果对调查结果中的基础数据进行回归分析,就会发现每一种原因与动机强度之间的相关性,每一种动机的差异性也就表现出来了。在这个例子中,"色彩吸引人"和"购买方便"是真正驱动消费者购买A的前两个原因,如表4-2所示。

表4-2 动机深层次分析(2)

原因	比较肯定购买	完全肯定购买
购买方便	0.35	0.45
广告引导	0.43	0.31
色彩吸引人	0.57	0.69
品种单一	0.25	0.20
价格优势	0.13	0.19

注:假设购买与原因之间为线性关系,所有数据经重新编码才能作回归运算。

按照这个逻辑,我们可以从购买动机出发,寻找影响购买动机中最重要的原因,又称为一级因子。找到这些因子之后,再寻找对这些因子影响最大的二级因子,顺延至三级、四级因子等,由此建立起一整套购买动机的数学模式。国外解释消费者心理的模式,基本上都是按照这种思路进行的。至于每一种模式的不同,在于其理论基础的不同。比如在强调品牌认知的营销思想指导下，品牌认知将会被放置在模式的中心位置；在强调消费者满意度的营销思想指导下，消费者满意度则会被置于模式的关键位置。

（四）因子分析技术用于动机研究

消费者的动机具有复杂性、组合性的特点，消费者面对不同商品，其消费动机可能不同，并且存在相互交叉的现象。即使面对相同的商品，每一位消费者会出现多种动机类型，至于不同消费者之间，动机类型的差别会更大。因此企业面对一个十分麻烦的问题：如何把握消费者复杂多样的动机。

使用统计学中的因子分析法，可以从几十个、上百个复杂多样的动机中提炼出起主要作用的动机因子。动机因子的数目少，就容易被人们理解，依据这些动机因子制定营销策略就方便多了。

例如，在研究大学生的着装动机时，使用因子分析法发现了 10 个主要因子。研究过程分以下三个步骤。

(1) 搜集大学生着装可能存在的动机。结果发现有 63 种消费动机，每一种动机的重要性都用 5 分等级表示。以问卷的形式向调查对象进行调查，获得相应的调查数据，累加出每一种动机重要性的等级得分。

(2) 数据处理。调用 SPSS 软件包，分析影响大学生着装行为的主要因子，经计算机运算得出 10 种主要的因子。

(3) 分析每一种因子包含了什么样的成分。这种成分是用这个因子在每一种动机上的载荷值表示的。为了分析 10 个主要因子的构成，因子分析过程使用了方差极大法对载荷进行正交旋转，对同一因子呈现高载荷的动机，就揭示了因子与动机之间因果关系的内涵。大学生着装动机因子分析如表 4-3 所示。

表 4-3　大学生着装动机因子分析

因子及命名	变　量	载荷	解　释
心理舒适	我想穿使自己看起来随和的服装	0.78	使自己看起来随和或感觉心情舒畅，反映心理上对舒适的要求
	我想穿令自己心情舒畅的服装	0.68	
适宜性	我想穿适合自己的服装	0.72	合适自己或自己感觉舒服，反映着装与自己的适宜性
	我想穿感觉舒适的服装	0.61	
展示个性	我想穿与众不同的服装	0.76	与众不同与引人注目，突出反映着装上的求异心理
	我想穿引人注目的服装	0.57	
体现美感	我想通过服装表现自己优美体型	0.73	体态美和气质不凡都是个人美感的体现
	我想通过着装表现自己气质不凡	0.57	
社会地位象征	我想穿高雅的服装	0.75	高雅服装与名牌服装不是服装的实用功能，而是社会地位的象征
	我想穿名牌服装	0.71	

续表

因子及命名	变　量	载荷	解　释
获得社会承认	我想通过服装表现自己的成熟感	0.66	通过服装打扮表现成熟、庄重、精明强干,是对社会承认的一种心理需求
	我想穿使自己看起来庄重的服装	0.63	
	我想穿使自己看起来精明强干的服装	0.55	
取得心理安定	我想穿自然的服装	0.64	着装方面的自信与自然,体现心理上对安定感的需要
	我想穿使自己增强自信心的服装	0.63	
身体舒适性	我想穿随便的服装	0.73	随便、宽松、行动不受限制主要体现身体的舒适性
	我想穿宽松、行动不受限制的服装	0.73	
面料功能	我想穿不常洗的服装	0.82	这是人们对服装面料特性的关心
	我想穿耐穿的服装	0.57	
流行与时尚	我想穿流行的服装	0.78	直接反映着装时追求流行的心理
	我想穿突出自己气质的服装	0.42	

在研究所揭示的大学生着装动机的10个主因子中,心理舒适性最为重要,其次为对自己的适宜性,再次为表达个性,居最后的是追求流行与时尚,这表现出大学生在着装方面的追求与自我主见。对社会着装行为具有巨大影响力的流行与时尚在大学生着装动机中的地位微乎其微,追求名牌服装方面的消费动机较弱,这与他们的购买力较低有必然的联系。因此大学生服装消费的营销策略,其形象定位应该放在“随和”“心情舒畅”等方面。这就是因子分析技术在消费者动机研究中的运用。

三、消费者动机研究与策略制定

(一)动机强度测量

当消费者回答,他“肯定要购买”某种品牌商品时,这种愿望转变为现实的购买行为有多大可能呢?真正的市场潜力应该是多大呢?如果不能分清动机强度与行为之间的不同关系,就会造成市场预测结果出现偏差。

动机强度的测量最早还是来源于心理学的研究,在实践中已经被市场研究人员发展出严谨的操作方法。以5级量表测量为例,一般计分方法是将“完全肯定购买”计为5分,“比较肯定购买”计为4分,“说不好或无所谓”计为3分,将这些分值与100分制对应,“完全肯定”与100分等值,“完全肯定不购买”与0分等值,那么中间状态的动机的对应值呢?这5级量表在表述方面或用语方面好像是距离相等,但是在心理上并不真正相等。考虑到心理本身具有复杂性特点,我们可以假设这5级量表各个距离之间是相等的,则动机强度可以用图4-3表示。

(二)动机分析与策略制定

分析消费动机的目的是为制定营销策略提供依据,应把策略制定与动机分析结合起来。用坐标法表示这两个参数,动机与策略之间的关系就可以比较直观地反映出来。动机强度与满足状态均高的为“锦上添花”区,动机强度与满足状态均低的“无效

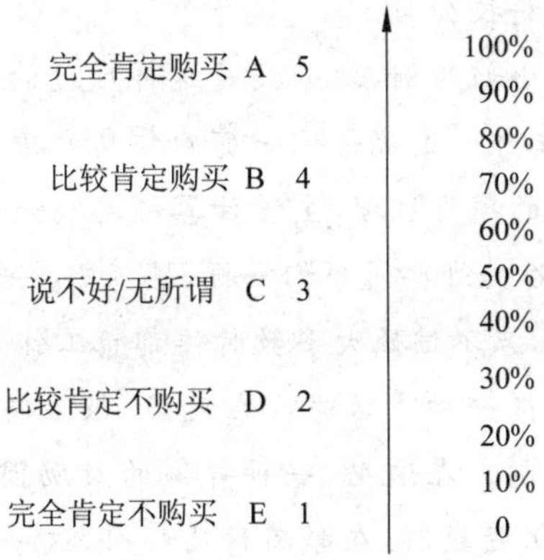

完全肯定购买	A	5	100% 90%
比较肯定购买	B	4	80% 70% 60%
说不好/无所谓	C	3	50% 40%
比较肯定不购买	D	2	30% 20%
完全肯定不购买	E	1	10% 0

图 4-3　动机强度的表示方法

策略”区，其余两个为“维持现状”和“重点改进”区，这样为营销策略的制定可以找到明确的方向。

如图 4-4 所示，该产品的质量已经进入“锦上添花”区，但是影响消费者购买的两个动机“包装”和“维修”，在策略上并没有达到理想的满足状态，这是企业经营管理中应该重点改进的方向。购物时给消费者赠送的礼品没有引起消费者太多的重视，所以企业可以不实施这类营销策略。

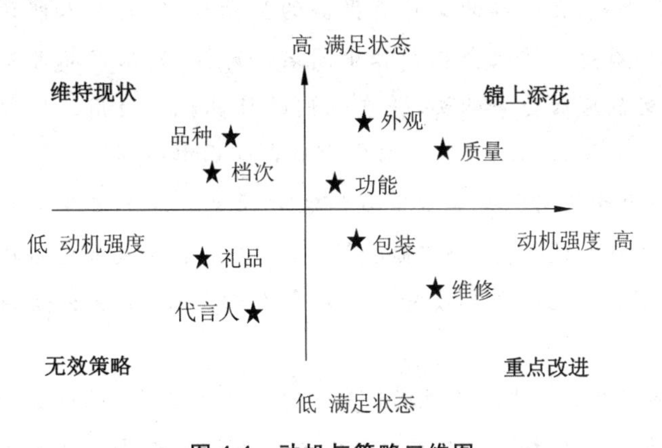

图 4-4　动机与策略二维图

第四节　行为激励理论

案例 4-4

硅谷高科技员工的激励

一些人认为，典型的加利福尼亚人与世界上别的地方的人有所不同。尽管这是人们的某种成见，但是至少有一部分加州人确实与众不同。这部分人在硅谷工作，就职于那些推动科技与信息发展的高科技公司。

以他们当中的一员凯西小姐为例，她一天是这样度过的：白天工作12个小时后，晚上9点锻炼身体，然后接着工作。这就是她一贯的作息安排，每周6天，并一直能坚持好几个月。凯西是娱乐产品部的项目经理，主管计算机游戏光盘的制作。她一般每周工作100个小时左右。和她在硅谷的那些同事们一样，她不需要遵守严格的时间规定，而只是在自己想工作的时候才工作，只不过她大多数时候都想工作。

什么可以激励人们过这样一种生活呢？在硅谷，很多特殊的机会层出不穷，这就为某些人提供了强大的激励机制。在这里，一种普遍的激励因素是金钱。在今天，硅谷有1/3以上的高科技公司给员工股权，而在非高科技公司，这一比例不到11%。因此，在这一行业短时间内暴富是完全可能的。而且即使有人赚不到钱，他能得到的基本补偿金也非常诱人。例如，硅谷的软件、半导体工人平均每年可以得到7万美元的补偿金，而美国普通工人平均每年只能得到2.7万美元。

对于这个行业的人来说，对所从事工作的热爱是另一个重要的激励因素。虽然钱很重要，但很多人承认，如果只是为了钱，他们是不会像现在这么努力的。事实上，很多人都认为自己的工作可以与音乐家的工作相媲美，因为工作给了他们发自内心的快乐，工作本身就是最吸引他们的地方。

第三个激励因素是，在硅谷的工作有很高的显示度，容易为人所认可。相对于其他行业的人来说，他们有更多的机会在顾客中闻名。比如，娱乐产品部发行了凯西监制的游戏光盘，成千上万的顾客会来购买，并在他们的计算机上使用。她的名字就会出现在制作人员的名单中，就像电影制片人的名字出现在电影中一样。

来自同行的压力和认同也是非常重要的激励因素。这个行业中的人们工作时间都很长，这也成了整个行业通行的一种“标准”。人们去上班时就知道自己必定要工作很长时间，这是既定的事实。他们这么做是因为每个人都这样，不这么做的人就会遭到同行的讥讽。

最后一个激励因素是这些工作所提供的自主性。事实上，现在流行的管理方式有很多，比如“授权”就诞生于硅谷。诸如惠普和苹果一类的公司已经摒弃了传统组织机构中指令控制式的管理。公司从不对员工的工作时间安排、工作进度以及服装规范等方面加以规定。相反，员工可以来去自由，可以带宠物上班，也可以在家工作。简而言之，他们可以自主选择在何时、何地以及以何种方式开展工作。对于今天的很多员工来说，这种弹性是非常有吸引力的。

资料来源：http://www.docin.com/p-419481939.html，2018-10-20.

思考：对于成就、归属和权力的需要是否对这些员工有激励作用？

激励理论是对如何满足人的各种需要、调动人的积极性的原则和方法进行概括总结的理论。激励的目的在于激发人的正确行为动机，调动人的积极性和创造性，以充分发挥人的智力效应，从而做出最大成绩。自20世纪二三十年代以来，国外许多管理学家、心理学家和社会学家结合现代管理的实践，提出了许多激励理论。这些理论被应用于不同的领域，具有广泛的适用性，本章重点阐述赫茨伯格的双因素激励理论、亚当斯的公平理论、斯金纳的强化理论及波特和劳勒的期望激励理论等，以期对消费者行为的激励奠定理论基础。

一、赫茨伯格的双因素激励理论

激励因素—保健因素理论是美国的行为科学家弗雷德里克·赫茨伯格(Fredrick Herzberg)1966年提出来的，又称双因素理论。赫茨伯格曾获得纽约市立学院的学士学位和匹兹堡大学的博士学位，在美国和其他三十多个国家从事管理教育和管理咨询工作，是犹他大学的特级管理教授。他的主要著作有：《工作的激励因素》(1959年，与伯纳德·莫斯纳、巴巴拉·斯奈德曼合著)、《工作与人性》(1966年)、《管理的选择：是更有效还是更有人性》(1976年)。双因素理论是他最主要的成就，在工作丰富化方面，他也进行了开创性的研究。

20世纪50年代末，赫茨伯格和他的助手们在美国匹兹堡地区对200名工程师、会计师进行了调查访问。访问主要围绕两个问题：在工作中，哪些事项是让他们感到满意的，并估计这种积极情绪持续多长时间；又有哪些事项是让他们感到不满意的，并估计这种消极情绪持续多长时间。赫茨伯格以对这些问题的回答为材料，着手研究哪些事情使人们在工作中快乐和满足，哪些事情造成不愉快和不满足。结果他发现，使职工感到满意的都是属于工作本身或工作内容方面的；使职工感到不满的，都是属于工作环境或工作关系方面的。他把前者称为激励因素，后者称为保健因素。

保健因素的满足对职工产生的效果类似于卫生保健对身体健康所起的作用。保健从人的环境中消除有害于健康的事物，它不能直接提高健康水平，但有预防疾病的效果；它不是治疗性的，而是预防性的。保健因素包括公司政策、管理措施、监督、人际关系、物质工作条件、工资、福利等。当这些因素恶化到人们认为可以接受的水平以下时，就会产生对工作的不满意。但是，当人们认为这些因素很好时，它只是消除了不满意，并不会导致积极的态度，这就形成了某种既不是满意、又不是不满意的中性状态。

那些能带来积极态度、满意和激励作用的因素就称为“激励因素”，就是那些能满足个人自我实现需要的因素，包括成就、赏识、挑战性的工作、增加的工作责任以及成长和发展的机会。如果这些因素具备了，就能对人们产生更大的激励。从这个意义出发，赫茨伯格认为传统的激励假设，如工资刺激、人际关系的改善、提供良好的工作条件等，都不会产生更大的激励；它们能消除不满意，防止产生问题，但这些传统的“激励因素”即使达到最佳程度，也不会产生积极的激励。按照赫茨伯格的意见，管理当局应该认识到保健因素是必需的，不过它一旦使不满意中和以后，就不能产生更积极的效果。只有“激励因素”才能使人们有更好的工作成绩。

赫茨伯格及其同事以后又对各种专业性和非专业性的工业组织进行了多次调查,他们发现,由于调查对象和条件的不同,各种因素的归属有些差别,但总的来看,激励因素基本上都是属于工作本身或工作内容的,保健因素基本都是属于工作环境和工作关系的。但是,赫茨伯格注意到,激励因素和保健因素都有若干重叠现象,如赏识属于激励因素,基本上起积极作用,但当没有受到赏识时,又可能起消极作用,这时又表现为保健因素。工资是保健因素,但有时也能产生使职工满意的结果。

赫茨伯格的双因素理论同马斯洛的需要层次论有相似之处。他提出的保健因素相当于马斯洛提出的生理需要、安全需要、感情需要等较低级的需要,激励因素则相当于受人尊敬的需要、自我实现的需要等较高级的需要。当然,他们的具体分析和解释是不同的。但是,这两种理论都没有把"个人需要的满足"同"组织目标的达到"这两点联系起来。

有些西方行为科学家对赫茨伯格的双因素理论的正确性表示怀疑。有人做了许多试验,未能证实这个理论。赫茨伯格及其同事所做的试验,被有的行为科学家批评为是他们所采用方法本身的产物:人们总是把好的结果归结于自己的努力而把不好的结果归罪于客观条件或他人身上,问卷没有考虑这种一般的心理状态。另外,被调查对象的代表性也不够,事实上,不同职业和不同阶层的人,对激励因素和保健因素的反应是各不相同的。实践还证明,高度的工作满足不一定就产生高度的激励。许多行为科学家认为,不论是有关工作环境的因素或工作内容的因素,都可能产生激励作用,而不仅是使职工感到满足,这取决于环境和职工心理方面的许多条件。

但是,双因素理论促使企业管理人员注意工作内容方面因素的重要性,特别是它们同工作丰富化和工作满足的关系,因此是有积极意义的。赫茨伯格告诉我们,满足各种需要所引起的激励深度和效果是不一样的。物质需求的满足是必要的,没有它会导致不满,但是即使获得满足,它的作用往往是很有限的、不能持久的。要调动人的积极性,不仅要注意物质利益和工作条件等外部因素,更重要的是要注意工作的安排,量才录用,各得其所,注意对人进行精神鼓励,给予表扬和认可,注意给人以成长、发展、晋升的机会。随着温饱问题的解决,这种内在激励的重要性越来越明显。

二、亚当斯的公平理论

公平理论又称社会比较理论,是美国行为科学家亚当斯(J. S. Adams)在《工人关于工资不公平的内心冲突同其生产率的关系》(1962,与罗森鲍姆合著)、《工资不公平对工作质量的影响》(1964,与雅各布森合著)、《社会交换中的不公平》(1965)等著作中提出来的一种激励理论。该理论侧重于研究工资报酬分配的合理性、公平性及其对职工生产积极性的影响。

公平理论的基本观点:当一个人做出了成绩并取得了报酬以后,他不仅关心自己所得报酬的绝对量,而且关心自己所得报酬的相对量。因此,他要进行种种比较确定自己所获报酬是否合理，比较的结果将直接影响今后工作的积极性。

一种比较称为横向比较，即他要将自己获得的“报酬”（包括金钱、工作安排以及获得的赏识等）与自己的“投入”（包括教育程度、所作努力、用于工作的时间、精力和其他无形损耗等）的比值与组织内其他人作社会比较，只有相等时，他才认为公平，如下式所示。

$$O_p/I_p=O_c/I_c$$

式中：O_p——自己对所获报酬的感觉；

O_c——自己对他人所获报酬的感觉；

I_p——自己对个人所作投入的感觉；

I_c——自己对他人所作投入的感觉。

当上式为不等式时，可能出现以下两种情况。

(1) $O_p/I_p<O_c/I_c$。

在这种情况下，他可能要求增加自己的收入或减小自己今后的努力程度，以便使左方增大，趋于相等。第二种办法是他可能要求组织减少比较对象的收入或者让其今后增大努力程度以便使右方减小，趋于相等。此外，他还可能另外找人作为比较对象，以便达到心理上的平衡。

(2) $O_p/I_p>O_c/I_c$。

在这种情况下，他可能要求减少自己的报酬或在开始时主动多做些工作，但久而久之，他会重新估计自己的技术和工作情况，终于觉得他确实应当得到那么高的待遇，于是产量便又会回到过去的水平了。

除了横向比较之外，人们也经常做纵向比较，即把自己目前投入的努力与目前所获得报酬的比值，同自己过去投入的努力与过去所获报酬的比值进行比较。只有相等时他才认为公平，如下式所示。

$$O_p/I_p=O_h/I_h$$

式中：O_p——自己对现在所获报酬的感觉；

O_h——自己对过去所获报酬的感觉；

I_p——自己对个人现在投入的感觉；

I_h——自己对个人过去投入的感觉。

当上式为不等式时，也可能出现以下两种情况。

(1) $O_p/I_p<O_h/I_h$。

当出现这种情况时，人也会有不公平的感觉，这可能导致工作积极性下降。

(2) $O_p/I_p>O_h/I_h$。

当出现这种情况时，人不会因此产生不公平的感觉，也不会觉得自己多拿了报酬，主动多做些工作。

调查和试验的结果表明，不公平感的产生，绝大多数是由于经过比较认为自己目前的报酬过低而产生的；但在少数情况下，也会由于经过比较认为自己的报酬过高而产生。

我们看到,公平理论提出的基本观点是客观存在的,但公平本身却是一个相当复杂的问题,这主要是由于下面几个原因。

(1) 它与个人的主观判断有关。上面公式中无论是自己的或他人的投入和报酬都是个人感觉,而一般人总是对自己的投入估计过高,对别人的投入估计过低。

(2) 它与个人所持的公平标准有关。上面的公平标准是采取贡献率,也有采取需要率、平均率的。例如,有人认为助学金应改为奖学金才合理,有人认为应平均分配才公平,也有人认为按经济困难程度分配才适当。

(3) 它与绩效的评定有关。我们主张按绩效付报酬,并且各人之间应相对均衡。但如何评定绩效?是以工作成果的数量和质量,还是按工作中的努力程度和付出的劳动量?是按工作的复杂、困难程度,还是按工作能力、技能、资历和学历?不同的评定办法会得到不同的结果。最好是按工作成果的数量和质量,用明确、客观、易于核实的标准来度量,但这在实际工作中往往难以做到,有时不得不采用其他的方法。

(4) 它与评定人有关。绩效由谁来评定,是领导者评定还是群众评定或自我评定,不同的评定人会得出不同的结果。由于同一组织内往往不是由同一个人评定,因此会出现松紧不一、回避矛盾、姑息迁就、抱有成见等现象。

然而,公平理论对我们有重要启示:首先,影响激励效果的不仅有报酬的绝对值,还有报酬的相对值;其次,激励时应力求公平,使等式在客观上成立,尽管有主观判断的误差,也不致造成严重的不公平感;最后,在激励过程中应注意对被激励者公平心理的引导,使其树立正确的公平观,一是要认识到绝对的公平是不存在的,二是不要盲目攀比,三是不要按酬付劳,按酬付劳是在公平问题上造成恶性循环的主要杀手。

为了避免职工产生不公平的感觉,企业往往采取各种手段,在企业中造成一种公平合理的气氛,使职工产生一种主观上的公平感。如有的企业采用保密工资的办法,使职工相互不了解彼此的收支比率,以免职工互相比较而产生不公平感。

三、斯金纳的强化理论

强化理论是美国的心理学家和行为科学家斯金纳、赫西、布兰查德等人1956年提出的一种理论。斯金纳(Burrhus Frederic Skinner)生于1904年,他于1931年获得哈佛大学的心理学博士学位,并于1943年回到哈佛大学任教,直到1975年退休。1968年曾获得美国全国科学奖章,是第二个获得这种奖章的心理学家。他在心理学的学术观点上属于极端的行为主义者,其目标在于预测和控制人的行为而不去推测人的内部心理过程和状态。他提出了一种"操作条件反射"理论,认为人或动物为了达到某种目的,会采取一定的行为作用于环境。当这种行为的后果对他有利时,这种行为就会在以后重复出现;不利时,这种行为就减弱或消失。人们可以用这种正强化或负强化的办法来影响行为的后果,从而修正其行为,这就是强化理论,也称为行为修正理论。

斯金纳所倡导的强化理论是以学习的强化原则为基础的关于理解和修正人的行为

的一种学说。所谓强化，从其最基本的形式来讲，是指对一种行为的肯定或否定的后果（报酬或惩罚），它至少在一定程度上会决定这种行为在今后是否会重复发生。根据强化的性质和目的可把强化分为正强化和负强化。在管理上，正强化就是奖励那些组织上需要的行为，从而加强这种行为。负强化就是惩罚那些与组织不相容的行为，从而削弱这种行为。正强化的方法包括奖金、对成绩的认可、表扬、改善工作条件和人际关系、提升、安排担任挑战性的工作、给予学习和成长的机会等。负强化的方法包括批评、处分、降级等，有时不给予奖励或少给奖励也是一种负强化。

开始，斯金纳也只将强化理论用于训练动物，如训练军犬和马戏团的动物。之后，斯金纳又将强化理论进一步发展，并用于人的学习上，发明了程序教学法和教学机。他强调在学习中应遵循小步子和及时反馈的原则，将大问题分成许多小问题，循序渐进；他还将编好的教学程序放在机器里对人进行教学，收到了很好的效果。

斯金纳的强化理论和弗隆的期望理论都强调行为同其后果之间关系的重要性，但弗隆的期望理论较多地涉及主观判断等内部心理过程，而强化理论只讨论刺激和行为的关系。

强化理论具体应用的一些行为原则如下。

（1）经过强化的行为趋向于重复发生。强化因素是会使某种行为在将来重复发生的可能性增加的任何一种“后果”。例如，当某种行为的后果是受人称赞时，就增加了这种行为重复发生的可能性。

（2）要依照强化对象的不同采用不同的强化措施。人们的年龄、性别、职业、学历、经历不同，需要就不同，强化方式也应不一样。如有的人更重视物质奖励，有的人更重视精神奖励，就应区分情况，采用不同的强化措施。

（3）小步子前进，分阶段设立目标，并对目标予以明确规定和表述。对于人的激励，首先要设立一个明确的、鼓舞人心而又切实可行的目标，只有目标明确而具体时，才能进行衡量和采取适当的强化措施。同时，还要将目标进行分解，分成许多小目标，完成每个小目标都及时给予强化，这样不仅有利于目标的实现，而且通过不断地激励可以增强信心。如果目标一次定得太高，会使人感到不易达到或者说能够达到的希望很小，这就很难充分调动人们为达到目标而做出努力的积极性。

（4）及时反馈。及时反馈是通过某种形式和途径，及时将工作结果告诉行动者。要取得最好的激励效果，就应该在行为发生以后尽快采取适当的强化方法。一个人在实施了某种行为以后，即使是领导者表示“已注意到这种行为”这样简单的反馈，也能起到正强化的作用。如果领导者对这种行为不予注意，这种行为重复发生的可能性就会减小以至消失。所以，必须利用及时反馈作为一种强化手段。强化理论并不是对职工进行操纵，而是使职工有一个最好的机会在各种明确规定的备择方案中进行选择。因而，强化理论已被广泛地应用在激励和人的行为的改造上。

（5）正强化比负强化更有效。所以，在强化手段的运用上，应以正强化为主；同时，必要时也要对坏的行为给予惩罚,做到奖惩结合。

强化理论只讨论外部因素或环境刺激对行为的影响,忽略人的内在因素和主观能动性对环境的反作用,具有机械论的色彩。但是,许多行为科学家认为,强化理论有助于对人们行为的理解和引导。因为一种行为必然会有后果,而这些后果在一定程度上会决定这种行为在将来是否重复发生。那么,与其对这种行为和后果的关系采取一种碰运气的态度,就不如加以分析和控制,使大家都知道应该有什么后果最好。这并不是对职工进行操纵,而是使职工有一个最好的机会在各种明确规定的备择方案中进行选择。因而,强化理论已被广泛地应用在激励和人的行为的改造上。

四、波特和劳勒的期望激励理论

这是美国行为科学家爱德华·劳勒和莱曼·波特提出的一种激励理论。爱德华·劳勒在美国的布朗大学获学士学位,在加利福尼亚大学伯克利分校获博士学位,曾在耶鲁大学任教,之后在密歇根大学任心理学教授和社会研究所组织行为室主任。他还是西雅图的巴特勒纪念研究所人类事务所研究中心的访问学者。莱曼·波特也是美国著名行为科学家,在耶鲁大学获得博士学位后,在加州大学伯克利分校任教 11 年,并在耶鲁大学管理科学系任访问教授 1 年。之后,他在加州大学管理研究院任院长和管理及心理学教授。波特—劳勒期望激励理论是他们在 1968 年的《管理态度和成绩》一书中提出来的。

波特—劳勒期望激励理论的特点如下。

(1)“激励”导致一个人是否努力及其努力的程度。

(2)工作的实际绩效取决于能力的大小、努力程度以及对所需完成任务理解的深度,具体地讲,“角色概念”就是一个人对自己扮演的角色认识是否明确,是否将自己的努力指向正确的方向,抓住了自己的主要职责或任务。

(3)奖励要以绩效为前提,不是先有奖励后有绩效,而是必须先完成组织任务才能导致精神的、物质的奖励。当职工看到他们的奖励与成绩关联性很差时,奖励将不能成为提高绩效的刺激物。

(4)奖惩措施是否会产生满意,取决于被激励者认为获得的报酬是否公正。如果他认为符合公平原则,当然会感到满意,否则就会感到不满。众所周知的事实是,满意将导致进一步的努力。

1967 年,波特和劳勒还在他们合作的《成绩对工作满足的影响》一文中表示了成绩对满足影响的一种理论模式。

这种模式的具体内容是,一个人在取得成绩后,得到两类报酬。一种是外在报酬,包括工资、地位、提升、安全感等。按照马斯洛的需要层次论,外在报酬往往满足的是一些低层次的需要。由于一个人的成绩,特别是非定量化的成绩往往难以精确衡量,而工资、地位、提升等报酬的取得也包含多种因素的考虑,不完全取决于个人成绩,所以在图中用了一条曲折的线把成绩与外在报酬联系起来，表示二者并非直接的、必然的因果关系。另一种报酬是内在报酬，即一个人由于工作成绩良好而给予自己的报酬，如感到对社会做出了贡献，对自我存在意义及能力的肯定等。它对应的是一些高层次的需要的满足，而且与工作成绩是直接相关的，所以图中用曲折程度不大的线连接了“成绩”与“内在报酬”。是不是“内在报酬”与“外在报酬”就可以决定是否“满足”呢？答案是否定的。我们注意到，在其间必然要经过“所理解的公正报酬”来调节。也就是说，一个人要把自己所得到的报酬同自己认为应该得到的报酬相比较。如果他认为相符合，就会感到满足，并激励他以后更好地努力。如果他认为自己得到的报酬低于“所理解的公正报酬”，即使事实上他得到的报酬量并不少，他也会感到不满足，甚至失落，从而影响他以后的努力。

波特—劳勒期望激励理论在20世纪60—70年代是非常有影响的激励理论，在今天看来仍有相当的现实意义。它告诉我们，不要以为设置了激励目标、采取了激励手段，就一定能获得所需的行动和努力，并使员工满意。要形成激励—努力—绩效—奖励—满足并从满足回馈努力这样的良性循环，取决于奖励内容、奖惩制度、组织分工、目标导向行动的设置、管理水平、考核的公正性、领导作风及个人心理期望着多种综合性因素。

一、复习思考题

1. 什么是需求？需求具有哪些基本特征？
2. 马斯洛的需求层次理论包括哪些内容？
3. 消费者动机具有哪些特征？消费者购买动机类型有哪些？
4. “双因素”指的是哪两个因素？
5. 公平理论的基本观点是什么？
6. 强化理论的行为原则有哪些？
7. 期望激励理论的特点是什么？

二、材料阅读

斯金纳强化理论及其运用

将强化理论应用于企业职工的激励，要考虑强化的模式，并采用一整套的强化体制。强化模式主要由“前因”“行为”和“后果”三个部分组成。“前因”是指在行为产生之前确定一个具有刺激作用的客观目标，并指明哪些行为将得到强化。“行为”是指为了达到目标的工作行为。“后果”是指当行为达到了目标时，给予肯定和奖励，当行为未达到目标时，则不给予肯定和奖励，甚至给予否定或惩罚，以求控制职工的行为。

为了达到控制和引导员工行为的目的，在强化理论的应用中，管理人员应该做到以下五点。

第一，应以正强化方式为主。正强化员工可以培养员工，提高员工的自信心。一个人的成长、成功离不开鼓励，鼓励就是给员工机会锻炼及证明自己的能力。在员工每天的工作、生活中,一个温暖的言行,一束期待的目光,一句激励的评语,会激发员工的上进心,可能会改变一个员工对工作的态度,对人生的态度。在鼓励的作用下,员工可以认识到自己的潜力,不断发展各种能力,成为生活中的成功者。正强化还可以唤起员工乐于工作的激情。管理者的正强化就像一缕春风,滋润着员工的心田,又像一架桥梁,拉近了管理者与员工的距离。比如,以前在海尔本部,对每天工作表现不佳的员工要站在"6S大脚印"上反省自己的不足,海尔称这种做法为"负激励"。在美国则把这种"负激励"变成了"正激励",表现好的才让站在脚印上,争强好胜的欧美员工们,很乐意站在大脚印上介绍自己的工作经验。当站在大脚印上的演讲者越来越多后,车间里的混乱现象很快消失踪影。在正强化中,设置鼓舞人心的管理目标是一种正强化方法,但要注意将企业的整体目标和职工个人目标、最终目标和阶段目标等相结合,并对在完成个人目标或阶段目标中做出明显绩效或贡献者,给予及时的物质和精神奖励(强化物),以求充分发挥强化作用。

第二,采用负强化(尤其是惩罚)手段要慎重。负强化应用得当会促进业绩提升,应用不当则会带来一些消极影响,可能使人由于不愉快的感受而出现悲观、恐惧等心理反应,甚至发生对抗性消极行为。因此,在运用负强化时,应尊重事实,讲究方式方法,处罚依据准确公正,这样可尽量消除其副作用。将负强化与正强化结合应用一般能取得更好的效果。

第三,注意强化的时效性。采用强化的时间对于强化的效果有较大的影响。一般而论,强化应及时,及时强化可提高员工行为的强化反应程度,但须注意及时强化并不意味着随时都要进行强化。不定期的非预料的间断性强化,往往可取得更好的效果。在管理中要对员工进行奖励,适时性原则是奖励的一个重要原则。适时奖励才能取得预期的效果。美国一个专门生产精密仪器设备等高技术产品的公司,在创业初期,在一次技术改造上碰到了一个难题。一天晚上,正当公司总裁为此冥思苦想时,一位科学家闯进办公室阐述了他的解决办法。总裁听罢,觉得很有道理,便想立即给予他嘉奖。他在抽屉中翻找了好一阵,最后拿出一只香蕉给这位科学家。他说,这是他当时所能找到的唯一奖品了。科学家为此十分感动。因为这表示他所取得的成果得到了领导人的认可。从此以后,该公司对攻克重大技术难题的技术人员,总是授予一只金制香蕉形别针。这个事例是及时强化的经典。

第四,因人制宜,采用不同的强化方式。由于人的个性特征及其需要层次不尽相同,不同的强化机制和强化物所产生的效应会因人而异。因此,在运用强化手段时,应采用有效的强化方式,并随对象和环境的变化而相应调整。

第五,利用信息反馈增强强化的效果。信息反馈是强化人的行为的一种重要手段,尤其是在应用经营目标进行强化时,定期反馈可使职工了解自己参加企业各项活动的绩效及其结果,既可使职工得到鼓励,增强信心,又有利于及时发现问题,分析原因,修正所为。

资料来源:钟立平. 斯金纳强化理论及其运用[J]. 企业改革与管理,2008(2).

三、实训操练：深入了解员工所需

1. 实训目标

通过本实训了解不同消费者需要层次与激励因素的异同。

2. 实训背景

某小企业领导通过艰苦创业，把企业逐渐做大。随着企业规模的扩大和人员的增多，他感觉到员工的工作积极性不如以前了，他试图通过培训、发奖金、晋升等多种方法调动员工，但反应不一、收效甚微。请大家通过自己的方法帮助此领导解决员工的激励问题。

3. 实训内容

调查了解员工所需，并针对员工所需设计激励方案。

4. 实训要求

(1) 本实训能深入企业现场调查员工最好。如不能进行可在教室分组模拟进行。

(2) 实训可5～6人一组，一人扮演领导，其余为员工。角色轮流调换。

(3) 每个同学在演练过程中一定要严肃认真，言行符合规范。

(4) 扮演领导的同学先通过访谈了解员工的需求，然后撰写书面的解决方案。

(5) 教师可以在现场进行指导。

5. 实训总结

学生自我总结	
教师评价	

第 二 篇
消费者心理与行为

第五章 消费者的购买行为与决策

开篇案例

吉列用“刮胡刀”赢得女人“芳心”

男子长胡子，因而要刮胡子；女性不长胡子，自然不用刮胡刀。提起吉列公司，不少男人不会陌生，它的创始人金·吉列先生是世界上第一副安全刮胡刀片和刀架的发明人。1907年，吉列先生创建公司生产自己的产品，使男人刮胡子变得更加方便、舒适和安全，因此大受欢迎。到1920年，世界上已有约2000万人使用吉列刮胡刀，进入20世纪70年代，吉列公司的销售额已达20亿美元，成为著名的跨国公司。

吉列公司进行了周密的市场调查，发现在美国8360万30岁以上的妇女中，有6590万人为了保持美好形象，要定期刮除腿毛和腋毛。在这些人中，除去使用电动刮胡刀和脱毛剂者之外，有2300多万人主要靠购买各种男用刮胡刀来满足此项需要，一年在这方面的花费高达7500万美元。相比之下，美国妇女一年在眉笔和眼影上的开支为6300万美元，染发剂5500万美元。毫无疑问，这是一个极有潜力的市场。

根据这项调查结果，吉列公司精心设计了新产品，它的刀头部分和男用刮胡刀并无两样，采用一次性使用的双层刀片，刀架不采用男性用刮胡刀通常使用的黑色和白色，而是选取色彩绚烂的彩色塑料以增强美感，并将握柄改为利于女性使用的扁状，握柄上还印了一朵雏菊，更是增添了几分情趣。这样一来，新产品更显示了女性的特点。为了使“雏菊刮毛刀”迅速占领市场，吉列公司还拟定七个“卖点”，并到消费者中征求意见。这些“卖点”包括：突出刮毛刀的“双刀刮毛”“完全配合妇女的需求”“不到50美分”“不伤腿”等。最后，公司根据多数妇女的意见，选择了“不伤玉腿”作为推销时突出的重点，刊登广告进行刻意宣传。结果“雏菊刮毛刀”一炮打响，迅速畅销全美，吉列公司也因此上了一个新的台阶。

资料来源：蔡维琼．消费者行为学[M]．长春：吉林大学出版社，2014.

思考：吉列公司成功的原因是什么呢？

消费者的购买行为是由一系列环节、要素构成的完整过程。在这一过程中，购买决策居于核心地位，决策的正确与否直接决定购买行为的发生方式、指向及效用大小。储蓄与投资是相对于即期购买行为的远期或逆消费行为；链式消费则是消费行为中一种带有规律性的表现形式。深入研究消费者的购买行为过程与类型、决策程序和原则、消费行为的效用评价，以及储蓄、投资、链式消费行为等，有助于全面把握消费者的行为特点与规律。

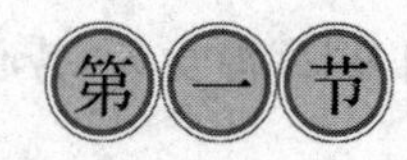 消费者行为的一般模式

案例 5-1

对不同来源的1000元的消费行为

张明是一名大二学生，他近期先后获得了两个“1000元”。对于这两个“1000元”，他采取了不同的消费行为。

第一个“1000元”来源于暑期兼职。他将其储存了起来，作为下学期的生活费。第二“1000元”是学校的奖学金。对于这1000元，请同学吃饭用了200元，买夹克衫用了360元，买运动鞋用了380元，很快就用完了。

张明为什么会把辛辛苦苦赚来的钱存起来，而迅速用完奖学金呢？

这说明人们在大脑里分别为这两种不同来源的资金建立了不同的“账户”，同样数量的钱，由于来源不一样的，其消费的行为和结果也大不一样。

资料来源：臧良运．消费者心理学[M]．北京：北京大学出版社，2015.

一、消费者行为的模式分析

消费者行为是指消费者为满足自身需要而发生的购买和使用商品的行为活动。社会生活中，任何人都必须不断消费各种物质生活资料，以满足其生理及心理需要。因此，消费者行为是人类社会中最具普遍性的一种行为活动。它广泛存在于社会生活的各个空间、时间，成为人类行为体系中不可分割的重要组成部分。

在现代社会经济生活中，由于购买动机、消费方式与习惯的差异，消费者的消费行为各不相同。尽管如此，在千差万别的消费者行为中，仍然有某种共同的带有规律性的东西。心理学家在深入研究的基础上，揭示了消费者行为中的共性或规律性，并以模式的方式加以总结描述，如图 5-1 所示。

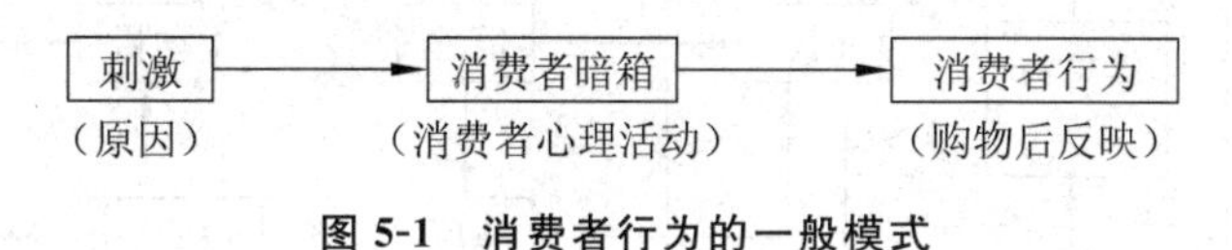

图 5-1　消费者行为的一般模式

消费者行为的一般模式表明，所有消费者行为都是因某种刺激而产生的。这种刺激既来自外界环境，也来自消费者内部的生理或心理因素。在各种刺激因素的作用下，消费者经过复杂的心理活动过程，产生购买动机。由于这一过程是在消费者内部自我完成的，因此，许多心理学家称为“黑箱”或“暗箱”。在动机的驱使下，消费者进行购买决策，采取购买行动，并进行购买后评价，由此完成了一次完整的购买行为。

一些西方学者对消费者行为模式进行了深入的研究，并提出多种不同的模式表达方式。其中尤以恩格尔—科拉特—布莱克威尔（Engel-Kollat-Blackwell）模式（EKB 模式）和霍华德—谢思（Howard-Sheth）模式最为著名。

二、恩格尔—科拉特—布莱克威尔模式（EKB 模式）

EKB 模式强调购买者进行购买决策的过程。这一过程始于问题的确定，终于问题的解决。在这个模式里，消费者心理成为“中央控制器”，外部刺激信息（包括产品的物理特征和诸如社会压力等无形因素）输入“中央控制器”；在“控制器”中，输入内容与“插入变量”（态度、经验及个性等）结合，得出“中央控制器”的输出结果——购买决定。由此完成一次消费者购买行为。

具体来说，EKB 模式描述了一次完整的消费者购买行为过程：在外界刺激物、社会压力等有形及无形因素的作用下，某种商品引起消费者心理上的知觉、注意、记忆，形成信息及经验储存，构成了消费者认识问题的最初阶段；在动机、个性及生活方式的参与下，消费者对问题的认识明朗化，并开始寻找符合自己愿望的购买对象，这种寻找在评价标准、信念、态度及购买意向的支持下向购买结果迈进；经过产品品牌评价，进入备选方案评价阶段，消费者进行选择并实施购买；最后对购买结果进行体验，得出满意与否的结论,开始下一次消费活动过程。EKB模式的购买行为如图5-2所示。

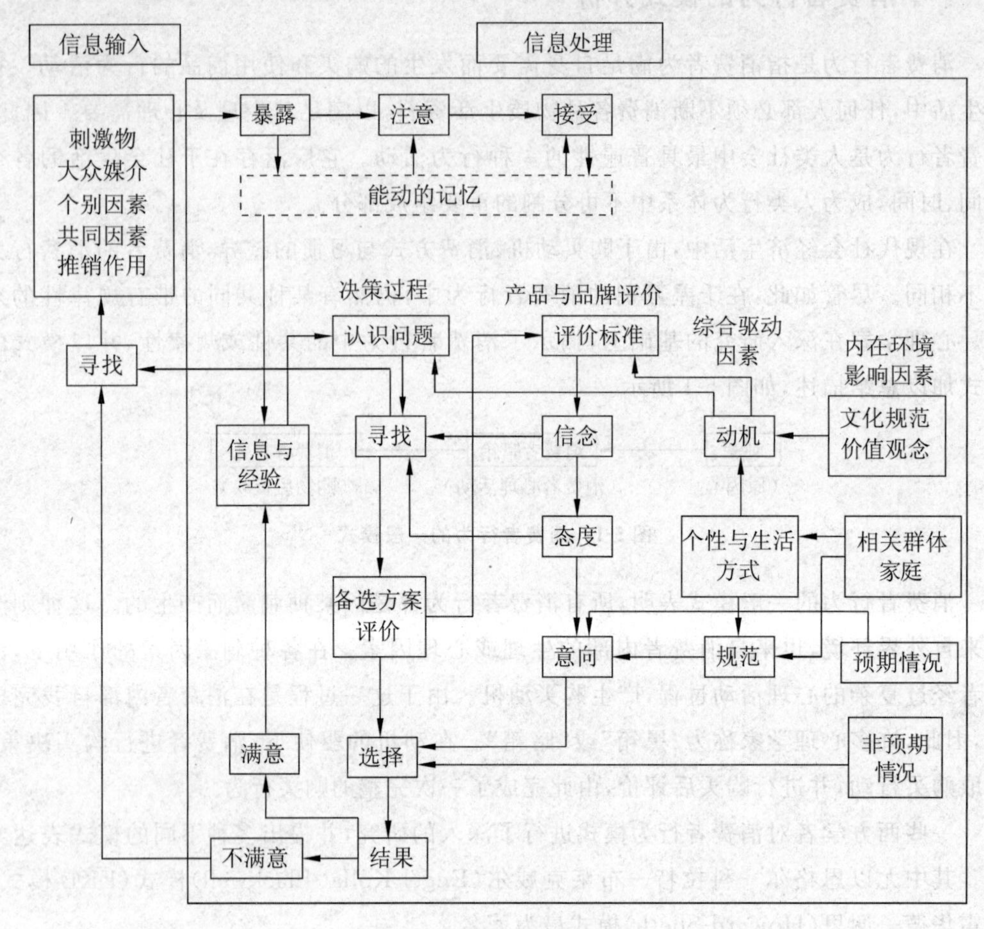

图5-2 EKB模式的购买行为

三、霍华德—谢思模式

霍华德—谢思模式描述的购买行为如图5-3所示。

霍华德和谢思认为,影响消费者决策程序的主要因素有:输入变量、知觉过程、学习过程、输出变量、外因性变量等。

输入变量(刺激因素)包括刺激、象征性的刺激和社会的刺激。刺激是指物品、商标本身产生的刺激;象征性的刺激是指由推销员、广告媒介、商标目录等传播的语言、文字、图片等产生的刺激;社会的刺激是指消费者在同他人的交往中产生的刺激,这种刺激一般与提供有关的购买信息相连。

知觉过程是完成与购买决策有关的信息处理过程,学习过程是完成形成概念的过程。知觉过程和学习过程都是在"暗箱"内完成的,经过"暗箱"的心理活动向外部输出变量。上述因素连续作用的过程表现为:消费者受到外界物体不明朗的刺激后,进行探索,引起注意,产生知觉倾向,进而激发动机。同时通过选择标准的产生以及对商品品牌商标的理解形成一定的购买态度，从而坚定购买意图，促成购买行为。购买的结果将反馈给消费者，消费者对商品的满意状况，又将进一步影响其对商品品牌的理解和态度的变化。

外因性变量没有在图 5-3 中表示出来，因为它们不直接参与决策过程。但一些重要的外因性变量，如购买的重要性、消费者个性品质和经济状况的限制，以及社会阶层的感染、文化和亚文化的作用等，都会给消费者以极大的影响。

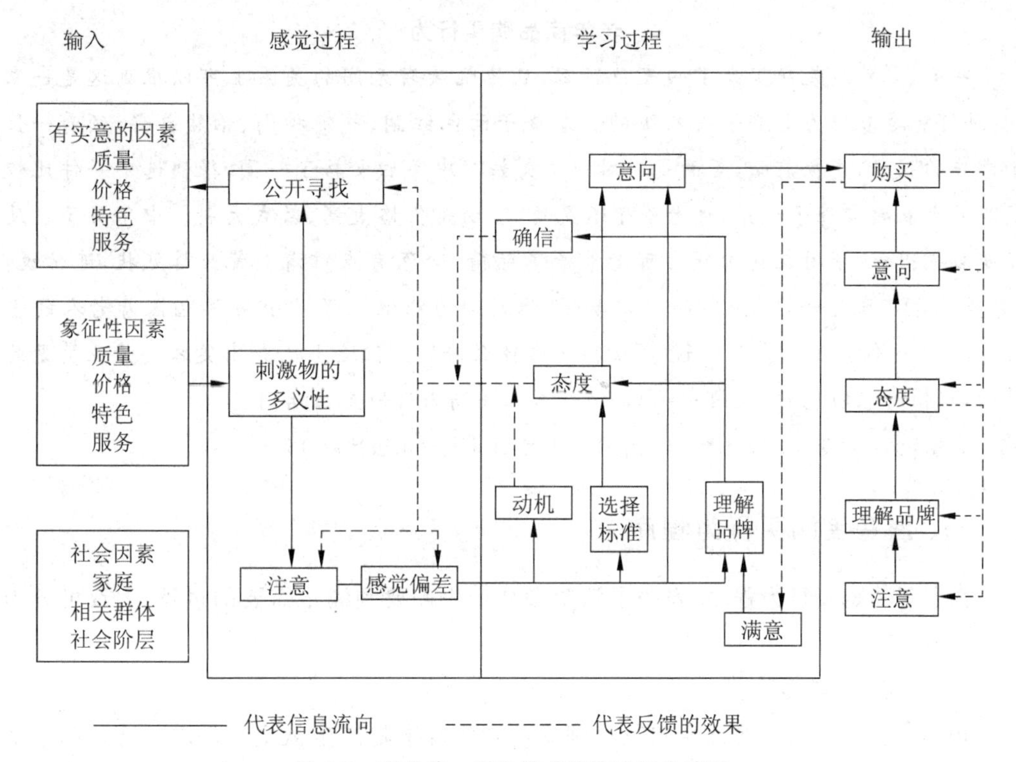

图 5-3 霍华德—谢思模式的购买行为简图

霍华德—谢思模式与前面阐述的 EKB 模式有许多相似之处，也有诸多不同点。两个模式的主要差异在于强调的重点不同。EKB 模式强调的是态度的形成与产生购买意向之间的过程，认为信息的搜集与评价是非常重要的方面。而霍华德—谢思模式更加强调购买过程的早期情况：知觉过程、学习过程及态度的形成，同时也指出了影响消费者行为的各种因素之间的联系错综复杂，只有把握多种因素之间的相互关系及联结方式，才能揭示消费者行为的一般规律。

上述三个模式由简到繁，各自都有不同的特点。比较而言，消费者行为的一般模式简练抽象地描述了消费者的购买行为及其规律性，清晰、易记。但这种模式不能准确表述影响消费者行为的各种因素及它们之间的关系。EKB 模式和霍华德—谢思模式尽管较繁杂，各种因素变量较多，但为营销企业了解消费者行为的产生、发展趋势及规律性，提供了脉络清楚、思路清晰的参考依据，便于企业在千变万化的消费者行为中，准确把握其规律性，做出正确的判断及最佳营销决策。

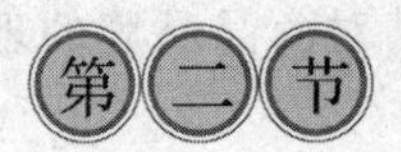

消费者的购买行为程序与类型

案例 5-2

老年商品购买行为

一天,老年服装店里来了四五位顾客,从他们亲密无间的关系上可以推测这是一家子,并可能是专门为老爷子买衣服的。老爷子面色红润、气定神闲、怡然自得,领着一位十来岁的孩子,走在前面,后面是一对中年夫妇。中年妇女转了一圈,很快选中一件比较高档的上衣要老爷子试穿,可老爷子不愿意,理由是价格太高、款式太新。中年男子说反正是我们出钱,不用在意价钱。可老爷子不领情,脸色有点难看。营业员见状,连忙说:"老爷子你可真是好福气,儿孙如此孝顺,你就别为难他们了。"小男孩也摇着老人的手说:"就买这件好了。"老爷子说:"小孩子懂什么好坏。"但脸上已露出笑容。营业员见此情景,很快将衣服包好,交给中年妇女,一家人高高兴兴地走出店门。

资料来源:臧良运.消费者心理学[M].北京:北京大学出版社,2015.

一、消费者购买行为程序

消费者的购买行为程序,表明了消费者从产生需要到满足需要的过程,大致可分为五个阶段。

(一)识别需要阶段

识别需要阶段即消费者受到某种刺激而对客观事物产生欲望和需求。这种刺激来自两个方面:一是来自消费者内部的生理及心理缺乏状态,如饥饿产生进食的需要,口渴产生喝水的需要,体冷产生穿衣的需要等;二是来自外部环境的刺激,如面包的香味、琳琅满目的商品、相关群体及广告宣传的影响等。内外部刺激共同作用的结果,唤起消费者的某种需要。这一过程即识别需要阶段。

(二)搜集信息阶段

识别需要即是确定目标。消费者在购买目标已经确定的前提下,开始围绕目标广泛搜集信息资料的阶段,目的是寻找满足其消费需要的最佳目标客体。常用的方法有翻阅报纸杂志,看电视台、电台的广告,商店实物观察,打电话向厂家询问,向同事朋友咨询等。消费者搜集信息的快慢取决于几个因素:对所需商品需要的迫切程度、对该商品的了解程度、选错信息承担风险的大小、信息资料取得的难易程度等。

(三)分析选择阶段

在搜集到足够的商品信息后,消费者要根据个人的经济实力、兴趣爱好、商品的效用满足程度,对购买客体进行认真的分析、评价,对比它们的优缺点,淘汰某些不信任的类型和品牌的商品，然后对所确认的品牌进行价格、质量比较推敲，选择有最佳性能和最佳满足感的商品。

（四）决定购买阶段

当消费者对掌握的商品信息经过分析、评价和挑选之后，就进入决定购买阶段。一般有三种性质的购买行为：①试购，由于消费者没有实践经验，难免心存疑虑，为减少风险，购买者常常先购买少量试用，如少量的洗涤剂、小瓶的洗发液等，以证实商品是否货真价实；②重复购买，消费者会继续购买以前买过的效果较好的商品，这种重复购买行为会使消费者产生对品牌的偏爱；③连带购买，当商品用途之间具有密切相关关系时，购买行为也表现连带性，例如买地毯就要连带购买吸尘器等。

（五）购后评价阶段

消费者使用所购商品后，会根据自己的感受进行评价验证购买决策的正确与否。一般存在两种情况：假如所购商品完全符合自己的意愿，甚至比预期的还要好，消费者不仅自己会重复购买，还会积极地向他人宣传推荐；相反，假如所购商品不符合其愿望，甚至效用很差，消费者不仅自己不会再购买，还会发泄对商品的不满情绪，竭力阻止他人购买。可见，购后评价常常作为一种经验，反馈到购买活动的初始阶段，对消费者下一次购买产生影响。

通过上述五个阶段，消费者完成了其购买活动。图 5-4 显示了消费者购买行为的基本程序。

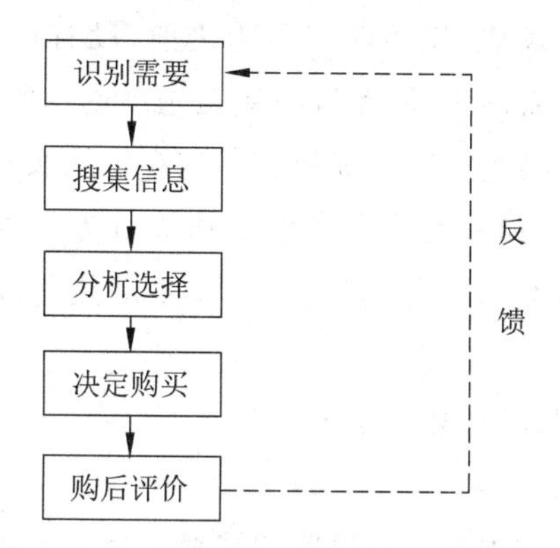

图 5-4　消费者购买行为程序

根据消费者购买过程的不同阶段，企业可以采取不同的营销对策，给消费者以支持，促成良性的购买行为。识别需要阶段，是消费者需求确定的前夕，大量的广告宣传，会对消费者起诱导作用；搜集信息阶段，企业应在大量广告宣传的基础上，展示商品的特性和优点；分析选择阶段，企业应开展试销和赠予活动，宣传一系列售前、售中、售后服务的措施；决定购买阶段，要为消费者提供全方位的优质服务，坚定消费者的购买意愿；购后评价阶段，是企业对诸多服务许诺予以兑现的阶段。

二、消费者的购买行为类型

对消费者行为分类的标准很多,每一种分类方法都可以从不同侧面反映消费者行为的特点。

(一)按消费者购买目标的选定程度区分

1. 全确定型

全确定型消费者在进入商店,发生购买行为之前,已有非常明确的购买目标,对所要购买的商品种类、品牌、价格、性能、规格、数量等均有具体要求,一旦商品合意,便会毫不犹豫地买下。这类消费者不需别人的介绍、帮助和提示,但在实际营销活动中为数较少。

2. 半确定型

半确定型消费者在进入商店购买之前,已有大致的购买意向和目标,但是这一目标不很具体、明确。直至购买行为实际发生时,需经过对同类商品的反复比较、选择之后,才能确定购买的具体对象。例如,夏季来临,某消费者确定了要买空调,但对空调品种、规格、性能、价格等方面的具体要求尚未完全明确。为此,消费者在购买过程中,需要对上述问题进行推敲、比较,并希望得到别人的参谋帮助,以确定一个明确的购买目标。这类消费者易受他人观点的影响,成交时间长。一般需要提示或介绍,营销人员可见机参谋以坚定其购买决心。他们在消费者中为数众多,应是服务的重点对象。

3. 不确定型

不确定型消费者在进入商店、发生购买行为之前,没有任何明确的购买目标。茶余饭后散步或是顺路都可能步入商店,漫无目的地观光浏览。所见某一商品或某一商品信息,都可能引发消费者需要,唤起其购买欲望。一旦有了购买目标,消费者会马上发生购买行为,但有时也可能不买任何东西。究竟发生购买行为与否,与商店内外部环境及消费者心理状态有关。对于这类消费者,营销人员应主动热情地服务,尽量引起他们的购买兴趣。

(二)按消费者购买态度与要求区分

1. 习惯型

习惯型消费者一般依靠过去的购买经验和消费习惯采取购买行为,他们或长期光顾某商店,或长期使用某种品牌的商品,环境变化、年龄增减等都不会改变这类消费者的购买习惯。他们在购买商品时,果断成交,不受时尚流行的影响,购买行为表现很强的目的性。

2. 理智型

理智型消费者善于观察、分析、比较。他们在购买前已经广泛收集所需要商品的信息,了解市场行情,并经过权衡利弊之后才做出购买决定;购买时又表现得理智慎重,不受他人及广告宣传的影响;挑选商品仔细认真、很有耐心。在整个购买过程中保持高度的自主,并始终由理智支配行动。

3. 经济型

经济型消费者对商品的价格非常敏感。以价格高低评价商品优劣的消费者，往往认为价格高的商品质量高，价格越高越要买。对廉价商品感兴趣的消费者对同类商品价格的差异极为敏感，只要价格低便认为划算，削价、优惠价、处理价的商品对这部分消费者有极强的吸引力。因此经济型又称价格型。

4. 冲动型

冲动型消费者对外界刺激敏感，心理反应活跃，在外界商品广告、推销员、他人影响的刺激下，不进行分析比较，以直观感觉为依据从速购买，新产品、时尚商品对他们的吸引力最大。

5. 感情型

感情型消费者心理活动丰富，易兴奋，爱想象，富于感情，想象力和联想力也较丰富，因而在购买时容易受感情支配，也易受外界环境的感染和诱导，往往以商品是否符合自己的感情需要确定购买决策。

6. 疑虑型

疑虑型消费者性格内向、言行谨慎、多疑。他们在购买前三思而后行，购买后还会疑心上当受骗。

7. 随意型

随意型消费者或缺乏经验，或缺乏主见，或奉命购买，在选购时大多表现得优柔寡断、缺乏主见，一般都希望得到销售人员的提示和帮助。随意型也叫不定型。有的消费者在生活上不苛求、不挑剔，表现在购买行为上也比较随便，此类消费者也属随意型。

（三）按消费者在购买现场的情感反应区分

1. 沉着型

沉着型消费者由于神经过程平静，反应缓慢沉着，购买动机一经确定，就不易改变，也很少受到外界因素的影响。在购买活动中，除了购买商品所必需的语言，始终保持沉默，感情不外露，抑制性强，交际适度，但不很随和。

2. 温顺型

温顺型消费者神经过程比较薄弱，生理上尽量避免任何过大或过小的神经刺激，表面上不受外界环境的影响，但内心却又体验深刻。在购买行为上，从选购商品，到最后实现购买行为，都愿意遵从售货员的介绍和意见，信赖他们，所以能很快做出购买决定。这类消费者对所购商品本身的情况并不过多考虑，但对服务人员的态度很敏感。

3. 活泼型(健谈型)

活泼型(健谈型)消费者神经过程平衡而灵活性高，善于适应各种环境，有广泛的兴趣爱好，但易于变化。具体表现在购买行为方面较为健谈、开朗，在购买和挑选商品时，愿意与人接近、攀谈，主动与顾客或售货员交换意见。

4. 反抗型

反抗型也叫反感型,这类消费者的个性心理具有较高的敏感性,性情较孤僻,在实现购买行为时,主观意志较强,不喜欢听取别人的意见,对售货员及其他顾客都有不信赖感。

5. 激动型

激动型也叫傲慢型,之这类消费者易于激动,言行举止时有暴躁、狂热的表现,自制力差,购买行为上也不善于考虑,傲气十足,对商品和营销人员的要求有时不近情理。对此,营销人员在各方面应给予较多的关注。

总之,在购买活动中,受购买时间、地点、环境、个性心理及购买对象等多方面因素的影响,不同的消费者会呈现多种不同的购买行为类型。为此,营销人员要用动态的、差异化的观点对消费者的行为加以观察、判断。

购买决策的制定和决策原则

案例 5-3

小李夫妻购买空调

小李大学毕业后来到广州工作,不久,便建立了家庭。夫妻俩,一个在研究所工作,一个在机关就职。由于天气炎热,便打算买一台空调。但他俩对空调不很了解,只好到处打听,还跑了好几家商店,掌握了大量的相关信息,并对各种信息进行分析、比较、综合,最后决定买一台海尔单制冷空调。小李是青岛人,远离家乡和亲人,对家乡的人和物有特殊的感情。确定购买海尔空调后,他们立即行动,先去离家较近的几家商店了解销售服务情况,最后选中了海尔专卖店,高高兴兴地买了一台海尔空调。

资料来源:臧良运.消费者心理学[M].北京:北京大学出版社,2015.

一、消费者购买决策的含义、内容及特点

(一)购买决策的含义

一般意义上的决策,是指为了达到某一预定目标,在两种以上的备选方案中选择最优方案的过程。就消费者而言,决策是指为了实现满足需求这一特定目标,消费者作为决策主体,在购买过程中进行的评价、选择、判断、决定等一系列活动。

购买决策在消费者购买活动中占有极为重要的关键性地位。①消费者决策进行与否,决定了其购买行为发生或不发生;②决策的内容规定了购买行为的方式、时间及地点;③决策的质量决定了购买行为的效用大小。

因此，正确的决策会促使消费者以较少的费用和精力，在短时间内买到质价相符、称心如意的商品，最大限度地满足自身的消费需要；反之，质量不高或错误的决策，不但会造成时间、金钱的损失，还会给消费者带来心理挫折，对以后的购买行为产生不利影响。所以决策在购买行为中居于核心地位，起支配和决定其他要素的关键作用。

（二）购买决策的内容

消费者购买决策的内容因人、因条件及所处环境不同而不同，但所有的消费者购买决策都离不开以下几个方面的内容。

(1) 为什么买(Why)，即权衡购买动机。消费者的购买动机是多种多样的。同样购买一台洗衣机，有人为了节约家务劳动时间，有人为了规避涨价风险，有人则为了显示富有。

(2) 买什么(What)，即确定购买对象。这是决策的核心和首要问题。决定购买目标不只是停留在一般类别上，而是要确定具体的对象及具体的内容，包括商品的名称、品牌、商标、款式、规格和价格。

(3) 买多少(How many)，即确定购买数量。购买数量一般取决于实际需要、支付能力及市场的供应情况。如果市场供应充裕，消费者既不急于买，买的数量也不会太多；如果市场供应紧张，即使目前不是急需或支付能力不足，也会负债购买。

(4) 在哪里买(Where)，即确定购买地点。购买地点是由多种因素决定的，如路途远近、可挑选的品种数量、价格以及服务态度等。它既和消费者的惠顾动机有关，也和消费者的求廉动机、求速动机有关。

(5) 何时买(When)，即确定购买时间。这也是购买决策的重要内容，它与主导购买动机的迫切性有关。在消费者的多种动机中，往往由需要强度高的动机决定购买时间的先后缓急，同时，购买时间也和市场供应状况、营业时间、交通情况和消费者可供支配的空闲时间有关。

(6) 如何买(How)，即确定购买方式。是函购、邮购、预购还是代购；是付现金、开支票还是分期付款等。

（三）购买决策的特点

消费者的购买决策具有某些共同特点。

(1) 决策主体的单一性。由于购买商品是满足消费者个人或家庭消费需要的个体行为活动，因而通常表现为消费者个别的独立的决策过程，即由消费者个人单独决策，或由家庭成员共同制定决策。

(2) 决策范围的有限性。由于购买决策多是解决如何满足消费者个人及家庭的需要问题，因而同其他事项的决策相比，消费者的决策范围相对有限，仅仅限于购买何种商品、购买时间和地点、购买方式等方面的决策上。

(3) 影响决策因素的复杂性。影响购买决策的因素复杂多样，既有消费者的个性品质、兴趣爱好、态度倾向、生活习惯、收入水平等个人因素，又有社会时尚、所属相关群体、社会阶层、家庭等环境因素的影响。

(4) 决策内容的情境性。影响决策的各种因素不是一成不变的,而是随着时间、环境的变化不断发展变化。因此,消费者的决策具有明显的情境性,其具体内容方式因所处情境不同而不同。这就要求消费者在决策时,不能从固定模式出发,而必须因地制宜,具体情况具体分析。唯有如此,才能得出正确的决策。

二、制定购买决策的程序

消费者的购买决策是在特定心理机制驱动下,按照一定程序发生的心理与行为活动过程。这一过程包括若干前后相继的程序或阶段(图5-5)。消费者购买决策的运行规律即蕴含于这些程序中。

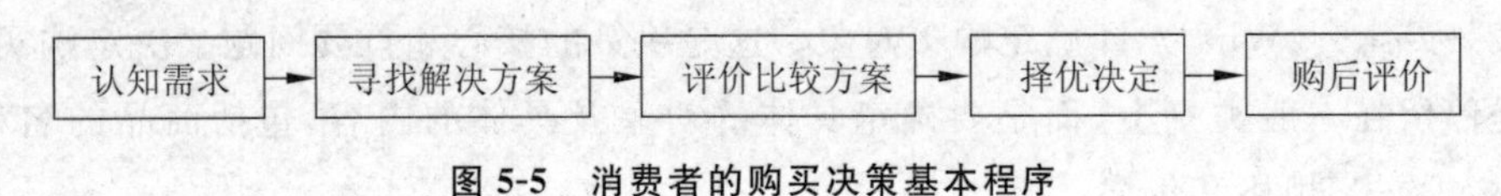

图5-5　消费者的购买决策基本程序

(一) 认知需求

消费者对某类商品的购买需求源于消费者自身的生理或心理需要、当某种需要未得到满足时,满意状态与实际缺乏状态之间的差异会构成一种刺激,促使消费者发现需求的所在,认知需求的内容,进而产生寻求满足需求的方法、途径。引起消费者认知需求的刺激可以来自个体内部的未满足需要,也可以来自外部环境。经内外刺激引起的消费者对自身需求的正确认知,起着为决策限定范围、明确指向的作用,因而是有效决策的前提。

(二) 寻求解决方案

在认知需求的基础上,消费者受满足需要的动机驱使,开始寻找各种解决问题的方案。为使方案具有充分性与可靠性,消费者必须广泛搜集有关信息,包括能够满足需要的商品种类、规格、型号、价格、质量、维修服务、有无替代品、何处何时买到等。上述信息可以通过各种渠道获得,如报纸、广播、电视、杂志、街头招贴等宣传媒介提供的广告,交谈、会议、道听途说等口头传播媒介提供的信息,个人记忆存储或经验中的信息,从他人或群体行为方式中获得的启示等。在广泛搜寻的基础上对所获信息进行适当筛选、整理加工,即可建立多种解决问题的方案。

(三) 评价比较方案

各种方案的利弊不一,为此需要加以评价比较。评价的标准因消费者价值观念的不同而不同。例如,有人以价格低廉作为基本尺度;有人以符合时尚作为选择标准;有人要求外观新颖;有人则希望结实耐用;还有的人追求个性化,求新求异;有的人则宁可从众,与所属社会群体趋同。因此,对同一方案,不同的消费者会做出完全不同的评价,其取舍的结果也迥然相异。但是,无论标准的具体内容如何不同,在形式上都可以归结为同一尺度。评价比较是择优决定方案的基础。为此,必须明确评价标准,坚持实事求是的态度，防止图虚名或盲目从众。

（四）择优决定

在对各种方案进行充分的比较评价之后，便可从中选择最优方案，作为实施方案确定下来。所谓最优方案即所费最少，所得最多，能够最大限度满足消费者需要的方案。确立最优方案是消费者购买决策中的实质性环节，是直接决定决策正确与否、质量高低的关键。为保证高质量、高效能的决策，除严格履行认识需求、搜集信息、建立方案、比较评价等前期程序外，在最后拍板决定时，还需要消费者保持冷静的头脑、果敢的精神和当机立断的能力。

（五）购后评价

在确定最优方案后，消费者将方案付诸实施，即实际从事购买。但完成购买后，决策活动仍未结束。为验证所择方案是否最优，所得效用是否最大，消费者还需再次进行购买后评价。购买后评价集中指向所购商品，评价标准也以效用为主要内容。评价可以由消费者个人进行，也可以征求亲友、同事的意见，观察社会反映。评价时间可以发生在买后即时，也可以在使用一段时期以后再行评价。购买后评价的主要目的是总结经验，吸取教训，以便为后来的正确决策提供依据，避免出现再次失误。

由上述决策程序可以看出，消费者购买决策是一个完整的过程，从这个角度加以分析，才能对消费者购买决策做出完整准确的理解。那种以为决策只是购买中瞬时活动的认识，显然是片面的。现实中，由于购买商品的特点、用途及购买方式不同，决策的难易程度与所需经过的程序也有所不同，并非所有的购买决策都必须经过以上程序。

对于服装、鞋帽、家具等功能较为复杂、具有多变性的生活用品，消费者一般具有一定的购买经验，如对商店、商品规格、型号等有所了解，因此无须事先大量搜集信息，反复设计方案。但受时尚、个人偏好变化等因素影响，在现场购买中，消费者通常在式样、花色、质量、价格等方面反复进行比较、评价，权衡优劣高低，最后做出购买决定，且购买后仍需进行自我社会评价。这类以选择性购买为特征的决策相对复杂，仅可省略第二道程序。

在高档耐用消费品如家用电器的购买中，由于商品价格昂贵，使用年限较长，规格、功能、质量复杂且差异较大，需要一定的使用维修知识，而消费者大多缺乏专门知识和训练，因此，人们对这类商品的购买一般持审慎态度，带有明显的考察性。在购买前，通常通过各种渠道广泛搜集有关信息，对各种可能方案反复进行评价比较，并同家人亲友共同磋商，在此基础上形成集体决策。在购买中要求售货人员当场调试挑选，并详细询问使用、保养、维修等方面事宜。购买后还要花费一定时间验证决策正误和购买效用。因此，这类决策较之其他决策复杂得多，通常依次经过五道程序才可完成。

总之，在实施决策时除正确掌握基本程序外，还应视具体情况灵活处理，区别对待，以保证决策的高质量与高效能。

三、制定购买决策的原则

消费者在决策过程中,总是依据一定的标准、尺度,对各种方案进行比较选择,从中确定最优方案。而选择标准及尺度的拟定又是从一定原则出发的,决策原则贯穿于决策过程的始终,指导消费者的决策活动。

(一) 最大满意原则

就一般意义而言,消费者总是力求通过决策方案的选择、实施,取得最大效用,使某方面需要得到最大限度的满足。按照这一指导思想进行决策,即为最大满意原则。遵照最大满意原则,消费者将不惜代价追求决策方案和效果的尽善尽美,直至达到目标。

但实际贯彻最大满意原则时,会带有许多苛刻的附加条件,如需要详尽全面地占有信息;对各种备选方案进行准确无误的评价比较;能够精确预测各种方案的实施后果。而消费者受主观条件和客观环境的限制,几乎不可能全部具备上述条件。此外,是否达到最大满意,完全依赖于消费者的主观感受和评价。而受心理因素和环境变化的影响,消费者的主观感受不是一成不变的,购买前视为最佳的方案,购买后可能评价降低,甚至产生相反的感受。因此,最大满意原则只是一种理想化原则。现实中,人们往往以其他原则补充或代替之。

(二) 相对满意原则

该原则认为,现代社会,消费者面对多种多样的商品和瞬息万变的市场信息,不可能花费大量时间、金钱和精力搜集制定最佳决策所需的全部信息,即使有可能,与所付代价相比也无必要。况且人的欲望是无止境的,永远不可能达到绝对的、最大限度的满足。因此,在制定购买决策时,消费者只需做出相对合理的选择,达到相对满意即可。例如,在购买皮鞋时,消费者只要经过有限次数的比较选择,买到质量、外观、价格比较满意的皮鞋,而无须花费大量时间跑遍所有商店,对每一双皮鞋进行挑选。这里,贯彻相对满意原则的关键是根据所得与所费的比较,合理调整选择标准,使之保持在适度、可行的范围内,以便以较小的代价取得较大的效用。

(三) 遗憾最小原则

若以最大或相对满意作为正向决策原则,遗憾最小则立足于逆向决策。由于任何决策方案的后果都不可能达到绝对满意,因而会存在不同程度的遗憾,因此,有人主张以可能产生的遗憾最小作为决策的基本原则。运用此项原则进行决策时,消费者通常要估计各种方案可能产生的不良后果,比较其严重程度,从中选择最轻微的作为最终方案。例如,当消费者因各类皮鞋的价格高低不一而举棋不定时,有人宁可选择价格最低的一种,以便使遗憾减到最低限度。遗憾最小原则的作用在于减少风险损失,缓解消费者因不满意而造成的心理失衡。

(四) 预期满意原则

有些消费者在进行购买决策之前,已经预先形成对商品价格、质量、款式等方面的心理预期。为此，在对备选方案进行比较选择时，既非挑选最佳方案，也不选择可能产生遗憾最小的方案，而是与个人的心理预期进行比较，从中选择与预期标准吻合度最高的作为最终决策方案。这一方案相对于预先期望能够达到的消费者满意程度最大。运用预期满意原则，可大大缩小消费者的选择范围，迅速、准确地发现拟选方案，加快决策进程，同时可避免因方案过多而举棋不定。

消费行为的效用评价

案例 5-4

生意火爆的修车师傅

有个修自行车的师傅，生意十分火爆，周围很多其他修车的人几乎没有生意做。不仅如此，很多人还愿意从很远的地方跑来找他修车。是他的技术高超吗？其实跟其他人差不多。原来，这位师傅有个习惯，每次修完车之后帮顾客把自行车擦得干干净净。而这一点，顾客并没有要求，也不在他修车工作范围之内，但他一直坚持这样做。因此，顾客都愿意找他修车！

资料来源：张易轩．消费者行为心理学[M]. 北京：中国商业出版社，2014.

一、商品的效用

消费者通过购买商品以及对商品的使用，能够使自己某些方面的需要得到满足，从而获得生理或心理上的愉悦。商品的这种能满足人们某种需要的特性，就是它的效用。从心理学角度讲，商品（包括服务）的效用就是人们在占有、使用或消费它时得到的快乐和满足。

商品的效用与消费者需要的类型、强度等密切相关。例如，当少数人拥有价值较高的“大哥大”时，他们会获得一种显示其社会地位身份的满足感，因而这一商品对他们来说具有较高的效用。而当社会上拥有“大哥大”的人数增多，从该商品中获得的满足感不像以前那样强烈时，它的效用也就降低了。另外，由于人们的需要各异，同一商品的效用对不同消费者也迥然不同。对于火柴盒收藏者来说，火柴盒的效用极大，但在普通人眼中，它只是一个无用的盒子。在贫困年代，粮食对于人们的效用远远大于其他商品；然而在达到小康、富裕生活水平后，粮食满足人们需要的效用则大大降低。

可见，效用反映了人们在消费活动中的满意程度。研究效用，发现其内在规律，便于科学客观地研究消费者行为。

二、商品的边际效用

边际效用是西方经济学家分析消费者行为特点时提出的一种理论。这一理论认为,追求商品带来的最大满意度是人们消费商品的目的和愿望。随着消费商品数量的增加,给消费者带来的总满意程度也在增加。而在消费者的满意程度增加的同时,每一单位商品给消费者带来的满意程度却在减少,即边际效用降低。表5-1列出了消费商品数量与消费者得到的满意程度间的关系。

表5-1 消费商品的数量与满意度之间的关系

消费商品数量/个	满意度/%	每一单位商品得到的满意度/%	新增加一个单位商品得到的满意度/%
50	75	1.5	1.5
60	80	1.3	0.5
70	82	1.17	0.2
80	83	1.03	0.1
100	84	0.8	0.05

物品的边际效用随消费数量的增加而减少的现象普遍存在于各种商品中。出现消费行为边际效用的原因大致有两方面:①消费者在消费一种新商品时,出于求新动机,对新商品的满意度很高,而随消费商品数量的增加,消费者对其逐渐适应,新鲜感逐渐降低,如果再继续消费这种商品,消费者所得到的满意度就会下降;②消费者的某种需要得到了一定程度的满足后,就会产生新的需要,原有的消费需要就变得相对不重要,这时继续增加商品的消费数量,所得到的满意度不会等量增加,边际效用就出现了。

边际效用现象可以为企业提供有益的启示,即在开发新产品、占领市场方面要具有长远观点,一种产品一经占领市场后,企业必须做好开发新产品的准备,因为没有任何一种产品可以永远占领市场。无论新产品性能质量如何优越,消费者在逐渐适应后迟早会发生边际效用现象。而这种现象一旦出现,消费者就会从心理上逐渐疏远甚至厌弃该商品,并主动寻找让他们感兴趣的新产品。此时,如果经营者不能正确分析这一心理变化,不想方设法开拓市场,就会面临市场被其他商品抢占、替代的局面,这对企业是极为不利的。

三、消费体验

消费者购买商品之后,就开始了实际的使用和消费过程,并从中获得相应的消费体验。此时,商品的质量、性能特点、使用效果,以及便利程度,会充分地反映出来。不仅如此,消费者还会根据自己的价值标准做出相应的评价,而这些评价既可能影响消费者下一次的购买行为,又可能把他获得的感受、评价传播给其他消费者,从而影响他人的消费行为。

在使用和消费商品的过程中,由于不同消费者对商品的期望要求不同,加之个性及经验方面的差异,他们得到的消费体验也各不相同。在此,我们着重于分析消费者在哪些方面的体验会更深刻一些，哪些因素影响消费者购物后的体验，这些体验又是怎样影响下一次消费行为或他人消费行为的。

从消费者需要的满足程度看，一般而言，商品的特性与消费者需要越接近，产生满意的体验越深刻；商品与消费者需要之间的距离越远（一般是指商品的特性远远不符合消费者的需要），消费者购物后产生不满的体验越深刻。满意的体验具体表现为：对自我认识该商品的肯定；对商品销售企业和销售人员的信赖感；对商品价格的认同感。相应地，情绪上也会愉快而积极，下一次购物会更乐意选择同样的购物场所及商品。不满意的体验则表现为：对自我认识该商品的否定；对商品经营企业的怀疑、不信任；在认知商品价格与功能等方面产生不平衡心理，有上当受骗的感觉，从而情绪上也容易变得消极、不愉快。因此，除了消费者自己会尽力避免重复该购买行为外，有些消费者还会把这种体验告诉他人，令其他消费者对该商品及购物场所产生戒备心理，以致对企业产生不信任感。

正因为消费者购物后的体验会产生两种截然相反的效果，企业才更应重视消费者的消费体验，提倡表里如一的经营作风、实事求是的广告宣传、全方位的优质服务，使消费者在购物后获得最大限度的满意体验。

四、购后评价

消费者的消费体验会通过向别人交流对商品的感受、评价等方式反映出来。这种评价可能是多方面的，一般包括以下三个方面。

（一）对商品名称做出评价

商品的名称会保留在消费者的头脑中，形成记忆和印象。向他人、本消费群体及其他群体传播，这种记忆和印象即构成了商品的知名度。这种知名度是影响消费者下一次选购商品的心理基础。

（二）对商品质量做出评价

消费者依据各种渠道获得的他人评价结论和个人的判断标准来评价商品的质量，同时，也从商品的价格、包装、功能和使用效果等方面综合对质量做出评价。这种综合评价的方式类似于平衡效应，商品的价格高，消费者要求商品的质量也要好，否则，会做出质次价高的评价。

（三）对经营单位做出评价

对经营单位做出评价包括对于经销单位、售货人员以及生产企业做出的评价。购物场所设施完备，环境优雅舒适，售货员的服务热情周到，消费者一般会做出良好的评价。生产企业对商品的宣传与消费者手中购得的商品差别越小，或者实际购得的商品性能优于宣传所提到的效果，消费者对生产企业也会做出较高的评价。

许多企业采用调查问卷的方式搜集有关评价结果。有些企业则直接在商品的说明书与质量保证书中附上评价表格，消费者在使用商品后可以随时把评价结果反馈回企业，从而使企业能够及时搜集消费者的评价意见，处理他们在使用商品中遇到的问题。

如海尔集团在海尔冰箱销售中就采用这种方法来搜集消费者购买后的评价。

许多商业企业研究消费者购物后的评价，如通过发放售后服务调查表了解顾客对本企业的反映。调查的内容主要包括：顾客对购物场所的总体印象、对售货员的总体印象、对某一服务人员的评价、对提供服务项目的满意程度、对购物环境设施有何要求等。

消费者购物后的评价不仅影响其本人的下一次购物，也会影响其他消费者的购买行为，并直接影响商品的下一期销售效果。所以企业有必要加强对购物后评价的研究，以便采取适当策略促进消费者做出良好的购后评价。

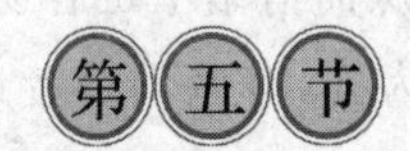

消费者的储蓄与投资行为

案例 5-5

两个老太太的故事

一个中国老太太和一个美国老太太在天堂相遇，谈起了在人间的一生。美国老太太说："我辛苦了三十年，终于把房子贷款都还清了。"中国老太太说："我辛苦了三十年，终于攒够了买房的钱。"美国老太太在自己买的房子里住了三十年，后半生都在还款；而中国老太太后半生一直在存款攒钱，刚攒够了买房的钱，却去了天堂，无福享受自己买的新房。

资料来源：张理．消费者行为学[M]．北京：北京交通大学出版社，2013.

广义的消费者行为，不仅限于即期消费，还包括各种中、长期消费行为。其中，储蓄与投资行为作为中长期消费行为的主要形式，在很大程度上影响消费者远期的购买力和即期购买选择。同时，也对国民经济的稳定发展和企业的正常生产经营有重要影响。因此，研究消费者的储蓄与投资行为具有重要的现实意义。

一、消费者的储蓄行为

这里的储蓄行为是指狭义的储蓄，即消费者在银行和其他金融机构存入各种储蓄存款的行为活动。随着城乡居民人均收入水平的提高，居民用于基本生存的必要消费支出占其收入的比重越来越小，储蓄率逐渐提高。

（一）消费者的储蓄心理与动机

为了解我国消费者储蓄行为长期持续的原因，有必要首先研究消费者的储蓄心理与动机。

1. 勤俭节约的心理

与欧美一些发达国家的消费者不同，我国的消费者具有"先挣后花"的传统思想。因此，大多数消费者在日常生活开支中都比较节俭，储蓄意识较强。

2. 购(建)房的动机

对农村消费者来说，改建住房是收入水平提高后占首要地位的消费选择，建房支出在消费总支出中占相当大比重。因此，大多数农村居民都抱有存钱建房的强烈动机。同时，随着城镇居民住房商品化改革的推进，许多城镇消费者也增强了储蓄购房的意识。

3. 为子女积蓄教育费用的动机

随着教育体制的改革和人们对知识重视程度的提高，人们为子女教育支出的比重逐渐增大，特别是有未成年子女的家庭，"为孩子积攒教育费"的储蓄动机就更加突出。

4. 防老养老的心理

这种心理在中年和老年消费者储蓄行为中表现突出。由于即将或已经迈入老年，经济收入增加趋缓或有所降低，为保持经济独立及晚年生活较宽裕，许多消费者从中年起就开始储蓄一部分收入作为养老备用。

5. 对意外事故的防患心理

现实生活变幻莫测，不可预计的事故时有发生。为防患于未然，人们总要将一部分可支配收入用于储蓄，以应付未来可能产生的意外事故的开支。

6. 储币待购心理

社会主义市场经济条件下，消费品市场在保持基本平稳的基础上，某些商品的价格仍时有较大波动。在这种情况下，部分消费者就会产生暂时储蓄，待物价回落再实现购买的心理。

7. 保值生利的动机

储蓄存款作为消费者持有金融资产的一种，是实现其保值生利目的风险最小、变现最快的一种手段。一般收入的消费者都会首选银行储蓄满足其保值生利的心理动机。

（二）影响消费者储蓄行为的因素

影响消费者储蓄行为的因素主要有以下两种。

1. 外界因素的影响

银行利率是影响储蓄最重要的经济杠杆，一般来说，利率提高会增加储蓄，利率降低会减少储蓄。通货膨胀率是影响储蓄的另一重要因素。如果通货膨胀率高于利率，消费者会认为购物比存钱更合算，储蓄倾向减弱，甚至会发生提款抢购的现象。因此，稳定物价抑制通货膨胀，是确保储蓄平稳增长的重要措施。另外，国家的宏观经济形势也会影响消费者的储蓄行为。

2. 消费者自身因素的影响

消费者的职业、经济收入、家庭消费习惯、个性心理特征等都会影响其储蓄行为。例如，经济收入不高的家庭，日常生活节俭，储蓄倾向较强，一般选择风险最小的银行储蓄作为保值生利的手段；而经济收入较高的家庭，除了以银行储蓄为保证以外，还会选择购买有价证券达到增值生利的目的。消费者的个性心理特征也影响其储蓄行为，保守型的消费者储蓄意识较强,即使在负利率的情况下,也会储蓄一部分收入以应付未来开支,“先挣后花”的思想对这部分消费者有深刻的影响;开放型的消费者储蓄意识淡薄,消费观念上崇尚现代消费方式,不愿推迟享受,这种心理在青年消费者中较明显。

(三)消费者储蓄行为的作用与影响

1. 储蓄对宏观经济的作用与影响

消费者储蓄行为对宏观经济具有多方面的积极影响。银行通过储蓄可以聚集城乡居民手中的闲散资金,通过转贷为企业扩大再生产提供资金支持;通过储蓄可以有效调节消费与积累的比例关系,保持适度消费,以促进生产的发展;通过储蓄还可以回笼货币,对市场供求矛盾起到一定的调节作用;国家还可以通过储蓄利率的调整来引导消费。可见,储蓄在促进经济发展,稳定市场,调节宏观经济,扩大社会积累等方面都具有重要作用。

2. 储蓄对消费者行为的影响

储蓄实际上是把一部分即期购买力转到未来实现。为了满足未来消费的需要,消费者可以利用储蓄手段来调节即期消费,同时为长期消费目标的实现提供资金保证。通过储蓄,消费者还可以增强消费活动的计划性和应变性,使自身的消费选择与市场商品的发展和消费潮流时尚的变化同步。从根本上说,储蓄与消费是相互统一、相互促进的,只要不搞“强迫储蓄”,是不会对消费者的即期消费行为产生抑制作用的。

二、消费者的投资行为

在传统体制下,由于消费支出占据人们收入的绝大部分,消费后的剩余收入很少,因而基本不存在个人投资问题。改革开放以来,随着居民收入的增加,消费后的剩余部分相对扩大。同时,随着我国经济货币化程度的日益提高,金融市场迅速发育,各种金融商品品种不断丰富。与此相适应,我国居民的投资意识明显增强,消费者个人投资已作为一种新的消费行为现象脱颖而出。

(一)消费者投资行为的含义

消费者投资行为是一种个人经济行为,它是消费者通过个人支出获取一定收入的投资活动。通常表现为消费者把个人收入的一部分用于购买股票、债券等有价证券,通过持有这些生利的金融资产而取得一定收益。由于投资意味着将个人收入的一部分转化为非消费支出,因此,消费者的投资行为必然对其即期消费及远期消费产生影响。因此,投资行为成为消费者行为的重要组成部分。

消费者投资行为的动机不外乎两种:一是保值;二是生利。这种行为既能取得收益,又带有风险性。

(二)投资行为的收益与风险

消费者进行投资所获得的报酬,即为收益,如股息分红、债券利息、资产增值等。从时间上来看,投入本金在前,获取收益在未来,这段时间差中存在诸多不确定因素,从而导致投资行为的风险性。

产生投资风险的因素很多，有来自经济的、道德的、法律的等各个方面，其中尤以来自经济方面的风险为主。这类风险大致可分为四种：市场风险、利率风险、通货膨胀风险和企业经营风险。

(1) 市场风险。例如，股市价格的涨落常常是难以预计的，投资者决策失误就会面临损失本金的风险。

(2) 利率风险。股票、债券等有价证券的价格与市场利率的关系十分密切。利率的波动会直接影响股票、债券的价格，从而影响投资者的证券收入或使其遭受损失。

(3) 通货膨胀风险。投资者的本金和收益都是以货币形式表现的，货币的价值自然会受通货膨胀的影响而降低，投资者即使在货币收入有所增加的情况下，扣除通货膨胀因素的实际收益也可能为负数。

(4) 企业经营风险。购买企业股票或企业债券的投资者会由于企业经营不善，收益下降，甚至毫无收益可言。

正因为投资行为既可以获取收益，又存在风险，作为投资主体的消费者，就需要很好地处理收益与风险的关系，权衡利弊，进行合理的投资决策。

（三）投资决策的原则

投资决策包括两个主要方面：选择投资对象和确定投资金额。决策的合理与否，是投资活动成败的关键。投资决策的一般原则表现为投资的安全性、流动性、营利性以及这三个原则的协调配合上。

(1) 安全性原则。消费者在进行投资决策时，必须首先注重投资资金的安全性，尤其在目前我国大多数人收入水平仍然较低的情况下，更是如此。安全性原则要求消费者在投资时必须充分考虑自己的经济实力，选择适合自身条件和能力的投资方式，做到量力而行；投资前要尽可能多地掌握有关信息和知识，并做出分析比较，随时检查和调整自己的投资行为。

(2) 流动性原则。流动性原则是指消费者在购买金融资产时，应保证这部分占用资金在急需时能及时变现，并且在价值上不至于遭受损失。

(3) 营利性原则。追求盈利是一切投资活动的共同特征，也是投资行为的内在动机。在盈利动机的驱动下，投资者会综合权衡各种生利金融资产的盈利水平、支付方式和时间，确定投资对象和资金比例，并把握好投资时机，提高收益水平。

这三项原则从投资活动的整体利益和长远利益来看是统一的，但在实际运用中也存在一些矛盾。经济收入水平、职业、家庭状况、个性特征等各异的消费者在进行投资决策时，考虑的侧重点往往是不同的。一般来说，消费者在进行投资决策时，要统筹兼顾三项原则，综合考虑，协调配合，才能制定合理的投资决策，保证投资行为达到增值生利的目的。

第六节 消费链与链式消费行为

案例 5-6

米其林的“消费链”思维

米其林靠轮胎发家。1889年米其林发明了自行车充气轮胎,1895年发明了汽车充气轮胎,可谓是现代轮胎行业的鼻祖。1900年万国博览会期间,米其林公司的创办人米其林兄弟十分看好汽车旅行的发展前景,只有汽车的需求量提高,轮胎才会更有市场,所以需要鼓励大家出远门,让汽车成为一个家庭的必需品。

无论什么年代,大家都爱探寻美食、探索世界。于是,他们将餐厅、地图、加油站、旅馆、汽车维修厂等有助于汽车旅行的咨询聚集起来,出版了随身手册大小的《米其林指南》,从服务上找寻商机。一天,他们发现人们居然拿他们辛苦制作出来的指南垫桌子。米其林兄弟意识到免费的东西有问题,因为大家觉得收费的才有价值。1920年起,米其林突然停止了免费发放,而开始售卖,有价出售的《米其林指南》内容就丰富多了,里面开始包含分门别类的宾馆和餐馆。

接着,米其林兄弟发现人们对餐馆的指南特别感兴趣,于是又雇用了一批匿名调查者光顾各大餐厅,并给出评价,米其林餐厅评级应运而生。

就这样,一个不按常理出牌的营销策略,使一家轮胎制造商以美食家的身份被世人铭记。

资料来源:http://www.360doc.com/content/15/0510/21/609179_469522331.shtm,2018-10-19.

在已有产品、已有市场逐渐趋向饱和的情况下,许多企业一方面发出“新的市场在哪里?”“新的市场需要什么产品?”的疑问,另一方面又一次次地舍弃已经到手或者可能到手的新的市场机会。企业要想从这种困境中走出来,就需要了解消费活动的链式发展趋势,从而根据消费链发展的客观要求改进生产经营活动,最大限度地满足消费者的链式消费需要。

一、消费链的含义

当消费内容和消费方式的联系有一部分是以链式结构表现时,可以把这种相关关系称之为“消费链”。

“消费链”是指某些消费内容、消费形式犹如链条上的环节那样,互相串联起来,紧密相关,一环带动一环,从而形成由此及彼、排列有序、互相影响、互相作用的内在联系。

消费链是现实中客观存在的消费结构演化的一种特征表现。这一特征不以人们的意志为转移,而在实际消费中顽强地显现出来,并对消费者的心理产生深刻的影响和制约，进而导致链式消费行为的发生。

二、消费链运动及链式消费行为的特征

消费链上相关环节的链式关系，不仅紧密相连、环环相扣，还处于不断运动之中。可以说运动性是消费链的一个基本特征。正是由于消费链的运动，导致了消费者链式消费行为的某些特殊表现形式。为此，有必要在运动过程中认识、把握消费链的作用性质、作用方向和作用结果。

消费链上相关环节之间的互相作用和影响，既是运动的结果，又是运动的表现。各相关消费环节之间的作用方式，以及相应的链式消费行为大体有以下六种表现形式。

(1) 补充。相关的消费环节之间互为补充、互相配套、互为依托。例如，同是防晒，遮阳伞、遮阳帽、防晒霜可以互为补充；同是用于摄影，照相机、胶卷、冲洗是互相配套的；同是出于长寿目的，进补、运动、改善生活环境也是互补的。

(2) 触发。已有的消费环节的运动，有可能触发一些新的、相关的消费环节产生和形成。例如，各种吸尘器的产生和发展，是由多种因素触发的。家庭使用地毯后无法用扫帚除尘，由此触发吸尘器的产生；沙发表面的细尘，触发吸尘器的改进，导致小型吸尘器的出现；电视机等家用电器无法用一般方法除尘，又出现了对微型吸尘器的需求；笔挺的西装上沾了尘土，又触发了对集蒸汽、喷雾、吸尘、熨烫为一体的专用吸尘器的发明。

(3) 递进。消费链的环节之间，一般存在着由比较落后向比较先进的方向递进，从不太完善向比较完善的方向发展的基本趋势。例如，民用住宅的建筑面积增加，各种室内装饰材料的消费会随之增加；住宅的建筑标准提高，居室的用具标准也会相应提高。根据消费链相关环节间的互相促进关系，需要经常对有关消费内容作定性定量分析，以求相互适应地增长和提高。

(4) 转换。同属某一消费链的个别环节之间，当某一环节发生方向性转变时，其相互关联的环节也会发生某种方向性的转变。例如，民用住宅离市中心越来越远，如果公共交通不便利，自行车及私家车的拥有量就会增加；如果商业网点距居民住宅越来越远，适合购物的自行车需求就会发展。

(5) 抑制。属于同一用途或相似用途的某些消费环节上的各种消费品、消费内容和消费方式之间，因社会需求总量的限制，有可能发生“非此即彼”“此消彼长”的互相抑制现象。在某一消费链上并行的环节之间常常发生这种情况。

(6) 取代。随着历史的演进，消费链的发展进步势在必行。那些过时的、已不适应现时消费观念和生活方式的消费品与消费形式会被取代、淘汰。

三、消费链的影响因素

消费链能否纵向延伸、横向拓展，消费者的链式消费行为能否不断完善，都将受到各方面因素的制约和影响。其中主要有以下七方面。

(一) 政治因素

政治因素对于消费链的总体状况具有决定性意义。美国独立之前受到英国的各种压迫,如不得发展工业、不得自由选择贸易对象,导致居民消费链短小、可选择商品非常有限。而美国独立后,第一任财政部长汉密尔顿就提交了《关于制造业的报告》,于是,美国的工商业迅速发展,国民消费能力和消费水平均得到显著提升,且消费链开始向纵向延伸、横向拓展。

(二) 经济因素

经济发展状况对于消费链具有基础性意义。在经济落后、消费水平低下的状况下,消费者温饱之余,别无奢望。在经济迅速发展、购买力不断提高、吃用有余的条件下,人们才会追求新的消费内容和消费形式,满足其新的需求和欲望。

(三) 生产和技术因素

消费链能否不断产生新的环节,从而得以向前发展和不断完善,最主要地取决于消费品生产的状态,取决于消费品的品种、花色的丰富程度。而消费品的生产状态,又受生产技术水平、工艺先进程度的制约。

(四) 文化因素

消费者的消费知识、消费习惯,对于各种消费支出的评价标准,先进生活方式的示范,消费技术的发展,以及消费方式的变革,都会直接影响消费链的运动状态。假若某个国家的知识信息闭塞、文化素质低下,接受新的消费观念和消费内容及形式就会发生困难,消费链的某些环节就不容易发育、生成,或者受到扭曲。

(五) 心理因素

传统消费观念的改变需要一个过程。新的消费方式往往会遇到心理方面的障碍,阻碍消费链中新的环节产生和整体链条的向前发展。例如,化妆和美容,长期被认为是女性的专利。这种心理会极大地妨碍男用化妆品的推广和使用。因此,任何一种带有变革性的消费内容和消费形式的出现,都要从心理上辅之以必要的说服工作。

(六) 物候因素

物候条件包括地理环境、气候条件等,也会成为影响消费链的重要因素。例如,"温室效应"使全球气候趋暖,许多地区夏季出现持续高温,人们对避暑降温商品需求的迅速升级和更新,空调成为新的消费热点。

(七) 存量因素

家庭耐用消费品存量会影响家庭的消费支出。但是家庭耐用消费品既有一定的饱和点,又有定期更新的问题。因此,如何把握存量的情况,以及存量调整的时机,对于捕捉消费趋向,发展消费链,也具有很重要的意义。

四、企业营销匹配消费进步趋势的基本观点

消费链要求企业应当以总体的、发展的、相互联系的观点把握消费总趋势,同时把握

消费结构的各个细小环节的变动趋向，以便改进生产经营，努力实现企业营销目标与消费进步趋势之间的高度协调。为实现这一要求，企业应确立四个基本观点。

（一）组合的观点

社会消费是由各个具体的、多样的、相关的消费环节组合而成的。因此，企业应当以组合的观点分析和观察具体的消费需要，以组合的观点把握消费环节之间的内在联系，以组合的观点规划、组织和安排生产经营活动，力求在某一场合、某一范围、某一时期内，向消费者提供各种互相关联配套的消费内容和消费形式，以适应链式消费的需要。

（二）填空的观点

填空即在分析某一消费链现状的基础上，把握该消费链的不完善之处，对于消费环节之间的缺陷给予必要的补充和改进。根据填空的观点，企业完全可以向纵深、横向、上下多维方向对消费链加以开拓和发展。例如，生产玻璃器皿的厂家，可以“同材料多品种发展”，从加工钟表钻石发展到手术刀钻石、纺纱梭子钻石、首饰钻石等；再如自行车行业，可以“同产品多用途发展”，从以代步、载重为主的自行车，向赛车、健身车、越野车、购物车、露营车、山地车、全天候车等延伸发展。

（三）递进的观点

需求总是向前发展的，组织生产绝不能停留在传统观念上，而应经常分析消费需求的新动向，不失时机地开发新的产品和服务，改进营销方针和营销方式，以便为消费链的环节发展和更新创造物质基础。

（四）适时的观点

消费环节的生成、发展、成熟，以及逐渐衰落、萎缩、消亡或退出，都有其时间性。任何一个消费环节总是存在于一定的时间、空间中。因此，既不能以一成不变的眼光组织生产经营，又不能不依据时间序列盲目地、过早地推出某种消费内容或消费形式。从适时的观点出发，企业应当有灵敏的市场触角、迅捷的信息反馈、果断的决策中心，以及有效的实施手段，以便把握好引导消费的时机。

一、复习思考题

1. 简述消费者购买决策的程序。
2. 消费者制定购买决策的原则是什么？如何影响消费者的购买行为？
3. 什么是商品的效用及边际效应？
4. 为什么说消费者的购后评价对企业的经营很重要？
5. 影响消费链的因素有哪些？

二、案例分析

阿雯是上海购车潮中的一位普通的上班族，35岁，月收入万元。以下过程真实地说明了她在购车决策过程中是如何受到各种信息的影响的。

阿雯工作地点远,路上交通拥挤,来回要近3个小时,看到身边的朋友与同事纷纷购车,她的购车动机越来越强烈。此时她对想买什么车,除了"喜欢白色"外没任何概念。

1. 初识爱车

在驾校学车时,将来买什么样的车是阿雯和学员们经常讨论的话题。

"我拿到驾照,就去买一部自动挡的Polo。"A学员对Polo情有独钟。虽然阿雯也喜欢小型汽车,但她接受不了这款车。因为阿雯曾坐过一次,在上坡时不得不关闭空调。关掉空调才能爬坡阻碍了阿雯对Polo的购买热情。

驾校的教练说宝来汽车不错,周边人普遍反映相同的价位,还是德国车不错。而阿雯的上司恰恰是一位宝来车主,阿雯虽没有驾驶过宝来汽车,但对后排的拥挤已经有所了解。一想到丈夫身材魁梧,阿雯又犹豫了。

不久,一位女邻居买了一辆福美来,便向阿雯做"详细介绍"并带阿雯去展厅。销售员热情有加,特别是这么一句话深深地打动了阿雯:"福美来各个方面都很周全,反正在这个价位里别的车有的配置福美来都会有,而且只会更多。"此时的阿雯还不会在意动力、排量、油箱容量等抽象的数据,直观上清清爽爽的配置,结合销售人员的介绍,阿雯此刻已锁定福美来了。

2. 亲密接触

阿雯回家征求丈夫的意见。丈夫却说"海南车"在上海的维修和服务网点会不会不完善?这马上又动摇了阿雯的想法。阿雯又向同事咨询,同事说福美来还可以,只是"日本车"的车壳太薄。这又使阿雯感到无所适从。

阿雯又开始关注杂志,随着阅读的试车报告越来越多,阿雯开始有了自己的目标,8万~15万元的价位,众多品牌的汽车开始进入阿雯的视野。此时的阿雯已对生产厂家、品牌、排量与配置、价格都了如指掌了。上海通用的别克凯越和赛欧、上海大众的超越者、一汽大众的宝来、北京现代的伊兰特、广州本田的飞度、神龙汽车的爱丽舍、东风日产的尼桑,海南马自达的福美来、一汽丰田的威驰……各款车携着各自的优势走进了阿雯的视线。

阿雯对以上各款车的排量、最大功率、最大极速、市场参考价甚至4S店的配件价格都进行了反复比较,之后锁定别克凯越和本田飞度。

阿雯开始频频进入别克凯越的车友论坛,并与在上海通用汽车集团工作的同学B联系。从同学那里,阿雯增强了对别克凯越的信心。但随着对别克凯越论坛的熟悉,阿雯很快发现,别克凯越耗油高,几乎是飞度两倍的油耗,阿雯的心思便又"活"了。而飞度精巧、独特、省油,新推出1.5VTEC发动机动力强劲,电话咨询时4S店的耐心回答,同时在论坛里阿雯发现飞度除了因是日本车系而受到抨击外没有明显的缺陷。

与此同时,身边的桑塔纳车主,Polo车主等都成为阿雯"采访"的对象。

3. 花落谁家

阿雯的梦中有一辆车,漂亮的白色,流畅的车型,大而亮的灯,安静地立在阿雯的面前，等着阿雯坐进去。但究竟花落谁家呢？阿雯自己的心里知道，她已有了一个缩小的备选品牌范围。但究竟要买哪一辆车，这个“谜底”不再遥远……

【案例思考题】

1.请总结阿雯的购买决策过程。

2.请问阿雯会选择哪款车，为什么？

三、实训操练：商务谈判

1. 实训目标

通过本实训掌握根据谈判来把握消费者的购买行为与决策的能力。

2. 实训背景

你是一家大型零售连锁超市的采购经理，要在国内选择一批巧克力供应商。很多供应商有合作意向，但分别在报价及配送等方面提出了许多不利于你超市的要求。超市经理要求你与这批供应商进行谈判，要选择能够“双赢”的供应商。

3. 实训内容

按照实际要求进行谈判，选择合适的供应商。

4. 实训要求

(1) 本实训可选择在模拟的办公室或教室进行，最好能配备真实的电话和可上网的计算机。

(2) 实训中应分组，6 人一组，其中 1 人扮演采购经理，5 人扮演供应商。考虑到每组面孔的熟悉性及问题的倾向性，每人都要轮流扮演采购经理，扮演供应商的同学应在组与组之间随机调换，但每组人数仍为 6 人。

(3) 每个同学在演练过程中一定要严肃认真，言行符合规范。

(4) 每个同学最好都能按照实训内容设计演练的脚本(包括情节和台词)，并给本小组成员分派角色。

(5) 教师可以临场发挥，比如增设模拟角色和任务；在同学们演练时，组织其他的同学对表演进行评论。

5. 实训总结

学生自我总结	
教师评价	

第六章　消费者的个性心理与行为差异

开篇案例

进入20世纪90年代，我国消费市场在激烈竞争中稳步发展。消费者的消费观念和消费心理日趋成熟，购买行为呈现层次性、个性化的趋势。这种现象的出现，使一些商界老总感到难以应对。他们惊呼，现在的顾客越来越难以满足了！某市百货公司的梁总经理却独有一番见解，对消费者购买心理的新特点作了归纳，并总结出市场营销的新对策。

梁总认为，当今人们的购买决策大体上有以下八个心理特点。

1. 买涨不买落

有经验的购买者，要先看行情，货比三家。价格趋涨，争先购买，唯恐继续上涨；价格趋落，等待观望，寄望再落，直至看准最佳时机、最佳价格再购买。

2. 就高不就低

当今城市的顾客选购商品时，有高档不购中档，有中档不购低档，有进口不购国产，有名牌不购杂牌，有新品不购旧货，这已成为一种时尚。

3. 求便不求廉

商品价廉物美还不足取，更要质量可靠、方便实用。现在的城里人，几乎没有自己做鞋的，就是在农村中也已不多见，都是买鞋穿；服装也是如此，有80%以上的市民购买成衣，只有少数老年人或特异体型的人才量体裁衣；在食品中，买成品或半成品，回家简单加工一下就食用的已越来越多了。

4. 进大不进小

大型综合性商场更能招揽顾客，这是因为大商场品种齐全、环境舒适、管理规范、服务周到，不仅实行“三包”，还送货上门。消费者不仅能购得满意的商品，同时还能获得精神上的享受。

5. 购少不购多

在商品货源极大丰富的今天，只要有钱，什么商品都能买得到，“用多少、买多少”已成为购物的口头禅，而那种储备购物、保值购物的行为已成为过去。

6. 购近不购远

新商品、新品种、新款式层出不穷，日新月异。与其早早买个“过时货”，不如将来用时再买“时髦货”。所以，年轻人临到婚礼时，才购买彩电、冰箱；有的人则到了盛夏，才购买空调。

7. 储币不存物

花钱买一些一时用不着的东西搁那里，不如把钱存在银行或买国库券、参与投资等更实惠、更灵活。

8. 投机不投需

近年来，有奖销售活动以及各类彩票风行，撩拨了许多人“中大奖”的欲望，许多人都情不自禁地大把大把掏出钱去购买那些可买可不买的商品，追求精神上的刺激。

针对消费者购买心理变化的新特点，梁总认为，经营者应及时采取新的营销对策，满足人们购买的新需求。

(1) 除旧布新，不断推出名、特、优、新商品，果断淘汰积压、过时的旧商品。

(2) 勤进快转，坚持小批量、多批次，少数量、多品种，少经销、多代销，以快销、快转取胜。

(3) 薄利多销。以薄利促销，以多销占领市场。

(4) 感情促销，强化售前、售中、售后服务，以诚待客，以情招客。

(5) 装饰环境，精美的包装和华丽的装潢很能刺激消费者的购买欲望。

(6) 扩大宣传，利用各种媒体，加强广告宣传，反复宣传名、特、优、新商品和企业形象，扩大影响，深化商品在顾客头脑中的印象。

资料来源：http://xinli.100xuexi.com/SpecItem/SpecDataInfo.aspx?id=7755f310-cff0-48c0-995f-b2099714c9f4,2018-10-22.

在消费实践中,消费者无一例外地经历着感知、注意、记忆、思维、情感、意志等心理机能的活动过程。这一过程体现着消费心理活动的一般规律。正是在这一基本规律的作用下,消费者的行为表现出某些共性或共有特征。消费者之间的行为也存在明显差异。面对同一消费刺激,即使处于同一社会环境,属于同一民族、年龄段及同一职业,不同的消费者也经常会表现出各自相异的反应方式和行为表现。这说明消费者个体对外部因素的作用具有选择性,这种选择性来自个体心理的差异性因素,即个性心理因素。研究个性心理的构成与特点,区分消费者的不同类型,对于深入研究消费者的需求差异,根据心理变数细分市场,按照目标市场消费者的个性心理特点制定营销措施,引导消费行为,具有重要意义。

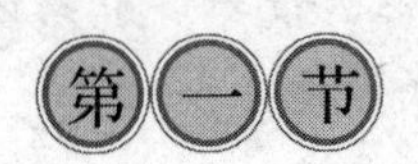

第一节 消费者的个性心理结构与能力

案例 6-1

美国西部的佩珀尔基农庄1974—1984年连续三次对消费者兴趣预测失误,使农庄自食其盲目经营的苦果。

20世纪70年代末,佩氏农庄几乎成了传统、优质农副产品的代名词,无论是新鲜蔬菜或冰冻制品,只要是冠以佩氏牌子,在市场上总是很抢手。

1979年,佩氏农庄准备扩大战果。农庄的董事们云集一起,进行了长时间的筹划。他们认为,人们的饮食模式正在改变,传统的家庭餐食正在衰退,人们需要在无规则的时间里食用味道鲜美、数量不多却饶有趣味的“非餐食品”。1980年年初,佩氏农庄推出夹心膨胀型面制糕饼类食品。1980年3月,这条食品线在加州的贝克斯菲尔德进行了小型试验,试验结果表明,这种食品与三明治相比更能引起人们的食欲,烹饪方便,价格便宜。于是他们将其命名为“得利”食品。董事们预测,这种食品上市一年后,销售额不会低于4000万美元这一保本数字。

可是一年后,“得利”食品的销售额只有3500万美元,大大低于佩氏农庄的事先预测。这是佩氏农庄的第一次严重失利。农庄的老板克鲁奇先生承认,“得利”食品的首次推出,没有找准顾客的口味。

“看来,我们的运气不佳,我们必须寻求新的机遇,”克鲁奇说。佩氏农庄的董事们又召开了“拯救佩珀尔基”商讨会,计划引进一种新的高质量产品——非过滤优质苹果汁。当时美国的消费者们购买的80%的苹果汁都是经过过滤的,十分清净,且儿童消费者占据很大比重。他们将新产品投放于康涅狄格州的哈特福特和新哈劳两地市场,取得了令人鼓舞的结果。于是佩珀尔基就地购买了一家大型食品加工厂。1984年年初,印有佩珀尔基农庄名称的苹果汁在康涅狄格州全面投放市场。但是,当农庄将这种所谓"味道甘润的天然苹果汁"推向其他市场时,却招致失败。因为当时美国人对天然饮料并未产生浓厚的兴趣,人们对这种未经过滤有很多絮状物的东西望而生畏。另外,产品名称和广告中没有一点"适宜于儿童"的宣传字样。销售不畅使农庄以优惠价格出售产品,而降价又引起人们更大的猜疑。这种恶性循环使农庄再次陷入困境。

1984 年财政年度,佩珀尔基农庄利润下降了 18%。1985 年,那家巨大的食品加工厂关闭,至此,优质苹果汁只能作为自饮的苦汁。

资料来源:http://www.docin.com/p-612546301.html,2018-10-21.

思考:佩珀尔基农庄失败的原因是什么?

一、消费者个性心理的构成

个性在心理学中也称为人格,是指个体带有倾向性的、本质的、比较稳定的心理特征的总和。它是个体独有的,并与其他个体区别开来的整体特性。正如自然界没有两片完全相同的树叶,人类没有两张完全相同的面孔一样,世界上也没有两个人具有完全相同的个性。在消费实践中,正是由于个性的绝对差异性,决定了消费者心理特征和行为方式的千差万别,同时显示出各个消费者独有的个人风格和特点。例如,面对消费新潮时尚,有的消费者亦步亦趋,从众逐流;有的则固守己见,不为潮流所动。选购商品时,有的消费者审慎思考,独立决策;有的则盲目冲动,缺乏主见。如此种种纷繁复杂的行为表现,正是消费者个性心理作用的结果。心理学认为,人的个性是在先天生理素质的基础上,在后天社会环境的影响下,通过其本身的实践活动逐步形成和发展起来的。这里,生理素质是个性心理的生物属性,是人生来就有的解剖生理特点,主要包括感觉器官、运动器官、神经系统等的特点和类型。生理素质通过遗传获得,是个性心理产生的物质基础。后天实践则是个性心理的社会属性。人的社会环境、生活经历、家庭影响等方面的因素,对个性心理的形成、发展和转变具有决定性作用。正是由于先天遗传因素与后天社会环境的不同,决定了消费者个性心理的差异。

个性作为反映个体基本精神面貌的、本质的心理特征,具有相对稳定性、可变性、整体性、独特性或差异性等基本特性。这些特性在消费者的个性心理中同样明显地显现。个性的相对稳定性是指经常表现出来的、表明消费者个人精神面貌的心理倾向和心理特点。偶尔的、一时的心理现象,不能说明消费者的全部特征和面貌。但稳定性并不意味着一成不变。随着环境的变化、年龄的增长和消费实践活动的改变,个性也是可以改变的。正是个性的可变性特点,才使消费者的个性具有发展的动力。个性的整体性是指消费者的各种个性倾向、个性心理特征以及心理过程,不是彼此分割、孤立的,而是有机地联系在一起,紧密结合,相互依赖,形成个性的整体结构。个性的独特性则是指在某一个具体的、特定的消费者身上,由一般的心理活动规律和独特的个性倾向,以及个性心理特征组成的各自独特的精神面貌。正是这些独特的精神面貌,使不同消费者的个性带有明显的差异性。

从内部结构看,消费者的个性心理主要由个性倾向性和个性心理特征两部分组成。所谓个性倾向性,是指个人在与客观现实交互作用的过程中,对事物所持有的看法、态度和倾向。具体包括需要、动机、兴趣、爱好、态度、理想、信念、价值观等。个性倾向性体现了人对社会环境的态度和行为的积极特征,对消费者心理的影响主要表现在心理活动的选择性、对消费对象的不同态度体验,以及消费行为模式上。

个性心理特征是能力、气质、性格、兴趣等心理机能的独特结合。其中能力体现个体完成某种活动的潜在可能性特征;气质显示个体心理活动的动力特征;性格则反映个体对现实环境和完成活动的态度上的特征;兴趣反映消费者的活动倾向。上述四者的独特结合,构成个性心理的主要方面。研究消费者的个性心理与其行为的关系,主要就是研究不同消费者在能力、气质、性格及兴趣等方面的差异及其在消费行为上的反映。

二、消费者的能力与行为

(一) 能力的心理学含义

心理学研究指出,人的知觉、思维等心理机能是在从事各种实际活动的过程中实现的。为顺利地完成这些活动,人们必须具备相应的能力。所谓能力,就是指人顺利完成某种活动所必须具备的,并直接影响活动效率的个性心理特征。实践中,任何单一能力都难以完全胜任某种活动。要成功地完成一项活动,往往需要具备多种能力。活动的内容、性质不同,对能力的构成要求也有所不同。此外,能力的水平高低会影响个人掌握活动的快慢、难易和巩固程度,从而直接影响活动的效率与效果。由此,在同一活动中,能力的综合构成与活动的要求相符,并具有较高水平的,往往可以取得事半功倍的效果;反之,则会事倍功半。

人的能力是由多种具体能力构成的有机结构体。其中根据作用方式不同,可以分为一般能力和特殊能力。一般能力是顺利完成各种活动所必须具备的基本能力,如观察能力、记忆能力、思维能力、想象力等。具备一般能力,是从事各种活动的前提条件。特殊能力是顺利完成某些特殊活动所必须具备的能力,如创造力、鉴赏力、组织领导能力等。这些能力是从事音乐、绘画、领导等特殊或专业活动所必不可少的。

根据在能力结构中所处地位不同,可以分为优势能力和非优势能力。所谓优势能力是在能力结构中处于主导地位,表现最为突出的能力。非优势能力则是处于从属地位,表现比较微弱的能力。优势与非优势能力在每个人身上相比较而存在。任何人都不可能是全才,但只要具备某一方面的优势能力,同样可以取得成功。

人与人之间在能力上存在个别差异。正是这些差异决定了人们的行为活动具有不同的效率和效果。能力的差异主要表现在以下方面。

(1) 能力水平的差异。水平差异表现在同种能力的水平高低上。能力水平的高低又集中体现在人的智商水平的差异上。根据智商分数的测试,超过130分的属于特优智能，即所谓“天才”；低于70分的则属于弱智。心理学研究表明，全人口的智力状况某本呈正态分布，其中特优智能和弱智的大约各占2.5%，而95%的人口的智能是在正常范围内，即70～130分。消费者作为与全人口等同的最大人群，同样存在上述情况。

（2）能力类型的差异。能力类型差异主要指人与人之间具有不同的优势能力。例如，有的人善于抽象思维，有的人善于形象思维；有的人长于模仿，有的人长于创造；有的人擅长社交，有的人则不善交际。在消费实践中，更有意义的是消费者能力类型的差异。正是由于消费者在优势能力类型上千差万别，才使消费活动的效率与效果明显不同。

（3）能力表现时间的差异，人的能力不仅在水平和类型上存在差异，而且表现时间的早晚也有明显不同。有的人天生早慧，有的人则大器晚成。消费者能力表现主要与后天消费实践的多少及专门训练程度有关。

（二）消费者的能力构成与差异

现代市场经济条件下，随着各种资源要素、物质产品、精神产品、服务的全部商品化以及生活水平的不断提高，消费者从事消费活动的内容和领域迅速扩展，其深度和广度超过以往任何时代。购买商品的目的也不仅仅是满足物质生活需要，而是追求心理的、精神的、社会的多方面需要的满足。这一状况要求现代消费者必须具备多方面的能力和技能，以适应消费活动复杂化和多样化的要求。消费能力和技能是消费者为实现预期消费目标而必须具备的手段，也是消费者追求和达到满意的消费效果的前提条件。在消费过程中，只有综合运用和不断提高相应的能力与技能，消费者才能在复杂多变的市场环境中保持高度的自主性与行为自由度，并以较少的支出获取更大的消费效用，通过有限的消费活动最大限度地满足多方面的消费需要。

消费者的能力是由多种能力要素构成的有机结构体。根据其层次和作用性质不同，可以分为以下方面。

1. 从事各种消费活动所需要的基本能力

在实际中，消费者无论购买何种商品或从事何种消费活动，都必须具备某些基本能力，如对商品的感知、记忆、辨别能力；对信息的综合分析、比较评价能力；购买过程中的选择、决策能力，以及记忆力、想象力等。这些基本能力是消费者实施消费活动的必备条件。不具备基本能力，任何购买和消费行为都无从发生。而基本能力的高低强弱会直接导致消费行为方式和效果的差异。

感知能力是消费者对商品的外部特征和外部联系加以直接反映的能力。通过感知，消费者可以了解商品的外观造型、色彩、气味、轻重以及所呈现的整体风格，从而形成对商品的初步印象，并为进一步做出分析判断提供依据。因此，感知能力是消费行为的先导。消费者感知能力的差异主要表现在速度、准确度和敏锐力度方面。同一件商品，有的消费者能就其外观和内部结构迅速、准确地予以感知，形成对该商品的整体印象，反映较强的洞察事物的能力，而有的消费者则感知速度缓慢，反应迟钝，不能迅速抓住商品的主要特征，形成客观准确的认知。感知能力的强弱还会影响消费者对消费刺激变化的反应程度。能力强的消费者能够就商品的微小变化以及同类商品之间的细微差别加以清晰辨认;能力弱的则可能忽略或难以区分细小的变化。

分析评价能力是指消费者对接收到的各种商品信息进行整理加工、综合分析、比较评价,进而对商品的优劣好坏做出准确判断的能力。从信息论的角度考察,消费活动实质上是消费者不断接收市场环境输入的商品信息,进行加工处理,然后加以输出的信息运动过程。这一过程的中间环节即加工处理信息,就是要对商品信息进行细致分析和客观评价,去粗取精,去伪存真,进而做出正确的判断。显然,经过分析评价的信息才是有用的信息;建立在分析评价基础上的决策行为才是理性的、成熟的行为。而分析评价能力的强弱取决于消费者的思维能力和思维方式。有的消费者思维的独立性、灵活性和抽象概括力很强,能够根据已有信息对传播源的可信、他人行为及消费时尚、企业促销手段的性质、商品的真伪优劣等做出客观的分析,在此基础上形成对商品本身的全面认识,对不同商品之间差异的深入比较,以及对现实环境与自身条件的综合权衡;有的消费者则缺乏综合分析能力,难以从众多信息中择取有用信息,并迅速做出清晰、准确的评价判断。消费者的分析判断能力与个人的知识经验有关。例如,普通顾客购买空调,仅能根据一般经验对外观、颜色、造型、规格等表层信息做出浅显的分析评价;而懂得制冷、制热知识的消费者,可以通过观察冷凝器、蒸发器、压缩机等的性能指标和工作状况评价空调质量的先进性,进而做出深刻、准确的判断。

选择决策能力是消费者在充分选择比较商品的基础上,及时果断地做出购买决定的能力。在购买过程中,决策是购买意图转化为购买行动的关键环节,也是消费者感知和分析评价商品信息结果的最终体现。通过建立在理性认识基础上的果断决策,消费者的消费活动才能由潜在状态进入现实状态,购买行为也才能真正实施。因此,决策能力是消费者能力构成中一个十分重要的方面。消费者的决策能力直接受个人性格和气质的影响。由于性格特点和气质类型的不同,有的消费者在购买现场大胆果断,决断力强,决策过程迅速;有的人则表现出优柔寡断,犹豫不决,易受他人的态度和意见左右,反复不定。决策能力还与对商品的认知程度、卷入深度、使用经验和购买习惯有关。消费者对商品特性越熟悉,卷入程度越深,而使用经验越丰富,习惯性购买驱动越强,决策过程就越果断,越迅速,决策能力也相应加强;反之,决策能力会相对减弱。

此外,记忆力、想象力也是消费者必须具备和经常运用的基本能力。消费者在进行商品选购时,经常要参照和依据以往的购买、使用经验及了解的商品知识。这就需要消费者具备良好的记忆能力,以便把过去消费实践中感知过的商品、体验过的情感、积累的经验在头脑中回忆和再现出来。想象力是消费者以原有表象为基础,创造新形象的能力。丰富的想象力可以使消费者从商品本身想象该商品在一定环境和条件下的使用效果,从而激发美好的情感和购买欲望。

2. 从事特殊消费活动所需要的特殊能力

特殊能力首先是指消费者购买和使用某些专业性商品所应具有的能力。它通常表现为以专业知识为基础的消费技能。例如，对高档照相器材、专用体育器材、古玩字画、钢琴、计算机以及轿车等高档消费品的购买和使用，就需要相应的专业知识以及分辨力、鉴赏力、检测力等特殊的消费技能。倘若不具备特殊能力而购买某些专业性商品，则很难取得满意的消费效果，甚至无法发挥应有的使用效能。现实中，有些消费者盲目攀比或追随潮流，不谙音律而购置钢琴；不掌握驾驶技术而购买轿车，结果都因缺乏专业技能而陷入尴尬境地。由于特殊能力是针对某一类或某一种特定商品的消费而言的，而商品的种类成千上万，因此，消费者的特殊能力也有多种多样的表现形式，比如，有的人精通计算机、有的人擅长摄影、有的人熟悉汽车专业知识、有的人掌握专项运动技巧、有的人能够分辨音响效果的细微缺陷，而有的人对古玩字画具有极高的鉴赏力。

除了适用于专业性商品消费外，特殊能力还包括某些一般能力高度发展而形成的优势能力，如创造力、审美能力等。在实践中，有些消费者具有强烈的创造欲望和高度的创造力，他们不满足于市场上已有的商品和既定的消费模式，而力求发挥自身的聪明才智，对商品素材进行再加工和再创造，通过创造性消费展示和实现自己的个性与追求。例如，近年来许多女性消费者不愿购买款式雷同的成衣，而热衷于选择布料自己动手设计制作服装，在充分显现独特个性与品位的同时，体现出较高的创造能力。在满足物质需要的基础上，通过商品消费美化生活环境及美化自身，是现代消费者的共同追求。有些具有较高品位和文化修养的消费者，在商品美学价值评价与选择方面显示较高的审美情趣与能力。这种能力往往使他们在服饰搭配、居室装饰布置、美容美发、礼品选择等方面获得较大的成功。

3. 消费者对自身权益的保护能力

保护自身权益，是现代消费者必须具备的又一重要能力。在市场经济条件下，消费者作为居于支配地位的买方主体，享有多方面的天然权力和利益。这些权力和利益经法律认定，成为消费者的合法权益。合法权益是消费者从事正常消费活动、获取合理效用的基本保证。然而，这一权益的实现不是一个自然的过程。在我国不断成熟的市场环境中，由于法制约束范围及市场运行规范的完善过程相对慢，企业自律性较低，侵犯消费者权益的事例屡有发生。为保证消费者的权益不受侵害，除依靠政策法令、社会舆论、消费者组织的约束监督外，客观上要求消费者自身不断提高自我保护的能力。

消费者应树立消费权益意识，明确其合法权益的内容与要求。依照我国 2013 年 10 月 25 日修正的《中华人民共和国消费者权益保护法》规定，消费者享有九项基本权利。具体如下。

(1) 消费者在购买、使用商品和接受服务时享有人身、财产安全不受损害的权利。消费者有权要求经营者提供的商品和服务，符合保障人身、财产安全的要求。

(2) 消费者享有知悉其购买、使用的商品或者接受的服务的真实情况的权利。消费者有权根据商品或者服务的不同情况，要求经营者提供商品的价格、产地、生产者、用途、性能、规格、等级、主要成分、生产日期、有效期限、检验合格证明、使用方法说明书、售后服务,或者服务的内容、规格、费用等有关情况。

(3) 消费者享有自主选择商品或者服务的权利。消费者有权自主选择提供商品或者服务的经营者,自主选择商品品种或者服务方式,自主决定购买或者不购买任何一种商品、接受或者不接受任何一项服务。消费者在自主选择商品或者服务时,有权进行比较、鉴别和挑选。

(4) 消费者享有公平交易的权利。消费者在购买商品或者接受服务时,有权获得质量保障、价格合理、计量正确等公平交易条件,有权拒绝经营者的强制交易行为。

(5) 消费者因购买、使用商品或者接受服务受到人身、财产损害的,享有依法获得赔偿的权利。

(6) 消费者享有依法成立维护自身合法权益的社会组织的权利。

(7) 消费者享有获得有关消费和消费者权益保护方面的知识的权利。消费者应当努力掌握所需商品或者服务的知识和使用技能,正确使用商品,提高自我保护意识。

(8) 消费者在购买、使用商品和接受服务时,享有人格尊严、民族风俗习惯得到尊重的权利,享有个人信息依法得到保护的权利。

(9) 消费者享有对商品和服务以及保护消费者权益工作进行监督的权利。消费者有权检举、控告侵害消费者权益的行为和国家机关及其工作人员在保护消费者权益工作中的违法失职行为,有权对保护消费者权益工作提出批评、建议。

以上权利是消费者依法进行自我保护的基础。每个消费者都应通晓上述内容,明确其合法权益所在。

消费者应当善于运用各种有效手段保护自己的合法权益。当自身合法权益受到损害时,消费者应当具备自我保护的能力。要善于运用舆论的、民间的、行政的、法律的多种途径和手段,通过与商品生产者和销售者交涉;诉诸新闻媒体;向消费者协会等民间组织投诉;向政府有关部门反映情况;提请仲裁机构仲裁,甚至向法院提起诉讼等多种方式,寻求有效保护,挽回利益损失,包括物质的和精神的,从而有理有力地维护自己的正当权益和尊严。

(三) 能力与消费者行为表现

消费者的能力特性与消费行为直接相关,其能力差异必然使他们在购买和使用商品过程中表现出不同的行为特点。具体可以分为以下几种典型类型。

1. 成熟型

这类消费者通常具有较全面的能力构成。他们对所需要的商品不仅非常了解,而且有长期的购买和使用经验,对商品的性能、质量、价格、市场行情、生产情况等方面的信息极为熟悉,其内行程度甚至超过销售人员。因此在购买过程中,他们通常注重从整体角度综合评价商品的各项性能,能够正确辨认商品质量的优劣,很内行地在同类或同种商品之间进行比较选择,并强调自我感受及商品对自身的适应性。这类消费者由于具有丰富的商品知识和购买经验,有明确的购买目标和具体要求,所以在购实现场往往表现得比较自信、坚定，自主性较高，能够按照自己的意志独立做出决策，而无须他人帮助，并较少受外界环境及他人意见影响。

2. 一般型

这类消费者的能力构成和水平处于中等状况。他们通常具备一些商品方面的知识，并掌握有限的商品信息，但是缺乏相应的消费经验，主要通过广告宣传、他人介绍等途径来了解认识商品，因此了解的深度远不及成熟型消费者。在购买之前，一般只有一个笼统的目标，缺乏对商品的具体要求，因而很难对商品的内在质量、性能、适用条件等提出明确的意见，同时也难以就同类或同种商品进行准确比较。限于能力水平，这类消费者在购买过程中，往往更乐于听取售货人员的介绍和厂商的现场宣传，经常主动向销售人员或其他消费者进行咨询，以求更全面地汇集信息。由于商品知识不足，他们会缺乏自信和独立见解，需要在广泛征询他人意见的基础上做出决策，因而容易受外界环境的影响和左右。

3. 缺乏型

这类消费者的能力构成和水平均处于缺乏和低下状态。他们不仅不了解有关商品知识和消费信息，而且不具备任何购买经验。在购买之前，往往没有明确的购买目标，仅有一些朦胧的意识和想法；在选购过程中，对商品的了解仅建立在直觉观察和表面认识基础上，缺乏把握商品本质特征及消费信息内在联系的能力，因而难以做出正确的比较选择；在做出决策时，经常犹豫不决，不得要领，极易受环境影响和他人意见的左右，其购买行为常常带有很大的随意性和盲目性。

不论何种能力及行为类型，都是相对的。一个消费者可能在某一方面或某一类商品的消费中表现为成熟型，而对于另一类商品的消费又表现为一般型。此外，随着生活经验的积累，以及个人有意识地自我培养，消费者的能力水平也是会不断提高的。

第二节　消费者的气质类型与行为表现

案例 6-2

看电影迟到的人

心理学家以一个人去电影院看电影迟到为例，对人的几种典型的气质做了说明。假如电影已经放映了，门卫又不让迟到的人进去，不同气质类型的人会有不同的表现。

第一种人匆匆赶来之后，对门卫十分热情，又是问好又是感谢，说出许多令人同情的理由，如果门卫坚持不让他进门，他会笑呵呵地离开。

第二种人赶来之后，带着怒气，想进去看电影的心情十分迫切，向门卫解释迟到的原因时，让人感到有些生硬，如果门卫坚持不让他进门，会带着怒气而去。

第三种人来了之后,犹犹豫豫地想进去又怕门卫不让,微笑而又平静地向门卫解释迟到的原因,好像不在乎这电影早看一会儿或迟看一会儿,门卫坚持不让他进去,就平静地走开。

第四种人来到的时候,首先看看迟到的人能不能进去,如果看到别人能够进去,也跟进去,如果门卫不让进,也不愿意解释迟到的原因,默默地走开,最多只是责怪自己为什么不早一点到。

资料来源:http://xinli.100xuexi.com/SpecItem/SpecDataInfo.aspx?id=31ac6322-57ac-48b8-9c55-0516c43be2e1,2018-10-25.

思考:上述四种人分别属于哪四种典型的气质类型?

一、气质的概念和特性

“气质”一词源于拉丁语 Temperamentum,原意为比例、关系的意思。从消费心理学的角度看,气质是人们心理和行为的动力方面,一些典型的、稳定的和持久的特质。如感觉知觉的广度、思维的敏捷程度、注意力的稳定程度、情绪体验的强度等。气质对于人的心理和行为的影响不在于具体内容(价值观、态度、兴趣等心理特点都有一定的针对性),比如有的人热情活泼、善于交际、表情丰富、同情心较好,而另一些人行为比较冷漠、不善言谈、行动比较迟缓、自我体验较为深刻等,这些特征在任何场合下都会反映出来。它是个人固有特质的一种稳定的表现。气质这个词虽然在我们的日常用语中经常被用到,但心理学中气质的含义与我们日常生活用语中气质的含义有所不同(后者主要指个人的修养特点,并且含有价值的判断),这一点需要加以区别。

气质作为个体稳定的心理动力特征,一经形成,便会长期保持,并对人的心理和行为产生持久影响。但是,随着生活环境的变化、职业的熏陶、所属群体的影响以及年龄的增长,人的气质也会有所改变,消费者的气质也如此。当然,这一变化是一个相当缓慢的、渐进的过程。

此外,作为一种心理动力特征,气质还可以影响个体进行活动的效率和效果。在消费活动中,不同气质的消费者由于采取不同的行为表现方式,如态度积极热情或消极冷漠,行动敏捷或迟缓,往往会产生不同的活动效率和消费效果。这一特性,正是人们在消费心理研究中,关注气质研究的意义所在。

二、气质学说与类型

(一)主要的气质学说

长期以来,心理学家对气质这一心理特征进行了多方面研究,从不同角度提出了各种气质学说,并对气质类型做出相应分类。

1. 体液说

古希腊的希波克拉底最早提出气质的体液学说,认为人体的状态是由体液的类型和数量决定的。他根据临床实践提出，这些体液类型有四种：血液、黏液、黄胆汁、黑胆汁。根据每种体液在人体内所占比例不同，可以形成四种气质类型。血液占优势的属于多血质；黏液占优势的属于黏液质；黄胆汁占优势的属于胆汁质；黑胆汁占优势的属于抑郁质。希波克拉底还详细描述了四种典型气质的行为表现。由于他的理论较易理解，所以这一分类方法至今仍为人们所使用。

2. 血型说

学者古川竹二等人认为气质与人的血型有一定联系。四种血型即O型、A型、B型、AB型，分别构成气质的四种类型。其中O型气质的人意志坚强，志向稳定，独立性强，有支配欲，积极进取；A型气质的人性情温和，老实顺从，孤独害羞，情绪波动，依赖他人；B型气质的人感觉灵敏，大胆好动，多言善语，爱管闲事；AB型气质的人则兼有A型和B型的特点。这种理论在日本较为流行。

3. 体形说

精神病学家克瑞奇米尔根据临床观察研究，认为人的气质与体形有关。属于细长体形的人具有分裂气质，表现为不善交际、孤僻、神经质、多思虑；属于肥胖体形的人具有狂躁气质，表现为善于交际、表情活泼、热情；属于筋骨体形的人具有黏着气质，表现为迷恋、一丝不苟，情绪有爆发性。

4. 激素说

这种学说认为人体内的各种激素在不同的人身上有不同的分布水平。某种激素水平较高，人的气质就带有某种特点。例如，甲状腺激素水平高的人，容易精神亢奋，好动不安。

5. 高级神经活动类型说

心理学家巴甫洛夫通过对高等动物的解剖实验，发现大脑两半球皮层和皮层下部位的高级神经活动在心理的生理机制中占有重要地位。皮层的细胞活动有两个基本过程：兴奋和抑制。兴奋过程引起和增强皮层细胞及相应器官的活动，抑制过程则阻止皮层的兴奋和器官的活动。这两种神经过程有三大基本特性：强度、平衡性、灵活度。

强度是指大脑皮层细胞经受强烈刺激或持久工作的能力。平衡性是指兴奋过程的强度和抑制过程的强度之间是否相当。灵活性是指对刺激的反应速度和兴奋过程与抑制过程相互替代、转换的速度。巴甫洛夫正是根据上述三种特性的相互结合提出高级神经活动类型概念，并据此划分高级神经活动的四种基本类型：兴奋型、活泼型、安静型、抑制型。具体来说，兴奋型的人表现为兴奋过程时常占优势，且与抑制过程不平衡，情绪易激动，暴躁而有力，言谈举止有狂热表现。活泼型的人神经活动转换过快，对环境的适应性强。安静型的人其神经活动过程平衡，强度高但灵活性较低，反应较慢而深沉，不易受环境因素影响，行动迟缓而有惰性。抑制型的人其兴奋和抑制两种过程都很弱，且抑制过程更弱一些，难以接受较强刺激，是一种胆小而容易伤感的类型。由于巴甫洛夫的结论是在解剖实验基础上得出的，并得到后人的研究证实，具有一定的科学依据。由于各种神经活动类型的表现形式与传统的体液说有对应关系，人们通常把二者结合起来，以体液说作为气质类型的基本形式，以巴氏的高级神经活动类型说作为气质类型的生理学依据。

（二）基本气质类型

1. 胆汁质

胆汁质的人感受性很弱，对外界刺激缺乏敏感性，反应性和主动性很强，兴奋比抑制占优势；刻板，外倾；情绪兴奋性强，反应速度很快，不够灵活。

此类人为兴奋型，可以形成热情、开朗、刚强，动作迅速有力，生气勃勃，工作效率高等良好的品质，但也可能形成容易暴躁、任性、蛮横、粗野等负面品质，要注意对孩子进行引导和培养。

2. 多血质

多血质感受性较弱，对外界刺激不十分敏感；反应性较强，兴奋和抑制互相平衡；可塑性大，外倾，好交际；反应速度快，非常灵活。

此类人为活泼型，富有朝气，爱交际，思想灵活，但也容易变化无常，志趣多变，要特别注意轻浮，粗枝大叶，意志力薄弱等缺点。

3. 黏液质

黏液质的人感受性较强，对外界刺激比较敏感；反应性较弱，主动性较强；不够灵活，内倾；情绪兴奋性弱，反应速度缓慢。

此类人为安静型，容易养成自制、镇定、踏实等品质，但也容易形成冷漠、迟缓、固执、保守等缺点。

4. 抑郁质

抑郁质的人感受性很强，对外界刺激十分敏感；反应性和主动性弱；刻板，内倾；兴奋和抑制不平衡，抑制占优势，情绪抑郁；反应速度缓慢，不灵活。

此类人为抑郁型，具有思维敏捷、精细，想象力丰富，情感深刻等优良品质，但也容易形成多疑、孤僻、郁闷、懦弱等缺点。

气质类型测量问卷中的60道题可以帮助我们确定气质类型，如表6-1所示。在回答这些问题后，可以根据表6-2评分标准计算相应的分值。

表6-1 气质类型测量问卷

序号	问题	答案				
		符合	比较符合	不能确定	不太符合	完全不符合
1	做事力求稳妥，不做无把握之事					
2	遇到生气的事就怒不可遏，想把心里话全说出来才痛快					
3	宁可一个人做事，不愿很多人一起					
4	能够很快适应新环境					

续表

序号	问　　题	答　　案				
		符合	比较符合	不能确定	不太符合	完全不符合
5	厌恶强烈的刺激，如尖叫、危险镜头等					
6	和人争吵时，总是先发制人，且喜欢挑衅					
7	喜欢安静的环境					
8	善于和人交往					
9	羡慕那些能够克制自己感情的人					
10	生活有规律，很少违反作息制度					
11	在多数情况下情绪是乐观的					
12	碰到陌生人时，会觉得很拘束					
13	遇到令人气愤的事，能很好地自我克制					
14	做事总是有旺盛的精力					
15	遇到问题常常举棋不定，优柔寡断					
16	在人群中从不觉得过分拘束					
17	情绪高昂时，觉得干什么都有趣，情绪低落时，又觉得什么都没意思					
18	当注意力集中于一件事情时，别的事很难使自己分心					
19	理解问题总比别人快					
20	碰到危险情境，常有一种极度恐怖感					
21	对学习工作和事业怀有很高的热情					
22	能够长时间做枯燥、单调的工作					
23	对感兴趣的事情，干起来劲头十足，否则就不想干					
24	一点小事就能引起情绪波动					
25	讨厌做那些需要耐心细致的工作					
26	与人交往不卑不亢					
27	喜欢参加热烈的活动					
28	爱看感情细腻、描写人物内心活动的文学作品					
29	工作学习时间长了，会感到厌倦					
30	不喜欢长时间谈一个问题，而愿意实际动手干					
31	宁愿侃侃而谈，不愿窃窃私语					
32	别人说我总是闷闷不乐					
33	理解问题比别人慢些					
34	疲倦时只要短暂休息就能精神抖擞					
35	有心事宁愿自己想，不愿说出来					
36	认准一个目标就希望尽快实现，不达目的誓不罢休					
37	同样学习一段时间后，比别人更疲倦					
38	做事莽撞，常常不考虑后果					
39	老师讲授新知识时，总希望讲得慢些，多重复几遍					
40	能够很快地忘记不愉快的事情					

续表

序号	问题	答案				
		符合	比较符合	不能确定	不太符合	完全不符合
41	做作业或完成一件工作总比别人花的时间多					
42	喜欢运动量大的体育活动,或各种文艺活动					
43	不能很快地把注意力从一件事转到另一件事上					
44	接受一个任务后,希望迅速完成					
45	认为墨守成规比冒风险强些					
46	能够同时注意几件事物					
47	当烦闷的时候,别人很难使自己高兴起来					
48	爱看情节起伏跌宕、激动人心的小说					
49	工作始终认真、严谨					
50	和周围人们的关系总是不好					
51	喜欢复习学过的知识,重复做已掌握的工作					
52	喜欢做变化大、花样多的工作					
53	小时背诵过的诗歌,似乎比别人记得清楚					
54	别人出语伤人,可自己并不觉得怎么样					
55	在体育活动中,常因反应慢而落后					
56	反应敏捷,头脑机灵					
57	喜欢有条理而不甚麻烦的工作					
58	兴奋的事常使自己失眠					
59	老师讲新概念时常常听不懂,但是弄清后就很难忘记					
60	假如工作枯燥无味,马上就会情绪低落					

表 6-2 评分

答案类型	得分/分
完全符合	2
比较符合	1
不能确定	0
不太符合	−1
完全不符合	−2

按照上述评分标准把60题的得分填入表6-3中。

表 6-3 气质类型得分统计

气质类型	题号和得分	总分
胆汁质	题号	
	得分	
多血质	题号	
	得分	

续表

气质类型	题号和得分	总分
黏液质	题号	
	得分	
抑郁质	题号	
	得分	

每个受测者都可以得到4个分数，即胆汁质分数、多血质分数、黏液质分数和抑郁质分数。如果这4个分数中，有一个达到了“比较明显”或“很明显”水平，而其他三个分数都未达到这两个水平，就可以说，他的气质类型在第一个类型上比较突出。

如果受测者在两种类型上的得分都达到了“比较明显”或“很明显”水平，另外两种类型上的得分未达到“比较明显”或“很明显”水平，可以说他的气质属于两种类型的混合型。较常见的混合型有：胆汁质—多血质混合型，胆汁质—抑郁质混合型，多血质—黏液质混合型和黏液质—抑郁质混合型，多血质—抑郁质混合型比较少见。假设样本中的498号(女，17岁)胆汁质得分60(比较明显)，多血质得分48(中等)，黏液质得分54(中等)，抑郁质得分57(比较明显)，可以认为她属于胆汁质和抑郁质的混合型，但胆汁质特征稍明显。

如果受测者的四个分数都没有达到“比较明显”或“很明显”水平，但有三种类型的得分都达到了“很不明显”或“比较不明显”水平，第四种达到了“中等”水平，也可以认为他属于第四种类型。

如果受测者的四个得分都处于“比较明显”及“很明显”水平，或者四个得分都达到“中等”水平，而且四个得分的绝对值差别很小(不超过4分)，一般情况下，其原因是受测者本人错误报告，应该重新认真地填写每题的得分，或者由熟悉他的人帮助判断。假设一个被测试者的胆汁质得分45(比较不明显)，多血质得分49(中等)，黏液质得分48(中等)，抑郁质得分49(中等)，就很难判断他属于哪种类型，一般来说这样的填写是无效的。

三、气质与消费者行为

消费者不同的气质类型，会直接影响和反映到他们的消费行为中，使之显现出不同的，甚至截然相反的行为方式、风格和特点。概括起来，大致有如下几种对应的表现类型。

（一）主动型和被动型

在购买现场，不同气质的消费者其行为主动与否会具有明显差异。多血质和胆汁质的消费者通常主动与销售人员进行接触，积极提出问题并寻求咨询，有时还会主动征询其他在场顾客的意见，表现十分活跃。而黏液质和抑郁质的消费者则比较消极被动，通常要由销售人员主动进行询问，而不会首先提出问题，因而不太容易沟通。

(二) 理智型和冲动型

在购买过程中,消费者的气质差异对购买行为方式有显著影响。黏液质的消费者比较冷静慎重,能够对各种商品的内在质量加以细致的选择比较,通过理智分析做出购买决定,同时善于控制自己的感情,不易受广告宣传、外观包装及他人意见的影响。而胆汁质的消费者容易感情冲动,经常凭借个人兴趣、偏好,以及商品外观的好感选择商品,而不过多考虑商品的性能与实用性,他们喜欢追求新产品,容易受广告宣传及购买环境的影响。

(三) 果断型和犹豫型

在制定购买决策和实施购买时,气质的不同会直接影响消费者的决策速度与购买速度。多血质和胆汁质的消费者心直口快,言谈举止比较匆忙,一旦遇到自己满意的商品,往往会果断地做出购买决定,并迅速实施购买,而不愿花费太多的时间去比较选择。抑郁质和黏液质的消费者在挑选商品时则优柔寡断,十分谨慎,动作比较缓慢,挑选的时间也较长,在决定购买后易发生反复。

(四) 敏感型和粗放型

在购后体验方面,消费者的气质不同,体验程度会有明显差异。黏液质和抑郁质的消费者在消费体验方面比较深刻,他们对购买和使用商品的心理感受十分敏感,并直接影响到心境及情绪,在遇到不满意的商品或受到不良服务时,经常做出强烈的反应。相对而言,胆汁质和多血质的消费者在消费体验方面不是十分敏感,他们不过分注重和强调自己的心理感受,对于购买和使用商品的满意程度不十分苛求,表现出一定程度的容忍和粗疏。

由于气质在人的实践中具有重要意义,因此,企业在选拔和培养某些特殊专业的工作人员时,应充分注意个人的气质特征。近年来国外从事人事心理方面研究的心理学家认为,对商业职工进行气质特点的测定可以更好地把每个人分配到合适的工作岗位上,达到人员配置的最优结构。

最后,为了便于学习和记忆,我们将气质类型与高级神经活动类型的对应关系及其对购买行为的表现进行了归纳,如表6-4所示。

表6-4 气质类型对购买行为的影响

<table>
<tr><th colspan="3">高级神经活动类型</th><th>气质类型</th><th>购买行为表现</th><th>接待注意事项</th></tr>
<tr><td rowspan="3">强型</td><td colspan="2">不平衡
(兴奋型)</td><td>胆汁质</td><td>易冲动,忍耐性差,对销售人员要求高,容易发生矛盾</td><td>要注意态度和善,语言友好,千万不要刺激对方</td></tr>
<tr><td rowspan="2">平衡</td><td>灵活性高
(活泼型)</td><td>多血质</td><td>活泼热情,“见面熟”,话多,改变主意快,易受环境和他人影响</td><td>应主动接近,介绍(提示),交谈</td></tr>
<tr><td>灵活性低
(安静型)</td><td>黏液质</td><td>内向,购买态度认真,不易受暗示及他人影响,喜欢独立挑选,动作缓慢</td><td>要有耐心</td></tr>
<tr><td>弱型</td><td colspan="2">抑制型</td><td>抑郁质</td><td>多疑,动作迟缓,反复挑选</td><td>要有耐心,多做介绍,要允许反复</td></tr>
</table>

消费者的性格特征与行为差异

案例 6-3

消费者意见征求函

在“中国质量万里行”活动中，不少制造、销售伪劣商品的工商企业被曝光，消费者感到由衷的高兴。3 月 15 日是国际消费者权益保护日，某大型零售企业为了改善服务态度、提高服务质量，向消费者发出意见征求函，调查内容是“如果您去商店退换商品，售货员不予退换怎么办?”，要求被调查者写出自己遇到这种事时是怎样做的。其中有以下四种答案。

(1) 耐心诉说。尽自己最大努力，苦口婆心慢慢解释退换商品的原因，直到得到解决。

(2) 自认倒霉。向商店申诉也没有用，商品质量不好又不是商店生产的，自己吃点亏下回长经验。

(3) 灵活变通。找好说话的其他售货员申诉，找营业组长考虑或值班经理求情，只要有一个人同意退换就可望解决。

(4) 据理力争。绝不求情，脸红脖子粗地与售货员争到底，不行就往报纸投稿曝光，再不解决就向工商局、消费者协会投诉。

资料来源：http://ishare.iask.sina.com.cn/f/iLb09OtH1f.html,2018-10-26.

思考：这个调查内容能否反映消费者个性心理特征的本质差异?

一、性格的含义与特征

(一) 性格的含义

性格(Character)一词原意为印记、特色、记号、标示，主要用来表示事物的特性。在现代心理学中，性格是指个人对现实的稳定态度和与之相适应的习惯化的行为方式。性格是心理活动中十分稳定的心理特征，它通过人对事物的倾向性态度、意志、活动、言语、外貌等方面表现出来，是人的主要个性特点即心理风格的集中体现。人们在现实生活中显现的某些一贯的态度倾向和行为方式，如大公无私、勤劳、勇敢、自私、懒惰、沉默、懦弱等，都反映了自身的性格特点。

性格有时易与气质混为一谈。气质主要指个体情绪反应方面的特征，是个性内部结构中不易受环境影响的比较稳定的心理特征；性格除了包括情绪反应的特征外，更主要的还包括意志反应的特征，是个性结构中较易受环境影响的可变的心理特征。气质可以影响性格特征的形成和发展速度，以及性格的表现方式，从而使性格带有独特的色彩。

性格则对气质具有重要的调控作用,它可以在一定程度上掩盖或改造气质,使气质的消极因素受到抑制,积极因素得到发挥。

人的性格是在生理素质的基础上,在社会实践活动中逐渐形成和发展起来的。由于先天生理素质如高级神经活动类型、神经系统的暂时神经联系、血清素和去甲肾上腺素的比例各不相同,后天所处的社会环境及教育条件千差万别,因而人们的性格存在明显差异。这种差异性是绝对的,也是性格最本质的属性之一。此外,由于性格的形成主要取决于后天的社会化过程,而社会环境是不断变化的,因此,性格虽然也是一种比较稳定的心理特征,但与气质相比更易于改变,即具有较强的可塑性。

性格是带有一定社会倾向性的个性品质。性格虽然并非个性的全部,但它却是表现一个人的社会性及基本精神面貌的主要标志,因而具有社会评价意义,在个性结构中居于核心地位,是个性心理特征中最重要的方面。

(二) 性格的特征

性格是十分复杂的心理构成物,包含多方面的特征。一个人的性格正是通过不同方面的性格特征表现出来,并由各种特征有机结合,形成独具特色的性格统一体。性格的基本特征包括以下四个方面。

(1) 性格的态度特征,即表现个人对现实态度的倾向性特点。例如,对社会、集体、他人的态度,对劳动、工作、学习的态度,对自己的态度等。

(2) 性格的理智特征,即表现心理活动过程方面的个体差异的特点。例如,在感知方面,是主动观察型还是被动感知型;在思维方式方面,是具体罗列型还是抽象概括型,是描绘型还是解释型;在想象力方面,是丰富型还是贫乏型等。

(3) 性格的情绪特征,即表现个人受情绪影响或控制情绪程度状态的特点。例如,个人受情绪感染和支配的程度,情绪受意志控制的程度,情绪反应的强弱、快慢,情绪起伏波动的程度,主导心境的性质等。

(4) 性格的意志特征,即表现个人自觉控制自己的行为及行为努力程度方面的特征。例如,是否具有明确的行为目标,能否自觉调适和控制自身行为,在意志行动中表现的是独立性还是依赖性,是主动性还是被动性,是否坚定、顽强、忍耐、持久等。

上述性格特征,反映在消费者对待商品或服务的态度和购买行为上,就构成了千差万别的消费性格。

二、性格理论与类型

鉴于性格在个性结构中的重要地位,长期以来,许多心理学家高度重视对性格理论的研究,并尝试从不同角度对人的性格类型进行划分。这些理论和分类方法对研究消费者的性格类型具有重要的指导意义和借鉴作用。有关学说中比较主要的有以下几种。

(一) 机能类型说

这种学说主张根据理智、情绪、意志三种心理机能在性格结构中所占的优势地位确定性格类型。其中以理智占优势的性格，称为理智型。这种性格的人善于进行冷静的思考和推理，用理智来衡量事物，行为举止多受理智的支配和影响。以情绪占优势的性格，称为情绪型；而以意志占优势的性格，称为意志型。

（二）向性说

美国心理学家艾克森提出按照个体心理活动的倾向来划分性格类型。并据此把性格分为内向、外向两类。内向型的人沉默寡言，心理内向，情感深沉，待人接物小心谨慎，性情孤僻，不善交际。外向型的人心理外向，对外部事物比较关心，活泼开朗，情感容易流露，待人接物比较随和，不拘小节，但比较轻率。

（三）独立—顺从说

这种学说按照个体的独立性，把性格分为独立型和顺从型两类。独立型表现为善于独立发现和解决问题，有主见，不易受外界影响，较少依赖他人。顺从型则表现为独立性差，易受暗示，行动易被他人左右，抉择问题时犹豫不决。

（四）特质分析说

美国心理学家卡特尔通过因素分析，从众多行为的表面特性中抽象出 16 种特质，包括兴奋、稳定、怀疑、敏感、忧虑、独立、自律、紧张、乐群、聪慧、持强、有恒、敢为、幻想、世故、实验。根据这 16 种特质的不同结合可以区分多种性格类型。

（五）价值倾向说

美国心理学家阿波特根据人的价值观念倾向对性格作了六种分类。

(1) 理论型。这种性格的人求知欲旺盛，乐于钻研，长于观察、分析、推理，自制力强，对于情绪有较强的控制力。

(2) 经济型。这种性格的人倾向于务实，从实际出发，注重物质利益和经济效益。

(3) 艺术型。这种性格的人重视事物的审美价值，善于审视和享受各种美好的事物，以美学或艺术价值作为衡量标准。

(4) 社会型。这种性格的人具有较强的社会责任感，以爱护关心他人作为自己的职责，为人善良随和，宽容大度，乐于交际。

(5) 政治型。这种性格的人对于权力有较大的兴趣，十分自信，自我肯定，也有的人表现为自负专横。

(6) 宗教型。这是指那些重视命运和超自然力量的人，一般有稳定甚至坚定的信仰，逃避现实，自愿克服比较低级的欲望，乐于沉思和自我否定。

（六）性格九分法

近年来，性格九分法作为一种新的分类方法，在国际上引起重视并逐渐流行开来。这种分类把性格分为九种基本类型。

(1) 完美主义型。谨慎，理智，苛求，刻板。

(2) 施予者型。有同情心，感情外露，但可能具有侵略性，爱发号施令。

(3) 演员型。竞争性强，能力强，有进取心，性情急躁，为自己的形象所困扰。

(4) 浪漫型。有创造性,气质忧郁,热衷于不现实的事情。

(5) 观察者型。情绪冷淡,超然于众人之外,不动声色,行动秘密,聪明。

(6) 质疑者型。怀疑成性,忠诚,胆怯,总是注意危险信号。

(7) 享乐主义者型。热衷享受,乐天,孩子气,不愿承担义务。

(8) 老板型。独裁,好斗,有保护欲,爱负责任,喜欢战胜别人。

(9) 调停者型。有耐心,沉稳,会安慰人,但可能因享受而对现实不闻不问。

从上述理论介绍中可以看出,有关学者在划分性格类型时的研究角度和所持的依据各不相同,因而得出的结论也各不相同。由于消费活动与其他社会活动相比更为复杂、丰富、变化多端,因此,消费者的性格类型更难以做统一界定,只能在与消费实践的密切结合中加以研究和划分。

三、性格与消费者的购买行为

消费者的性格,是在购买行为中起核心作用的个性心理特征。性格在消费行为中的具体表现可从不同角度作多种划分。

(一) 按照消费态度分类

从消费态度角度,可以分为节俭型、保守型、随意型、顺应型。

(1) 节俭型的消费者,在消费观念和态度上崇尚节俭,讲究实用。在选购商品过程中较为注重商品的性能、实用性,以物美价廉作为选择标准,而不在意商品的外观造型、品牌及消费时尚,不喜欢过分奢华、高档昂贵、无实用价值的商品。

(2) 保守型的消费者,在消费态度上较为严谨,生活方式刻板,性格内向,怀旧心理较重,习惯于传统的消费方式,对新产品、新观念持怀疑或抵制态度,选购商品时,喜欢购买传统的和有过多次使用经验的商品,而不愿冒险尝试新产品。

(3) 随意型的消费者,在消费态度上比较随意,没有长久稳定的看法,生活方式自由而无固定的模式。这类消费者一般有较好的经济收入,购买能力较强,选购商品的品种和花色较多,比较注意商品的外观,一般有较好的购买技巧。

(4) 顺应型的消费者,性格比较随和,一般没有特殊的癖好,消费观念属于大众型,随着时尚的变化而变化,受同事邻居朋友等社会群体因素的影响较大,也能够比较容易接受广告与其他促销手段的宣传,在购物场所愿意接受服务人员的诱导和推荐。

除以上四种性格类型外,消费者在购物场所还会表现一定的典型性格特征,表6-5是经营人员总结的顾客性格类型,以及针对这些顾客的性格类型采取的相应服务策略。

表6-5 顾客性格类型与服务策略

顾客类型	行为表现	服务策略
辩论型	对服务人员的介绍持有异议;从中找错;购买决定谨慎、缓慢	出示商品,使顾客确信商品是好的;介绍商品知识
带气型	刚生完气,心情不好;遇到惹人恼怒的事,就会一触即发,勃然大怒;行动就像事先预备好的	避免争论,坚持基本事实,根据顾客要求,出示各种花色商品

续表

顾客类型	行为表现	服务策略
果断型	知道自己要的是什么样的商品；自信；对其他商品不感兴趣	服务人员说话简洁，不与顾客争论，自然销售，恰当时机注入意见
犹豫型	敏感、不自在；顾虑多，对自己的判断没把握，担心考虑不周出差错	对顾客友好、尊重，实事求是地介绍有关商品的益处和优点，帮助顾客做出决策
疑虑型	不相信服务人员的话，不愿受人支配，要经过谨慎地考虑才能做出决定	出示商品，让顾客察看、触摸，并以制造商品的商标作后盾
实际型	对有实际根据的信息感兴趣；对服务人员介绍的差错敏感，注意看商标	实际介绍商标，并根据制造商品的真实情况，提供详细信息

（二）按照购买行为方式分类

从购买行为方式角度看，可以分为习惯型、慎重型、挑剔型、被动型。

（1）习惯型的消费者，在购买商品时习惯参照以往的购买和使用经验。一旦他们对某种品牌的商品熟悉并产生偏爱后，便会经常重复购买，形成惠顾性购买行为，同时受社会时尚、潮流影响较小，不轻易改变自己的观念和行为。

（2）慎重型的消费者，在性格上大都沉稳、持重，做事冷静、客观情绪不外露。选购商品时，通常根据自己的实际需要并参照以往购买经验，进行仔细慎重的比较权衡，然后做出购买决定。在购买过程中受外界影响小，不易冲动，具有较强的自我抑制力。

（3）挑剔型的消费者，其性格特征表现为意志坚定，独立性强，不依赖他人。在选购商品时强调主观意愿，自信果断，很少征询或听从他人意见，对售货员的解释说明常常持怀疑和戒备心理，观察商品细致深入，有时甚至过于挑剔。

（4）被动型消费者，在性格特征上比较消极、被动、内向。由于缺乏商品知识和购买经验，在选购过程中往往犹豫不决，缺乏自信和主见；对商品的品牌、款式等没有固定的偏好，希望得到别人的意见和建议。由其性格决定，这类消费者的购买行为常处于消极被动状态。

上述按消费态度和购买方式所做的分类，只是为了便于我们了解性格与人们的消费行为之间的内在联系，以及不同消费性格的具体表现。现实购买活动中，由于周围环境的影响，消费者的性格经常难以按照原有面貌表现出来。所以在观察和判断消费者的性格特征时，应特别注意其稳定性，而不应以一时的购买表现判断其性格类型。

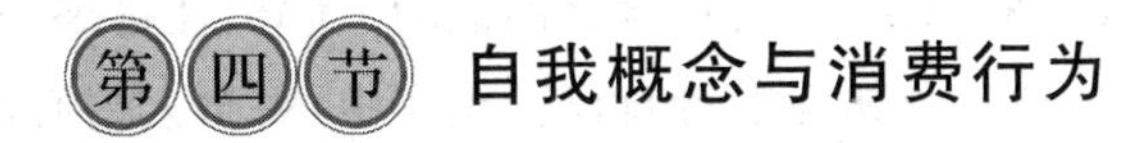

第四节　自我概念与消费行为

案例 6-4

女性消费三大特点

一个月收入不过1000元的年轻女孩可能用的是价值上百元的兰蔻化妆品；一个本

打算上街买鞋的女性可能买回家的是一套精美的装饰品……这些看似矛盾重重的消费行为,在生活中却并不罕见。

特点一——消费非理性,心情是主导

调查表明,93.5%的18~35岁青年女性都有过各种各样的非理性消费行为,也就是受打折活动、朋友、销售人员、情绪、广告等影响而进行的"非必需"的感性消费。非理性消费占女性消费支出的比重达到20%。这种感性消费并非事前计划好的,所购买的商品也非生活所必需的。52.8%的女孩都曾经因为发了工资钱袋鼓了而突击消费,这是一种在特定情绪下的错觉引发的情绪化消费。除此之外,另一种情绪化消费则表现在与平常心境不同时的消费行为,在极端情绪中购物消费的女性相当多(46.1%),在不如意和开心时都会行动。

特点二——买了不言悔,情绪消费最值得

尽管花了不该花的钱,但换得好心情并不言悔,79%的人事后持无所谓或不后悔的态度。在多种情绪化消费中,最让人无怨无悔的是在快乐或心情不好时发生的消费行为,58%的青年女性不后悔自己为一时的心情好坏所付出的代价,还有30%的人认为无所谓,她们认为只要能代表自己当时的心情就是值得的。

特点三——逛街是享受,特征各不同

女性对逛街购物的爱好是非理性消费的土壤。

场所便利型购物的占总体的27.6%,表现为通常选择离家近的商店买东西,不喜欢逛街购物、抑制消费欲望。

新潮个性化消费型占24.7%,表现为喜欢尝试新鲜事物,购买商品追求与众不同,对价格因素不是很关注,非常注重自己对商品的感觉,注重个人感受、肯花钱。

追求品牌档次型占25.9%,表现为注重商品的牌子,喜欢购买名牌产品;有计划的理性消费,购买的商品要有一定的档次。

追求享受、易受影响的随意消费型占总体的21.8%,表现为购物前常没想好买什么,看到好的商品就会购买,购买东西易受别人影响。

资料来源:文平.女性消费三大特点[N].市场报,2006.

一、自我概念的含义和构成

自我概念也称自我形象,是指个人对自己的能力、气质、性格等个性特征的感知、态度和自我评价。换言之,即自己如何看待自己。现实中,每个人内心深处都持有关于自我形象的概念,这一概念以潜在的、稳定的形式参与到行为活动中,对人们的行为产生极为深刻的影响。同样地,自我概念也渗透到消费者的消费活动中。对消费者的自我概念进行探讨,有助于从更深层次上研究个性对消费者行为的影响。

自我概念是个人在社会化过程中,通过与他人交往以及与环境发生联系,对自己的行为进行反观自照而形成的。其中主要受四个方面因素的影响。

（1）通过自我评价判断自己的行为是否符合社会所接受的标准，并以此形成自我概念。例如，把有的行为归入社会可接受的范畴，把有的行为归入社会不可接受的范畴。人们对自己的行为进行反复不断的观察、归类和验证，就形成了自我概念。

（2）通过他人对自己的评价进行自我反应评价，从而形成自我概念。他人评价对自我评价的影响程度取决于评价者自身的特点和评价的内容。通常，评价者的权威性越大，与自我评价的一致性越高，对自我概念形成的影响程度也就越大。

（3）通过与他人的比较观察而形成和改变自我概念。人们对自己的自我评价还受与他人比较的影响，比较的结果相同或不同，超过或逊于他人，都会在一定程度上改变人们的自我评价，并驱动他们采取措施修正自我形象。

（4）通过从外界环境获取有利信息，促进和发展自我概念。人们受趋利避害的心理驱使，往往希望从外界环境中寻找符合自己意愿的信息，而不顾及与自己意愿相反的信息，以此证明自己的自我评价是合理的、正确的，这一现象证明了人们经常从自己喜欢的方面看待评价自己。

从上述影响因素可以看出，自我概念实际上是在综合自己、他人或社会评价的基础上形成和发展起来的。这其中包含四个基本组成部分或要素：实际的自我，即目前我是如何现实地看待自己；理想的自我，即我希望如何看待自己；他人实际的自我，即我是如何现实地被他人所看待；他人理想的自我，即我希望如何被他人看待。一般而言，人们都具有从实际的自我概念向理想的自我概念转化的意愿和内在冲动，这种冲动成为人们不断修正自身行为，以求自我完善的基本动力。不仅如此，人们还力求使自己的形象符合他人或社会的理想要求，并为此而努力按照社会的理想标准从事行为活动。

二、消费者的自我概念与行为

自我概念作为影响个人行为的深层个性因素，同样存在于消费者的心理活动中，并对其消费行为有深刻的影响作用。这是由于消费者在长期的消费实践中，通过与他人及社会的交往逐步形成了关于个人形象的自我概念。这一概念涉及个人的理想追求和社会存在价值，因而每个消费者都力求不断促进和增强它。而商品和服务作为人类物质文明的产物，除了具有使用价值外，还具有某些社会象征意义。通过对这些商品或服务的消费，可以显示消费者与众不同的个性特征，突出个人的自我形象，从而帮助消费者有效地表达自我概念，并促进实现实际的自我向理想的自我转化。

运用自我概念的理论，可以清楚地解释消费者购买动机和购买行为中的某些微妙现象，并揭示这些现象背后的深层原因。例如，有的消费者非常偏爱某家商店，即使该商店地理位置偏远，商品价格明显高于其他商店，也乐此不疲，常常光顾。从表面看，消费者的这一行为似乎是不合理和不可理解的，实际上，可能由于该商店的购物环境舒适优雅，服务完善周到，或者店名及商品品牌具有独特性，能够显示特定消费阶层的身份地位，与消费者的自我概念相吻合，因而受到消费者的青睐。

部分消费者在选购商品时,不仅仅以质量优劣、价格高低、实用性能强弱为依据,而且把商品品牌特性是否符合自我概念作为重要的选择标准,即判断商品是否有助于"使我成为我想象或期望的那样的人",以及"我希望他人如何看待我"。如果能够从商品中找到与自我印象或评价一致(相似)之处,消费者就会倾向于购买该商品。例如,一个自认为气质不凡、情趣高雅、具有较高欣赏品位的消费者,购买服装时,会倾心于那些款式新颖、质地精良、做工考究、设计独特的服装。又如,在一项小汽车购买行为的研究中,随机选取了若干购买小汽车的消费者,让他们对自我形象、自己的汽车,以及另外8辆汽车做出评价。结果表明,这些消费者的自我认识与他们对自己的汽车的认识比较一致,而与对其他8辆车的认识相比则差异很大。由此可以得出结论,消费者购买某种品牌的商品与他们的自我概念是比较一致的。这一现象在品牌、特性、档次差异较大的商品,如化妆品、家用电器、服装、礼品上表现得尤为明显。

对消费者的自我概念作深层研究,可以进一步得出结论,消费者购买某种商品,不仅是为了满足特定的物质或精神需要,同时还出于维护和增强自我概念的意愿。在这一意义上,购买商品成为加强自我概念的手段,自我概念则成为控制购买行为的中心要素。

就生产厂商和销售商而言,关于消费者自我概念的研究,对于产品设计和销售具有重要的指导作用。新产品设计的主要依据,应当是符合消费者某种特定的自我概念。在商品销售中,了解消费者的自我概念,告诉他们哪些商品与其自我形象一致,哪些不一致,向消费者推荐最能反映其形象特征的商品,可以有效地影响和引导消费者的购买行为,因而是销售商推销商品的重要方式和成功要诀。

一、复习思考题

1. 能力的定义是什么,能力的差异主要表现在哪些方面?
2. 气质的类型有哪些?
3. 性格的定义是什么?
4. 性格在消费行为中的具体表现有哪些?
5. 消费者自我概念的含义是什么?
6. 消费者自我概念如何影响消费者的购买行为?

二、材料阅读

材料1

胡雪岩的"见真"推销术

"胡庆余堂"是一家闻名遐迩,历史悠久的中药店。一说到"胡庆余堂"中药店,人们都自然而然地把它与货真价实、药材优良、童叟无欺联系起来。

然而,"胡庆余堂"初开业时,既没有现在的名气,也没有现在的商誉。它是如何成名的呢？这与其创始人胡雪岩洞悉顾客心理，巧创推销策略分不开。

“胡庆余堂”初立之时，名不见经传，生意清淡，顾客寥寥，一到黄梅天，许多卖不出去的药发了霉，只好倒掉，结果连店里伙计的薪水都付不起。胡雪岩眼看药店大蚀老本，很是着急，可一时也想不出办法。

有一天，他看到几个江湖郎中在他店里倒掉的霉药中挑拣好药，心里不由一动，随即吩咐伙计，以后倒霉药时，对那些即将霉变但仍可将就使用的药要坚决倒掉，甚至要伙计在霉变的药中夹相当一部分好药。店员伙计对此疑惑不解。胡雪岩却另有考虑：药房的药材不同于其他商品，其质其效最为重要，病人购药治病，对药材质量的关切重于价格。“胡庆余堂”的药材如能使顾客对其质量无后顾之忧，它的兴隆将指日可待。

以后情况的发展，果然不出胡雪岩所料。当捡药的郎中从“胡庆余堂”倒出的霉药中捡到许多好药时，他们感到十分惊讶，心想连这么好的药都要倒掉，可见，“胡庆余堂”卖的药全是质量上乘的好药了。

就这样一传十，十传百，“胡庆余堂”的药可以令人绝对放心的好名气便不胫而走，来买药的人络绎不绝，一天比一天多起来，药再也用不着倒掉了。胡雪岩关照店里，无论何时，一定要卖真方真药，发现假药坚决不卖，要使人们一见“胡庆余堂”便与好药、真药联系起来。

日子一长，“胡庆余堂”便名扬四海，成为中药材业中一块老牌子。

资料来源：韦克难．消费心理学[M]．成都：四川大学出版社，1995.

材料 2

烟民生活形态研究

由于卷烟的嗜好性，再加上中国地理范围的广泛性，中国卷烟市场千差万别，而且各城市烟民的生活形态也存在较大的差异。新生代市场监测机构根据“中国市场与媒体研究”(CMMS)，并结合以往对烟草行业的研究经验，对北京、上海、广州、成都、南京、深圳六城市烟民的生活形态进行了分析研究，旨在帮助企业更好地了解消费者，使生产的卷烟产品更契合消费者的需求，更易于被当地烟民接受。

1. 北京

要说北京烟民的生活形态，就不能不提“中南海”。北京的卷烟市场在全国来说，应该是最为特殊的。因为其他城市均是烤烟型卷烟的天下，而北京却由混合型卷烟品牌“中南海”占据主导地位，而且“中南海”的消费者中既有大公司的高管，也有开出租的的哥，目标消费群跨度非常大。北京烟民何以如此钟情于“中南海”?

从 CMMS2003 烟民生活形态分析结果来看，“中南海”的品牌诉求与北京烟民的生活形态有许多契合点，这也是北京烟民选择“中南海”的原因之一。

从北京烟民的行为态度观来看，他们更倾向于认同“我往往是最早购买最新技术产品的人”，这与“科技、创新、生活”的产品理念正好是相吻合的。

北京烟民“喜欢使用含有天然成分的产品”,“常常以实际行动支持环保”,“对环境无害的产品,即使价钱高一些,我也会去购买”的品牌观更是符合“中南海”安全,健康的品牌概念。北京烟民“流行与实用之间,我比较喜欢流行”的时尚观念也与“中南海”时尚的概念相符。

从CMMS2003烟民生活形态分析结果显示,北京烟民还具有以下特征。

北京烟民爱结交朋友,“喜欢花时间和朋友聊天”,并“希望有一个亲密的朋友圈,在困难的时候可以帮助自己”。这也体现了北京人热情、开朗、率直、大气的人格特征。

北京烟民“对自己的成就寄予了很大的期望”,“对待生活的态度很实际”,“凡事喜欢自己来,不喜欢依赖别人”。

2. 上海

上海是一个极具消费性格的城市。随着上海高收入家庭比重的增加,更多的消费者开始注重生活质量和品位,居民消费的个性化、层次化、国际化的特征日益显露。由于长期受欧风美雨的浸润,上海烟民在产品选择上更偏爱进口品牌。他们认为“合资企业产品的质量不及原装进口的好”,“即使价格贵一点,我还是喜欢购买国外品牌”,并且认为“使用名牌可以提高人的身份”。

上海烟民在衣食住行的日常消费方面,也表现得非常精明、理性和务实,他们不会为“面子”而消费,也不喜欢盲目地随大流,而是有自己独到的标准。因此,在上海你会看到一名出租车司机通常购买的是4～5元的“牡丹”,这与他们的经济水平是相符的,他们不会为了面子而去购买“红双喜”,这也是上海人的精明之处,上海人称作“拎得清”。

上海烟民更喜欢与同一阶层、同一消费水平的人交往,因此,在上海每个阶层所消费的卷烟品牌具有一致性,企业老总购买的必然是“中华”,中层主管购买的大多是“大红鹰”“利群”,中低层管理人员或应酬较多的人购买的极有可能是“红双喜”,而普通工人、较低层的消费者则以购买“牡丹”为主。

上海烟民对政治和意识形态的争论兴趣不大,只是专心做自己的工作,挣钱养家糊口,过好自己的小日子,并把尽可能多的时间花在经营小家和享受生活上。他们认为“工作的稳定比高收入更重要”。

3. 广州

广州奉行“实用主义”,广州人具有典型的重内容不重形式、务实不务虚的实用主义观念。他们的生活态度实际、不浮躁,年轻人有较强的创业意识,对未来的发展目标基本一致:多赚钱,自己做老板。他们在香烟品牌的选择方面也表现出务实的态度。曾经问一位月收入万元的烟民,为何选择5元钱的“白沙”。老兄回答:“这跟收入没有关系,我觉得味道好就吸了。”这种情况在广州较为普遍,收入低的人由于经济的限制消费不起高档烟,但收入高的人却未必不会选择低价烟。对他们来讲,适合自己的就是最好的。

谈到赚钱,广州人更是不折不扣的热衷者,实干精神着实让人钦佩。广州烟民认为

“金钱是衡量成功的最佳标准”，“为了赚更多的钱可以牺牲休闲时间”。广东梅州卷烟厂生产的“五叶神”，其广告语“实干创未来”正是广州人的真实写照。

广州烟民选择较多的卷烟品牌是“双喜”“椰树”“广州”“羊城”“555”等。从CMMS2003数据来看，他们最喜欢的是外烟“555”，另外“七星”“万宝路”等外烟品牌在广州也拥有一定数量的烟民。但与2002年相比，广州却是喜爱中烟的烟民数量增加幅度最大的城市。随着广州本地产烟品牌做大做强，相信有越来越多的外烟烟民会转到中式烟上。

4. 成都

在全国各大城市中，成都人的平均起床时间可能是最晚的，在街巷中的步行速度可能是最慢的，茶馆的营业时间可能是最长的。最能说明成都人的是悠闲。肥沃的“天府之国”，物产丰饶、物价低廉，给了成都人更多的闲暇时间、充分的条件享受繁荣、舒适与人间乐趣，悠闲的生活方式养成了缓慢的生活节奏。成都烟民“喜欢在家里款待客人”，“喜欢花时间与朋友聊天”。

成都烟民对于未来生活没有明确的规划，他们“很满足于现在的生活”。生活在这样的一个“安乐窝”，生活压力小，因此也销蚀了无数创业者开拓进取的锋芒与锐气。

成都的烟民喜欢吸云南产的卷烟，如“红塔山”“阿诗玛”“红河”“红梅”之类，而且已形成根深蒂固的云烟口味。因为前几年，成都本地烟未成气候，而四川毗邻云南，自然购买云南烟较多。随着川烟的兴起，成都人也逐渐转向“娇子”等地方品牌。

5. 南京

南京是六朝古都，帝王之乡，但南京人热情、本分、平和、善良、规规矩矩，具有更多的平民胸襟、平民情怀。南京的男人绝大多数都抱着一种“过日子”的心态。无论是大学教授、政府官员还是普通百姓，大家都在一种安逸、温情、守旧的氛围中一天天地过日子。对于南京烟民来讲，“家庭比事业更加重要”，他们的生活也比较有规律，“我一向按时起居作息，饮食定时定量”。

南京人讲究体面。他们总是耻于说“我们看演出去，我买了两张票”，而喜欢说“走，我搞到两张赠票”。南京烟民讲究体面的一个例子，就是普通人都会购买20元钱左右的烟。如果你有机会去南京，会发现南京的出租车司机通常购买的是“红南京”。有人也曾问过一些司机，何故选择这么贵的烟？司机师傅回答：“大家都吸这个价格的烟嘛。”

南京的年轻烟民致富之心迫切，有希望暴富的心理。30岁以上的人对现在的生活状态比较满意。总体感觉南京烟民更喜欢平稳的生活。

6. 深圳

在深圳，哪怕是路边橡皮树下的雕塑也在追赶着这个城市的速度，许多年轻人由衷地喜欢这个城市，他们在各自的奋斗中找到了自己的快乐。

深圳是一座年轻的、充满机会、让人充满淘金梦想的移民城市，没有历史包袱和传统的束缚。大批投资者、创业者、淘金者汇聚于此,创造了“敢于冒险、勇于创新、宽容失败,追求成功”的城市精神。“太阳底下每个人都是平等的”“我为上帝打工”代表了深圳人际间的普遍价值准则。经济的高速发展导致深圳人快节奏生活,他们精力充沛,善于创造财富、享受财富。他们认为“金钱是衡量成功的最佳标准”,并“希望能达到所从事职业的顶峰”,而深圳烟民最为认同的一句话是“任何事情,对信息的充分掌握是很重要的”。

深圳烟民较认同“使用名牌可以提高一个人的身份”,并“希望自己成为有独特风格的人”。身在时尚都市的前沿,深圳人的衣着讲究品位和舒适,不要小看了穿着T恤的男人,一件看似普通的T恤,可能价值一两千元。在香烟的选择上,通常大中企业中层主管以上的烟民会选择“芙蓉王”“小熊猫”“玉溪”等品牌,而一些企业的底层主管则多数会选择“白沙”“双喜”等品牌。“芙蓉王”因为进入深圳市场比较早,在深圳的高档烟市场地位较为稳固,品牌已经深入人心。

资料来源:http://www.doc88.com/P4985904144416.html,2018-10-29.

三、实训操练:培养消费“回头客”

1. 实训目标

通过本实训掌握如何根据导购来把握消费者的个性心理及行为差异的能力。

2. 实训背景

你是一家化妆品店的导购员,店里有自己的客户管理信息系统平台。光顾此店的主要是高校学生,且女生居多,消费水平也有较大的差距。面对如此多的品牌,顾客有时候在店里犹豫不决,拿了这个洗面奶又对另外一个牌子感兴趣。还有的顾客不知道哪种化妆品适合自己,更有甚者经常光顾并反复使用试用装但就是不买。如此这般,妨碍了顾客的流动率和销售率。店长要求你及其他成员快速及准确地满足顾客要求,并达成交易,培养更多的“回头客”,进一步完善客户管理信息系统。

3. 实训内容

按照实际要求运用营销策略及语言攻势,实现销售并培养“回头客”,进一步完善客户信息系统。

4. 实训要求

(1) 本实训可选择在模拟的办公室或教室进行,最好能配备真实的电话和可上网的计算机。

(2) 实训中应分组,3人一组扮演店员,轮流上台。其他同学自愿扮演顾客(人数不少于5人)。

(3) 每个同学在演练过程中一定要严肃认真,言行符合规范。

(4) 每个同学最好都能按照实训内容设计演练的脚本(包括情节和台词),并给本小组成员分派角色。

（5）教师可以临场发挥，比如增设模拟角色和任务；在同学们演练时，组织其他的同学对表演进行评论。

5．实训总结

学生自我总结	
教师评价	

第七章 消费者群体的心理与行为

豪迈粗犷的"万宝路"

美国的烟草生产商菲利普·莫里斯公司"万宝路"最初是专门针对女性市场推出的,当时许多抽烟的女性抱怨香烟的白色烟嘴常常沾染了她们的唇膏。菲利普·莫里斯公司听到这种抱怨后,决定生产一种专门针对女性口味的并且保证不损坏爱美女士唇膏的香烟,这就是"万宝路"。烟嘴被染成红色,广告口号是"像五月的天气一样温和",以适应女性性格温和的特点。但是,期待中的销售热潮始终没有出现,直到20世纪50年代还是默默无闻。它所树立的温柔形象虽然突出了品牌形象,也有明确的目标市场,但消费者少,市场难以扩大,并且也未给女性烟民们留下什么深刻印象,这种形象定位看来是失败的。

菲利普·莫里斯公司考虑重塑"万宝路"形象,请来了李奥贝纳广告公司。该公司的形象策划人员说:"让我们忘记那个脂粉香艳的女子香烟,重新塑造一个充满男子汉气概的举世闻名的万宝路吧。"在产品品质不变的情况下,公司对万宝路的形象进行了彻底的改造。包装采用了当时首创的平开盒技术,将名称的标准字“Marlboro”尖角化，使之更富有男性的刚强，将红色作为外盒的主要色彩，广告主角不再以女性为主，而是选择硬铮铮的男子汉，先后采用过马车夫、潜水员、农夫等，最后集中到美国牛仔的形象上：目光深沉、皮肤粗糙、袖管高高卷起，露出多毛的手臂，浑身散发着粗犷、豪迈的英雄男子汉气概，手指间夹着一支点燃的万宝路香烟。这种涤尽脂粉味的广告于1954年一问世就给万宝路带来了巨大的财富，仅1954—1955年，销售量就提高了3倍。发展至今，其市场占有率已占世界香烟市场的1/4，成为世界香烟第一品牌。

资料来源：http://www.docin.com/p-612546301.html,2018-10-30.

思考：

(1) 为什么万宝路香烟原先的形象未能取得成功？

(2) 万宝路香烟改变形象而取得成功的原因是什么？

(3) 万宝路香烟的成功给企业的启示是什么？

企业研究消费者群体的心理特点，了解不同消费者群的划分及相应的行为特征，探索消费者群体内部规范与沟通方式，以及暗示、模仿、从众，消费习俗与流行等群体行为表现，对其开展营销活动具有重要的现实意义。

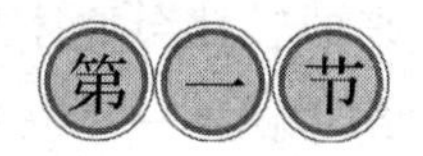

第一节 消费者群体的形成与细分

案例 7-1

兰蔻：整合搜索精准锁定

作为全球知名的高端化妆品品牌，兰蔻涉足护肤、彩妆、香水等多个产品领域，主要面向教育程度和收入水平较高，年龄在25～40岁的成熟女性。针对这一特征鲜明的目标人群，兰蔻为其量身定做了适合的营销模式——以聚集中国95%以上网民的百度搜索营销平台为基础，将关键字投放、品牌专区、关联广告、精准广告等不同营销形式有机地整合在一起，精准锁定了兰蔻的目标受众。在提升品牌形象的同时，提高了广告投放转化率，拉动了实质销售。

配合新产品上市，兰蔻选择了品牌产品相关的关键字进行投放，如青春优氧、感光滋润粉底液等，迎合受众搜索需求，确保目标受众第一时间触及兰蔻的新产品信息。当你在百度网页搜索“安妮·海瑟薇”(兰蔻璀璨香水代言人)、“寻找圣诞礼物”，或在百度知道询问化妆品信息时，兰蔻的广告就会相应呈现。这就是百度关联广告的魔力——全面“围捕”，覆盖更多的潜在受众。除网页搜索外，兰蔻还充分应用百度知道平台，当受众检索化妆品相关问题进入问答页面后，即可看到兰蔻的关联广告信息。

品牌专区为兰蔻打造了品牌体验官网,只要在百度网页中搜索"兰蔻",即会出现一块占首屏多达1/2的兰蔻专属区域,通过"主标题及描述+品牌logo+可编辑栏目+右侧擎天柱"的形式展现品牌迷你官网,以图文并茂的形式展现最新品牌及产品核心信息,提升兰蔻大品牌形象,同时向兰蔻网上商城导入流量,提高广告转化率,促进产品销售。借助搜索引擎和关键词技术,品牌专区打破传统的、单一的搜索结果展示形式,以兼具"大面积"和"图文并茂"的形式展现用户在百度中搜索的结果页面,为消费者展现更加详尽的产品信息,带给目标客户全方位的品牌体验。

凡走过必留下痕迹,凡寻找必有精准广告。百度精准广告最大的特点在于能够精准锁定相关受众,按照广告主的需求,从上亿的网民中挑选出广告主的目标人群,让广告只出现在广告主想要呈现的人面前,从而解决了媒体投放费用大部分被浪费掉的历史问题。如兰蔻"七夕情人节网上特别献礼活动"的精准广告,根据对网民搜索行为分析,即实现只投放在那些曾搜索过"情人节、情人节礼品"等相关内容的网民面前。

据统计显示,通过整合各种广告形式,兰蔻的广告投入产出比达到1∶1.2,点击率提高15%,每月贡献销售额超过50万元。

资料来源:于惠川,林莉. 消费者心理与行为[M]. 北京:清华大学出版社,2012.

一、消费者群体的形成

消费者群体的概念是从社会群体的概念中引申而来的。社会群体是指人们在相互交往的基础上所形成的团体或组织,处于这个团体或组织中的同一消费群体内部在购买行为、消费心理及习惯等方面有许多共同之处;不同消费群体之间则存在诸多差异。

(一) 消费者群体的形成是消费者的内在因素与外部因素共同作用的结果

消费者因其自身生理、心理特点的不同,而形成不同的消费者群体。例如,由于所处年龄阶段的不同,而形成少年儿童消费者群、青年消费者群、老年消费者群。

不同消费者群体的形成,还受一系列外部因素的影响。这些外部因素包括:生产力发展水平、文化背景、民族、宗教信仰、地理气候条件等,它们对于不同消费者群体的形成具有重要作用。

例如,宗教、民族、地理位置等方面的差异,都可以使一个消费者群区别于另一个消费者群。美国人的消费习惯不同于中国,信奉天主教的消费者不同于信奉佛教的消费者,藏族的消费者不同于汉族。地理位置的不同,使得山区、丘陵、平原,沿海与内陆,南方与北方的消费者在生活方式、消费习惯上均存有差异。

(二) 消费者群体的形成对企业生产经营和消费活动都有重要的影响

消费者群体的形成能够为企业提供明确的目标市场。通过对不同消费者群体的划分,企业可以准确地细分市场,从而减少盲目性和经营风险。企业一旦确认了目标市场,明确了为其服务的消费者群体,就可以借助对群体的观察、预测、研究,寻找该群体消费需求、购买行为的运动规律,以便采取相应的营销策略,取得最佳经营结果。

消费者群体的形成对消费活动的意义,在于有利于调节控制消费,使消费活动向健康的方向发展。任何消费,当作为消费者个体的单独活动时,对其他消费活动的影响,及对消费活动本身的推动,都是极为有限的。但当消费活动以群体的规模进行时,则不但对个体消费产生影响,同时还有利于推动社会消费的进步。其原因在于,消费由个人活动变为群体行为的同时,将使消费活动的社会化程度大大提高,而消费的社会化又将推动社会整体消费水平的提高。

消费者群体的形成,还为有关部门借助群体对个体的影响力对消费者加以合理引导和控制,使其向着健康的方向发展提供了条件和可能。

二、消费者群体的类型

消费者群体可以采用多种标准加以划分。划分标准不同,消费者群体也呈现多种不同类型。

(一)心理学对于群体的划分

对于企业来说,从心理学角度研究群体类型和成因对其以何种方式满足消费市场的需要具有很强的引导作用。

1. 正式群体和非正式群体

正式群体一般是指组织形式较为固定,又有特定目标的群体。它有经常性的活动,也有一定的规范,所以,作为它的一名成员,在行为上则应遵守群体共同的规章制度和准则。这些规章制度和准则,有的是作为制度、条例、纪律等,对成员形成组织的约束手段,如学校、公司等;也有的是观念、情感、兴趣等方面的行为心理规范,虽然它不是正式的规章制度,但它同样对成员具有较强的约束力,表现在消费活动中则属于非正式规章制度,它对消费价值观念,审美情趣的形成有重大影响,这种影响因素也是长期稳定的。如某公司规定五点下班,但公司员工都会在五点半下班,逐渐成为公司员工观念中的一种不成文的约束机制。

非正式群体是指结构比较松散,为完成某种临时的任务而组成的团体,如旅游团、参观团等都属于非正式群体的范围。这种团体对成员的作用也是临时性的,随着群体任务的完成,群体对成员的约束力也会消失。也就是说,非正式群体对成员心理不会产生长期、稳定的影响,但非正式群体会对其成员原有观念,有加强或减弱的影响。

2. 所属群体与参照群体

所属群体是指一个人实际参加或所属的群体。这种群体既可以是一个实际存在的组织形式,也可以是一种非正式的组织形式。所属群体的构成,大致有两种情形:一种是由具有共同或相似的信念、价值观点的个体所构成的群体;另一种是由于各种社会和自然因素的制约所形成的群体。前者是个体的自愿结合,后者则往往不以个人意志为转移。所属群体对消费者的影响是直接的、显现的、稳定的。例如,60 岁以上的老年人,不论其自身的心理状态如何,年龄因素使其自然成为老年人群体中的一员;出生在北京的人,不论其状况如何,地域因素使其自然成为北京人群体中的一员。在现实生活中,家庭是最基本、最重要的所属群体,学校、工厂、机关等均是重要的所属群体。

参照群体是指消费者心里向往的群体。该群体的标准和规范合成为消费者行为的指南,成为消费者希望通过努力能够达到的标准。消费者会把自己的行为与这种群体的标准进行对照,以改变自己不符合该标准的某些行为。参照群体既可以是一个实际存在的组织,也可以是虚拟或想象中的群体。例如,文艺作品及影视中的某些形象往往会成为消费者心目中的参照群体。

所属群体与参照群体对消费者心理与行为具有不同影响:首先,参照群体比所属群体对消费者更具吸引力。消费者自身的行为与自己所属群体的行为规范是一致的,是一种自觉的行为,自觉的行为对消费者不再具有更多的吸引力;而参照群体的行为对激发消费者的联想、引导和改变消费者的某些行为更具有吸引力。其次,对消费者个体来说,参照群体是可以改变的,而所属群体则是相对稳定的。随着时代的发展与变迁,消费者个体的参照群体并非一成不变。当消费者自身观念的改变或不同参照群体对消费者影响的强弱变化时,消费者总是选择对自己更有吸引力的参照群体。而消费者个体的所属群体在一般情况下是不会变化的,它对消费者始终具有稳定的、直接的影响和约束。

3. 自觉群体与回避群体

自觉群体是指消费者按照年龄、性别、民族、地域、职业、婚姻状况、身体状况等因素自动划分的群体。这种群体最初是自我意识的一种反映,之后有些发展为固定组织、正式团体,如老年人协会、老年人俱乐部、同学会、同乡会等。这种群体本身多数对其成员并无约束力,而是成员个人有意识地运用这一群体特征约束自己的行为活动。自觉群体对增强消费者的趋同心理和从众心理具有明显影响,能够促成消费者行为的统一化、规范化。

回避群体是指消费者个人极力避免归属的、认为与自己不相符的群体,它一般以年龄、性别、民族、地域、职业、婚姻状况、身体状况等因素作为回避对象,这种群体构成往往是消费者自我意识的一种反映,它对消费者的心理与行为具有重要影响。例如,有些消费者出于要反映或改变自己的社会地位、身份的要求或是出自某一主观认识与社会舆论的影响,尽量采取与某一群体相异的消费行为。如有些人认为吃路边摊有损形象,只在大饭店吃饭;有些成年人认为吃冰激凌是儿童的行为,即使再想吃也会合拢嘴巴等。

(二)根据地理因素划分

根据地理因素划分消费者群,也是企业经常使用的一个划分标准。

按国家和地区划分,可分为国内消费者群、国外消费者群;中东地区、东南亚地区消费者群;华北地区、东北地区消费者群等。

按自然条件、环境及经济发展水平划分,可分为山区、平原、丘陵地区消费者群;沿海、内陆、边远地区消费者群;城市、乡村消费者群等。

由于地域的差异,各个地区的自然环境、社会环境不同,消费者的消费需要和习惯也不尽相同。因国家不同而形成的消费者群，其消费水平、消费结构、消费习惯都有所差别。例如，美国人偏爱肉类及肉制品，中国人则以粮食为饮食主体。由城乡差别而形成的城市消费者群和农村消费者群，消费需求也不尽相同。例如，农村消费者由于自建住房的需要，对建筑材料的需求经久不衰，城市消费者则无此需求；农村部分地区由于供水、供电条件不足，限制了耐用消费品如洗衣机、电冰箱、电视机等的消费，此问题在城市里较少存在。

（三）根据社会经济因素划分

社会经济因素是指人们在社会经济生活中的地位、性别、年龄、职业、收入、民族等。以此标准划分的不同消费者群，其消费心理和消费行为也有所不同。

(1) 按性别划分，可分为男性消费者群、女性消费者群。

(2) 按年龄划分，可分为少年儿童消费者群、青年消费者群、中年消费者群和老年消费者群。

(3) 按受教育程度划分，可分为小学文化、中学文化、大学文化等消费者群。

(4) 按职业划分，可分为工人、农民、知识分子、经理人员等消费者群。

(5) 按收入水平划分，可大致分为高收入、中等收入、低收入等消费者群。

(6) 按家庭人口划分，可分为两口之家、三口之家、五口之家等消费者群。

(7) 按民族划分，可分为汉族、回族、藏族、苗族、壮族等多个消费者群。

(8) 按宗教划分，可分为信仰佛教的消费者群、信仰基督教的消费者群、信仰天主教的消费者群、信仰伊斯兰教的消费者群等。

上述不同类型的消费者群体，在消费心理和消费习惯方面存在显著差异。例如，不同职业的消费者由于工作性质和工作环境的不同，必然产生不同的心理体验。农民素来有勤劳俭朴的美德，一般日常消费以节约为原则，但丧葬嫁娶受传统风俗的影响又很铺张，所以农民对日常消费品要求并不很高，而在丧葬嫁娶中经常超量消费；工人消费群体的消费比较均衡，吃、穿、用都有适度的计划，但用于智力投资、文化生活方面的消费相对较少；而知识分子消费者群对智力投资、文化消费较其他消费者群更为重视，消费支出也较多。又如，不同民族的消费者群有不同的消费习俗。例如不同的民族节日均伴随着特殊的消费高潮，反映了不同民族的消费特点。

（四）根据消费者心理因素划分

现实生活中，人们会发现许多消费者尽管在年龄、性别、职业、收入等方面具有相似的条件，但表现出来的购买行为并不相同。这种差别往往是由于心理因素的差异造成的。可以作为群体划分依据的心理因素有生活方式、性格、心理倾向等。

(1) 按生活方式划分，可分为不同风土人情的消费者群、不同生活习惯的消费者群、紧追潮流的消费者群、趋于保守的消费者群等。

生活方式是指消费者对工作、娱乐等消费生活活动的特定习惯和倾向性。消费者群的生活方式不同，消费心理和购买行为也有明显差异。紧随潮流的消费者群，具有好奇、易变、喜爱新生事物的消费心理,生活方式也具有时代感;而趋于保守的消费者群,具有求稳、求安全、不易被感染的消费心理,生活方式墨守成规。

(2) 按性格划分,可分为勇敢或懦弱、支配或服从、积极或消极、独立或依赖等不同消费者群体类型。以性格为标准进行划分的困难较多,因为准确地判断消费者的性格并非易事。但性格对消费者行为的影响是显而易见的,因而很有必要作为群体划分的依据。

(3) 按心理倾向划分,可分为注重实际、相信权威、犹豫怀疑等不同消费者群。

注重实际的消费者群,对商品的实际效用、质量、价格等有更大的倾向性;相信权威的消费者群,更倾向于注重商品品牌、商标、生产厂家;犹豫不决的消费者群,则要通过提供咨询、广告宣传或现场示范来加以争取。

(五) 根据消费者对商品的现实反映划分

消费者对商品的现实反映不同,购买行为表现也不尽相同。

(1) 按购买商品的动机划分,可分为求实、求新、求廉、求美、求华贵、求随俗等消费者群。

(2) 按对商品品牌的偏爱度划分,可分为非常偏爱、比较偏爱、一般偏爱、无偏爱、反感、很反感等消费者群。

(3) 按对商品的使用时间划分,可分为未曾使用、初次使用、长久使用、潜在使用等消费者群。

(4) 按对商品的使用量划分,可分为大量使用、一般使用、少量使用、不使用等消费者群。

(5) 按对商品要素的敏感性划分,可分为对价格敏感、对质量敏感、对服务敏感等消费者群。

另外,还应注意到,消费者群体形成后,并非固定不变的,而是随着时间、地点、环境条件的变化而不断发展变化。某些消费者群可能解体,某些可能重新组合,新的消费者群体也会不断涌现。随着社会生产力的发展,社会分工越来越细,由此消费者群体的变化也呈现这样的趋势:不同消费者群体的数量会增加,消费者群体的划分越来越细,消费者群体的内在素质不断提高,消费者群体的演变速度会加快。因此,生产经营企业必须注意消费者群体的变化与发展,适时地调整自己的营销策略,才能更好地满足消费者的需要。

总之,上述因素都是导致不同消费者群体类型产生的原因。应该指出的是,这些因素是相互关联、相互作用,共同对消费者心理与行为发生影响的。企业必须针对多种因素共同影响下形成的不同消费者群体类型的特点,采取营销对策,才能取得最佳效果。

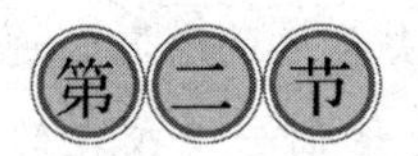

主要消费者群体的心理与行为特征

案例 7-2

瞄准女性消费者群体的心理

“做生意要瞄准女人”这一犹太商人的座右铭，已被许许多多的商人所认识和注意。他们认为，如果说消费者就是企业的“上帝”，那么女性消费者就是更为活跃的主角，她们至少左右了现实生活购买力(包括女性、儿童以及家庭所需消费的大部分，甚至很多男性消费品的购买与否也基本取决于女性)的3/4。因此，充分掌握并巧妙地运用女性消费心理特征，积极吸引并成功诱导女性消费，应当引起企业营销者重视。在经营的实践中，有人总结了女性消费心理引导十诀。

(1) 激励女性的创造感。大部分女性认为，购物并使她们的家庭保持舒适而井井有条，就是最大的创造和骄傲，对创造性的向往是女性购物的主要动机之一。因此，应把握时机，引导她们对不同职业、年龄、家庭条件、兴趣爱好等方面的创造欲，从而触发购买欲。

(2) 借助女性“幻想”的魔力。女性基于一种窘迫的现实意识，喜欢以自己的实际生活为基础进行幻想，并常把幻想当作现实的组成部分。所以，巧妙运用女性所特有的不完全幻想，处处留给她们发挥幻想力的余地，同时满足幻想和实用价值两方面的需求，就极容易对她们产生作用。

(3) 鼓励女性用指尖“思想”。女性的触觉远比视觉发达，致使她们对事物进行决断时，必须相当程度地依赖触觉。在百货公司，女性购买者肯定会要求拿过商品，经她们实际触摸后才可能决定是否购买，换言之，女性不只用大脑思想，也是用指尖“思想”的。因此，对那些购物时表现得犹豫不决的女性，让其亲手触摸触摸，效果会好得多。

(4) 帮助女性缩小选择范围。女性购物时，最讨厌只拿一样商品强行推销。但是，奉劝她们多中择优，又只能徒增其选择上的困难。可见，促使女性购物最有效的办法，就是让她们参与做出决定的过程，布置出令她们感觉自己“慧眼识英雄”的情势，缩小购物范围，击破其迷梦而达到推销目的。

(5) 借“被斥感”激起购买欲。女性从众心理尤其强烈，非常害怕自己属于“例外”之列，往往舍弃选择的自由，乐于在“从众泥潭”里打转。因此，恰当地利用女性唯恐被大众排斥的心理，积极诱导女性购物意向并付诸行动。

(6) 让虚荣女性拥有“唯一”。她们心中常有一种“只有我一个”的“唯一”意识，经常希望自己是“与众不同的一个”。所以，向她们兜售商品时，若能提供大多数女性都向往的“唯有我用”的诱惑，会使其产生“我是唯一被选择的对象”之类快感，不仅能如愿以偿，而且还能用她们向自己同伴吹嘘而连带收到免费广告的效果。

(7) 不要撕破"书"的封面。"女性是一本内容和封面相去甚远的书",为迎合潮流,她们很可能表露出与真实想法相反的主张。故此,必须先接受她们一口咬定的意见,给她们一个面子,再针对其真实本意发动攻势,探明深藏不露的真实意向。

(8) 用赞扬消解女性的烦恼。女性希望自己给人一种完美无瑕的形象,也竭力让自己看起来完美无瑕,致使其最忌讳被他人揭了"伤疤"。对于体型肥胖的女性,"胖"是绝对禁忌的。因此,店员应尝试赞赏她的高级仪表、别致耳环、新颖装束等无关紧要但又令女性喜悦的特点,如此造成良好的气氛之后,引导女性消费就容易收到事半功倍的效果。

(9) "佩服"女性的一知半解。女性特别地无法容忍他人的指责,稍受冒犯,就会在一瞬间"勃然大怒"。对付这类女性,千万不能揭开她们的底牌,应耐心地将她们当作见多识广的人那样看待,使其自尊心得以满足,便自会欣然接纳意见。

(10) 运用权威意见促销。引导女性购买商品需要营销人员综合使用情感唤起和理性号召两种形式,热情地举出众多具有说服力的具体事例,显示出立即能得到的效果,而搬出那些较有名气的,为女性所熟知的权威人士,无疑是其中最为有效的方法。

资料来源:https://www.wenku1.com/news/BBC5C45C75F89ECA.html,2018-11-01.

思考:结合案例思考抓住消费者群体心理特征对促成群体消费行为的重要性。

年龄和性别是两个常用的划分消费者群的标准。按此标准形成的消费者群中,尤以少年儿童消费者群、青年消费者群、老年消费者群、妇女消费者群对消费活动具有特别重要的作用。

一、少年儿童消费者群

少年儿童消费者群,是由0~14岁的消费者组成的群体。这部分消费者在人口总数中占有较大比例。从世界范围看,年轻人口型国家中,0~14岁少年儿童占30%~40%;老年人口型国家中,儿童占30%左右;我国这一比例在38%~40%。这一年龄阶段的消费者构成了一支庞大的消费大军,形成了具有特定心理与行为的消费者群。

0~14岁的少年儿童,又可根据年龄特征分为儿童消费者群(0~11岁)和少年消费者群(11~14岁)。这里分别就这两个年龄阶段的消费心理与行为特征进行探讨。

(一) 儿童消费者群的心理与行为特征

从初生婴儿到11岁的儿童,受一系列外部环境因素的影响,他们的消费心理和消费行为变化幅度较大。这种变化在不同年龄阶段表现得最为明显,即乳婴期(0~3岁)、学前期(3~6岁,又称幼儿期)、学初期(6~11岁,又称童年期)。在这三个阶段中,儿童的心理与行为出现三次较大的质的飞跃,表现在心理上,开始了人类的学习过程,逐渐有了认识能力、意识倾向、学习、兴趣、爱好、意志及情绪等心理品质;学会了在感知和思维的基础上解决简单的问题;行为方式上也逐渐从被动转为主动。这种心理与行为特征在消费活动中表现如下。

(1) 从纯生理性需要逐渐发展为带有社会性的需要。儿童在婴幼儿时期,消费需要主要表现为生理性的,且纯粹由他人帮助完成。随着年龄的增长,儿童对外界环境刺激的反应日益敏感,消费需要从本能发展为有自我意识加入的社会性需要。四五岁的儿童学会了比较,年龄越大,这种比较越深刻。然而这时的儿童仅是商品和服务的使用者,而很少成为直接购买者。处于幼儿期、学初期的儿童,已有一定的购买意识,并对父母的购买决策发生影响。有的还可以单独购买某些简单商品,即购买行为由完全依赖型向半依赖型转化。

(2) 从模仿型消费发展为带有个性特点的消费。儿童的模仿性非常强,尤其在学前期,对于其他同龄儿童的消费行为往往有强烈的模仿欲望。随着年龄的增长,这种模仿性消费逐渐被有个性特点的消费所代替,购买行为也开始有了一定的目标和意向,如自己的玩具用品一定要好于其他同龄儿童。

(3) 消费情绪从不稳定发展到比较稳定。儿童的消费情绪极不稳定,易受他人感染,易变化,这种心理特性在学前期表现得尤为突出。随着年龄的增长,儿童接触社会环境的机会增多,有了集体生活的锻炼,意志力得到增强,消费情绪逐渐稳定下来。

总之,儿童的消费心理多处于感情支配阶段,购买行为以依赖型为主,但有影响父母购买决策的倾向。

(二) 少年消费者群的心理与行为特征

少年消费者群是指11～14岁年龄阶段的消费者。少年期是儿童向青年过渡的时期。在这一时期,生理上呈现出第二个发育高峰。与此同时,心理上也有较大变化,例如有了自尊与被尊重的要求,逻辑思维能力增强。总之,少年期是依赖与独立、成熟与幼稚、自觉性和被动性交织在一起的时期。少年消费者群的心理与行为特征如下。

(1) 独立性增强。在消费心理与行为上,表现出不愿受父母束缚,要求自主独立地购买所喜欢的商品。他们的消费需求倾向和购买行为尽管还不成熟,有时会与父母发生矛盾,但的确在形成中。

(2) 购买的倾向性开始确立,购买行为趋向稳定。少年时期的消费者,知识不断丰富,对社会环境的认识不断加深,幻想相对减少,有意识的思维与行为增多,兴趣趋于稳定。随着购买活动的次数增多,感性经验越来越丰富,对商品的判断、分析、评价能力逐渐增强,购买行为趋于习惯化、稳定化,购买的倾向性也开始确立,购买动机与实际的吻合度有所提高。

(3) 受社会因素影响的范围逐步扩大。儿童期的消费者所受影响主要来自家庭。少年消费者则由于参与集体学习、集体活动,与社会的接触机会增多,范围扩大,受社会环境影响比重逐渐上升。这种影响包括新环境、新事物、新知识、新产品等内容,其影响媒介主要是学校、老师、同学、朋友、书籍、大众传媒等。

(三) 满足少年儿童消费者群的营销策略

少年儿童消费者群构成了一个庞大的消费市场。企业把握少年儿童的心理与行为特征,是为了刺激其购买动机,满足他们的心理和物质需求,积极培养、激发和引导他们的消费欲望,从而大力开发这一具有极大潜力的消费市场。为此,可以采用如下营销策略。

(1) 区别不同对象,采取不同的组合策略。乳婴期儿童,一般由父母为其购买商品。企业对商品的设计要求、价格制定可以完全从父母的消费心理出发。商品质量要考虑父母对儿童给予保护、追求安全的心理;用品、服装要适应不同父母审美情趣的要求;玩具的价格要适当。

学龄前期的儿童不同程度地参与了父母为其购买商品的活动。因此,企业既要考虑父母的要求,也要考虑儿童的兴趣。玩具用品的外观要符合儿童的心理特点;价格要符合父母的要求;用途要迎合父母提高儿童智力及各方面能力的需要。

(2) 改善外观设计,增强商品的吸引力。少年儿童虽然已能进行简单的逻辑思维,但直观的、具体的形象思维仍起主导作用,对商品优劣的判断较多地依赖商品的外观形象,因此,商品的外观形象对他们的购买行为具有重要的支配作用。为此,企业在儿童用品的造型、色彩等外观设计上,要考虑儿童的心理特点,力求生动活泼、色彩鲜明。如用动物头像做成笔帽,用儿童喜爱的卡通形象作为服装装饰图案等,以此增强商品的吸引力。

(3) 提高识记程度,灌输企业或商品形象。儿童的识记往往具有随意性,到了少年时期,这种识记的持久性大大增强。别具特色、为少年儿童所喜爱的品牌、商标或商品造型,一旦被其认识,就很难忘记;相反,如果他们对某种商品产生不良印象,甚至厌恶情绪,则很难改变。因此企业在推销商品时,要注意强化正向识记,把企业及商品的良好形象留给少年儿童。

二、青年消费者群的心理与行为特征

青年是指由少年向中年过渡时期的人。处于这一时期的消费者形成了青年消费者群。不同国家地区由于自然条件、风俗习惯、经济发展水平不同,人的成熟早晚各异,青年的年龄范围也不尽一致。在我国,青年消费者群的年龄阶段在15～35岁。

(一) 青年消费者群的特点

(1) 青年消费者群人数众多,是仅次于少年儿童的另一个庞大的消费者群。

(2) 青年消费者群具有较强的独立性和很大的购买潜力。进入这一时期的消费者已具备独立购买商品的能力,具有较强的自主意识。尤其参加工作有了经济收入的青年消费者,由于没有过多的负担,独立性更强,购买力也较高,因此,青年是具有很大消费潜力的消费者群。

(3) 青年消费者群的购买行为具有扩散性,对其他各类消费者都会产生深刻的影响。他们不仅具有独立的购买能力,其购买意愿也多被家庭所尊重。新婚夫妇的购买,代表了最新的家庭消费趋势，对已婚家庭会形成消费冲击和诱惑。孩子出世后，他们又以独特的消费观念和消费方式影响下一代的消费行为。这种高辐射力是任何一个年龄阶段的消费者所不及的。因此，青年消费者群应成为企业积极争取的对象。

（二）青年消费者群的心理与行为特征

青年消费者群在消费心理与行为方面，与其他消费者群有以下不同之处。

(1) 追求时尚，表现时代。青年消费者典型的心理特征之一，是思维敏捷、思想活跃，对未来充满希望，具有冒险和献身精神。任何新事物、新知识都会使他们感到新奇、渴望，并大胆追求。在消费心理与行为方面表现为追求新颖与时尚，力图站在时代前列，领导消费新潮流。所以，青年往往是新产品、新的消费时尚的追求者、尝试者和推广者。

(2) 追求个性，表现自我。处于青年时期的消费者自我意识迅速增强。他们追求个性独立，希望实现自我价值，形成完善的个性形象，因而非常喜爱个性化的商品，并力求在消费活动中充分展示自我。

(3) 追求实用，表现成熟。青年消费者的消费倾向趋于稳定和成熟，因而在追求时尚、表现个性的同时，也注重商品的实用性和科学性，要求商品经济实用，货真价实。由于青年人大多具有一定的文化水准，接触信息较多，因而在选择与购买过程中盲目性较少，购买动机及购买行为表现出一定的成熟性。

(4) 注重情感，冲动性强。青年消费者处于从少年到成年的过渡阶段，思想倾向、志趣爱好等还不完全稳定，行动易受感情支配。表现在消费活动中，容易受客观环境的影响，情感变化剧烈，经常发生冲动性购买行为。同时，直观选择商品的习惯使他们往往忽略综合选择的必要，款式、颜色、形状、价格等因素都能单独成为青年消费者的购买理由，这也是冲动购买的一种表现。

（三）新婚青年消费者群的心理与行为特征

结婚和建立家庭是青年消费者继续人生旅程的必经之路，大多数青年都在这一阶段完成人生中的重大转折。此时，新婚青年的消费既有一般青年的消费特点，又有其特殊性，由此形成了新婚青年消费者群的心理与行为特征。具体表现在以下方面。

(1) 在消费需求构成上，新婚家庭的需求是多方面的。在需求构成及顺序上，首先是消费的商品数量最大；其次是穿着和食品。

(2) 在购买时间上，近年来，新婚家庭的购买时间发生了变化。20 世纪 80 年代以前，青年婚前集中购置的物品大多以生活必需品为主，耐用消费品多是婚后逐渐购买。20 世纪 90 年代前后，新婚家庭用品，包括大件耐用消费品，大多在婚前集中购买完毕，且购买时间相对集中，多在节假日突击购买。

(3) 在消费需求倾向上，不仅对物质商品要求标准高，同时对精神享受也有较高的追求。在这种心理支配下，新婚青年对家庭用品的选购大多求新求美，注重档次和品位，价格因素则被放在次要地位。同时，在具体商品选择上，带有强烈的感情色彩，如购买象征夫妻感情的物品，或向对方表达爱意的礼品等。

(四) 对青年消费者群应采取的经营策略

企业要想争取到青年消费者市场,必须针对青年的心理与行为特点,确定本企业的经营策略。要及时推出能反映时代潮流、采用先进技术、美观实用的新产品;同时注意把握青年消费者心理共性及个性差异,把经营的商品与青年的气质、性格、兴趣爱好等联系起来,通过有特色的促销手段,刺激其购买动机,促成购买行为。

三、老年消费者群的心理与行为特征

老年消费者群一般指男性60岁以上、女性55岁以上的消费者。在我国这部分人约占人口总数的10%,并且仍有增加的趋势。对老年消费者消费需求的满足,从一个侧面反映了一个国家的经济发展水平和社会稳定程度。因此,研究老年消费者群的心理与行为特征是非常必要的。老年消费者由于生理演变的结果,在购买心理和行为上与其他消费者群有许多不同之处。

(1) 心理惯性强,对商品、品牌的忠实度高。老年人在长期的消费生活中形成了比较稳定的态度倾向和习惯化的行为方式。对商标品牌的偏爱一旦形成,就很难轻易改变。为争取更多的老年消费者,企业要注意“老字号”及传统商标品牌的宣传,经常更换商标、店名的做法是不明智的。

(2) 注重实际,追求方便实用。老年消费者心理稳定程度高,注重实际,较少幻想。购买动机以方便实用为主,在购买过程中,要求提供方便、良好的环境条件和服务。因此,老年商品的陈列,位置及高度要适当,商品标价和说明要清晰明了,同时做到服务周到、手续简便,以便提高老年消费者的满意程度。

(3) 需求结构呈现老年化特征。随着生理机能的衰退,老年消费者对保健食品和用品的需求量大大增加。只要某种食品、保健用品对健康有利,价格一般不会成为老年消费者的购买障碍。同时,由于需求结构的变化,老年消费者在穿着及其他奢侈品方面的支出大大减少,而对满足于兴趣嗜好的商品购买支出明显增加。

(4) 部分老年消费者抱有补偿性消费动机。在子女成人独立,经济负担减轻之后,部分老年消费者产生了强烈的补偿心理,试图补偿过去因条件限制未能实现的消费愿望。他们在美容美发、穿着打扮、营养食品、健身娱乐、旅游观光等商品的消费方面,同青年一样有着强烈的消费兴趣,同时乐于进行大宗支出。

针对老年消费者购买心理与行为特点,企业不但要提供老年人所希望的方便、舒适、有益于健康的消费品,还要提供良好的服务。同时要考虑老年人娱乐方面的要求,提供适合老年人特点的健身娱乐用品。

近几年来,“银色浪潮”在中华大地上悄然涌动,我国即将迈入老龄化国家的行列。许多有远见的企业家正在发掘一个崭新的市场——“银色”市场,由于老年人在吃、穿、用、住、行方面都有特殊要求,因此这个市场要求有自己独特的产品和服务。目前,欧美、日本等发达国家的企业已开发出一系列适用于老年消费者的“银色商品”,并形成具有相当规模的老年服务市场，我国的这一市场也有待大规模开发，并已经显示出巨大的潜力和良好的前景。

四、女性消费者群的心理与行为特征

女性消费者群是以性别区分的一类消费者群体。由于女性消费者在消费活动中处于特殊的角色地位，因而形成了独具特色的消费心理和行为特征。

(1) 女性消费者数量庞大，是大多数购买行为的主体。女性消费者不仅数量众多，而且在购买活动中起着特殊作用。她们不仅为自己购买所需商品，而且由于在家庭中承担了女儿、妻子、母亲、主妇等多种角色，因而也是大多数儿童用品、男性用品、老人用品、家庭用品的主要购买者。

(2) 购买商品挑剔，选择性强。由于女性消费品品种繁多，弹性较大，加之女性特有的细腻和认真，因而对商品的选择挑剔程度较之男性高。另外，女性通常具有较强的表达能力、感染能力和传播能力，善于通过说服、劝告、传话等方式对周围其他消费者发生影响。

(3) 注重商品的外观和情感特征。男性消费者购买商品时，较多地注重商品的功能和效用，而女性消费者购买的主要是日常生活用品，如服装、鞋帽等，因而对其外观形象、情感特征等较重视，往往在某种情感的驱动下产生购买欲望。这里导致情感产生的原因是多方面的，如商品名称、款式色彩、环境气氛等都可以使女性产生购买欲望，甚至产生冲动性购买行为。在给丈夫、子女、父母购买商品时，这种感情色彩更加强烈。

(4) 注重商品的实用性和具体利益。由于女性消费者在家庭中的作用和家务劳动的经验，使她们对商品的关注角度与男性大不相同。表现为对商品的实际效用和具体利益要求强烈，特别是细微之处的优点，往往能迅速获得女性消费者的欢心，促成购买行为。

(5) 注重商品的便利性和生活的创造性。现代社会，中青年妇女的就业率很高，她们既要工作，又担负大部分家务劳动，因此她们对日常生活用品的方便性具有强烈的要求。凡是新的、能减轻家务劳动的方便消费品，都能获得她们的青睐。同时，女性消费者对生活中新的、富于创造性的事物也充满热情，如通过购置新款时装，布置新房间，烹调一道新菜等，以显示其创造性。

(6) 有较强的自我意识和自尊心。女性消费者有较强的自我意识和自尊心，对外界事物反应敏感。她们往往以选择眼光、购买内容及购买标准评价自己、评价别人，希望通过明智的、有效的消费活动体现自我价值，即使作为旁观者，也愿意发表意见，并且希望被采纳，而对别人的否定意见不以为然。在购买活动中，销售人员的表情、语调、介绍及评论等，都会影响女性消费者的自尊心，进而影响购买行为。

鉴于女性消费者的上述心理与行为特征，企业在制定营销组合策略时要迎合这些心理，采取适当的措施。例如，商品的款式设计、色彩运用要能够诱发女性消费者的情感；商品的包装要新颖趋时、细致方便；广告宣传要突出商品的实用性和具体利益，注意尊重其创造性。另外,企业的现场促销还应注意语言的规范性,讲究语言艺术,做到礼貌待客,尊重女性消费者,以赢得其好感。

第三节 消费者群体内部规范与沟通

案例 7-3

两个群体实验

谢里夫的从众实验

20 世纪 30 年代,美国心理学家谢里夫将游动现象用于遵从行为研究。他利用游动错觉的特点,首先告诉被试者黑暗环境下的光点在运动,然后让大家判断一个光点运动的距离。一般由于人们没有游动错觉的知识,因而就做出了各种各样的距离判断。随后谢里夫再让一位实验助手以肯定性的口吻指出距离判断的尺度,结果发现经过几次实验之后,被试者的距离判断越来越接近于实验助手所做出的距离判断。这一错判现象的社会心理学依据是,所有被试者由于处在一种不能确信的情境中,因而,被试者只好慢慢地遵从他人的判断。该实验结论是,人们在不知情况、不能确信的情境中,出现了一种遵从行为。而这种遵从行为是由于缺乏必要的信息所引起的,而不是盲目的服从。

谢里夫的研究又称为自动移动光效果研究,这个研究的生理基础是人的神经系统会对昏暗灯光过度补偿,对静止的灯光产生移动错觉的心理现象,而被试者并不知晓。研究人员让被试者分别在个人和群体两种情境下对移动的距离做出判断。结果发现,虽然最初个人环境下的判断彼此差异很大,但随着在群体情境中实验的进行,个人对自己的判断不断地调整,最后越来越接近群体判断结果的平均值,并且这个判断标准会固定下来,并在以后的判断中发挥作用。这个实验结果显示了在模糊情境下群体依赖、群体压力的存在和群体规范的形成,同时显示,群体压力能够超越群体的存在,出现在没有群体的环境中。谢里夫的研究让我们看到了群体压力和群体规范对人们的认知行为所具有的巨大影响力。

霍桑实验的第四个阶段

霍桑实验是一项关于工人群体的实验,所以该实验又称为群体实验或观察研究。实验目的主要是研究非正式组织的行为和规范以及奖惩等对工人生产效率的影响。

研究人员挑选出 14 名男性工人并将他们安排在一间单独的观察室中,让他们从事一项包含 3 个相互联系的工序的工作。实验中,他们实行集体刺激工资制,根据小组总产量计算工人报酬。

在实验中,研究人员通过观察和分析发现,工作室大部分工人实际完成的产量总是保持在中等水平上,而且每个工人的日产量都是差不多的,他们都故意限制产量。

工人们自行限制产量的原因是，如果工人的产量超过非正式标准，公司就可能降低工资率或者制定出更高的生产定额，也有可能造成同伴失业；而如果产量太少，又有可能引起监工的不满或斥责。工人们为了避免影响与同伴的感情，便尽量想办法遵守非正式标准以维持自己在小团体中的地位。

同时研究人员进一步观察发现，正式组织中存在着小团体，即非正式组织。这些非正式组织是自然形成的并且有一套不成文的行为规则以及自然形成的领袖人物。

思考：如何有效利用群体规范做好组织内部沟通？

消费者群体作为一种特殊的社会群体类型，有其自身的活动规律和活动方式。其中尤以群体的内部规范和内部信息沟通状况对成员及其群体的消费行为具有重要影响。

一、消费者群体的内部规范

（一）内部规范的概念与形式

规范是约定俗成或明文规定的标准，通常有成文的和不成文的两种表现形式。在消费者群体内部，可以有成文的规范，如某些规章制度，或以法律形式规定的行为准则。但更多的规范是以不成文的形式对内部成员加以约束，比如一个地区的风俗习惯、一个民族的传统习俗等，即属于不成文的规范形式。

（二）内部规范对消费者行为的影响

消费者群体内部的规范，不论成文与否，对于该群体成员都有不同程度的约束力。但二者的作用形式又有所区别。

不成文的规范表现为通过群体压力迫使消费者调整自身行为，以适应、顺从群体的要求。例如，我国在20世纪80年代以前，穿西服或其他非传统服装被大多数人视为不合常规的特殊行为，穿着者会受到他人的注意、诘问甚至非难。迫于这种不成文规范的压力，偏爱西服的消费者只有望而兴叹。

成文的规范通常通过组织、行政、政策乃至法律的手段和方式，明确规定人们可以做什么，不可以做什么，以及应当怎样做，从而强制性地影响和调节消费者行为。例如，中小学校规定，中小学生在校内不许戴首饰和穿奇装异服，课堂内不准随意吃零食等，这些规定都强制性地对学生的消费行为进行了限制。在新加坡，国家法律明文规定，不允许在公开场合食用口香糖，以减少口香糖造成的环境污染。我国也有许多以法规条例形式制定的消费行为规范，例如，《中华人民共和国野生动物保护法》禁止人们捕杀、食用、消费濒于灭绝的生物物种及其消费制品。

在各种成文与不成文的群体规范中，有些规范限制甚至禁止人们进行某种形式的消费；有些规范则鼓励人们进行某种形式的消费。例如，西欧一些国家为加强环境保护，一般不提倡家庭使用煤、汽油类燃料，而鼓励消费者多使用电能等清洁能源，因而规定高污染类燃料的消费量越大，需要支付的费用越高；而清洁能源的消费量越大，支付的费用越低，受到的奖励也越多。这一国家政策就限制了前一类商品的消费，而鼓励了后一类商品的消费行为。

二、消费者群体的内部沟通

消费者将获取的商品信息，以及购买、使用商品后的评价和心理感受，向群体内的其他消费者转告、传播、倾诉，以求得其他消费者的了解、理解和认同，这一过程就是消费者群体的内部沟通。内部沟通是群体内部消费者之间互动的基本形式。有效的沟通对消费者个人的行为以及群体的共同行为都有重要影响。

消费者群体的内部沟通可以分为积极的沟通和消极的沟通两种方式。

（一）积极的沟通

积极的沟通是指消费者在购买、使用、消费某种商品后获得了满意的体验，心理上得到极大满足时，会出现传话效应，把自身良好的心理感受和经验转告他人。

积极的沟通不仅使消费者满意的消费体验得到宣传，还会为企业的生产、经营活动带来良性的反馈作用。例如，在广告中使用或显示著名建筑师、影星、运动员、企业家、专家等权威人物的赞许、满意的评价；向年轻母亲免费赠送或优惠出售幼儿营养食品，并通过她们影响其他顾客，都可以获得有效的沟通效果。

（二）消极的沟通

消极的沟通是消费者在购买商品过程中，由于各种原因而产生不满的心理体验时，通过抱怨、发泄、投诉等方式，将消极性的信息传递给其他消费者或经营企业，以求得到同情、补偿。消极沟通通常发生在以下情况包括消费者在购买商品过程中遇到经营单位的欺骗、强卖、威胁、侮辱；使用商品时发现存在严重质量问题；使用中商品出现破损、腐蚀、电击、中毒、爆炸等伤害消费者身心健康的问题等。

当消费者的利益受到上述不同程度的损害时，必然产生不满意的心理体验，从而形成消极的情绪反应，并且由此引发把不满情绪加以宣泄的强烈愿望和冲动。其结果既阻碍了消费者本人的下一次消费行为，还势必会对其他消费者的行为造成严重影响。显然，对企业来说，消极沟通的传话效应是十分不利的。消极沟通通常有以下三种表现形式。

(1) 抱怨。消费者会抱怨经营单位的商品质量和服务态度，主动找有关部门的负责人反映并要求协调处理质量问题。

(2) 传话。消费者会把自己所受到的利益损失情况转告其他消费者，希望得到他人的同情。与此同时，消费者也把对经营单位不利的信息传给了其他消费者，使接收这些信息的消费者对该经营单位产生戒备心理，从而给经营单位的形象造成了不良影响。

(3) 投诉。这是消费者运用舆论、行政或法律手段保护自己的利益时所采用的一种形式。当消费者受到重大利益损失，出现严重后果时，如经营单位不能及时妥善加以解决，消费者就会诉诸舆论工具、有关政府机构或消费者权益保护组织乃至法律，希望得到公平的解决。

消费者如果出现上述消极沟通，经营单位应该及时指定专人负责解决问题，尽快赔偿利益损失，消除不满情绪，以便使传话人的传话行为尽快得到终止，并通过宣传媒介在广大消费者中澄清事实，转变态度，消除影响，使消极沟通产生的不良后果减少到最低限度。

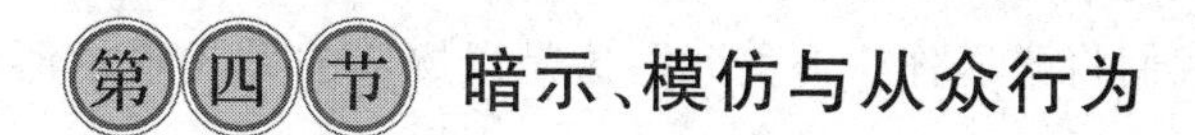

第四节　暗示、模仿与从众行为

案例 7-4

网红经济

在2015年乌镇世界互联网大会"互联网技术与标准论坛"上，阿里巴巴集团CEO张勇亲自为"网红经济"代言，对网红店铺予以肯定，网红品牌的影响力可见一斑。目前淘宝女装红人卖家数千家，仅其中百余个网红店铺粉丝量总计超过5500万。他们依靠社交平台快速引进时尚风潮，在淘宝上进行预售、定制，配上淘宝商家的生产链，最终形成了独特的网红电商模式。2015年9月，淘宝为网红专门开设了IFASHION平台。淘宝店铺作为网红最主要的变现途径，变现能力惊人。淘宝数据显示，目前在淘宝女装类目中，月销售过百万元的网红店铺约有1000个，其中一些店铺一次上新后，3天时间就能实现普通线下实体店一年的销售量。2015年"6·18"大促销中，销量前十的淘宝女装店铺中有七家是网红店铺。网红店铺中甚至出现了开店仅2个月就做到了"五钻"(至少成交5000笔)的案例。在人们越来越追求时尚和个性化的时代潮流中，网红产品意味着人气和引领潮流，所以能带来卖点，能引起消费者的共鸣。

资料来源：http://www.ruanwenclass.com/thread-8298-1.html,2018-11-05.

思考：从消费者心理学角度分析为什么会出现"网红经济"?

一、暗示

暗示又称提示，是在无对抗条件下，用含蓄、间接的方式对消费者的心理和行为产生影响，从而使消费者产生顺从性的反应，或接受暗示者的观点，或按暗示者要求的方式行事。

社会心理学的研究认为，群体对个体的影响，主要是由于"感染"的结果。处于群体中的个体几乎都会受一种精神感染式的暗示或提示，在这种感染下人们会不由自主地产生这样的信念：多数人的看法比一个人的看法更值得信赖。因此暗示的主要影响因素就是暗示者的数目，或者说暗示所形成的舆论力量的大小。

暗示的具体方式多种多样，个人的词语和语调、手势和姿势、表情和眼神以及动作等,都可以成为传递暗示信息的载体。暗示还可以以群体动作的方式出现,例如,有的企业为了推销商品,不惜重金聘请名人拍摄广告,这就是信誉暗示。有的在出售商品时挂出“出口转内销”或“一次性处理”的招牌,这是词语暗示。

在购买行为中,消费者受暗示而影响决策的现象是极为常见的。直接的提示形式易使消费者产生疑虑和戒备心理;反之,间接的暗示则容易得到消费者的认同和接受。德国福斯汽车公司生产的“奔驰”牌轿车的广告是“如果有人发现我们的奔驰牌车发生故障,被修理车拖走,我们将赠送你一万美元”,这是以婉转的方式暗示消费者,奔驰牌轿车的质量完美,绝对可靠。

二、模仿

模仿是指仿照一定榜样做出类似动作和行为的过程。社会心理学家和社会学家的研究表明,人类在社会行为上有模仿的本能,这一本能同样存在于人们的消费活动中。消费活动中的模仿,是指当某些人的消费行为被他人认可并羡慕时,便会产生仿效和重复他人行为的倾向,从而形成消费行为模仿。

在消费活动中,经常会有一些消费者做出示范性的消费行为。这些人可能是普通消费者,但他们消费兴趣广泛,个性独立,消费行为有独创性;也可能是一些名人,如影视明星、运动员、政界人士等;还可能是某行业的消费专家,如美食家,资深“发烧友”等。这些特殊消费者的示范性行为会引起其他消费者的模仿,模仿者也以能仿效他们的行为而感到愉快。

分析消费活动中的模仿行为大致有以下特点。

(1) 模仿行为的发出者,即热衷于模仿的消费者,对消费活动大都有广泛的兴趣,喜欢追随消费时尚和潮流,经常被别人的生活方式所吸引,并力求按他人的方式改变自己的消费行为、消费习惯。他们大多对新事物反应敏感,接受能力强。

(2) 模仿是一种非强制性行为,即引起模仿的心理冲动不是通过社会或群体的命令强制发生的,而是消费者自愿将他人行为视为榜样,并主动努力加以模仿。模仿的结果会给消费者带来愉悦、满足的心理体验。

(3) 模仿可以是消费者理性思考的行为表现,也可以是感性驱使的行为结果。成熟度较高、消费意识明确的消费者,对模仿的对象通常经过深思熟虑,认真选择;相反,观念模糊、缺乏明确目标的消费者,其模仿行为往往带有较大的盲目性。

(4) 模仿行为的发生范围广泛,形式多样。所有的消费者都可以模仿他人行为,也都可以成为他人模仿的对象。而消费领域的一切活动,都可以成为模仿的内容。只要是消费者羡慕、向往、感兴趣的他人行为,无论流行与否,都可以加以模仿。

(5) 模仿行为通常以个体或少数人的形式出现,因而一般规模较小。当模仿规模扩大,成为多数人的共同行为时,就发展为从众行为或消费流行了。

三、从众行为

（一）从众行为的概念

从众行为是指个体在群体的压力下改变个人意见而与多数人取得一致认识的行为倾向。与模仿相似，从众也是在社会生活中普遍存在的一种社会心理和行为现象。在消费领域中表现为，消费者自觉或不自觉地跟从大多数消费者的消费行为，以保持自身行为与多数人行为的一致性，从而避免个人心理上的矛盾和冲突。这种个人因群体影响而遵照多数人消费行为的方式，就是从众消费行为。

（二）从众行为产生的心理依据与原因

社会心理学研究认为，群体对个体的影响，主要是由于"感染"的结果。个体在受到群体精神感染式的暗示或提示时，就会产生与他人行为相类似的模仿行为。与此同时，各个个体之间又会相互刺激、相互作用，形成循环反应，从而使个体行为与大多数人的行为趋向一致。上述暗示、模仿、循环反应的过程，就是心理学研究证实的求同心理过程。正是这种求同心理，构成了从众行为的心理基础，如图 7-1 所示。

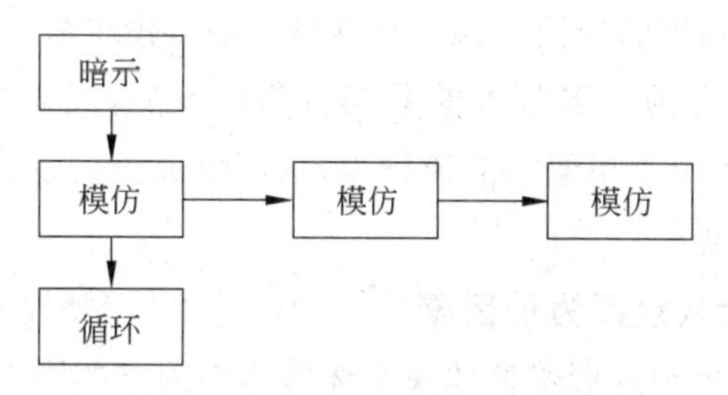

图 7-1　从众行为的心理基础

具体来说，之所以产生从众行为，是由于人们寻求社会认同感和安全感的结果。在社会生活中，人们通常有一种共同的心理倾向，即希望自己归属于某一较大的群体，被大多数人所接受，以便得到群体的保护、帮助和支持。此外，对个人行为缺乏信心，认为多数人的意见值得信赖，也是从众行为产生的另一重要原因。有些消费者由于缺乏自主性和判断力，在复杂的消费活动中犹豫不定、无所适从，因而，从众便成为他们最为便捷、安全的选择。

（三）消费者从众行为的表现方式

消费者的从众行为多种多样，归纳起来有以下三种表现形式。

（1）从心理到行为的完全从众。当消费者对某种商品不了解时，由于群体的暗示或认为多数人行为能提供有效信息，从而产生从众行为。

（2）内心接受，行为不从众。这是指对形成的消费潮流从心理上已完全接受，但在形式和行为上予以保留。例如，多数美国人认为到市郊的超级市场购物既方便又便宜，而上层社会人士由于身份、地位等顾虑，虽内心赞成，但行动上不便支持。

（3）内心拒绝，但行为上从众。这是一种权宜从众行为。某些消费者对商品抱有抵触心理,但无力摆脱群体的压力而不得不采取从众行为。例如,在正式场合着西装领带是现代消费者通行的行为方式,少数消费者尽管不习惯或不喜欢,但为避免与多数人不同,不得不遵从这一行为规范。

(四) 从众行为的特点

从众行为尽管在表现形式上有所区别,但有某些共同特征。

(1) 从众行为往往是被动接受的过程。许多消费者为寻求保护,避免因行为特殊而引起的群体压力和心理不安,而被迫选择从众。在从众过程中,消费者会产生复杂的心理感受,除安全感、被保护感等积极感受外,还会有无奈、被动等消极的心理体验。

(2) 从众行为现象涉及的范围有限。就总体而言,消费者的行为表现形式是多种多样、各不相同的。这是由消费活动的个体性、分散性等内在属性决定的。因此,通常情况下,让大多数消费者对所有的消费内容都保持一致行为是根本不可能的。也就是说,从众行为不可能在所有的消费活动中呈现。它的发生需要一定的客观环境和诱因刺激,如在社会环境不稳定、人心浮动的情况下,个人容易追随多数人的消费行为;又如舆论误导,极易使消费者因不明真相、无从判断而盲目从众。

(3) 从众消费行为发生的规模较大。从众现象通常由少数人的模仿、追随开始,继而扩展成为多数人的共同行为。多数人的共同行为出现后,又刺激和推动了在更大范围内,更多的消费者选择相同或相似的消费行为,从而形成更大规模的流行浪潮。因此,从众行为是消费流行的先导。

(五) 影响消费者从众行为的因素

从众消费行为的发生和发展受群体及个体多方面因素的影响。

(1) 群体因素。一般来说,群体的规模越大,群体内持相同意见的人越多,产生的群体压力也越大,此时越容易产生从众行为。同时,群体的内聚力、一致性越强,群体领袖人物的权威性越高,影响力越大,从众行为越容易发生。再者,个体在群体中的地位越低,越容易被影响,也越容易采取从众行为。

(2) 个体因素。一般来说,容易发生从众行为的消费者大多对社会舆论和他人的意见十分敏感,缺乏自信,非常看重社会和他人对自己的评价。从众行为作为一种多数人共同采取的大规模行为现象,必然对宏观经济运行、社会消费状况发生重要影响。这种影响既有积极的一面,又有消极的一面。一方面,由于从众现象是通过多数人的行为影响和改变个人的观念与行为的,因此,政府部门可以通过各种媒介宣传提倡正确的消费观念,鼓励引导健康的消费行为,使之成为大多数消费者共同遵从的行为规范。然后利用从众心理的影响,带动其他个体消费者,促进形成全社会健康文明的消费氛围。企业也可以利用从众心理,抓住时机进行宣传诱导,培育新的消费市场,引导消费时尚的形成或改变,进而促进大规模购买行为的实现。另一方面,在特定条件下,从众行为也可能导致盲目攀比、超前消费、抢购风潮等畸形消费现象的发生。对于这一消极影响,国家和企业必须采取积极措施加以防范。另外,从众行为还有可能扼杀消费者的创新意识,使新的消费观念、消费方式的提倡和推行遇到阻力或障碍。对此,企业要予以格外关注,采取多种措施避免从众行为的负面影响。

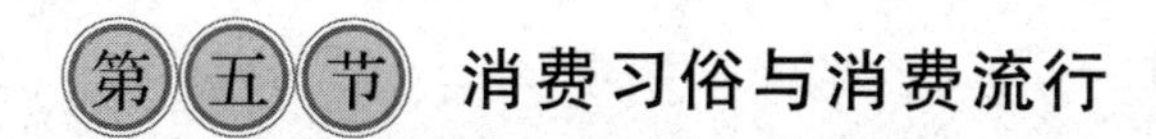

第五节 消费习俗与消费流行

案例 7-5

美国的化妆品和日本的空调器

在美国的化妆品生产行业有一句名言:日本的化妆品市场是美国商人难以攀登的富士山。什么意思呢?原来美国是生产化妆品的大国,出口的化妆品也较多,其中有一些出口到日本。在美国化妆品进入日本市场时,进行了大规模的广告宣传和其他形式的促销活动,但是日本人对此就是无动于衷,化妆品的销售量很少,运到日本的化妆品只能大量积压。生产厂家十分着急,美国商人委托有关专家认真研究日本人购买化妆品的心理。通过大量的调查研究发现,原来美国人生产的化妆品的色彩不适合于日本人购买化妆品的心理。

在美国,人们对于皮肤的色彩有一种十分普遍的观念,即认为皮肤略为深色或稍黑一些是富裕阶层的象征。因为只有生活富裕的人们才有足够的时间和金钱进行各种休闲活动。在海滩晒太阳是一种比较普遍的休闲活动,生活越富裕,去海滩晒太阳的机会越多,皮肤也就越黑,所以皮肤晒得越黑的人,说明其社会地位和生活富裕程度越高。化妆的时候,人们习惯于使用深色的化妆品,使自己的皮肤略为深色,以显示自己的地位。化妆品的厂家在生产化妆品的时候,就以色彩略深一些的化妆品为主大量生产。而日本人崇尚白色,化妆时不喜欢使用深色的化妆品,所以日本人对于美国人的那种略为深色的化妆品需求量是很少的。

而日本开拓中东地区空调市场却和美国化妆品相反。中东地区的国家一般比较富裕,重视改善居住的舒适性,消费家用空调的人比例较高。最先进入中东地区销售空调电器的厂商来自美国和英国等,这些国家的产品质量还不错,前期销售效果也很好。一段时间后,中东地区的消费者开始对这些国家的空调电器失去兴趣。日本厂家仔细研究后得出结论:中东地区多沙,美国和英国空调的生产者没有设计防沙功能,而日本的空调不具备这一功能。日本厂商立即着手改进空调的防沙能力并且在广告中大力宣传日本空调在中东地区的适应性。结果,日本空调把美国和英国等国家的空调挤出了中东市场,成为中东地区最畅销的产品。

资料来源:http://blog.sina.com.cn/s/blog_12d7e9e390101r21x.html,2018-11-03.

思考：

(1) 结合案例分析消费习俗对消费心理的影响。

(2) 试列举你所在地区的消费习俗特点。

一、消费习俗

（一）消费习俗的特点

消费习俗是指一个地区或一个民族的约定俗成的消费习惯。它是社会风俗的重要组成部分。不同国家、地区、民族的消费者，在长期的生活实践中形成了多种多样的消费习俗。尽管如此，消费习俗仍具有某些共同特征。

1. 长期性

消费习俗是人们在长期的生活实践中逐渐形成和发展起来的。一种习俗的产生和形成，要经过若干年乃至更长时间，而形成的消费习俗又将在长时期内对人们的消费行为发生潜移默化的影响。

2. 社会性

消费习俗是人们在共同从事消费生活中互相影响产生的，是社会风俗的组成部分，因而带有浓厚的社会色彩。也就是说，某种消费活动在社会成员的共同参与下，才能发展成为消费习俗。

3. 地域性

消费习俗通常带有强烈的地域色彩，是特定地区的产物。如广东人素有喝早茶的习惯，东北人则习惯储藏过冬的食品。少数民族的消费习俗更是他们长期在特定的地域环境中生活而形成的民族传统和生活习惯的反映。消费习俗的地域性使我国各地区形成了各不相同的地方风情。

4. 非强制性

消费习俗的形成和流行，不是强制发生的，而是通过无形的社会约束力量发生作用。约定俗成的消费习俗以潜移默化的方式发生影响，使生活在其中的消费者自觉不自觉地遵守这些习俗，并以此规范自己的消费行为。

（二）消费习俗对消费者心理与行为的影响

消费习俗涉及的内容非常广泛，如在饮食方面，我国有南甜北咸、东辣西酸的饮食习惯；在衣着方面，有风格各异、独具特色的民族服装；在传统观念、生活方式方面，城乡之间又有很大差别。多种不同的消费习俗对消费者的心理与行为有着极大影响。

(1) 消费习俗促成了消费者购买心理的稳定性和购买行为的习惯性。受消费习俗的长期影响，消费者在购买商品时，往往容易产生习惯性购买心理与行为，固定地重复购买符合其消费习俗的各种商品。

(2) 消费习俗强化了消费者的消费偏好。在特定地域消费习俗的长期影响下，消费者形成了对地方风俗的特殊偏好。这种偏好会直接影响消费者对商品的选择，并不断强化已有的消费习惯。例如，各地消费者对本地风味小吃的喜好，各民族人民对本民族服饰的偏好等，都会使消费行为发生倾斜。

(3) 消费习俗使消费者心理与行为的变化趋缓。由于遵从消费习俗而导致的消费活动的习惯性和稳定性，将大大延缓消费者心理及行为的变化速度，并使之难以改变。这对于消费者适应新的消费环境和消费方式会起到阻碍作用。

正是由于消费习俗对消费者心理与行为有极大的影响，企业在从事生产经营时必须尊重和适应目标市场消费者的习俗特性。尤其是在进行跨国、跨地区经营时，企业更应深入了解不同国家地区消费者消费习俗的差异，以使自己的商品符合当地消费者的需要。

二、消费流行

企业必须关注消费流行这样一种重要的群体行为现象，以便更好地实施营销计划。

（一）消费流行的含义及特点

消费流行是在一定时期和范围内，大部分消费者呈现相似或相同行为的一种消费现象。具体表现为多数消费者对某种商品或时尚同时产生兴趣，而使该商品或时尚在短时间内成为众多消费者狂热追求的对象。此时，这种商品即成为流行商品，这种消费趋势也就成为消费流行。

我国改革开放以来，曾经出现过几次大的消费流行，1981 年前后全国范围内流行喇叭裤，1984 年长春市流行养君子兰，1992 年全国又流行呼啦圈健身。进入 20 世纪 90 年代之后，市场上的流行风潮越来越多，流行变化的节奏也越来越快，加上宣传媒体的推动作用，消费流行已成为经常性的消费现象，并对消费者的心理与行为产生越来越大的影响。

（二）消费流行的周期

消费流行的形成大多有一个完整的过程。这一过程通常呈周期性发展，其中包括酝酿期、发展期、流行高潮期、流行衰退期四个阶段。酝酿期的时间一般较长，要进行一系列的意识、观念以及舆论上的准备；发展期时消费者中的一些权威人物或创新者开始做出流行行为的示范；进入流行的高潮期，大部分消费者在模仿、从众心理的作用下，自觉或不自觉地卷入流行中，把消费流行推向高潮；高潮期过去以后，人们的消费兴趣发生转移，流行进入衰退期。

消费流行的这一周期性现象，对企业有重要意义。生产经营企业可以根据消费流行的不同阶段采取相应的策略。酝酿期阶段，通过预测洞察消费者需求信息，做好宣传引导工作。发展期则大量提供与消费流行相符的上市商品。高潮期内，购买流行商品的消费者数量会大大增加，商品销售量急剧上升，此时企业应大力加强销售力量。进入衰退期企业则应迅速转移生产能力，抛售库存，以防遭受损失。

另外，还应看到，随着经济和产品更新的加速，消费流行的周期会越来越短。为此，企业应及时调整营销策略，以适应流行一变化节奏越来越快的要求。

(三) 消费流行的种类及方式

消费流行涉及的范围十分广泛。从性质上看,有吃的商品、穿的商品、用的商品的流行;从范围上看,有世界性、全国性、地区性和阶层性的消费流行;从速度上看,有一般流行、迅速流行和缓慢流行;从时间上看,有短期季节流行、中短期流行和长期流行等。归纳起来,消费流行的方式一般有以下三种。

(1) 滴流,即自上而下依次引发的流行方式。通常以权威人物、名人明星的消费行为为先导,而后由上而下在社会上流行开来。如中山装、列宁装的流行等。

(2) 横流,即社会各阶层之间相互诱发横向流行的方式。具体表现为某种商品由社会的某一阶层率先使用,而后向其他阶层蔓延、渗透,进而流行起来。如近年来,三资企业中白领阶层的消费行为经常向其他社会阶层扩散,引发流行。

(3) 逆流,即自下而上的流行方式。它是由社会下层的消费行为开始,逐渐向社会上层推广,从而形成消费流行。如"牛仔服"原是美国西部牧牛人的工装,现在已成为下至平民百姓、上至美国总统的风行服装。领带源于北欧渔民系在脖子上的防寒布巾,现在则成为与西装配套的高雅服饰。

流行不管采取何种方式,其过程一般是由"消费领袖"带头,而后引发多数人的效仿,形成"时尚潮流"。引发流行除了上述榜样的作用外,还有商品的影响、舆论宣传的影响等。

(四) 消费流行产生的原因分析

消费流行的出现,有多方面的原因。一方面,某些消费流行的发生是出于商品生产者和销售者的利益。他们为扩大商品销售,努力营造某种消费气氛,引导消费者进入流行的潮流中。法国巴黎是世界时装的窗口,这里发布的时装款式,经常代表下一季度时装流行趋势。而这些流行趋势,主要是时装生产者和销售者为扩大经营,借助巴黎这一国际时装中心的"权威性"影响,引导和推动众多消费者追随形成的。我国 1992 年年初在京津地区流行的健身呼啦圈,本是美国消费者的一种娱乐方式,后经天津电视、广播等宣传媒介的推动引导,使这种娱乐方式在京津地区以至全国范围内迅速流行。

另一方面,有些流行现象是由于消费者的某种共同心理造成的。大部分消费者在这一共同心理的影响下,主动追求某种新款商品或新的消费风格,自发地推动了流行的形成。例如,我国许多地区流行的玩电玩的风潮,就是在成年消费者追求既方便又有新意的娱乐活动的共同需求推动下形成的。

在解释消费流行的形成原因时,一些学者也引用了其他学科的理论和方法。例如,心理学家荣格认为,群体的意识和行为可以通过"心理能"解释。心理能量不会随发生作用而消耗或丧失,而是从一种作用形式转换为另一种作用形式,或从一个位置转移到另一个位置。就消费者而言,当人们对一种商品的兴趣减少时,对另一种商品的兴趣便会等量地增加。消费流行也是如此,当一种消费流行衰落时,必然孕育另一种消费流行开始。

上述关于流行心理的分析表明，消费流行是有规律可循的，因而也是可以预测的。企业可以通过对流行趋势的准确预测，制定相关营销策略，指导企业的生产经营活动。

一、复习思考题

1. 消费者群体的形成对企业生产经营和消费活动都有哪些重要的影响？
2. 消费者群体的类型有哪些？
3. 消费者群体的内部沟通方式有哪两种？
4. 什么是模仿？模仿行为的特点有哪些？
5. 怎样区别模仿与从众行为？
6. 简述为什么不同的消费习俗对消费者的心理与行为有着极大影响。

二、材料阅读

材料 1

杭州一家牙膏厂在生产小白兔儿童牙膏时加入草莓香味，使儿童更喜欢使用小白兔牌牙膏，从而养成经常刷牙的好习惯。这个厂利用儿童对水果香味的喜爱，培养他们的消费习惯，使他们经常使用这个厂的产品。加入水果香味，既有利于儿童养成好的卫生习惯，又给该厂带来了经济效益，可谓一举两得。

材料 2

十大居民消费心理

(1)“生活”型消费心理，通常表现的消费行为是购买最简单的一些生活资料，即最基本的吃、穿、用等物品。

(2)“用具”型消费心理，消费者在从事工作、生活、学习等家庭或社会活动中，需要借助的某种生产资料。如学生上学需要购买的书籍、纸张及钢笔等学习用具等。

(3)“时令”型消费心理。这种消费心理是比较固定的，并且带有一定的规律性。如随着四季的变化，消费者的衣着打扮也随之变化。一些重大传统节日有特定的传统风俗，消费者也会有特殊消费需求。

(4)“装饰”型消费心理。消费者的社会地位、文化修养、经济基础等不同，消费层次需求不同。如妇女所用的化妆品及饰物，居民住宅中的字画、盆景等装饰性物品等。

(5)“娱乐”型消费心理。如青年喜欢参加舞会、看电影或外出旅游，音乐爱好者喜欢乐器等。

(6)“庆贺”型消费心理，表现为消费者购买必要的庆贺用品或消费者之间相互馈赠礼物，如生日宴会，结婚满月，乔迁新居等。

(7)“尝鲜”型消费心理。某种商品的特殊优越性能或首次出现的新产品，引起消费者极大的兴趣，从而产生急于尝试的消费心理。如消费者排队购买刚投放市场的新产品。

(8)“时髦”型消费心理。这种消费心理的区域性、时间性很强,如某地夏天流行红裙子,很短时间内,大多数女青年都会购买。

(9)“趋异”型消费心理,表现为消费者喜欢独特的、与别人不重复的产品。例如,女士买服饰喜欢去每款只有一件的店,年轻人喜欢穿得新潮而且标新立异。

(10)“名牌”型消费心理,总是以拥有某种名牌产品而满足。名牌产品畅销不衰就是最好的例证。

资料来源:连利斌. 十大居民消费心理[J]. 经济师,1990(5).

三、实训操练:整理销售预案

1. 实训目标

通过本实训掌握如何挖掘消费者群体的消费心理,为公司寻找更大的销售空间的能力。

2. 实训背景

你公司是以生产橘子罐头出名,但是剩下的橘子皮一直没有很好的方法处理,即便将橘子皮以9分钱一斤的价格送往药品收购站,依然十分困难。公司经理思考难道橘子皮只能做成陈皮才有用?

公司研究决定,销售部门及生产部门公司要在本月底联合商讨出方案:①橘子皮的新用途有哪些;②如何调查目标消费群及其消费能力;③如何根据目标消费者的要求尽快投产。

3. 实训内容

按照实际要求在本月底做好各项准备方案。

4. 实训要求

(1) 本实训可选择在模拟的办公室或教室进行,最好能配备真实的电话和可上网的计算机。

(2) 实训应分组进行,可以7人一组,其中2人扮演销售部门会议代表,2人扮演生产部门会议代表,2人扮演市场调研员,1人进行监督和评价。每个人都要轮演销售部门及生产部门会议代表、市场调研员。

(3) 每个同学在演练过程中一定要严肃认真,言行符合规范。

(4) 每个同学最好都能按照实训内容设计演练的脚本(包括情节和台词),并给本小组成员分派角色。

(5) 教师可以临场发挥,比如增设模拟角色和任务;在同学们演练时,组织其他的同学对表演进行评论。

5. 实训总结

学生自我总结	
教师评价	

第八章　社会环境与消费者心理

开篇案例

ZARA 的品牌营销战略

ZARA，时尚界的新宠，西班牙印地纺集团(Inditex)旗下的知名品牌。ZARA 的成功在于其采取“快速、少量、多款”的产品开发管理模式，真正满足了顾客需求，并开创了“快速时尚”的消费理念和品牌理念。ZARA 每年向顾客提供 12000 种不同款式的商品。

ZARA 的产品开发模式基本是模仿，并不强调原创性设计或开发。通过快速获取准确的时尚信息，进行产品开发并快速上架进行销售，以此降低产品开发的风险。ZARA 深深地明白沿袭旧的经营模式是不可能成功的，因为社会形态已经转变，谁先做出创新的变革、符合市场需求，谁就能先打入市场，建立稳固的基础。而他们所做的变革都只有一个目的，即符合社会的转变：奢侈风气、浮躁心理。这种市场风气是全球的趋势，特别是发达国家，如美国、日本，它们也是主要的目标顾客。

在这物质主义盛行的时代，人们尤其青少年，十分崇尚名牌。为了追求名牌，他们不惜一掷千金。以往只有名牌才可提供奢华感,但现在ZARA也能提供给顾客这种感觉。它会选择模仿一些名牌的设计,快速地模仿并推向市场,确保服装能抓住潮流的核心。它也不是完全抄袭,也会根据潮流对衣服做出更改,加入潮流元素,为顾客提供时尚并带有奢华感的时装。虽然ZARA不是潮流创造者,但却是快速潮流的最佳临摹者。平价加奢华能满足市场上大部分的顾客。同时,也可满足中下层顾客追求时尚奢华的欲望,这样ZARA就有了庞大的顾客群。然而,社会形态的转变让年轻人拥有了一种浮躁的心理,很多时候,他们买东西即兴,不会多加考虑。要吸引这批顾客,除了设计要时尚,款式还要更加多样化,如果款式千篇一律,又如何吸引消费者。ZARA的设计都是十分简单的,主要是通过颜色的变化、简单图案达到特殊效果,这样同一设计可以有很多款式,从而引起顾客的购买欲。

时装企业要成功,采取适当的营销策略是不可或缺的,这样才可以把企业的理念传达给顾客。ZARA不做广告,专门以店铺为宣传工具,把奢华感传达给顾客,以人造的稀缺及款式多样制造一种热潮。青少年会逛ZARA,普通顾客会逛ZARA,追求时尚奢华的顾客也会逛ZARA。由此可见,ZARA基本上能吸引所有顾客。ZARA成功是基于因社会形态改变而做出的转变,因此能够快速地崛起,持续高速增长。

资料来源:https://wenku.baidu.com/view/c484deed09a1284ac850ad02de80d4d8d15a012c.html,2018-11-05.

思考:从社会环境的角度分析为什么ZARA能在市场上备受欢迎。

在不同国家、不同地区、不同种族及不同社会成员中,消费者行为表现出不同的心理特点。即使在同一国家、同一地区、同一种族及同一社会成员中,消费者行为除了具有相同的心理特点之外,还具有各自的心理特点。究其原因,由于消费者行为本身是一种社会化行为,受个体所处社会文化环境和个体心理差异的影响,这就是本章要介绍的内容。

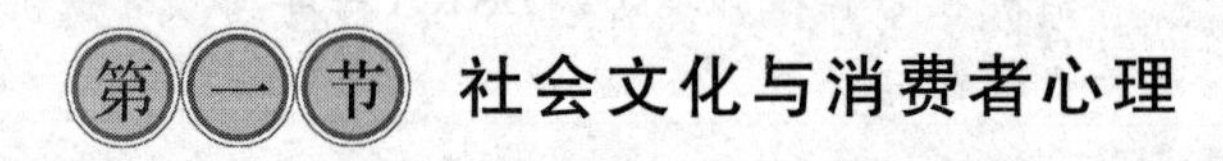

第一节 社会文化与消费者心理

案例8-1

麦当劳的跨国战略

截至1994年,麦当劳公司在美国开设的餐厅平均每2.5万人就有一家,在这个市场上已经无法在不影响原有餐厅生意的前提下增设新的餐厅了。麦当劳公司已经在诸如溜冰场、高速公路加油站和大都市的卫星城里开设了餐厅。而在海外市场的发展却要容易得多,国际市场的高速发展为麦当劳公司创造了许多新的商业机会。1988年公司在海外的2600家餐厅年营业额达18亿美元。1994年麦当劳公司4700家海外餐厅的总营业额高达34亿美元。该年度麦当劳公司45%的营业额来自海外市场,而国内1万家餐厅的营业额只占总营业额的55%。

为什么麦当劳在世界各地都受欢迎呢？对于消费者来说，麦当劳到底意味着什么呢？如果让一个普通的美国人来说明麦当劳对外国消费者到底意味着什么是一件非常困难的事，因为他们把吃麦当劳看作很自然的事情。麦当劳驻波兰总监Tim Fenton说："这是一般美国人所难以理解的，但是对于当地人来说，麦当劳几乎就是上天恩赐的神物，被当地人看作最好的食品。餐厅的服务是如此快捷，服务员都面带微笑。去卫生间不用交费，餐厅里还有空调，并且没有烟味。我们要告诉他们什么才是食品。我们还要让他们把孩子带来。"

另外，麦当劳包含丰富的文化内涵。世界许多国家的消费者把麦当劳、列维、可口可乐和万宝路看作美国产品中的精华。受这些文化内涵影响，世界上的许多消费者都走进了麦当劳餐厅。

麦当劳公司在海外市场和国内市场采取了不同的营销战略。在许多方面，麦当劳公司的营销战略是全球化的。麦当劳公司在世界各地销售同样的主要产品（巨无霸汉堡包、炸薯条、可口可乐和奶昔）；尽力保持主要产品的口味（牛肉小馅饼、小面包和炸薯条的口味在世界各地都是相同的）；对供应商的要求极其严格，即使是洋葱也要达到特定的标准。在德国，一家无可挑剔的肉制品加工厂要用计算机确保制作250万份牛肉小馅饼的脂肪含量在20%以下。而墨西哥附近的一家巨型面包厂正在按照麦当劳公司近乎苛刻的高标准精细地制作闻名的芝麻小面包。

另外，各地的麦当劳餐厅在许多方面都是相同的。尽管商店规模、地点存在差异，但是餐厅的风格和氛围却是一样的。面带微笑的服务员、方便快捷的服务是麦当劳餐厅的共同特色。一位经理认为，服务是麦当劳餐厅向消费者提供的最主要的菜肴。他说："当今社会是一个服务社会。人们渴望得到服务，但是在许多国家里只有麦当劳餐厅才能给消费者提供这样的机会。这正是我们餐厅人头攒动的原因，也是麦当劳飞速发展的原因所在。"

麦当劳公司实施全球市场营销战略的同时，也针对各地实际情况对自己的营销战略进行了调整，以适合不同地区消费者的口味和风俗习惯。例如，各国餐厅的菜谱有所不同。在德国，最受欢迎的食品一般是汉堡包和有虾子酱的沙拉，而荷兰人更喜欢素汉堡，波兰人对黑葡萄干奶昔情有独钟。在欧洲一些国家的麦当劳餐厅里还供应啤酒，餐厅的装修设计一般要反映当地的文化特色。有时候麦当劳不得不根据当地法律的规定来调整自己的营销战略。例如，像德国就不允许"买一送一"这样的促销行为。

麦当劳公司是如何在保证自己服务和产品质量的前提下迎合当地消费者的风俗习惯呢？公司通过雇用当地员工来学习和利用当地的风俗习惯。麦当劳的雇员常要从总部飞到各地开发新市场。但是，过一段时间后他们都会回到总部，而把餐厅交给更熟悉当地风俗的当地员工经营。例如，1992年Tim Fenton带领美国、俄罗斯、英国和德国的50名专家前往波兰。到1994年，餐厅的所有经营活动全部交给波兰人了，只有这位总监还留在那里,而他最终也是要离开波兰的。

20世纪80年代初,许多专家认为麦当劳已经太大,继续发展是相当困难的。麦当劳公司用自己在世界各地成功的商业运作驳斥了这些批评意见。让我们看看麦当劳取得的辉煌成就:1983年麦当劳的利润为3亿美元,到1993年利润增长到了11亿美元,麦当劳1.4万家海外分店的总营业额达到230亿美元。

资料来源:http://blog.sina.com.cn/s/blog_12d7e9e390101r21x.html,2018-11-05.

思考:

(1) 麦当劳对消费者的情感和文化认知对麦当劳的成功有什么影响?

(2) 你认为麦当劳公司应该更全球化,还是该更本地化一些呢?

一、文化与社会文化

(一) 文化的含义

文化的概念有广义与狭义之分。广义的文化是人类在社会历史发展过程中所创造的物质财富和精神财富的总和,它分为物质文化与精神文化。物质文化是指人类实际征服自然界的物质生产能力;精神文化是指人们的知识水平、民族习惯、地区风俗、行为规范、宗教信仰、价值观念、生活方式、态度体系、教育水平、家庭关系等。狭义的文化是指社会意识形态以及与之相适应的制度等范畴。本节研究的是广义文化对消费者心理及消费者行为的影响。

文化是一种社会现象,又是一种历史现象,它以物质为基础。每一个社会都有与它相适应的文化,并随社会物质生产的发展而发展,随新社会制度的产生而产生。文化有其自身发展的客观规律,它的发展具有历史的连续性,新文化不可能脱离旧文化而产生。同时,文化一方面是社会政治和经济的反映,另一方面又对社会政治和经济产生巨大的影响。

(二) 社会文化的含义

社会文化是一种客观的历史现象,每一个社会都有与之相适应的社会文化,特定的社会文化对社会每个成员发生直接或间接的影响,从而使成员在价值观念、生活方式、风俗习惯等方面带有该文化的深刻印记。在我国,人的意识中通常以文化代替社会文化,表达类似含义。

社会文化对个人的影响非常巨大,主要体现在:①社会文化为人们提供了看待事物、解决问题的基本观点、标准和方法;②社会文化使人们建立了是非观念和行为规范。通常情况下社会结构越单一,文化对个人思想与行为的制约作用就越直接;社会科学水平越落后,文化对个人思想和行为的影响就越强烈。

(三) 社会文化的特征

在人类社会历史的进程中,虽然不同国家民族都有自己独特的社会文化,但从整体来看,各种形态的社会文化又有某些共性。把握这些共性,有助于人们了解社会文化对消费者的影响和作用方式。

1. 共有性

文化是由社会成员在生产劳动和生活活动中共同创造的，因此它为全体成员所共有，并对该社会中每个成员都产生深刻的影响，使其心理倾向和行为方式表现出某些共同特征。就消费活动而言，它有利于使一定社会中的消费者产生共同的消费偏好，促使消费者的消费行为趋于一致，从而为企业采取有针对性的营销策略奠定了基础。

2. 差异性

每个国家、地区和民族都有不同的文化，即使同一个国家、地区和民族的内部，仍然存在许多文化差异，即有自己独特的风俗习惯、生活方式、伦理道德、价值标准、宗教信仰等，这些方面的不同构成不同社会文化的差异。如同样是汉族人，东北人过春节吃饺子，上海人就没有这个习惯。社会文化的差异性要求企业在选定目标市场之前要根据消费者需求的差异性进行市场细分，采取差异性的营销策略，以便满足不同消费者的需要。

3. 发展性

随着社会的发展，文化也在不断发展中。与之相适应，人们的价值观念、生活方式、消费水平和消费方式等也在不断发展、变化。社会文化的发展性也成为市场需求变化的重要基础，它要求市场营销人员敏锐地观察并及时发现文化发展变化的趋势，及时开发并向市场提供能满足这些变化需求的各类产品。

4. 适应性

社会文化的适应性是多种社会因素和自然因素综合作用的结果。因此，对于企业来说，文化及特定文化环境下的消费者心理与行为特性有其客观性和不可控性。企业唯有适应环境，适应消费者的特殊要求，才能使自己在激烈的市场竞争中立于不败之地，尤其在不同的文化环境中从事营销活动时，必须积极主动地适应文化环境的要求，尊重消费者特有的风俗习惯、宗教信仰和消费偏好等，以免遭到失败。

二、我国传统文化对消费心理的影响

我国的文化是以几千年来的小商品经济为基础，以宗法家庭为背景，以儒家伦理道德为核心的传统文化。在这种文化背景中繁衍生息的中华民族在价值观念、消费观念、生活方式上都有独特性。

1. 注重伦理

中国的文化非常注重伦理关系，这是因为中国人非常重视人与人之间的关系，不同于西方重视人与神、人与自然以及人与物的关系。我国文化的核心是儒家文化，而儒家文化的伦理观念是从最基本的血缘关系发展起来的，所以，中国传统社会的人际关系都是从夫妇、父子这些核心关系中派生出来的，社会是以家庭为单位构成，相应的消费也是以家庭为单位进行。中国人非常看重家庭成员的依存关系，然后是以血缘为基础扩大的家族关系、亲戚关系。相互之间交往频繁、联系密切。因此，在消费行为中，商品和劳务的口传信息沟通比正式的信息沟通渠道更为重要。同时,这种伦理关系造成了购买行为的互相影响,子女尊重父母的选择,父母不仅考虑自身的需要,还要考虑家庭中其他成员的需要。这导致消费行为具有沿袭性。父母喜欢的,子女也喜欢,家长赞成的,子女也赞成。

2. 讲究面子

要面子是中国人典型的文化心理特征。但在许多情况下,被以讲究礼仪的说法所掩盖。我国传统文化为人们的丧葬嫁娶、待人接物规定了诸多的礼仪。讲究礼仪是必要的,但过于讲究礼仪就变成了要面子。中国人的要面子是多方面的,亲朋好友来访,倾其所有,热情招待,花费越大,规格越高,越说明主人的热情,客人越有面子。为了面子,许多人可以在家里拮据潦倒,但出门在外却容不得疏忽,一定要光鲜体面。这一典型的特点直接反映在他们的消费行为上,销售厂家只要能够很好地运用,必能获得事半功倍的效果。

3. 群体感强,注重规范

儒家文化注重中庸、忍让、谦和。这种文化教化的大多数中国人注意群体规范,喜欢与他人同步。这同西方强调个性、与众不同形成鲜明的对比。中国人往往把自己看作某群体中的一员,竭力遵守群体规范,言行举止力求与大家一致,避免突出个人。否则,就会引起别人的注意、议论,个人的言行举止成为公众注意的中心,这是大多数人最不喜欢的,也是极力避免的。这种文化意识使人们在消费方面喜欢随大流,赶潮流,消费行为趋于一致。

三、亚文化

(一) 亚文化的含义

亚文化又称为副文化,是指不占主流的或某一局部的文化现象。一种亚文化可以代表一种生活方式,它不仅包括与主体文化共通的价值观念,还包括自己独特的价值观念。每个亚文化群体都有自身的某些生活行为方式,成员往往非常认同。一般认为,亚文化对其成员的影响比主文化还要强,它赋予个人一种可以辨别的身份。因此,对文化与消费心理的研究主要是研究亚文化对消费者心理及行为的影响。

(二) 亚文化的一般分类及其消费心理

同属一种文化的人们又可以根据不同的民族、籍贯、种族、宗教、年龄、性别、职业和社会阶层等不同标准划分为若干不同的亚文化群体。较为典型的亚文化群体包括以下几种。

1. 民族亚文化群体

民族亚文化群体是以历史渊源为基础的具有基本文化总体特征,又有其自身的较稳定的以观念、信仰、语言文字、生活方式等形式表现的人群共同体。如我们常讲的“中华民族”就是由56个民族构成的,而每一个民族又具有自己的民族亚文化特征,有其不同的生活方式、价值观念、消费习俗。

2. 地域亚文化群体

地域亚文化群体是由于人们受所处自然地理条件的影响而形成与气候条件、地理条件有关的生活方式和消费习俗的亚文化群体。如从饮食上看，我国历来就有南甜北咸、东辣西酸的饮食调味习惯；从服饰上看，北方人多爱深色，而南方人多好浅色；从地理环境对人的性格的影响看，北方人多豪放，而南方人多细腻。

3. 区域亚文化群体

区域亚文化群体是以人口的行政区域分布为特色的亚文化群体。如大都市的消费者同普通城镇与乡村的消费者相比，在生活方式与消费习惯上有较大的差异。我们常讲的“都市文化”“乡村文化”等正是反映了这种差异。当然，这种差异与生产力发展水平有关。在发达国家中，这种差异要大大小于发展中国家，但差异是不会消失的。即使在“都市化”的乡村，这种差异也十分明显，乡村消费者的消费宽度要窄于都市消费者。

4. 职业亚文化群体

职业亚文化群体是以人们的社会职业为特点的亚文化群体。由于消费者的社会职业不同，经济收入随之不同，由此所形成的消费心理与行为也就不尽相同。如国家干部和教师在衣着上多注重大方庄重、舒适方便，而文艺界人士则更注重款式、趋时性和社会感染力。

5. 年龄亚文化

不同年龄的亚文化群往往有不同的价值观念和消费习惯，对商品有不同的爱好。老年亚文化群比较保守和自信，习惯于购买自己熟悉的商品，求实、求利的购买动机强，对新产品持怀疑态度。青年亚文化群则追求新颖、奇特、时尚，乐于尝试新产品，容易产生诱发性和冲动性购买行为。

第二节　社会阶层与消费者心理

案例 8-2

社会阶层的现状

社会阶层是由具有相同或相似社会地位的社会成员组成的相对持久的群体，指一个社会中具有相对的同质性和持久性的群体，往往是按照等级排列的。不同等级的成员被培养成一定的角色，而且不能改变他们的成员资格。每一阶层的成员具有类似的价值观、兴趣爱好和行为方式。每个个体都会在社会中占据一定的位置，有的人占据非常显赫的位置，有的人则占据一般的或较低的位置。

中国现阶段社会阶层结构是怎样一种形态呢？要对此做出正确判断，就必须弄清中国社会各阶层的层级分布。如果我们把中国社会阶层等级结构划分为上层、中上层、中层、中下层、底层五层,那么,它们各自包含或部分包含如下一些相关的社会阶层:上层包括国家、社会和大企业的领导者、大私人企业主、企事业和专业服务机构中的部分高级专业人员及自由职业者中的少数精英等。中上层包括国家和社会的中层管理者、中等私人企业主、一部分企业的中层管理人员和专业人员、一部分专业服务机构从业人员和自由职业人员等。中层包括国家、社会和企业的一般管理者和专业人员、小私人企业主和一部分个体经营者、多数专业服务机构从业人员和自由职业人员、高级技术工人、农业经营大户等。中下层包括大多数工人、农民和一般商业服务人员、大多数个体经营者等。底层包括生活处于贫困状态的一部分工人、农民、城乡无业、失业和半失业者等。

上层现有人数不到总人口的1%;中上层现有人数也不多,中层现有人数多于中上层人数,两者相加不到人口总数的20%;中下层是人数最多的一个等级,占总人口的70%以上;底层现有人数不超过总人口的5%。社会阶层的差异意味着经济水平,社会地位的差异,对经济消费的发展有着重要的影响。

资料来源:https://wenku.baidu.com/view/8209086d1eb91a37f1115c49.html?from=related,2018-11-10.

一、社会阶层的含义

阶级结构或社会阶层的某些形态已经存在于人类历史的所有阶级社会中。在当代社会,社会阶层的存在是普遍的现实,公务员、教师、医生、律师、会计师等受过良好教育或享有更多职业声望的人要比农民、工人等更被社会尊重。社会阶层是指依据经济、政治、教育、文化等多种社会因素所划分的相对稳定的社会集团或同类人群。应当注意的是,社会阶层不同于社会阶级,其划分的标准不仅仅是经济因素,还有其他各种社会因素,如社会分工、知识水平、职务等。

社会阶层分类通常以层级排列,以地位的高低进行排列。因此,对大多数人来说,社会阶层分类意味着其他人与自己相比较,要么是平等的,要么是高于或低于自己。在这一背景条件下,社会阶层的分类为消费者消费心理与行为提供了一个参考框架。对于企业来说,针对不同社会阶层的消费者在开展市场营销活动时应该采取不同营销策略。

二、划分社会阶层的方法

在现实生活中,关于社会阶层的划分,通常有两种方法:一种是综合指标法,即用多个标准综合衡量的方法;另一种是单一指标法,即只用单一标准划分的方法。由于个人在社会中所处的地位或阶层受多种因素的影响,一般来说,使用综合指标法划分社会阶层要比单一指标准确得多。

(一)综合指标法

目前,西方学者在划分社会阶层时较为常用的有二因素、三因素、四因素甚至更多因素的综合划分方法。

1. 二因素划分法

二因素划分法选取职业和教育两个因素。具体划分时，首先确定等级差别，即职业等级和教育等级，然后确定它们的权数，职业等级的权数为7，教育等级的权数为4，最后进行等级评分，从而确定其社会阶层。

$$社会阶层得分＝职业等级\times 7＋教育等级\times 4$$

由上式可知，得分越高，社会阶层越高。

2. A.B.霍林谢德的三因素划分法

三因素划分法在确定社会阶层时选取住房、职业、收入三个因素作为划分的标准。具体在划分时，此三个因素的权数分别为6、9、5，依据综合得分的高低来确定社会阶层。得分越高，社会阶层越高。

此外，W.L.沃纳还采用四个、五个或六个主要因素划分社会阶层。实践证明，划分标准不同，一个人所处社会阶层的差别较大。

（二）单一指标法

单一指标法是指在划分社会阶层时，所使用的指标是单一的。在划分时，经常使用的指标主要有以下三种。

(1) 收入。收入是划分社会阶层时最常使用的指标。这是因为收入的高低直接影响人的生活水平的高低，直接影响一个消费者的实际购买力。但采取收入这一单一指标划分社会阶层也有其局限性，即收入水平不能完全解释人们的生活态度、消费方式等。如一个受过高等教育的教授或政府官员可能与一个受过小学教育的小商贩的收入水平大致相同，但他们在消费的过程中，爱好、消费观念、购买对象等会表现出很大的差异性。

(2) 教育。教育在划分社会阶层时有其特殊的意义。通常，一个消费者受教育的程度决定着其知识结构、文化层次、职业选择和收入水平等。受教育程度高的消费者在消费过程中喜欢消费知识性较强的商品，并且在选择商品时善于利用外界的各种信息，而受教育程度低的消费者在消费过程中则表现相反的倾向。

(3) 职业。职业也经常被用作划分社会阶层的重要指标。因为，职业在一定的程度上反映一个人的知识层次、专业特长、收入水平等。所以，根据消费者职业的不同，大体上可以确定他们的生活方式和消费倾向。但是，采用职业标准划分社会阶层的困难在于，由于社会上职业有千万种，在进行分类时确定出等级并非易事。

由于认识的角度不同、采用的方法不同、划分的标准不一，我国研究者对今天中国社会阶层变化进行总体概括的观点比较多。其中比较具有代表性的观点是，社科院专家们通过大量翔实的调查数据，对当代中国社会阶层进行了分析，划分十大阶层：国家与社会管理阶层、经理阶层、私营企业主阶层、专业技术人员阶层、办事人员阶层、个体工商户阶层、商业服务人员阶层、产业工人阶层、农业劳动者阶层和城市无业、失业和半失业阶层。今后，中国社会阶层结构在构成成分上不会有大的变化，可能变化的主要是各个阶层的规模,其中专业技术人员阶层、商业服务人员阶层、经理阶层和私营企业主阶层会大大扩张。

三、社会阶层因素对消费心理的影响

社会生活中,每个消费者都归属于一定的社会阶层。他们的消费观念、生活方式必然受所属阶层的制约和影响,因而同属某一社会的消费者在消费心理和消费行为上会有许多相似之处,而不同社会阶层的消费者则表现出明显差异。具体表现在以下四个方面。

1. 不同社会阶层的消费者之间有不同的消费倾向

一般而言,社会阶层越高,其储蓄(主要用于投资)倾向越强,消费倾向越小;社会阶层越低,则其消费倾向越大,储蓄倾向越小。

2. 不同社会阶层的消费者对消费内容、消费方式有不同的选择

一般而言,消费者所属的社会阶层较高,其消费越追求全面发展;而社会阶层较低的消费者,其消费显得更为单调。

3. 社会阶层的不同还影响消费者对消费信息及其传播方式的选择

一般而言,高阶层的消费者更加注重对产品出处的调查和选择,他们的消费行为对信息的依赖性较大。他们易接受正规的报纸、杂志等媒体所发布的消费信息,对广告等多抱有谨慎的态度;而阶层较低的消费者一般不进行过多的信息调查,他们对产品信息、价格信息等没有太大的选择欲望,对消费信息较少持批判的态度,易为广告等所打动。

4. 不同社会阶层的消费者有不同的消费目标、不同的产品和档次需求

一般来说,高阶层的家庭居住条件良好,他们对室内装潢设计的要求高,对高档家具、厨具等的购买力都很强;而一般阶层的消费者则较少有这些消费目标。

从我国目前的情况看,阶层消费已悄然兴起。中间阶层正逐渐崛起,成为一个稳定的社会购买力群体。

家庭环境与消费行为

案例 8-3

家庭旅游渐成时尚

1999年国务院出台关于延长节假日的规定,人们的休假时间更充裕了,而且随着人们生活水平的不断提高,消费观念也发生了转变,外出旅游渐渐成为许多人度假的首选。每当节假日来临之际,经常会听到“准备到什么地方旅游”的对话。对此,一些精明的旅游企业把目光盯在家庭旅游这块蛋糕上。

目前家庭旅游主要有以下三类。一是亲子型。我国现在大部分家庭都是独生子女家庭，带着孩子外出旅游主要是为了让孩子增长知识，陶冶情操，但家庭旅游也有一定限制，比如孩子太小，出去不方便；读中学后学业太紧，很少舍得花时间出去旅游。除此以外，家长都有可能带孩子去旅游。二是情侣型。这包括两种情况，一种是新婚夫妇用旅游方式开始新的生活；另一种是处于空巢老年夫妇，退休以后没有工作压力和家庭负担，身体条件允许，很多人都愿意出去旅游。三是孝敬父母型。中青年人平时工作忙，很少能与父母聚在一起，利用节假日陪父母出去旅游，既可以弥补感情歉疚，又可以回报父母的养育之恩，享天伦之乐。

在我国，家庭旅游作为一种新消费趋势，对进一步发展旅游业将产生重要的影响。过去的旅游产品一般是大众型的，以为普通游客提供服务为主，这显然不适合现阶段家庭旅游发展的要求。而且，在家庭旅游项目上，与国外相比还是有差距的。

比如，最近美国一些大型旅游企业，开始将儿童作为一个重要的客户群对待。他们想方设法满足小朋友的需求。豪华酒店也增加了白天照顾孩子的项目，他们已经认识到必须让孩子放心地玩，同时也必须让孩子的父母感到满意。

资料来源：李文同，张振江，郭淑宁．消费者心理与行为学[M]．郑州：河南人民出版社，2010.

思考：结合案例思考家庭观念变化对于消费行为的影响。

家庭是群体的一种重要形式，它对其成员的消费行为有极其重要的影响。家庭还是进行消费的基本单位，而且家庭消费与个体消费有根本的区别，人们的绝大多数消费行为都与家庭有关。

一、家庭的概念

家庭是以有婚姻、血缘和继承关系的成员为基础组成的一种社会生活单位。父母、子女是家庭的基本成员。家庭首先是两性关系或婚姻关系的结合，在此基础上派生出血缘关系。任何一种社会，不论是出于传统习俗，还是出于明文规定，家庭作为一种社会制度与婚姻制度相结合的产物，始终是人类社会生活的基本单位。

二、影响家庭购买决策的主要因素

影响家庭购买决策的因素主要有以下五个。

（一）家庭中的民主气氛

民主气氛浓厚的家庭，通常是民主决策。家长制、大男子主义、大女子主义的家庭中，往往由某个家长专断。

（二）家庭分工

家庭成员分工有粗有细，购买相关商品的决策视其家庭分工而决定，家庭分工明朗，则分别独立决策的情况增加。

(三) 家庭生命周期

新婚家庭,夫妻双方共同决定的情形比较普遍。随着生命周期的演进,家庭分工开始明朗化。

(四) 风险性的大小

对购买商品的风险的评估,风险大,有可能共同商定;风险小则偏向于独立决策。

(五) 商品价值的大小

购买的商品价值大,则多为共同决策;价值小,则多为独立决策。

三、家庭决策类型

家庭决策类型主要包括以下四种。

(一) 丈夫决策型

家庭中商品的购买决策由丈夫做出。原因是丈夫是家庭经济中收入的主要来源,且理财能力强,这种类型目前在农村中还比较普遍,是中国较为传统的家庭决策类型。

(二) 妻子决策型

妻子决策型是指家庭的主要购买决策由妻子做出。这种类型的家庭成因复杂,一类是由于丈夫忙于工作和事业,家庭事务从决策到执行都由妻子承担;另一类是家庭收入很高,消费支出的决策已不再成为家庭生活的主要话题,生活内容才是家庭成员关心的对象;还有一类是妻子的独立生活、购物、理家能力大大超过丈夫。前两类妻子决策型家庭在购买行为上比较随意,并且机动性较大,是产品销售中较易吸引的对象;后者则往往是市场上挑剔型购买者。

(三) 民主决策型

民主决策型是指决策主要由夫妻双方共同协商做出。这种家庭的主要特点是:夫妻双方关系融洽,有良好的教育基础,思想较为开放,适应时代潮流,家庭中有良好的沟通环境。这类家庭的购买决策往往较为慎重和全面,购买中的理智型特征较为明显,冲动性较少。一般而言,对整个家庭比较重要的决策,以及面临时间压力不大的决策,都会由家庭成员共同协商做出。

(四) 夫妻自主决策型

夫妻自主决策型是指构成家庭的夫妻双方在经济上相对独立,各自都能自主地做出决策而对方也不过多干预。这种类型多属开放型家庭,一般在经济收入较宽余,层次较高的家庭中较为常见。这类消费者在购买中的自主性和随意性都比较强,因为其购买行为既不受经济收入的限制,也不受家庭成员的约束。

四、家庭生命周期与购买决策

家庭生命周期可分为以下五种。

（一）初婚期

初婚期是指从登记成为合法的夫妻并建立家庭，到生育第一个孩子这一时期。初婚期的消费特点是：消费支出额度大，消费水平很高，消费生活中感情色彩浓，加上缺乏理财的经验，所以突击性的消费行为比较明显，购买商品讲究时髦与流行。

（二）生育期

从第一个孩子出生，到最小一个孩子经济独立之前的阶段被称为生育期。在这类家庭中，家庭支出的大部分用于后代的培养教育，家庭消费也以此为主。此阶段的家庭消费趋于理性，治家经验增加，计划性增强，冲动型购买少，家庭消费的各个方面趋于合理。

（三）满巢期

子女长大后，大部分为他们的恋爱结婚做准备。从子女长大开始就业到他们陆续结婚和父母分居的这一阶段，即家庭周期的满巢期。在此阶段，子女开始有一定的经济收入，家庭的总收入处于最高峰，总的消费水平很高，有能力共同购买大件商品。子女的消费经验也相当成熟，能共同参与商品的评价、选择和购买活动，甚至在某些家庭中成为主要决策者。家庭的总体消费力很强。

（四）空巢期

子女成家立业后，陆续组织新的家庭，成为另一个独立的消费单位，只剩下两位老人，这一阶段即属于家庭生命周期的空巢期。在此阶段，由于没有了经济负担，收入水平相对较高，健康食品、保健品的需要增加，开始注重改善家居，提高生活质量，外出旅游，参加社会交际活动等。

（五）鳏寡期

夫妻双方中有一方去世，称为家庭生命周期的鳏寡期。处在鳏寡期的老人生活方式产生新的变化，消费内容单一，消费面窄，观念保守，消费多用在保健、医疗、劳务上，对舒适、方便与安全的需求增大，购买的需求减少，家庭逐步走向衰亡。

由上面的分析可以看出，在家庭生命周期演变的过程中，在各个阶段，家庭成员的需要、欲望、购买心理、购买倾向都是不一样的。

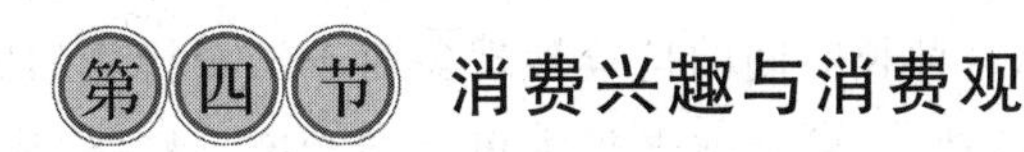

第四节　消费兴趣与消费观

案例 8-4

钻石恒久远，一颗永流传

1888 年以来，戴比尔斯一直紧密参与钻石行业的各个领域，包括开采、加工、销售，并通过旗下的国际钻石推广中心(Diamond Trading Company，DTC)从事全球性的推广工作，为珠宝业界和传播媒介提供协助及专业的建议，帮助消费者认识钻石，推动钻饰潮流。1947年,DTC开始使用“A diamond is forever”作为口号,把钻石包装成了爱情的象征,使钻石成为世间男女缔结盟约的最佳信物。

1993年,DTC在国内征集“A diamond is forever”的中文翻译,经过半年的评比,一位大学教师的一句话被选上,于是“钻石恒久远,一颗永流传”经典广告语进入中国,改变了中国人婚庆以佩戴黄金、翡翠为主的传统,形成中国新人们“无钻不婚”的全新理念,钻戒成为承载两人爱情的美好信物。

巅峰时期,戴比尔斯经营全球19个钻石矿,生产了全球80%的钻石。从这些钻石矿开采出来的钻石,以及由其他渠道得到的钻石,全部由戴比尔斯以伦敦为基地的中央统一零售机构售出。戴比尔斯公司只允许125个珠宝切割公司向其直接购买钻石原石,这125个钻石切割公司全部都是戴比尔斯中央统一零售机构的客户,行业内的人把他们称作“戴比尔斯125”。戴比尔斯的中央统一零售机构每年举办10次钻石鉴赏活动,把未切割的钻石原石卖给中央统一零售机构的客户,同时戴比尔斯的中央统一零售机构经常与全球主要的钻石切割中心保持紧密的联系。出售的价格完全是由单方面决定的,戴比尔斯将钻石搭配出售,将大小质量各异的钻石放在密封的塑料袋里,上面标价。“戴比尔斯125”是没有权利讲价的,只能决定是购买还是不购买。只有在单颗钻石的重量在10.8克拉以上时,才有极其微小的讲价空间。戴比尔斯这么做其实是从源头上控制了钻石的价格。

曾有一些小公司企图出售自己开采的钻石原石,但遭到戴比尔斯疯狂“报复”。方法很简单,戴比尔斯只要要求其中央统一零售机构在短时间里释放大量钻石储备,钻石价格就会大跌,小的公司根本无力承受这样的价格战,只能屈服。戴比尔斯由此成为钻石行业老大。

资料来源:https://zhuanlan.zhihu.com/p/19832621,2018-11-15.

思考:结合案例从消费兴趣的角度谈谈为什么钻石能成功打开市场?

兴趣是人们积极地认识事物的一种倾向性。在日常生活中,兴趣也是推动日常心理活动进行的一种力量,按照自己的兴趣的事是令人愉快的。对于特定事物有兴趣,心理活动会随之受到影响,比如注意力相对集中,人的情绪、思维与想象力更积极。消费者兴趣的持续时间一般较长,这种长时间的持续性现象对于消费行为的影响更为持久。按照消费者兴趣进行的消费活动,会给消费者带来更高满意度。好奇、探索以及对新鲜事物、对神秘事物的兴趣等,是人们比较普遍的心理活动。“好奇之心,人皆有之”,这是中国的俗语。马斯洛说,兴趣、好奇、探究是人类心理的一种本质特征。

消费观是从价值观引申而来的。价值观是人们关于生活中基本价值的信念、信仰、理想等思想观念的总和;是人们对于生活与生活目标的看法或个人的思想体系。理想是价值观的最高体现。价值观反映了人们的地位、需要、利益及自我能力主观特征。价值观是人们用于衡量事物轻重、权衡得失的天平和尺子,起评价标准的作用。

一、消费者兴趣的特点

（一）指向性

有些消费者的兴趣集中于饮食消费，有些消费者的兴趣集中于音乐音响的享受，还有些消费者的兴趣集中于居室环境的布置等。消费者兴趣的指向性可能是消费观的具体体现，也可能是在消费者受消费环境诱导而发生的兴趣。

（二）持久性

消费者对于发生兴趣的商品，刚开始是觉得有趣，继续接触，消费者会逐渐对于这类商品形成爱好，有的消费者会在爱好的基础之上形成强烈的癖好，养成稳定的消费习惯。尽管消费者的兴趣程度不同，但是每一种程度的兴趣都会持续相当长的时间，还有的消费者会对所钟爱的商品"长恋不舍，终生为之"为伍。一些"发烧"级消费者具备超人的兴趣，如邮品喜爱者、音响喜爱者、摄影喜爱者等，他们对于专业性市场的发展起重要的导向作用。

（三）效能性

在兴趣的状态，人们的心理活动和行为会受到重大的效能性影响，集中表现在有意注意、有意记忆、积极情绪、积极思维等心理活动的参与性更强，消费者对于感兴趣的商品，在搜集信息、感知、思维和联想等心理活动方面非常活跃，购买行为比较积极，消费体会较深，并且会以更大的决心克服购买中出现的困难。

（四）迁移性

消费者兴趣是人们对于与消费有关的事物所持有的积极认识和心理倾向性。兴趣使人们喜爱这些事物，使人的心理活动集中于所感兴趣的事物，但是人的兴趣不是长时间固定、终生不变的，随着时间的推移，有些兴趣也会逐渐发生变化。比如对其他商品发生兴趣，失去对原有商品的兴趣，新的兴趣持续一段时间之后，因为感官适应、注意力极限等因素的作用，人们的兴趣又可能向下一个新商品转移。

在消费者心理学研究中，运用兴趣的规模分析营销策略具有较大的实用价值。开发令消费者感兴趣的产品，可以较长时间吸引消费者注意，容易调动消费者的积极情绪，减少营销推广的阻力。同时由于消费者兴趣会具有迁移的特点，产品开发、服务项目提供应该具有连续不断的创新性，满足消费者不断发展的兴趣需要。

二、消费者兴趣的类型

（一）按兴趣程度细分

癖好型是兴趣强度最大的一类，消费者长期以来对于特定商品形成了兴趣，甚至形成了消费习惯，如果不消费这种商品，会有严重的心理不适感和失落感。一些互联网网民、烟民属于这一类型。这是兴趣发挥效能最强的一类。受经济能力等因素的影响，不是所有的消费者兴趣都能转变为消费行为，但癖好型的消费者必然形成现实性的消费行为。

固定型这一类消费者有较长时间的消费经验,经过多次消费选择,对于某类商品已经产生了稳定的兴趣,这种消费兴趣不会轻易地丧失。比如计算机爱好者,对于计算机发展、配件价格、维修、工作优化等有关事情,保持长久的兴趣。对他们来说,为别人推荐、选择、购买、维护计算机是一件令人高兴的事情。

固定型兴趣的消费者,有消费特定品牌的习惯,比如消费者对特定品牌洗衣液的固定选择。兴趣也可能表现为对于特定风格的爱好,比如对服装风格的选择,有人对淡雅素装表现稳重端庄形象感兴趣,有人以明亮的色彩显示自己活泼个性。兴趣还可能源自消费者的特殊需要,比如音乐素养较高,对与音乐欣赏有关的商品会一直具有浓厚的兴趣。有些消费兴趣与生理需要有关,比如长期体弱的消费者对滋补食品一直保持长久的兴趣和爱好。

新奇型的消费兴趣可能发生在任何一位消费者的身上,因为商品的外表、包装、式样等特征具有新意,商品的价格、功能、质量等方面具有特色,消费者的兴趣在这些特定条件下出现。营销环境中多种因素可以刺激人们产生这一类兴趣,如广告宣传、流行风潮、同事邻居的介绍、榜样人物的消费示范等。新奇型的消费者兴趣覆盖面广,发生兴趣的商品种类不限。

(二)按商品特征细分

从商品的角度,消费者兴趣可以分为四类。

1. 对新商品的消费兴趣

新商品的特征新颖别致,尤其是市场上没有出现过的商品,很容易引起消费者的兴趣。比如美国20世纪70年代流行的健身圈(有人把它称为呼啦圈)于20世纪90年代初传入我国,于1992年春节前后,以天津和北京两大市场为中心,在全国范围内迅速形成购买健身圈的浪潮,各个机关单位、中小学校、各年龄段的男男女女均以购买健身圈为乐,大街小巷,人们谈论的是健身圈,电视节目里报道的到处都是健身圈,大家都觉得这种扭腰送胯的运动方式新鲜有趣。像这样的消费兴趣,完全是由于新商品的特点所引起的。

人们对没有经历过的神秘事物或体会,也有比较强烈的兴趣和好奇心理。娱乐场所的许多消费项目正是基于这种消费心理而设计的,比如许多水上娱乐中心都设计了“戏水水道”项目,游泳者从光滑的管道口进入,滑入管道中,速度逐渐加快,管道里的光线或明或暗,经过自身不能控制的翻滚、碰撞、急转之后,游泳者即滚滑到水池里。这种项目很有吸引力,许多人愿意“冒险”一试。究其原因,是因为这种项目给人的体验和感受非常新颖,容易引起人们的兴趣。

2. 对商品新式样的兴趣

商品功能方面的改进、商品包装方面的变化、商品式样的翻新、促销措施赋予商品的新形象等,经常会引起消费者的注意和兴趣,也会推动市场的发展。在电视机市场上,早期的屏幕呈球面,画面看起来与实际效果有较大的差异,消费者的兴趣一直在关注纯平面电视机。1999 年前后，纯平面电视机的价格大幅度下降之后，纯平面的式样已经成为人们选购电视机的主流。2005 年之后，平板电视机(包括液晶电视机、等离子电视机)以其轻薄、省电、无辐射的优势出现在市场上，极大地吸引了人们的购买兴趣。随着平板电视机价格的不断下降，人们购买平板电视机的兴趣一直在上升。2015 年开始，曲面电视机开始流行，视觉效果与影院体验几乎无二，在互动方面远远超越影院。2016 年，虚拟现实(VR)技术进入市场，可以预计，未来 VR 显示占据电视机市场较大份额的趋势不可避免，轻巧方便的 VR 显示设备市场必将快速成长。营销者要跟踪消费者的兴趣点及转移之后的市场。

3. *消费者主动寻求商品新式样、新风格的兴趣*

一种商品经过较长时间的消费适应，有些消费者逐渐出现厌弃的消费心理，他们会主动寻找新风格、新式样的商品，这种兴趣的产生与感官的适应有关，也与消费者行为的主动意识和人们求异心理有关。这类兴趣在食品市场表现得比较典型。比如改革开放之后，城市居民的生活水平有了很大程度的提高，大米是非常普遍的主食，但是天天吃大米也就逐渐觉得单调了，新鲜感在逐渐消失。20 世纪 90 年代中期，原来是生活困难象征的食品种类如窝头、烧饼等又回到人们的餐桌上。

主动寻求新式样、新风格的兴趣，还表现在追求商品的奇异特色方面。对于求异型消费者来说，他们愿意想方设法购买那些难以买到的商品，商品越难以买到，越可以显示与别人的区别，这种独一无二的拥有会产生难以形容的自豪感！在工艺品市场、特殊的收藏品市场，以及经过特殊加工的极品市场，这类消费兴趣表现得较为普遍，经营者把握好商品的定价，有可能为企业创造较好的经济收益。

4. *对被禁止或被限制的商品总抱有好奇心和探究兴趣*

人们的好奇性心理或探索事物奥秘的要求，来自人们最基本的心理需要，即了解、认识外部世界需要。在商品消费中，越是难以买到的商品，越是被“禁止”消费的商品，越容易激发人们的消费愿望。在市场营销策略中，有的厂商就有意制造一种气氛，调动人们的好奇之心，消费者的购买兴趣反而增大。

有一个经营饮料的商店，门口贴了一条广告“不许向里面看！”，结果，过路行人不仅没有照广告说的做，反而都把脑袋伸向窗户，看看到底是什么东西不许人看，结果发现里面是商店的厅堂，人们正兴高采烈地饮酒娱乐，许多围观者高兴之余也进厅堂里喝上一杯。营销策略中的“限定销售”，正是利用了这种消费心理。

三、几种典型的消费观

消费观的分类一直没有标准的参照体系，不同学者从不同的角度加以阐述，有人从消费者的“自我概念”“环境依赖程度”“消费与储蓄”“接受新商品态度”等方面分类。在霍金斯的书里列举了 16 种价值观。

下面介绍五种典型的消费观。

(一)实用型消费观

持有这类消费观的消费者十分看重商品本身的实用价值,商品的实用性是购买决策的第一考虑,比如“我觉得它比较耐用”“我认为它比较实惠”“这东西没有什么花里胡哨的装饰,挺实在”等。他们不一定是由于经济能力的限制,而是看重商品的实用性。经济能力较强的消费者也会持有这种消费观。

(二)节俭型消费观

持有这类消费观的消费者认为储蓄比消费重要,他们的储蓄比例远远高于消费比例。他们在价值判断上不接受较高的消费,消费比例过高会出现心理不适或不安。“不存点钱心里不踏实。”“不存钱,将来有点大事情,找谁去?”“挣一个花一个,那是败家子!”他们选购商品时对于价格非常敏感,重视商品的实用价值。

(三)传统型消费观

持这类消费观的消费者重视过去的消费经验,经常以过去的消费标准或审美情趣判断当前的消费行为。“我认为当年的产品质量可靠,现在的东西不耐用。”“还是老型号的自行车结实。”“(商品)口味变了,与从前不一样,原来的口味正宗。”与节俭型消费观不同的是,传统型消费者不一定重视储蓄,他们的消费比例也可能较高,只是在选择商品的品牌、风格或式样等方面,受过去经验影响较大。

(四)炫耀型消费观

持这类消费观的消费者十分注重别人的赞美性评价和良好的反应,购买商品会把别人的评价放在第一位。消费商品并且能够得到别人的赞美和美好的评价当然是一件好事,如果不能得到直接的赞美和美好的评价,能够激起别人的惊讶也是不错的,甚至引起他人的羡慕与嫉妒也是可以的。他们评价商品是“我认为这种东西挺吸引人”“很新鲜,能出彩”“很酷”。如果商品的特点不能达到这些消费目的或效果,他们就很难购买这种商品。

(五)独特型消费观

持这类消费观的消费者在审美评价和审美标准方面追求独特的效果。与普通消费者的不同之处是,他们对于商品的外观、色彩、质感、搭配与使用场合等有自己独到的理解,愿意追求别出心裁的风格。他们的消费目的不是追求他人的夸耀,虽然消费效果会达到夸耀的目的。职业音乐人、演艺人员、节目主持人、艺术设计人员、部分公关人员等,为了表现自己工作风格上的特点,常常在商品消费中表现出独特的消费观。

消费者个体表现出的消费观相对简单一些,就特定的消费群体而言,消费观具有复杂性的特点,因此,对一个消费群体的消费观进行分类,需要从统计的角度考虑,任何简单的分类只可以作为市场研究的参考。

四、影响消费观的因素

（一）消费观受到时代因素的影响

消费观是个人对于商品和消费行为方面的主观评价，很容易受到历史条件和时代的影响，在不同的消费时代，消费者很容易带上那个时代的特点。

在20世纪70年代，人们的消费主要追求吃饱穿暖，对于衣服的款式、舒适度没有过多的追求。如今，人们的生活观念、消费观念发生了很大的改变，个性化消费、便捷性消费等消费方式越来越得到追捧。

（二）消费观受年龄因素影响

一般青年人的消费观以追求舒适，穿着美观、潇洒，表现自己的个性等为价值判断，追赶新潮、跟随流行一类消费行为经常发生在青年消费者身上。对大学生服装消费动机的研究中发现，大学生的服装消费以“心理舒适性”最为重要，穿衣打扮尽量追求漂亮、潇洒，令自我满意，即自我对服装的肯定和满意，同时要求服装消费“对自己的适宜性”，以及通过服装行为“表达个性”。而老年消费者一般以节俭、实用性的消费观为主，追求商品特性的经济实惠，储蓄的动机较为强烈，对于商品的牌子有一定的消费习惯和信赖性。

（三）消费观受地域特性影响

我国民间有一句顺口溜，吃在广州，穿在杭州。反映这些地区在消费观念和习惯具有代表性。在广州，人们把饮食这种消费活动放在日常生活的重要位置，既讲究花样和风味，又讲究营养。在苏杭一带，人们讲究穿衣打扮，漂亮秀美的穿衣方式为其他地区的消费者所羡慕。我国传统文化中强调做人不要有明显个性，这种文化模式深深地影响了人们的消费价值观，消费群体中的价值观趋同现象很明显。

一、复习思考题

1. 对消费者行为有影响的社会环境包括哪些方面？
2. 列举对社会亚文化的典型分类有哪些？并举例说明。
3. 解释几种主要的相关群体，并举例说明。

二、材料阅读

材料1

家庭消费行为的典型特征与跨期选择的优化分析

通过观察，不难发现家庭的消费决策具有下列一些典型的事实特征。

(1) 家庭日常消费支出与家庭收入的多寡有密切的关系。一般来说，收入越多的家庭，日常消费支出就越多，收入越少的家庭，日常消费支出也越少。实际上，现有的经济学理论和实证分析已对这一特征事实进行了充分的研究和描述，各种消费理论如绝对收入假说、持久收入假说、生命周期消费假说等都是建立在此典型事实特征之上的，都是对这一典型事实特征的描述。

(2) 家庭每日的消费支出存在一个最低限。人类要生存,就必须要消费,每个人要生存下去,每日的消费支出就必须保持在必要的温饱水平之上。一个家庭,即使没有收入,也需要一定的消费支出,当然这种消费支出的来源可能是靠社会或亲友的救济、银行或亲友的借贷等。但无论如何,一个家庭要维持下去,每日就必须至少满足最基本的生活需要。

(3) 家庭的日常消费支出的多少不仅取决于家庭收入的高低,而且还与社会的文化传统和经济环境密切相关。通过家庭消费支出的统计数据分析可以发现,不同的文化传统和社会经济制度环境对家庭消费支出决策也有很大的影响。例如,美国家庭的储蓄率较低,而在东亚各个国家,不论其经济发展水平是高还是低,各国的家庭储蓄率普遍较高。

(4) 家庭消费支出具有刚性和惯性。俗话说,由俭入奢易,而由奢入俭难。家庭的消费支出水平一旦提高,要再降下来,对于一个家庭的成员来说将会十分困难,因此即使在收入水平有所下降的时候,一个家庭也总是首先设法维持其家庭过去已有的生活水平,而不是降低其原有的生活水平,从而导致家庭消费支出具有很强的刚性和惯性。

(5) 不仅消费可以给家庭成员带来效用,而且家庭财富的积累也可以给家庭成员带来效用。虽然在现代标准的家庭消费跨期优化分析模式中,通常都把家庭的储蓄看作未来的消费,但是家庭的财富的积累本身也可以给家庭成员带来一定的效用。实际上,家庭财富的多寡,本身就是家庭社会地位的一个重要标志,家庭财富的积累本身就有效用。

(6) 家庭每日的消费决策的做出,不仅要考虑当前欲望的满足,而且还要考虑日后的需要和欲望的满足。也就是说,家庭的消费决策过程是一个动态的跨期优化决策过程。

资料来源:雷钦礼.家庭消费行为的典型特征与跨期选择的优化分析[J].消费经济,2007(5).

材料2

分化与区隔:中国城市中产阶层消费特征及其社会效应

中国城市中产阶层的阶层消费及社会特征消费中也隐藏与折射社会分层与不平等的社会现实,只有正视这一点,才可能真正理解与分析这一现实。把中产阶层的消费置于阶层消费与社会区隔的视角下,我们看到了阶层消费及其差异中间的不平等与异质性,同时也能够更加深刻地理解中产阶层的消费逻辑。中国当代城市中产阶层是中国第一代中产阶层,这种特征决定了他们是正在形成与发展中的阶层,而且承载了更多的社会转型时期的特征,正是这些特征构成了新中产阶层消费的背景因素,这是我们分析的前提。本部分分析依据的经验资料如下:2004年南京大学社会学系在北京、上海、广州、南京、武汉五个大城市进行的“中国中产阶层”调查,南京大学社会学系中产阶层研究小组及作者本人在上述五个大城市的相关个案访谈。

1. 生存必需性消费的“非必需化”与不断扩张

消费原本指为了满足生存的必需而消耗物质、产品的过程,这种较为简单的消费模式曾是我国计划经济与资源短缺时期很长一段时间内的基本消费形式，但伴随着经济与社会发展的消费革命，已经在短短的二十多年内为我们的生活注入了越来越多的现代消费的内容，其直接表现就是：消费已经越来越多地与生存必需拉开距离，城市中产阶层较为稳定的工作与收入使他们能够在这方面走在前列。

2. 享受性消费的理性化：有限的选择与节制

从凡勃伦提出“炫耀性消费”开始，中产阶层消费的享受与奢侈的一面就成为社会关注的焦点。在对资本主义发生的另一种逻辑——奢侈的追溯中，桑巴特指出中产阶层对于宫廷奢侈生活的模仿导致当时社会经济的发展，从而在一定程度上导致了资本主义的产生。在对宫廷社会的研究中，艾利亚斯也指出这一问题，分析了宫廷社会的消费、礼仪以及中产阶层对上流社会的渴慕所导致的消费变革在自上而下的文明进程中的作用。而在其后的一系列研究中，布迪厄与费瑟斯通则将这种观点发展到极致，认为新兴的中产阶层是传统节俭消费文化的背叛者，是消费中的享乐主义至上者。坎贝尔更是认为他们的浪漫伦理是现代享乐主义的主要来源。只要我们稍加注意，就会发现这种理论的传承是随着中产阶层发展而不断强化的。对于中国城市中产阶层的消费状况的调查也发现了这种享受性消费的增加势态。

3. 发展性消费日趋多样化而且比例将不断增大

消费具有不断增多的投资成分从消费支出分布情况来看，很明显存在不少区别。城市中产阶层已逐步摆脱低收入阶层的消费特征。从“吃、穿、住”等最基本的消费项目占其消费支出的比重来看，中产阶层的收入已完全满足最基本的生活需要，有更多的剩余资金可用于满足发展需求的其他消费项目或投资。

4. 休闲消费：时间与精力的制约

我们在对城市中产阶层的调查中发现，就休闲消费而言，中产阶层较之非中产阶层出现了明显的分化。应该说，休闲消费的出现与不断增加的趋势是城市中产阶层追求生活质量的主要表现之一，很显然，这种变化与他们的收入、职业和教育水平都有很大关系。目前在我国的“十一黄金周”旅游消费中，中产阶层无疑是其中的主要力量。

5. 个性化消费与阶层性趋同并行

随着目前商品与服务市场的不断成熟，消费中的可选择性不断增加，同时由于城市中产阶层收入的稳定增加，他们的消费选择性较非中产阶层更强。而且，如前所述，中产阶层的消费是对传统的生存必需性消费为主的消费模式的超越，他们的消费内容与消费空间更大。这样，现代消费作为张扬自我个性与认同的成分也随之增强。消费在满足人们的生活需要时，同时也成为展现个人的社会身份、地位的手段，这样消费品与服务更多地越来越具有波德利亚所说的“符号”特征。一旦消费品具有了符号特征，在对消费品的选择中，自我特征就成为一个重要的考虑因素。

6. 超前、理性的消费观念

中国传统消费观念基本上是源于农村文化的平民化消费观念，而中产阶层基本已经接受了超前消费的观念,主张能挣会花、开源重于节流,同时对品位也有了一定的追求。因此,中产阶层的消费在一定程度上与现代消费更加接近,追求自我表现和独特风格的个性化消费、获得愉悦和彰显地位、身份的炫耀性消费也在这一群体中率先产生出来。

资料来源:王益平.分化与区隔:中国城市中产阶层消费特征及其社会效应[J].湖南师范大学社会科学学报,2008(1).

三、实训操练:深入了解社会环境

1. 实训目标

通过本实训掌握社会环境是如何影响消费者心理和行为的。

2. 实训内容

选择社会环境的某一方面深入研究,最后以小论文的形式呈现研究成果,为增加研究成果的生动性可加入典型案例进行说明。

3. 实训要求

(1) 本实训可选择在有多媒体的教室或办公室进行。

(2) 论文可3人一组完成,也可独立完成。

(3) 将研究结果制作成幻灯片,在课堂上进行演讲。

(4) 教师在每组演讲结束后对演讲内容及学生表现给予评论。

4. 实训总结

学生自我总结	
教师评价	

第 三 篇
消费者心理与营销

第九章　产品与消费者心理

给汽车起个好名字

汽车制造厂家都想为生产的汽车起个好名字。美妙的商标名称能取悦用户，打开销路。

德国大众汽车公司的桑塔纳高级轿车，因借“旋风”之美誉而得名。桑塔纳原是美国加利福尼亚一座山谷的名字，该地因生产名贵的葡萄酒而闻名于世。在山谷中，还经常刮起一股强劲的旋风，当地人称这种旋风为“桑塔纳”。该公司决定以“桑塔纳”作为新型轿车的命名，希望它能像桑塔纳旋风一样风靡全球，结果好名字带来了好销路。

同样，也有汽车因商标名称而受到“冷遇”，使其销量大减的实例。20世纪60年代中期，美国通用汽车公司向墨西哥推出新设计的汽车，名为“雪佛莱诺瓦”，结果销量极差。经调查发现，“诺瓦”这个读音，在西班牙语中是“走不动”的意思。又如，福特公司曾有一款命名为“艾特塞尔”的中型客车销售不畅，原因是车名与当地一种伤风咳嗽病（艾特塞尔）读音相似，给人一种“此车有病”之感，因此问津者甚少。

更有趣的是,美国一家救护公司成立30年来,一直把“态度诚实”“可靠服务”作为宗旨,并将这4个单词的英文首字母“AIDS”印在救护车上,生意一直很好。然而,自从艾滋病出现以来,该公司生意一落千丈。因为印在救护车上的4个英文字母恰恰与艾滋病的缩写(AIDS)完全一致,患者会认为这是运送艾滋病人的车而拒绝乘坐,时有嘲弄司机的行为发生。最终这家公司只得更换使用了30多年的老招牌。

资料来源:李文同.消费者心理与行为学[M].郑州:河南人民出版社,2010.

产品是连接企业与消费者的直接桥梁,企业的多数行为如广告、促销等都是建立在所拥有的产品之上的。因此,开发受消费者欢迎的产品是企业试图接近消费者的基础和前提。

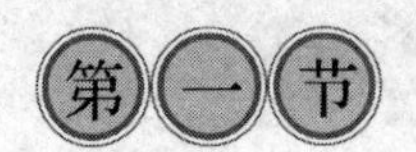

第一节 新产品设计与消费者心理

案例9-1

新产品包装的仿生化设计

仿生设计多用于建筑设计及产品设计中,最近几年来在商品包装设计中的运用也越来越多,也取得了很好的效果。所谓仿生设计即设计者根据自然界中的生活特征、色彩及肌理等对包装进行设计。通过使用仿生设计可以赋予产品包装独特的效果和十分有趣的肌理,可以使包装更加生动形象,从而增强产品对消费者的吸引力。

仿生设计能够极大地增强产品包装的趣味感,其中形态仿生最为常见。以Disney儿童沐浴露为例,它的瓶盖是根据米老鼠的形态设计的,看上去十分生动,符合儿童的心理需求。

在仿生的同时进行适度的夸张,可以增强包装的效果,尤其是一些流行的虚拟生物,自身便具有十分强烈的时尚感,如果将其作为仿生对象,可以让包装形象更加时尚。

思考:仿生包装满足了消费者怎样的消费心理?

一、新产品的概念

从市场角度和技术角度看,新产品在内涵和外延上都不相同,前者比后者的内容广泛得多。从营销学的角度,整体产品包含五个层次,即核心产品、一般产品、期望产品、附加产品和潜在产品。在整体产品中,任何一个层次的更新和变革,都会使产品区别于原产品,有了新的结构、功能、品种或增加了新的服务,给消费者带来了新的利益。这样的产品都可视为新产品。

从市场角度看，新产品按改进程度可分为以下三类。

(1) 全新产品。全新产品是指运用新技术或为满足消费者某种新的需要而发明的产品。无论从设计原理、工艺流程、性能结构还是外观造型上看，全新产品都和原有产品完全不同，是发生了实质性变化的整体更新产品。这类新产品的上市，一般会引起消费者消费方式和心理需求的变化，使消费者改变过去的使用习惯和消费方式，建立全新的消费行为。例如，无线耳机、虚拟现实设备、口袋无人机等，就属于全新产品。

(2) 革新产品。革新产品是指在原有产品的基础上采用新技术或新材料，使产品性能有了重大突破，或将原单一性能产品发展为多种性能及用途的产品。这类新产品一般会给消费者带来新的利益和心理上的满足感，会使部分消费者改变消费行为和习惯，因而对消费者心理影响较大。例如，智能手表、一体化计算机等就属于革新产品。

(3) 改进产品。改进产品是指在原有产品基本用途不变的情况下，对其成分、结构、性能或款式、规格等进行改进而生成的新产品。改进产品对消费者原有的消费心理与习惯影响较小。例如，手机屏幕由3.5英寸变为4英寸又变为4.7英寸，还增加了5.5英寸屏的选择，这就属于改进产品。

二、新产品购买者的类型及购买行为的影响因素

(一) 购买者类型

由于心理需求、个性特点及所处环境等的差异，不同消费者对新产品接受的快慢程度会有所不同。美国学者E. M. 罗杰斯根据这一差异将新产品购买者划分为五种类型。

1. 革新者

任何新产品都是由少数革新者率先使用的，这部分消费者一般约占全部购买者数量的2.5%。他们极富创新和冒险精神，收入水平、社会地位和受教育程度较高；多为年轻人，交际广泛且信息灵通；人数虽少但有示范、表率作用，因而是新产品推广的首要对象。

2. 早期购买者

这是继消费带头人购买之后，马上购买的消费者。这部分消费者一般约占全部购买者数量的13.5%。他们大多是某个群体的意见领袖，思想活跃，喜欢评论，对新生事物感兴趣，对新产品有较为强烈的消费欲望；人数较少但有一定的权威性，对带动其他消费者购买有重要作用。

3. 早期大众

这部分消费者一般约占全部购买者数量的34%。他们有较强的从众、仿效心理，乐于接受新事物，但一般比较谨慎。由于这类消费者数量较多，而且一般在产品成长期时购买，因而是促成新产品在市场上趋向成熟的主要力量。

4. 晚期大众

一般约占全部购买者数量的34%。这部分消费者态度谨慎，对新事物反应迟钝，从不主动接受新产品，直到多数人采用新产品且反映良好时，他们才会购买。他们对于新

产品在市场上达到成熟状态作用很大。

5. 守旧者

一般约占全部购买者数量的16%,是采用新产品的落伍者。这部分消费者思想保守,拘泥于传统的消费行为模式,其社会地位和收入水平一般较低,当新产品过时后他们才会购买,或最终拒绝购买。

(二) 影响新产品购买行为的心理因素

影响消费者购买新产品的因素多种多样,既有新产品本身的因素,又有消费者自身的收入水平、职业特点、性别、年龄等社会和心理因素。

1. 消费者对新产品的需要

需要指没有获得某些基本满足的感受状态,是消费者一切行为的基础和原动力。新产品能否满足消费者的需要,是其购买与否的决定性因素。由于不同消费者有不同的需要内容和需要程度,因而对新产品的购买行为也各不相同。目光敏锐的企业应当善于发现消费者的潜在需要,从而有效地引导和创造消费。

2. 消费者对新产品的感知程度

消费者只有对新产品的性能、用途、特点有了基本了解之后,才能进行分析和判断。当消费者确信新产品能够为之带来新的利益时,其购买欲望就会受到激发,进而采取购买行为。消费者感知能力的强弱直接影响其接受新产品信息的准确度和敏锐度,从而带来其购买行为的时间差异。

3. 消费者的个性特征

消费者的兴趣、爱好、气质、性格、价值观等个性心理特征差别很大,这直接影响了消费者对新产品的接受程度和速度。性格外向、富于冒险精神的消费者,往往比性格保守、墨守成规的消费者更易于接受新产品,而且接受的速度更快。

4. 消费者对新产品的态度

这是影响新产品购买行为的决定性因素。消费者在感知新产品的基础上,通过对新、旧产品的比较、分析,形成对新产品的不同态度。如果消费者最终确信新产品具有某些特点,如时代流行和象征意义、舒适安全和方便协调、审美情趣和个性创造等,能为其带来新的利益及心理上的满足,就会对新产品持肯定态度,进而产生购买行为。企业往往通过顺应消费者的既有态度促进新产品的销售,但有些时候,企业可能需要在成本允许的情况下改变人们的态度。

三、新产品设计的心理策略

消费者整体经济水平和文化水平的提高,使其心理欲求在购买行为中所起的作用越来越重要。消费者是否购买某一新产品,常常取决于新产品能否满足其心理需求。因此,企业在设计新产品时必须适应消费者不断变化的心理。具体而言,企业应从以下五方面研究设计。

（一）产品设计的指导思想必须适应消费的变化

设计和试制新产品的主要目的之一，是为了满足市场不断变化的需求，适应消费群体的变化，以获得更好的经济效益。这些变化主要表现如下。

(1) 消费习惯的变化。自给性消费减少，商品性消费增加；多层次、个性化使产品寿命周期缩短。

(2) 消费模式的变化。包括城镇居民消费结构的变化，城市家庭生活向社会化方向发展，必要的生存资料满足后，对发展资料和享受资料的需求增加等。

(3) 消费心理的变化。购买心理动机：由求稳、求全、求廉、求实发展为随多、喜新、争胜、保值，又发展为求稳、求全、求廉、求实，抢购风之后出现销售疲软现象。

购买行为类型：理智型购买增多，情绪型购买减少；常规型购买者的购买动机受单一因素趋势减少，受复合因素驱动增多；选价型购买者受让利销售影响减弱，买用不买存的心理增强。

（二）根据消费者的生理需求进行新产品功能的设计

产品的基本功能就是产品的基本价值，是消费者购买新产品的出发点。满足消费者的生理需求是设计者在新产品功能设计中首先应考虑的因素。近年来，在产品功能设计方面出现了以下四种趋势。

(1) 多功能，即增加产品给消费者带来的功能利益。例如，多功能音响，能与计算机相连的数码相机，可以上网、拍照的手机等。

(2) 自动化。自动化产品，如全自动洗衣机、洗碗机等智能型家用电器，为消费者快节奏的生活带来许多便利。

(3) 绿色产品。随着环境污染的加剧，人们对无公害、无污染的绿色产品的需求明显增加。如绿色装饰材料、无公害蔬菜等越来越受到人们的青睐。

(4) 健康型产品。生活水平的提高，促使人们对自己和家人的健康更加关注。具有补充钙、锌及维生素，有助于睡眠、帮助消化等功能的各种保健品，深受人们的喜爱。

（三）按照人体工程学的要求进行新产品结构的设计

与人体生理改造和生命发展相适应的产品，在消费过程中给人以安全感和舒适感，可以减轻人体疲劳、加速人体机能的恢复。因此，在设计新产品时，应当按照现代人体工程学的原理，根据人体各部位的结构特征、生理机能以及使用环境等进行综合设计。例如，座椅的设计，应根据人们腿部的长度确定；根据人们腰部的特征确定靠背的形状和倾斜度，根据手臂的长短安置扶手。这样才能使人们姿势安稳、肌肉放松。

（四）根据消费者的个性心理特征进行产品个性的设计

消费者的个性特征对其购买动机有重要影响，因此设计新产品时还要考虑产品的独特个性，使新产品与众多同类产品有显著的差异，即有明显的特点。这些特点具体表现如下。

(1) 体现威望的个性，即体现消费者的社会威望或表现其个人成就，如高档手表、名牌服装、豪华轿车等。因此,设计时应选用上乘或名贵的原材料,产品款式应豪华精美,并保证一流的工艺和质量。

(2) 标志社会地位的个性。某些产品是供社会某一阶层使用的,是这一阶层成员的共同标志。使用者可以借此表明自己属于该社会阶层或集团的身份。不同的社会阶层,其消费习惯及心理特征有明显的差别。因此,在设计新产品时,应当充分考虑特定阶层消费者的工作环境、经济收入、社会地位及消费习惯和消费心理。

(3) 显示成熟的个性。在不同的年龄阶段,人们的生理与心理成熟程度不同,在进行新产品设计时,应注意适应不同年龄阶段消费者的成熟程度,以满足其生理和心理要求。

(4) 满足自尊和自我实现的个性。马斯洛的需要层次理论表明,当人们的基本物质需要得到满足后,会产生精神需要。人作为社会中的一员,一方面渴望得到他人的认可和尊重,希望在社会交往中给人留下良好的印象;另一方面还要求不断提高自身的知识水平和能力,充分发挥其内在潜力,以求得事业上的成功与个人价值的实现。为此,人们会刻意寻找有助于增强自我价值实现的产品,如装饰品、美容用品、学习用品及有助于提高某方面技能的专门用品等。在设计这类产品时,应根据其想要体现的消费者需要的层次,使产品充分迎合该层次消费者的需要。

(5) 满足情感要求的个性。随着人们生活节奏的加快,消费者在强调产品实用性的同时,越来越注重情感消费。如表达友情、亲情,寄托希望、向往,追求情趣、格调等。某些产品如工艺品、玩具等,因其设计新颖、造型别致、蕴含丰富的感情色彩,能够满足消费者的情感需要,因而受到消费者的青睐。这类产品的设计应强调新、奇、美、趣、雅等特点。

(五) 适应时代潮流进行新产品的设计

时代潮流是一种反映多数人意愿的群众性、社会性行为趋向,在一种新的时代潮流中,大多数人都有向往、追求的意愿,因此在产品设计上也应体现流行时尚,以吸引更多的消费者。时尚产品的流行,既反映了社会文化和科学技术的进步,也反映了消费者渴望变化的心理倾向。有些消费者对具有特色的新产品极具热情,喜欢带头使用新产品,由此形成了时尚产品流行的源头,这部分消费者被称为“消费带头人”。他们首先购买和使用新产品,并引以为荣。他们的消费行为起到了宣传示范作用,引起其他消费者的模仿购买,并逐步形成消费流行高潮。因此,要满足消费者追求时尚流行的心理,产品设计应贵在“出新”,同时应当注意时尚产品流行周期逐渐缩短的趋势,在设计时应善于捕捉时尚源头、及时发现和把握流行趋向。

四、新产品推广的心理策略

新产品问世后,企业面临的重要问题是如何使消费者尽快认识、承认并接受新产品。消费者接受新产品要经历引起注意、产生兴趣、进行联想、产生欲望、实施购买五个阶段。这五个阶段能否顺利发展,一方面与产品的质量、价格、性能等密切相关;另一方面又与消费者接受新产品过程中的各种心理因素紧密相连。为此，企业在推广新产品时，必须根据消费者的心理特点，制定相应的心理策略。

（一）影响新产品推广的因素

影响新产品推广的因素主要包括以下五个方面。

1. 新产品的相对优点

新产品之所以能吸引消费者，关键在于一个“新”字，这也是消费者购买新产品的重要心理动机。与原产品相比，新产品的优点越多，在市场上的占有率也就越高。例如，手机使人们之间的联系更加方便快捷，因而它的普及速度非常快。

2. 产品使用上的一致性

新产品的使用能否与消费者在长期消费过程中逐步形成的消费方式、消费习惯及价值观念保持一致，对新产品能否为消费者承认并接受影响较大。能够与现有消费方式保持基本一致的新产品，可以减少消费者调整原有价值观念、适应新的消费方式和习惯的环节，消除消费者的心理障碍，从而使新产品在市场上得到迅速推广。

3. 产品结构上的复杂性

对于新产品的属性、性能、用途、使用方法等指标，消费者越容易理解，就越容易引起兴趣，产生购买行为。因此，企业还需要尽量追求产品结构的简单明了，最大限度地减少消费者理解和掌握新产品所需的时间和精力。例如，现在的计算机设计，只要会点击鼠标、拼音打字，就能满足一些基本的使用和娱乐需要，这与计算机出现之初需要由专业的高级人才操作已是完全不同，实现了“后台复杂，前台简单”的操作方式，大大满足了普通大众的需要，逐渐实现普及。

4. 新产品的可试性

由于消费者对新产品缺乏消费经验，心理上会有较大的风险感，因此往往持观望、犹豫的态度。若能让消费者亲自试用新产品，体验其特点，就会降低他们的购买风险，增强他们的信心，而且这比其他宣传方式对他们的影响程度更大。例如，食品允许品尝、家用电器允许一定时间内退换，这些做法都能扩大产品的销售量。

5. 新产品的可传达性

新产品的优点若能准确地被消费者感知、想象和形容，则表明新产品具有可传达性强。购买新产品的消费者，总愿意将所购产品的优点传达给他人，并得到他人的肯定和赞扬，由此得到心理上的满足。因此，新产品的特点是否易于传达，会对新产品的推广产生影响。

（二）新产品推广的心理策略

新产品推广的心理策略包括以下四个方面。

(1) 遵循消费者接受新产品的心理过程，开展相应的推广工作。消费者接受新产品是个复杂的心理活动过程，大致经过知晓—兴趣—评价—试用—采用五个阶段，不同阶段其心理活动也不同，企业应有的放矢地进行推广。在知晓阶段，消费者对新产品虽略知一二,但并未深入了解,尚无详细的信息,此时企业推广工作重点是全面详细地介绍新产品,说明从功能到效用都能满足消费者的哪些需求,以激发消费者的兴趣。在评价阶段,企业应重点解释消费者对新产品所存有的疑虑,鼓励消费者先小量购买试用,亲身体会和验证新产品的质量、功效、用途的实际效果。企业要注意跟踪服务,正确处理消费者各种异议,并进行信息反馈,以利于根据消费者异议适当进行改进并完善新产品。采用阶段是在试用结束后,消费者如果对新产品比较满意就会正式购买和重复购买;企业工作重点是进一步提高消费者满意度,使该产品树立良好的品牌形象,让其成为新产品的义务宣传员,起示范消费的作用。

(2) 瞄准最先和早期购买者,发挥积极的消费示范作用。最先和早期购买者虽然所占比例较小,新产品推广仅靠这类群体难以形成销售高潮,但是,他们的消费示范作用对中晚期购买者有很大影响力。企业要善于利用这种资源为企业服务,培养良好的消费示范者,一要注意在这个群体中优选影响力大、有一定威信的消费者进行重点培养;二要给予这类消费者更多的新产品知识,提高他们的满意度;三要加强与他们的沟通,既帮助他们解决异议,又帮助他们总结使用新产品的体会,增强兴趣,形成口碑宣传,引导消费舆论,加速新产品推广。

(3) 重视新产品的潜在购买者,推动新产品进入销售高潮。新产品上市后,大多数购买者都是普及初期和后期才会采取购买行动,他们是新产品的晚期购买者。在新产品投入市场阶段他们处于潜在购买者的地位,是新产品推广的关键群体,企业要重视对潜在购买者的分析,包括购买次数分析、购买数量角度分析、购买者心理稳定程度分析、对新产品品牌态度分析。对潜在购买者的分析无论从何角度进行,企业都必须做好建立顾客档案,加强市场调查研究,注重信息反馈等工作。

(4) 注意灵活运用各种有效的推销方法。许多企业在长期的新产品推广中,总结出很多有效的推销方法,例如示范表演法、样品试销法、合作推销法、印刷品推销法、网络推销法等,随着推销获得的发展,其方法还会越来越多。因此,企业要根据新产品的特点、目标群体特征及分布状况,灵活选择行之有效的方法;同时要注意研究各种形式的科学组合,使多种方法进行优势互补,提高新产品推广的效果。

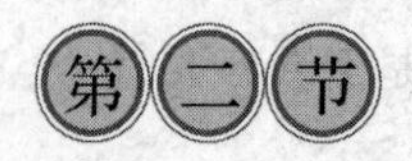

第二节 商品命名与消费者心理

案例 9-2

SONY 为什么会成为世界驰名商标

日本索尼公司董事长盛田昭夫有句名言:“商标就是企业的生命,必须排除万难捍卫之。”

早期的索尼公司名叫"东京通讯工业公司",其改为现名的过程令人深思。

1. 改名缘由

20世纪50年代中期,日本东京通讯工业公司生产的磁带录音机开始打入欧美市场。由于日文读起来很拗口,欧美商人难以记住公司名称。盛田昭夫和他的智囊团决定给公司起个朗朗上口、易读易记的新名,并希望在全世界任何国家,新的公司名称发音均相同,在全球叫响。他们苦苦思索,什么样的名称才能满足这个通向胜利的要求呢?

2. "索尼"诞生

当时,SONNY在欧美国家十分流行,是SONNY BOY的简称,意为"可爱的小家伙",这引起了盛田昭夫等人的注意,认为这一含义正是东京通讯工业公司的象征。美中不足的是,这个词的发音正好与日文中的"损"字相同,令人忌讳。他们突发奇想,灵机一动,将原词五个字母中去掉一个字母"N",成为"SONY",于是一个价值商标诞生了。

3. 完善"索尼"

索尼公司最初设计的索尼商标是在四方形图案里写着"SONY",使用一段时间后公司发现,商标的广告效果不十分令人满意,花钱费力也达不到使世界上所有人都记住的目的。于是公司毅然删去四方形图案,只用"SONY"四个字母作为产品标记,并一直沿用到现在。

4. 保护"索尼"

索尼品牌在市场打响后,被日本一家食品公司侵权盗用,他们将公司称为"索尼食品公司",产品牌子也改为"索尼巧克力"。许多消费者知道索尼公司以生产电器产品著称,以为索尼公司现在因财务困难去生产巧克力了。索尼公司为挽回公司声誉,进一步树立公司形象和产品形象,与那家食品公司打了4年的商标官司,并最后胜诉。目前,索尼公司已在全世界200多个国家和地区进行了商标登记,以保护索尼商标。

资料来源:李文同. 消费者心理与行为学[M]. 郑州:河南人民出版社,2010.

在购买过程中,商品的名称、商标和包装直接作用于消费者的感觉器官,首先被感知并使消费者受到深刻的刺激。根据消费者的心理特点采取适当的命名、商标和包装心理策略,同时利用名牌的心理效应促进消费,是企业制定市场营销策略组合的重要组成部分。

一、商品命名的心理要求

商品名称是指运用语言文字对商品的主要特性概括反映的称号。它不仅是消费者借以识别商品的主要标志之一,而且是引起消费者心理活动的特殊刺激物。命名的过程是一个将市场定位、形象、情感、价值等转化为营销力量并启动市场定位与竞争的过程。因此,在进行商品命名时要注意满足以下五点要求,保证命名的有效性。

(一) 名副其实

名副其实是指商品的名称和商品实体的主要性质和特点要相适应,使消费者通过名称能迅速概括商品的主要特性,了解商品的基本效应,加速消费者认识商品、了解商品的过程。

(二) 便于记忆

商品命名应力求用最简洁的语言文字概括出商品的实体特性。为便于消费者记忆,名字的字数不宜太长,以3~5个字为宜,字数太长则不利于记忆。另外,商品命名也要考虑商品的使用范围和消费者的一般知识水平,大众化商品的命名应通俗易懂,如"大宝"化妆品、"娃哈哈"酸奶等。

(三) 引人注意

商品命名应对产品有恰当的形象描述,即根据消费者的年龄、职业、性别、知识水平等所产生的不同心理要求,有针对性地进行商品命名。女性商品名称应温柔浪漫、高贵典雅;男性用品名称应刚柔相济、浑厚朴实;青年用品名称要有青春气息;老年用品名称以朴素庄重为宜。但命名不必拘泥固定的格式,只要突出了商品特点,考虑了消费者的心理特征,就可以做到为商品起一个引人注意、独具特色的商品名称,如婴儿护肤品"孩儿面",男士服装品牌"劲霸"等。

(四) 启发想象

启发消费者联想,是商品命名的潜在功能。这种功能的发挥,是通过商品命名使消费者从名称引发联想,如对历史典故、生活经历、故乡风情、美好事物的联想,唤起消费者对美好事物的追忆和对未来生活的向往,刺激其购买欲望。如"小护士"化妆品使人联想到护士的精心呵护,"农夫山泉"使人想到深山之中,泉水接受日月精华滋润后的甘甜。

(五) 诱发情感

商品名称若能突出和满足人们的情感需要,则会强化和加速消费者的购买行为,如世界著名十大香水品牌之一的"Poison"(毒液)由法国一家公司于1985年推出,满足了新潮女性追求神秘、脱俗甚至有点妖冶的情感诉求。

商品命名时还要注意消费者的民族风格、数字、信仰等因素,避免使用忌讳的词语。总之,商品命名应力求寓意深远,情趣健康,便于记忆,能高度概括商品的特性,反映消费者心理,这样才能激发消费者的欲望,促成其购买行为。

二、商品命名的方法

企业在为商品命名时,既要考虑商品自身,也要考虑消费者心理。根据商品的特性和消费者的心理,商品命名可采用以下几种方法。

(一) 效用命名法

效用命名法根据商品所具有的主要效用命名,能直接反映商品的性能和用途。使消费者从名称中迅速了解商品的功效，便于消费者直接进入理性认识，并可迎合消费者的求实心理。如感冒通、止痛药、洗衣粉、去污粉等。这种方法多用于日用工业品、医药品等。

（二）成分命名法

成分命名法是将商品中所含的主要成分体现在商品名称中。这种方法有助于使消费者明确商品的使用价值和物质效用，提高商品在消费者心目中的地位，特别当主要成分是众所周知的名贵材料时，更能给消费者以名贵感、信任感，促进其购买行为。如人参蜂王浆、珍珠霜、貂皮大衣等。

（三）产地命名法

产地命名法以人们仰慕的或以某些特产著称的地方名称作为商品名称使用。可给消费者以真材实料、独具地方特色、品质优异等感觉，适应消费者的信任和仰慕的购买心理。如龙井茶、北京烤鸭、盱眙龙虾等。这种方法主要是给颇有名气的土特产品命名时使用。

（四）人名命名法

人名命名法以商品首创者的名字或与商品有关的历史人物、民间传说人物的名字命名商品的方法。这种方法把特定的人与特定商品联系起来，能激发消费者对人物的追忆与联想，刺激消费者的兴趣和惠顾动机，并给人以传统名牌、工艺精湛、风味独特的感觉。如中山装、东坡肉、叫花鸡、乌龙茶等。这种方法常为历史悠久的传统商品采用。

（五）制作命名法

制作命名法以商品制作的主要方法或不同寻常的创制过程作为商品的名称。它能让消费者了解到产品制作的独特方法或过程，突出商品的精工细作，提高商品的威望。如二锅头酒、盐水鸭、回锅肉等。这种方法多在有独特制作工艺或有纪念意义的研制过程的商品命名时使用。

（六）外形、色泽命名法

外形、色泽命名法根据商品独特的外观造型和色彩命名，以引起消费者的注意，满足消费者的审美心理，易于消费者联想记忆。如小熊饼干、棒棒糖、红茶等。这种命名方法突出商品造型优美及色泽宜人，多为食品、工艺品等采用。

（七）吉祥命名法

吉祥命名法利用具有吉祥喜庆、良好祝愿的词语给商品命名，既可暗示商品性能优良，又能迎合消费者美好的期望。如老头乐、长命锁、安乐椅、百岁酒等。

（八）典故命名法

典故命名法在商品名称中体现了某个历史典故或民间传说，既反映了商品的特性，对消费者又具有强烈的感染力和诱惑力。如传统佳肴“佛跳墙”，佛本不吃荤，传说闻此菜肴之美味后，也按捺不住跳墙而食之，由此可见其味之美。

(九) 外文译音命名法

外文译音命名法主要用于进口商品、外来商品的命名。如直接借用外文的语音作为进口商品的名称,既克服外来语翻译上的困难,又可满足消费者求新、求变、求异的心理需求。如威士忌、夹克、维生素、巧克力等。采用这种命名方法时应注意译文要简短、易读、顺口、奇特、有趣。

商品的品牌、商标与消费者心理

案例 9-3

百事可乐变身:由蓝涉"红"为哪般?

2007年9月初,百事"13亿激情,敢为中国红"发布会在北京国际金融中心举行,一改百年来坚持的蓝色,推出和老对手可口可乐相同的红色包装——"中国队百事纪念罐",这在业界引起极大关注。

面对这样的"大手术",百事中国最高统帅时大鲲坦言:"对百事中国以至于百事国际而言,百事可乐变装红色绝不是一个轻易地决定,有着不简单的考虑。"那么,不简单的背后究竟是什么?

很明显,这个不简单的考虑具有鲜明的指向性——2008年奥运会。相对于老对手可口可乐在奥运营销上玩的风生水起,"非奥运选手"的百事可乐相形见绌,自然也要贴合地域特色做点文章。在传播高度稍逊一筹的情况下,就应该在传播深度上盖过对手。

当年百事选择蓝色作为品牌包装主色调,为的就是与对手形成区别;而如今不爱"蓝装"爱"红装",这刚换上的一身红与可口可乐的红,自然也应该有所不同。可口可乐一直采用的就是红色包装,初入中国市场时,这一贴近中国传统文化观念的色彩很是讨巧,可口可乐也借此大打传统喜庆牌,春节时采用福娃包装、刘翔夺冠时又是一片祝福红,在迎合消费者消费心理和文化的本土化方面,可口可乐堪称典范。但个人认为,可口可乐对于红的运用,一直流于表面。要知道碳酸性饮料的主流消费人群在25岁以下,属于反传统的一代,"福气,团圆"之类的红色诉求并不能深刻地击中他们的内心。

这正是百事的机会所在。对于中国市场最有潜力的这一批正处于断乳期的青少年,深刻洞察其内心的情感需求缺口,将红色演绎出更为丰富的内涵,填补目标人群内心的渴望,这应该是百事换"红装"的主要目标。如果在此次"红红大战"中,百事红能以自身的深刻演绎,将红色推向一个更振奋人心的价值高度,那么百事将一举扭转其在中国奥运市场的颓势,重新夺取市场话语权。

作为百事非奥运营销战略的一部分,这样的组合活动至少能达到三个目的。

第一，这一部分年轻人既是百事的目标人群，又是奥运会的热衷者，以关注消费者内心的需求为纽带，可以巧妙连接百事和奥运。

第二，充分张扬年轻人的个性追求，实现他们对于名望的渴求，从而深刻区分可口红与百事红的价值取向，增加品牌好感度。

第三，百事可以在可口可乐集万千宠爱于一身的情况下，以这一系列“怪招”扰乱对手计划，分流媒体注意力，为自己制造出新闻点从而引发舆论热潮，在公关聚焦度上与对手缩小差距。

营销之妙在于法无常法。

品牌做到百事、可口可乐这一段位，反而容易陷入陈规。促销、广告等小打小闹通常热火朝天，一旦涉及战略及文化方面的重塑时就缩手缩脚，难以施展。感性治企不免意气用事，技术管理又限于雷池，企业自身的局限就是这样，往往难以自身突破。这时唯有借助外脑，才能够获得全局观和行业外视角的优势，从而更清晰地了解自己的症结所在。

资料来源：http://www.emkt.com.cn/article/334/33449.html，2018-11-20.

一、品牌和商标的概念

品牌是企业为商品设计的一组特殊化标志，是一种名称、标记或符号，或是它们的组合。企业使用品牌的目的是使消费者能够辨识自己的产品或服务，并使之区别于竞争对手。品牌同时代表了特定的质量保证，冠以某种品牌的商品同时代表了长期比较稳定的文化内涵，能够向购买者提供一组长期特定的利益、特点和服务。

而商标首先是一个法律意义上的概念，各国及国际组织对商标的定义不尽相同。我国对商标的定义为：商标是指生产者、经营者为使自己的商品或服务与他人的商品或服务相区别，而使用在商品及其包装或服务标记上的由文字、图形、字母、数字、三维标志和颜色组合或上述要素的综合所构成的一种可视性标志。

世界知识产权组织（WIPO）对商标的定义为：商标是用来区别某一工业或商业企业或这种企业集团的商品的标志。国际保护工业产权协会（AIPPI）在柏林大会上曾对商标下的定义是：商标是用以区别个人或集体所提供的商品及服务的标记。法国政府在其商标法中则表述为：“一切用以识别任何企业的产品、物品或服务的有形标记均可视为商标。”

品牌和商标不能等同，商标是品牌重要的组成部分。但两者对企业的重要性是不言而喻的，且有异曲同工之妙；同时，品牌和商标对消费者心理的影响也是非常巨大的。

二、品牌、商标的心理效能

（一）识别商品效能

品牌和商标通过特定的文字、图像、符号，使企业的某种商品区别于其他企业的同类产品,有助于顾客在购买商品时分辨商品的制造商、经销商,从同类商品中确认自己所选择的厂商的商品。同时,品牌给顾客提供知觉线索,使其形成对产品质量、声誉、用途与价值的认识,建立起对企业及其产品的信任,促使企业保持、维护和提高产品质量及市场信誉。

(二) 建立企业形象效能

品牌代表企业的经营特色与形象,知名品牌常能给顾客以良好的市场形象,使顾客有深刻的感受与难忘的印象。这种记忆印象随时都在发挥影响,逐步发展成为购买习惯,持之以恒,乃至终生不变,成为“铁杆顾客”;反之,若品牌给顾客以不好的形象,企业将痛失顾客,最终失去在市场上的竞争力。

(三) 质量保障效能

品牌、商标是商品生产与进入市场的通行证,使顾客对商品质量建立信心,顾客的利益得到保障。若产品发生故障,在维修、更换零部件等方面都可获得便利,使顾客有安全感。同时,顾客还可以根据品牌、商标对产品质量实施监督。

(四) 传播促销效能

品牌、商标作为企业及其产品的形象标志,可以充分发挥其促销效能。通过媒体或顾客之间的信息交流,不断扩大品牌的知名度、美誉度,使企业及其产品深入人心,引起顾客的品牌偏好,促使实施追求品牌、认准老品牌等各种“认牌购货”的消费行为。

三、品牌和商标的使用策略

(一) 品牌使用策略

通过以上分析,企业可以在掌握消费者品牌消费心理的基础上,制定和实施正确的品牌决策。

1. 品牌化决策

没有品牌,企业无法将自己与竞争对手区分,消费者也无法对产品形成明确的认知。因此,在大多数行业,企业会选择品牌化决策,即企业使用品牌,并相应地进行商标注册。而且,随着市场竞争日趋激烈,一些过去认为无须建立品牌的行业,例如农作物种植业和家禽饲养业也开始选择品牌化决策。

2. 一般的品牌策略

(1) 产品线扩展策略。产品线扩展是指企业在现有产品类别中增加新的产品项目,并以同样的品牌名称推出。如在现有产品线中增加新的口味、外观、样式、包装规格等。当消费者的需要发生变化或发现新的消费者需要时,进行产品线扩展可以获得更多的销售机会。此外,产品品种、花色、样式等的增多可以刺激消费者的购买欲望,对抗竞争者或在中间商那里占据更多的货架空间。这一策略也面临一定的风险:①可能会导致品牌名称失去其特定的含义;②销售收入不足以抵销开发和促销成本;③虽然销售收入增加，但并未吸引竞争对手的顾客，而仅仅是本企业产品的自相消长。

（2）品牌延伸策略。品牌延伸策略是指企业利用现有的成功品牌推出新产品。例如，海尔通过推出高质量的冰箱创立品牌后，又以此品牌推出海尔洗衣机、空调、计算机等。品牌延伸策略被认为是“双刃剑”，一方面能够借助已有品牌，降低新产品的促销费用，加快市场推广速度，使消费者很快认识、注意和接受新产品；另一方面风险，即若推出的新产品不能令消费者满意，可能影响原有产品的销路，更为严重的是可能破坏品牌的市场知名度、美誉度和顾客忠诚度。

（3）多品牌策略。多品牌策略是指对同种产品采用两个或两个以上的品牌。宝洁公司最早开拓和实践了这一策略。例如，它在国内推出的洗发水有四个不同的品牌：海飞丝、飘柔、潘婷和沙宣。多品牌策略可以使企业占据更多的货架，给企业组织结构带来刺激和效率，同时每一种品牌的产品承担的风险也相对较小。此外，通过品牌的不同定位，可以吸引追求不同利益的消费者，增加消费者的选择。这一策略可能带来的问题是品牌之间的竞争在企业内部展开，而非期望的那样发生在与竞争者之间。

（4）新品牌策略。新品牌策略是指企业在推出新产品时，采用新的品牌名称。当原有品牌名称不适合新产品时，企业通过建立一个新的品牌，在公众心目中树立新的形象。这一策略可以避免原有品牌对新产品可能带来的不利影响。但建立新品牌成本较高，企业应事先考虑投入与产出。

3. 品牌的情感策略

一般的品牌策略能够改变消费者对企业的态度，而品牌的情感策略能够促使人们因为这样的感情而采取购买行动，即给消费者提供一个从一次购买到长期购买的理由。方便的零售服务和互联网的普及大大降低了顾客的搜寻成本，而且竞争者也越来越擅长快速复制创新。因此，对企业来说，通过激发和满足顾客的情感需求来创造价值，变得越来越重要。

情感策略的三个核心要素是信任、体验和精力。这三个要素不仅为公司提供了将产品从竞争对手的产品中清楚识别出来的机会，而且能够切实地促成大部分消费者的购买决定。

（1）信任。信任是指品牌获得的信任。一家企业长期信守诺言，会使消费者逐渐信赖该企业，仅仅是看到企业的标志或听到企业的名字，就让他们觉得产品值得购买。

（2）体验。品牌建立在顾客对企业产品长期满意的体验之上。体验是顾客与品牌的相互作用。在特定的零售环境中购物、浏览网站、参观工厂，以及使用产品和享受服务，这一切都会影响消费者对品牌的态度。每一次体验都存在满足消费者需求的机会，因此也是他们与品牌建立情感联系的机会。情境购买就是增强顾客体验的有效方式，例如在商场中设置一个家居情境，能够使消费者如临其境，产生亲切感，从而刺激其购买欲望。

(3) 精力。精力是指消费者为购买和使用产品所花费的时间和努力的总和。精力策略意味着为消费者提供方便和节省时间。在这一点上,互联网胜出一筹,一旦消费者登录相关网站并找到一件产品,只要用鼠标点击一下,就可以订购产品,并且让售货方送货到家。此外企业也可以通过免费送货、上门安装、维修服务等方式,节省消费者的精力。

(二) 商标使用策略

商标与品牌一样对消费者行为有很大的影响,因此不但要保证有成功的商标设计,还要巧妙地运用商标的功能,注意以下三点运用策略。

1. 是否需要使用商标

使用商标对大多数企业来说,无疑会起到积极的促销作用,但是,现实生活中并非所有的商品都要使用商标。因为一旦决定使用商标,就要投入大量的人力、物力、财力;不使用商标,可以降低成本,更好地满足具有求廉心理的消费者需要。因此,企业应认真考察商标使用的必要性,在有些情形下,可以不使用商标。

(1) 商品本身并不因为制造商的不同而有不同的性质和特点,如电力、钢材、煤炭、木材等,它们属于无差别商品,只要品种、规格、型号相同,商品的性质和特点就相同。在这种情况下,商品可以不使用商标。

(2) 一些日常生活必需品,如食盐、肉、蛋、蔬菜、水果等,没有根据商标购货的习惯,因此也可以不使用商标。

(3) 一些临时性生产的一次性产品,也可以不使用商标。

2. 使用统一商标策略

统一商标是指企业生产的产品都使用同一商标,即同一商标的商品系列化。

采用统一商标的好处:可以强化消费者的商标意识;缩短消费者认识新商品的时间;节约商标设计、制作和使用费用。特别是已经在消费者心目中树立良好形象的商标,使用统一商标策略易于使消费者产生信任感,促进购买行为的发生。

但统一商标的使用,有时不易突出新产品的性质和特点,如果其中某一两个商品质量不过关,还会影响全部产品的信誉,造成损失。

3. 使用独立商标策略

独立商标策略是对不同的商品,使用不同的商标。如果企业生产的产品种类多,各种产品之间又没有必然的联系,技术要求也不同,则可以考虑采用独立商标策略。这种策略可以有效地表达不同产品的性能和特点,使之适应不同消费者的不同习惯和不同心理要求,有利于维护其名牌产品的地位和信誉。

总体来说,品牌和商标往往都是同时出现,具有相似的作用和使用策略,并且很多时候还会出现混同的情况,企业应综合两者之长,将它们的优势充分发挥出来。

第四节　商品包装与消费者心理

案例 9-4

新包装的效果

几年前，罗斯的新英格兰苹果汁公司还只是一个大批发商，以私人品牌和极低的价格把苹果汁贩卖给商店和超级市场，但经营状况不佳。

一个偶然的机会，罗斯在俄亥俄州的一家玻璃制品公司看到了一种新的玻璃瓶，公司因此有了新转机。这种玻璃瓶上附有一种泡沫胶制成的标签，比新英格兰公司原先使用的纸制标签大，有更多的空间容纳引人注目的设计和图案；同时具有绝缘作用的泡沫胶可以使苹果汁保持更久的清凉度。罗斯在这种瓶子上看到别人未看到的商业机会：只要花一点点钱，就可以使新英格兰苹果汁成为具有较高利润的产品，并且能够在只有两家大企业和无数小企业的果汁饮料世界脱颖而出，建立自己的品牌。

在赛乐门设计协会的帮助下，罗斯终于选定了一种新标签，上面是一只咬了一口的鲜红苹果，同时采用了一个新品牌名称——精纯。

一样的苹果汁，变更了包装和品牌获得了意想不到的效果。今天，新英格兰苹果汁公司的产品遍及全美各州，在迅速发展的果汁市场的占有率不断增加。

一开始由于缺乏和顾客直接打交道的经验，公司不知道合适的销售单位，把 6 瓶果汁装进一个包装盒中，并不成功。后来发现，顾客们喜欢以 1 瓶为单位购买。公司即改为单一包装。单一包装的苹果汁已占总销量的 75%，并借此把产品销到超级市场以外的地方，如快餐店、自动售货机等。

随着生活水平的提高和饮食习惯的变化，人们趋向于排斥含咖啡因的饮料而饮用自然果汁。为了保持竞争力，罗斯将产品扩展到苹果汁之外。现在，苹果汁仅占销售额 25%，西柚汁占 8%，另外 12 种果汁饮料占 3%，苹果酱、醋等占 27%。

资料来源：伊继佐. 现代企业经营谋略库[M]. 哈尔滨：黑龙江人民出版社，1995.

一、包装的含义

商品包装泛指一切用于包裹、盛装、束缚、保护和装饰商品的容器、包装物和装饰物。一般而言，商品包装可以分为销售包装和运输包装。在现代经济生活中，商品的包装已成为不可缺少的组成部分。包装直接影响商品的价格和销路，除了少数原材料类型的商品外，一般的商品都需要不同形式的包装。包装技术已发展成为专门的科学，并发展成为一个独立的工种和行业，在我国日益受到重视。

二、包装的功能

(一)保护商品功能

保护商品功能是商品包装的首要功能。在商品的流通过程中必然要经过运输、储存等过程,通过科学的包装可以起到保护商品安全、防止损坏的作用,如防止散落、破损、变质、挥发、污染、虫蛀、鼠咬、受潮、跌撞、防尘、防热、防晒、防冻、防锈、防腐、防震、防爆、防毒等,以维护商品的质量、卫生与安全。液态、粉末状、气态产品,借助包装可以防止溢出、挥发、失散。易燃、易爆、有毒等商品,通过包装可以避免引发燃、爆、毒物挥发等事故、灾害。

(二)便于运输、携带和存储

商品从制造商到经销商到顾客购买使用,要经过装卸、运输、储存、携带等诸多环节。通过包装,化零为整,既有利于从生产者到销售者间的储运工作高效开展,也方便顾客购买后的携带。

(三)吸引顾客注意

顾客在购买商品时,常常先接触商品的包装,再接触商品的实体,因此商品包装给顾客形成第一印象。而且包装常常成为吸引顾客注意的一个重要诱因,顾客识别、认知商品越来越依赖于包装。包装能否吸引顾客的注意、激发顾客的兴趣、引发顾客的联想、成为顾客选择商品的重要因素。美国杜邦化学公司曾经提出著名的"杜邦定律",即有63%的顾客是根据商品的包装、装潢而做出购买决策的。在产品质量、价格、款式基本相同的条件下,顾客常常选择购买包装色彩鲜明、构图精美、文字醒目、造型别致、材料新颖的产品。

(四)传递信息功能

许多商品的外包装上印有商品的实体图片、商品质量、用途、功效、成分、使用操作方法、注意事项、品牌商标、企业名称、地址、电话号码、商品条形码、出厂日期、保质期、产品优点特色、重量、体积等有关信息,顾客借此可增加对商品的认识,加深对商品的印象,学会正确使用的方法,以消除顾客对商品的疑虑、增强对商品的信任,尽快做出购买决策。此外,包装上印有识别标记,也使顾客易于识别商品。

(五)提高商品价值功能

包装是商品价值的组成部分。质量好的商品加上别致的、新颖的、高档的包装,能使好商品与好包装相得益彰,价值更上一层楼。根据权威资料统计,美国果农通过包装可使水果增值2.3倍,日本增值1.8倍,由此可见包装对于推广品牌,增加水果的附加值具有重要作用。例如,在某一年的农高会上,同样档次的6个苹果,装在普通纸箱里,平均每斤苹果只卖到3.5元。而装在印有"中国女排专用苹果"标志的高档包装盒内,结果6个苹果竟卖出了88元的高价,每斤高达14元,比普通包装苹果多卖了3倍的价格,而且十分抢手。同等质量的水果,通过不同的包装价格差异竟会如此之大。

（六）引发顾客联想功能

产品包装的画面或标志能使顾客产生有关产品属性的联想，从而促进产品的销售。例如，很多瘦身产品的外包装上都会印有身材妖娆的魅力女子，使有需求的消费者一看到包装就会联想到自身在该产品后的巨大变化，从而激发了购买欲望。

（七）象征顾客身份功能

包装在现代市场经济条件下，还具有表明顾客身份和地位的象征性功能。许多商品的包装物本身就是一种具有一定价值的艺术品，体现出使用者的地位不凡，如名贵的巴黎高档香水的包装瓶盒放在梳妆台体现了女主人善于修饰和雅致的气质。

（八）具有加强与顾客情感交流的功能

有许多商品的包装盒外印有向顾客表示祝福的吉祥语文字，以及在包装盒中放入顾客意见反馈表，或者在其中或盒外放入免费赠送的礼品，这些措施使顾客感到高兴、心情舒畅，他们更愿意购买这类商品。

（九）有利于刺激顾客的心理需求

企业根据不同的购买对象、购买动机，采取相应的包装策略，可以有效地刺激顾客的心理需求。例如，在儿童食品包装上印有卡通动物和英雄人物，或者在透明包装中放入一些小玩具，对刺激儿童需求有较大的作用；某些商品包装中放入标签，可以有抽奖的机会等。这些措施都能激起顾客的购买欲望。

（十）促进销售功能

前面 9 种功能的综合作用就是包装促销功能的最终体现，而越来越多的商家将商品包装作为促进销售的重要手段运用。

三、基于消费心理的包装设计策略

在学习包装设计之前，首先观察一种心理现象——感觉转移现象。

“感觉转移”现象是著名消费心理学家路易思·切斯金发现的。他从 20 世纪 30 年代就开始从事消费者对商品包装情绪反应的研究。他曾经把两个同样的产品装在不同的盒子里，甲盒子用许多圆环作装饰，乙盒子全用三角形作装饰。他发了 1000 张调查表给各种类型的顾客，问他们喜欢哪一种盒子装的产品？为什么喜欢？结果 80%以上的人选择甲盒子产品。他们认为甲盒子产品的质量会比乙盒子好。起初切斯金对结果不太相信，后来经过对 5000 人的调查，不得不承认多数消费者会把对包装的感觉转移到产品上。更令人感到有趣的是，实际试用过包装不同但内在质量相同的产品之后，绝大多数人还是喜欢圆环图样盒子里的产品。切斯金就把上述现象称为“感觉转移”。这个发现奠定了他事业的基础，后来他成为举世公认的包装设计权威，出任麦当劳、宝侨等多家公司的顾问。

虽然，如今顾客消费行为越来越理性化，但多种社会实践证明切斯金的发现仍然是正确的。尤其是在包装技术越来越先进的现代商业中，产品即包装，包装即产品。包装心理学家也认为,顾客购买商品80%是在购物现场决定的,包装发挥重要作用。因此,包装设计是一种十分重要又十分复杂的工作,它涉及多方面的知识,如材料学、美学、心理学、社会学、运输学等。它要思考两大方面的内容:其一是技术设计,现已发展成一门专门学科;其二是心理思维,主要思考包装给顾客心理上的影响,采用有效的心理策略,即我们所要关注的内容。

(一)根据顾客消费习惯设计

根据顾客的消费习惯设计便于使用、易于识别的商品包装。

1. 惯用包装

为适应顾客易于识别和记忆,便于拆封或开启,遵从传统等心理要求来设计包装,如用透明塑料瓶来装饮料、食油、糕点等食品包装。

2. 分量包装

为了能适应顾客的不同消费习惯、特点及家庭规模差异的顾客需求,设计不同容量的包装。如饮料、食品,可有大小不同规格的包装供顾客自行选择。

3. 配套包装

为适应顾客对某些商品消费的关联性、配套性的要求,将有关联的若干种商品组合在一起包装。如经常在超市看到的洗澡用品组合,把洗发水、沐浴乳、浴后乳液等沐浴所需产品包装在一起销售。又如将挖耳朵勺、指甲剪、小剪刀等小用件同挂在一个钥匙扣上进行销售。也可将常用药品放入一个包装中出售。

4. 系列包装

为了能适应顾客易于识别、便于记忆、信任名牌等心理需求,将同一企业生产的用途类似或花色各异、规格不同的同一品牌的商品,采用一致或类似的图案、色彩、形状的包装,系列包装常用于食品、护肤品、洗涤用品以及图书等方面的产品。如舒肤佳将各种香味和不同功能的香皂组合包装销售。

(二)根据顾客消费水平设计

根据顾客的消费水平设计质量有别、价格各异的包装。

1. 等级包装

根据产品质量的高、中、低档次分别设计与其价值相匹配、协调的包装(材料、结构、装潢)或分为精装、简装两种等级,以适应消费能力、社会地位不同顾客的需求。如茶叶的包装,礼品高等级茶叶和一般自用茶叶包装差别很大。

2. 名贵包装

为了适应某些顾客特殊的需要,对价格昂贵的工艺品、艺术品采用专门制作的特殊包装,一方面体现出商品价值的不菲,另一方面也使包装与产品艺术氛围相协调,并更妥善地保护商品。很多奢侈品的定制包装就体现了以上两点。

3. 礼品包装

为适应顾客开展人际交往,参与各类礼仪活动中馈赠礼品的需求,使某些包装的色彩、图案、造型能与喜庆、祝福等气氛相协调，而制作精美程度超过一般常规的包装。这类包装新颖别致，漂亮美观，惹人喜爱，对体现情感有一定价值。

4. 简易包装

简易包装为适应顾客日常生活消耗，满足勤俭节约、求廉、求实的需求而设计，成本低廉、结构简单、用后即丢。如食盐、肥皂、洗衣粉等低值易耗的家庭用品的包装。

5. 复用包装

为了节约社会资源，减轻顾客的支出，或实现一物多用的要求，设计能重复使用或有多种用途的包装。如啤酒瓶、牛奶瓶，顾客可以退瓶给企业重复使用或自己收集用于其他方面。

（三）根据顾客年龄、性别设计

根据顾客年龄、性别不同设计适应个性特点的商品包装。

1. 儿童用品包装

这类包装迎合少年儿童的心理需求，造型、图案、色彩生动、新奇、有童趣、有知识性，形象逼真，与童话、历史故事相配合，体现少年儿童特色，能激发儿童购买的欲望。

2. 青年用品包装

青年用品包装迎合青年顾客追求新颖、时尚、美观、变化、求奇、求趣、体现个性等心理需求，尽可能使实用与流行相结合，与青年人活泼、充满朝气的精神风貌相适应。

3. 中老年用品包装

中老年用品包装适应中老年庄重、朴实、淳厚的心理需求，注重中老年求实、求廉的心理，避免华而不实，要体现出方便、牢固、舒适、多用途的特点。

4. 男性化商品包装

这类包装上要适应男士们刚劲、庄重、粗犷、坚毅等心理需求，使包装体现强度、力度与男性阳刚气质，色彩浓重、线条刚劲、造型棱角分明，往往能受到男士们的欢迎。

5. 女性化商品包装

这类包装适应女士们追求温柔、典雅、清新、纤秀等心理需求，包装图案线条柔和、有韵律、能体现女性魅力。采用粉红、淡蓝、淡绿等明亮温馨的色彩，用心形、圆形、花形等造型，更能体现女性的特点，获得女士们的青睐。

（四）根据顾客消费心理特征设计

这是指为满足不同顾客消费心理需求特点而专门设计的商品包装形式，它要求构思新颖、造型独特、能激发顾客的情感，以达到促销目的，这类包装主要有以下四种。

1. 趣味包装（又称幽默包装）

趣味包装是目前国际上较为流行的一种销售包装。这类包装主要在造型及装潢上采用比喻、夸张、拟人等手法，别出心裁地构思设计，增加包装的趣味性及幽默感，以吸引顾客，达到促销目的。例如，有些饮料在包装上印着动人而富有诗意的爱情故事。商品上市后，吸引了众多青年男女，许多人边喝饮料，边欣赏包装，产品销路极佳。

2. 怀旧包装

怀旧包装首先出现在经济比较发达的国家,近几年来,我国也出现了这类包装形式。它主要利用人们热爱大自然、返璞归真、怀念过去的心理,制造历史上曾经出现过的"旧式"包装形式,这类包装采用大自然材料、装潢粗糙、简朴,具有历史传统风格。例如,法国的调味品、酱料、渍菜等食品,是用粗加工的木片盒、木罐、木筒、木丝编织盒包装,顶面只贴上一张印刷的报纸,上面印有几行说明文字,看起来像是几个世纪前的产品,以唤起人们对遥远年代的记忆。

3. 品牌包装

企业推出产品,要保持其较长的生命力就必须创名牌。这就要求企业不仅在产品设计、商品命名上精心构思,而且要将商标设计与包装紧密结合,尽可能突出产品的个性和企业形象,给消费者留下鲜明的印象和好感。例如,可口可乐的品牌名称无论用哪种文字,都使用红底白字,有一道波浪拦腰飘过,其精美的包装十分注重色彩与图案的协调性,使包装与商品名称、商标融为一体,让人很难分清商标与包装,目的就是突出可口可乐产品的整体形象。可以说,可口可乐产品能够畅销全世界与其品牌化包装策略是分不开的。

4. POP包装

POP是英文point of purchase的缩写,意思是"购买指南"。这类包装的结构形式大多数采用"展开式"折叠纸盒形式,在盒盖外面印有精心设计的图案与文字,打开盒盖,就会形成与顾客视线成90°的图形画面,与盒内盛装的商品交相辉映、相得益彰。从而在销售现场给顾客直接施加影响、促进其购买。采用POP包装的商品有各种各样,如食品、文教用品、化妆品、纺织品、五金产品、日用品、电器、水果、蔬菜等。

(五)利用错觉现象设计

错觉是人们对外界事物不正确的知觉,它会给人们视觉的误差设计商品包装,也是包装设计者需要注意研究的问题。主要从两方面利用错觉进行设计商品包装。

1. 利用颜色错觉设计商品包装

在商品包装设计中,色彩的运用十分重要,这不仅是因为色彩丰富多样、变化多端,而且还因为世界各民族对色彩都有一定的偏好和禁忌,不同的色彩能引起人们不同的视觉反应,从而引起不同的心理活动。美国色彩研究中心曾做过一个试验,研究人员将煮好的咖啡罐,分为三杯,然后在三个杯子旁分别放置贴有红、黄、绿三种不同标签的咖啡罐,让十几个人进行品尝比较。结果品尝者们一致认为咖啡的味道不同,标有绿色标签的咖啡酸,红色的味美,黄色的味淡。由此,在一系列试验的基础上,专家们得出结论,包装的颜色能左右人们对商品的看法。药品适用于以白色为主的文字图案,表示干净、卫生、疗效可靠;化妆品宜于用中间色,如米黄、宝石绿、海水蓝、乳白、粉红等,表示高雅富丽、质量上乘,不宜于用明确强烈的颜色;食品适用于红、黄和橙色,表示色香味美、加工精细,不适于黑色、蓝色和白色;酒类适用于浅色,表示香醇浓厚,制作考究,不宜用蓝色。

有一些商品对色彩应用限制较少,可随流行色加以变化和使用。

根据颜色错觉进行包装设计是灵活多样的。例如,黑色、红色、橙色给人以重的感觉,绿色、蓝色给人以轻的感觉。如果笨重的物体采取浅色包装,会使人觉得轻巧、大方;分量轻的商品,采用浓重颜色的包装,给人庄重结实的感觉。此外,还可以根据商品的不同用途与本身的颜色,设计包装颜色,如厨房用品的包装适用于淡蓝色、乳白色,给人以卫生清洁的感觉,服装类商品的包装,尽是采用流行色等。

2. 利用几何图形的错觉,设计商品包装

几何图形的错觉是人们错觉的一种主要现象,它是由人们的视分析器内部的兴奋和抑制的诱导关系造成的。

利用几何图形设计商品包装也是十分重要的。例如,一些酒瓶的底部设计成凹状,使人看起来觉得酒的容量比实际分量要多;两个同等容量的包装瓶,扁形的看起来要比圆柱形的外观造型大一些,容积多一些,两个同等分量的瓶子,设计成下部高而扁、底部较宽的,看起来要比圆柱形的瓶子装得多;包装图案采用近体画面,配以粗大字体,要比画面较小、字体纤细的看起来要大些、多些;两个同样形状的包装纸盒,图案简单、色彩明快的,要比图案复杂、色彩凝重的看起来要大些。

需要指出的是,包装设计的图案形状,还要考虑各组不同的消费心理与习惯。特别是进入国际市场的出口商品,更是如此。例如,三角形的包装,在不同的国家或地区有不同的看法。香港的顾客认为三角形是消极的,圆形、方形才是积极的,因而三角形的包装不受欢迎;而捷克人则认为三角形是“毒”的标记,不得滥用;土耳其人认为绿色三角形表示“免费样品”;罗马尼亚人认为三角形有正、反两方面的意思;而在尼加拉瓜,三角形是国家的象征、庄重的标记,不得滥用;还有些国家把三角形作为警告的标记等。这些都是在包装设计中应当加以注意的。

一、复习思考题

1. 进行新产品推广时要考虑哪些因素?并应重点针对哪一类型的消费者?
2. 商品的各种命名法中所考虑的心理因素是什么?
3. 品牌和商标的作用是什么?
4. 商品包装的各种分类方式及其所包括的具体内容有哪些?
5. 商品包装的使用策略有哪些?

二、案例分析

华龙面产品组合策略分析

一、关于产品组合的知识

产品组合是指一个企业生产或经营的全部产品线、产品项目的组合方式。它包括宽度、长度、深度和密度四个变数。

(1) 产品组合的广度是指一个企业所拥有的产品线的数量。较多的产品线,说明产品组合的广度较宽。

(2) 产品组合的长度是指企业所拥有的产品品种的平均数,即全部品种数除以全部产品线数所得的商。

(3) 产品组合的深度是指每个品种的花色、规格有多少。

(4) 产品组合的密度是指各产品线的产品在最终使用、生产条件、分销等方面的相关程度。

企业的产品组合策略应该遵循三个基本原则:有利于促进销售、有利于竞争、有利于增加企业的总利润。

二、从以上三个基本原则看华龙快餐面的高中低三个层次的产品组合策略

2003年,在中国内地市场上,位于河北省邢台市隆尧县的华龙集团以超过60亿包的方便面产销量排在方便面行业第二位,仅次于康师傅。同时与"康师傅""统一"形成了三足鼎立的市场格局。"华龙"真正地由一个地方方便面品牌转变为全国性品牌。作为一个地方性品牌,华龙方便面为什么能够在"康师傅"和"统一"这两个巨头面前取得全国产销量第二的成绩,从而成为中国国内方便面行业又一股强大的势力呢?

从市场角度而言,华龙的成功与它的市场定位、通路策略、产品策略、品牌战略、广告策略等不无关系,而其中的产品策略更是居功至伟。下面我们分析华龙是如何运用产品组合策略的。

(一) 发展初期的产品市场定位:针对农村市场的高中低产品组合

在20世纪90年代初期,大的方便面厂家将其目标市场大多定位于中国的城市市场。如"康师傅"和"统一"的销售主要依靠城市市场的消费实现。而广大的农村市场,仅仅属于一些质量不稳定、无品牌可言的地方小型方便面生产厂家,并且销量极小。中国的农村方便面市场蕴藏巨大的市场潜力。

1994年,华龙在创业之初便把产品准确定位在8亿农民和3亿工薪阶层的消费群上。同时,华龙依托当地优质的小麦和廉价的劳动力资源,将一袋方便面的零售价定在0.6元以下,比一般名牌低0.8元左右,售价低廉。

2000年以前,主推的大众面如"108""甲一麦""华龙小仔";中档面有"小康家庭""大众三代";高档面有"红红红""煮着吃"。凭借此正确的目标市场定位策略,华龙迅速在北方农村打开市场。

2002年,从销量上看,华龙地市级以上经销商(含地市级)销售量只占总销售量的27%,县城乡镇占73%,农村市场支撑了华龙的发展。

(二) 发展中期的区域产品策略:针对不同区域市场高中低的产品组合

作为一个后起挑战者,华龙推行区域营销策略。它创建了一条研究区域市场、了解区域文化、推行区域营销、运作区域品牌、创作区域广告的思路,在当地市场不断获得消费者的青睐。从2001年开始推行区域品牌战略,针对不同地域的消费者推出不同口味

和不同品牌的系列新品，如表9-1所示。

表9-1　华龙在不同地区推出的不同系列产品

<table>
<tr><th>地域</th><th>主推产品</th><th>广告诉求</th><th>系列</th><th>规格</th><th>价位</th><th>定位</th></tr>
<tr><td rowspan="4">河南</td><td rowspan="4">六丁目</td><td rowspan="4">演绎不脆(贵)</td><td>六丁目</td><td rowspan="4">红烧牛肉、麻辣牛肉等十四种规格</td><td rowspan="4">低价位</td><td rowspan="4">目前市场上最低价位、最实惠的产品</td></tr>
<tr><td>六丁目108</td></tr>
<tr><td>六丁目120</td></tr>
<tr><td>超级六丁目</td></tr>
<tr><td rowspan="3">山东</td><td rowspan="3">金华龙</td><td rowspan="3">山东人都认同“实在”的价值观</td><td>金华龙108</td><td rowspan="3">红烧牛肉、麻辣牛肉等十二种规格</td><td>低价位</td><td>低档面</td></tr>
<tr><td>金华龙</td><td>中价位</td><td>中档面</td></tr>
<tr><td>金华龙120</td><td>高价位</td><td>高档面</td></tr>
<tr><td rowspan="4">东北</td><td rowspan="3">东三福</td><td rowspan="3">核心诉求是“咱东北人的福面”</td><td>东三福</td><td rowspan="3">红烧牛肉等六种口味、五种规格</td><td>高价位</td><td>高档面</td></tr>
<tr><td>东三福120</td><td>中价位</td><td>中档面</td></tr>
<tr><td>东三福130</td><td>低价位</td><td>低档面</td></tr>
<tr><td>可劲造</td><td>大家都来可劲造，你说香不香</td><td>可劲造</td><td>红烧牛肉等三种口味、三种规格</td><td>高价位</td><td>继东三福之后又一高档面</td></tr>
<tr><td rowspan="2">全国</td><td rowspan="2">今麦郎</td><td rowspan="2">有弹性的方便面，向“康师傅”“统一”等强势品牌挑战，分割高端市场</td><td>煮弹面</td><td rowspan="2">红烧牛肉等四种口味、十六种规格</td><td rowspan="2">高价位</td><td rowspan="2">高档面系列，以城乡消费为主</td></tr>
<tr><td>泡弹面</td></tr>
</table>

另外，华龙有如下系列产品。

(1) 定位小康家庭的最高档产品“小康130”系列；

(2) 面饼为圆形的“甲圆面”系列；

(3) 适合少年儿童的A—干脆面系列；

(4) 为感谢消费者推出的“甲一麦”系列；

(5) 为尊重少数民族推出的“清真”系列；

(6) 回报农民兄弟的“农家兄弟”系列；

(7) 适合中老年人的“煮着吃”系列。

以上系列产品都有三个以上的口味和六种以上的规格。

(三) 华龙方便面组合策略分析

华龙目前拥有方便面、调味品、饼业、面粉、彩页、纸品六大产品线，也就是其产品组合的长度为6。方便面是华龙的主要产品线，在这里，我们也主要研究方便面的产品组合。

1. 华龙产品组合丰富合理

华龙的方便面产品组合非常丰富，其产品线的长度、深度和密度都达到了比较合理的水平。它共有17种产品系列，十几种产品口味，上百种产品规格。其合理的产品组合，使企业充分利用了现有资源，发掘现有生产潜力，更广泛地满足了市场的各种需求，占有更大的市场。华龙丰富的产品组合有力地推动了其产品的销售，有力地促进了华龙成为方便面行业老二的地位的形成。

2. 华龙面在产品组合上的成功经验

1) 阶段产品策略

根据企业不同的发展阶段,适时推出适合市场的产品。

在发展初期将目标市场定位于河北省及周边几个省的农村市场。由于农村市场本身受经济发展水平的制约,不可能接受高价位的产品,华龙非常清楚这一点,一开始就推出适合农村市场的"大众面"系列,该系列产品由于其超低的价位,一下子为华龙打开了进入农村市场的门槛,随后"大众面"系列红遍大江南北,抢占了大部分低端市场。

在企业发展几年后,华龙积聚了更大的资本和更足的市场经验,又推出了面向全国其他市场的大众面的中高档系列,如中档的"小康家庭""大众三代",高档的"红红红"等。华龙由此打开了扩大北方农村市场。1999年,华龙产值达到9亿元。

这是华龙根据市场发展需要和企业自身状况而推出的又一阶段性产品策略,同样取得了成功。

从2000年开始,华龙的发展更为迅速,同时开始逐渐丰富自己的产品系列,面向全国不同市场,华龙又开发出十几个产品品种、几十种产品规格。2001年,华龙的销售额猛增到19亿元。这个时候,华龙主要抢占的仍然是中低档面市场。

2002年起,华龙开始走高档面路线,开发出第一个高档面品牌——"今麦郎"。华龙开始大力开发城市市场中的中高价位市场,此举在如北京、上海等大城市大获成功。

2) 区域产品策略

华龙从2001年开始推行区域品牌战略,针对不同地域的消费者推出不同口味和不同品牌的系列新品。

(1) 华龙的产品策略和品牌战略是:不同区域推广不同产品;少做全国品牌,多做区域品牌。

(2) 作为一个后起挑战者,华龙在开始时选择了在中低端大众市场,考虑中国市场营销环境的差异性很大,地域不同,则市场不同、文化不同、价值观不同、生活形态也大不同。

因此,华龙想最大限度挖掘区域市场,制定了区域产品策略,因地制宜,各个击破,最大限度地分割当地市场。如华龙针对中原河南大省开发出"六丁目",针对东三省有"东三福",针对山东大省有"金华龙"等,与此同时还创作出区域广告诉求(表9-1)。

(3) 华龙推行区域产品策略——实际上创建了一条研究区域市场、了解区域文化、推行区域营销、运作区域品牌、创作区域广告的思路。

(4) 之后它又开始推行区域品牌战略,针对不同地域的消费者推出不同口味和不同品牌的系列新品。如针对回族的"清真"系列、针对东三省的"可劲造"系列等产品。

3) 市场细分的产品策略

市场细分是企业常用的一种市场方法。通过市场细分,企业可确定顾客群对产品差异或对市场营销组合变量的不同反应，其最终目的是确定为企业提供最大潜在利润的消费群体，从而推出相应的产品。华龙就是进行市场细分的高手，并且取得了巨大成功。

(1) 华龙根据行政区划推出不同产品，如在河南推出“六丁目”，在山东推出“金华龙”，在东北推出“可劲造”。

(2) 华龙根据地理属性推出不同档次的产品，如在城市和农村推出的产品有别。

(3) 华龙根据经济发达程度推出不同产品。如在经济发达的北京推广目前最高档的“今麦郎”桶面、碗面。

(4) 华龙根据年龄因素推出适合少年儿童的“A—干脆面”系列；适合中老年人的“煮着吃”系列。

(5) 华龙为感谢消费者推出的“甲一麦”系列；为回报农民兄弟推出的“农家兄弟”系列。

华龙十分注重市场细分，且不仅是依靠一种模式。它尝试各种不同的细分变量或变量组合，找到了同对手竞争、扩大消费群体、促进销售的新渠道。

4) 高中低的产品组合策略

华龙面的产品组合是高中低相结合，低档面占据着市场销量的大部分份额。

(1) 全国市场整体上的高中低档产品组合策略，既有低档的大众系列，又有中档的“甲一麦”，也有高档的“今麦郎”。

(2) 不同区域的高中低档产品策略，如在方便面竞争非常激烈的河南市场，一直主推的就是超低价位的“六丁目”系列。“六丁目”主打口号就是“不跪(贵)”。这是华龙为了和河南市场众多方便面竞争而开发的一种产品，它的零售价只有0.4元/包(给经销商0.24元/包)。同时，华龙将工厂设在河南许昌，因此让河南很多方便面品牌日子非常难过。

在全国其他市场如东北在继“东三福”之后投放中档的“可劲造”系列，在大城市投放“今麦郎”系列。

(3) 同一区域的高中低档面组合，开发不同消费层次的市场。如在东北、山东等地都推出高、中、低三个不同档次、三种不同价位(表9-1)的产品，以满足不同消费者对产品的需要。

5) 创新产品策略

每一个产品都有其生命发展的周期。华龙是一个新产品开发的专家。它十分注意开发新的产品和发展新的产品系列，从而来满足市场不断变化发展的需要。

(1) 华龙在产品规格和口味上不断进行创新。从50g到130g，华龙在10年的时间里总共开发了几十种产品规格。开发出了如翡翠鲜虾、香辣牛肉、烤肉味道等十余种新型口味。

(2) 华龙在产品形状和包装上进行大胆创新。如推出面饼为圆形的“甲圆面”系列；“弹得好，弹得妙，弹得味道呱呱叫”弹面系列。封面上体现新潮、时尚、酷的“A小孩”系列等。

(3) 产品概念上的创新。如华龙创造出适合中老年人的“煮着吃”的概念,煮着吃就是非油炸方便面,只能煮着吃,满足中老年人的需要。

6) 产品延伸策略

(1) 产品延伸策略是华龙重要的产品策略。每一个系列产品都有其跟进的“后代”产品。

如在推出“六丁目”之后,又推出“六丁目108”“六丁目120”“超级六丁目”;在推出“金华龙”之后,又推出“金华龙108”“金华龙120”;在推出“东三福”之后,又推出“东三福120”“东三福130”。

(2) 不仅有产品本身的延伸,而且有同一市场也注意对产品品牌进行的延伸。在东北三省推出“东三福”系列之后,又推出“可劲造”系列。

总之,华龙面的产品组合策略是比较成功的,值得我们认真分析和思考,有些方面也值得借鉴、推广和运用。

【案例思考题】

1. 华龙面产品组合策略的成功之处是什么?

2. 华龙面在产品命名时运用了哪些心理策略?

3. 华龙面使用了什么样的品牌策略?

三、实训操练:深入了解产品信息

1. 实训目标

通过本实训学会辨别和分析产品销售相关策略的使用。

2. 实训内容

在教师带领下,学生分组进入超市,到某一类产品的展示架前,观察产品的命名、商标、包装等,分析其各自采取的心理策略。

3. 实训要求

(1) 本实训要选择在同学较为熟悉的超市进行。

(2) 在实训前由教师设计出实训中要求学生填写的项目,并制成表格。

(3) 实训中小组内成员每两人合作完成一份表格。

(4) 每组可分配6~10人分析一类商品,之后根据所填表格对照各自分析结果并说明原因。

4. 实训总结

学生自我总结	
教师评价	

第十章　价格与消费者心理

奢侈品定价策略与消费者心理

奢侈品消费本质是一种高档消费行为，本身并无好坏之分。奢侈品的另外一种定义是指价格中包含的功能性效用比率较低的商品。由此可以看出，购买奢侈品更多的是出于心理需求。对于生活必需品，如果降低价格或许可以吸引消费者的注意，但对于奢侈品，如果价格降低反而可能无人问津，因为对于部分消费者来说，高价位才是其身份和地位的象征。对于购买奢侈品的消费者来说，心理需求才是最重要的，认为奢侈品能提升自己气质，吸引他人的注意。

虽然每一次经济危机都可能引发奢侈品牌的生存危机，但即便面对危机时，他们并没有把降价作为选项，因为他们知道降价无异于自绝后路，只有高价格才能满足这类消费者的心理需求。

例如，路易威登的任何一个产品都不会打折。换言之，不管在什么时间购买路易威登的产品，都不会享受任何的折扣。正是这种永不打折的理念，满足了这类消费者的心理需求，也让消费者把昂贵、永不打折、奢侈品和路易威登画上等号。

在影响消费者心理的诸多因素中,价格是最敏感、最刺激的因素之一,深入研究价格对消费者心理的影响,把握其价格特质,是企业制定价格策略的基础和前提。

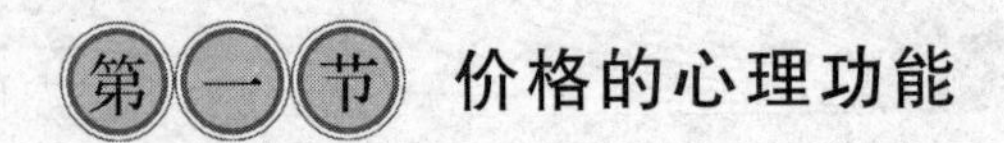

第一节 价格的心理功能

案例 10-1

沃尔玛的销售策略

沃尔玛能够迅速发展,除了正确的战略定位以外,也得益于其首创的折价销售策略。每家沃尔玛商店都贴有天天廉价的大标语。同一种商品在沃尔玛比其他商店要便宜。沃尔玛提倡的是低成本、低费用结构、低价格的经营思想,主张把更多的利益让给消费者,为顾客节省每一美元是他们的目标。沃尔玛的利润率通常在30%左右,而其他零售商如凯马特的利润率都在45%左右。公司每周六早上举行经理人员会议,如果有分店报告某商品在其他商店比沃尔玛低,可立即决定降价。低廉的价格、可靠的质量是沃尔玛的一大竞争优势,吸引了一批又一批的顾客。

资料来源:https://wenku.baidu.com/view/62becb4f2e3f5727a5e96289.html,2018-11-19.

一、衡量商品价值和质量的功能

消费者通常把商品价格同商品质量、价值联系起来,从而把价格的高低作为衡量商品价值和品质的标准。从理论上讲,消费者在选购商品时应以商品的价值为尺度判断是否购买。然而,人们却常常会看到,有些内在质量相似的商品,由于包装、装潢不同,价格相差较多时,消费者却宁愿购买价格高的商品;而对于一些处理品、清仓品,降价幅度越大,消费者的心理疑虑越重,越是不愿问津。类似现象的产生,正是由于价格的心理机制在起作用。消费者在选购商品时,总是自觉或不自觉地把价格同商品价值及内在品质联系起来,把价格作为衡量商品价值大小和品质优劣的尺度,他们往往认为,商品价格高,则商品的质量好,价值大;价格低,则质量差,价值小。"一分钱,一分货""好货不便宜,便宜没好货",便是消费者通常奉行的价格心理准则。

随着经济的飞速发展,新产品层出不穷,商品种类急剧增加,商品品质日益提高,消费者很难依靠传统经验,从使用价值判断商品品质的优劣,也很难根据价格的理论构成判断商品价值的大小。因此,在心理上把商品价格作为衡量商品价值高低和品质优劣标准的现象会越来越普遍。

二、自我比拟功能

从消费心理学角度看，商品价格不仅表现商品价值和商品品质，而且还能使消费者产生自我意识比拟的心理功能。这就是说，消费者在购买商品过程中，可能通过联想与想象等心理活动，把商品价格的高低同个人的偏好、情趣、个性心理特征等联系起来，有意或无意地进行价格比拟，以满足个人的某种社会性需要。

（一）社会经济地位的比拟

在现实生活中，有些消费者只到大型百货店或专卖店购买高档、名牌或进口商品，以显示自己的社会地位和经济地位，获得一种心理上的满足。有些消费者愿意到廉价商店购买优惠商品、折扣商品、过季降价商品，认为这类商品与自己的购买能力和经济地位相符，也能得到心理上的慰藉。

（二）文化修养的比拟

有的消费者尽管对书法字画缺乏鉴赏能力，却要花费大笔钱购买名人字画挂在家中；有的消费者既不喜欢看书，也无意藏书，却买了大量昂贵的书籍，他们都是希望通过昂贵的名人字画和丰富的藏书显示自己有很高的文化修养，从而得到心理上的慰藉。

（三）生活情趣的比拟

有些消费者既缺乏音乐素养，又没有特殊兴趣，却购置钢琴或高档音响设备，为的是得到别人给予的"生活情趣高雅"的评价，获得心理上的平衡。

价格所具有的自我意识比拟的心理机制，同消费者自身的价值观、生活态度和个性心理特征直接相关，因而，它的表现形式往往因人而异、千差万别。但是，无论消费者把商品价格作为自我意识的比拟是有意识的还是无意识的，都有一个共同点，就是他们都重视商品价格的社会价值。

三、调节需求功能

商品价格对消费需求的影响很大，价格的高低对需求有调节作用。一般来说，在其他条件既定的情况下，消费需求量的变化与价格的变动呈相反的趋势，即价格上涨时，消费需求量减少；价格下降时，消费需求量增加。同时，价格调节需求的功能，又受商品需求弹性的制约。不同种类的商品，需求弹性也不同。一般来说，与消费者生活密切相关的生活必需品需求弹性较小，而非生活必需品需求弹性较大。

商品价格对市场消费需求的影响大致可归纳为两个方面：一方面消费者对某种商品的需求越强烈、越迫切，对价格的变动就越敏感；反之亦然。另一方面价格变动的结果可能使需求曲线向不同方向发展，例如，当某种商品价格上涨时，本来应起抑制购买、降低需求的作用。但由于消费者心理因素的作用，有时会出现"价格逆反"的现象，即"买涨不买跌""买高不买低"。

通过以上分析可以看出，商品价格的心理功能比商品价格的一般功能要复杂得多。

因此,企业既要认清价格的一般功能是价格心理功能的基础,更要认清消费者的商品价格心理功能对购买行为的影响,以便使商品的价格最大限度地为消费者所接受。

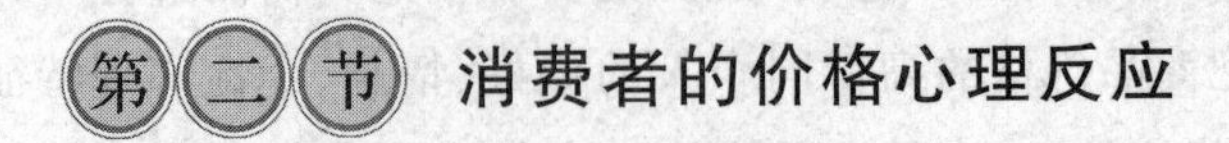

第二节 消费者的价格心理反应

案例10-2

对价格的计较与宽容

俗话说:“此一时,彼一时。”说的是,时间不同了,情况也就相应有了变化。我们也经常听到这样一句话,一切以时间地点为转移。在消费中,也会出现这种以时间地点为转移的对待价格的态度。

假设你去商店买一包糖。结果一连去了几家店都没有买到。当你满头大汗终于找到,服务员告诉你这包糖十元,价格是平时价格的2倍。但是你急需,而且好不容易才找到,即使价格有些贵,你还是会购买。此时,你注重的不是价格而是商品的有无。也就是说,在这种情况下,消费者对价格是十分宽容的。有的消费者会因为平时的蔬菜等日常用品涨几毛钱而愤愤不平,斤斤计较,而对于贵重的商品花上千元也不会眨一下眼睛。消费者的这种心理在日常生活中十分普遍,是由消费者对商品价格敏感强弱程度导致的。当敏感程度强时,消费者就会对商品价格斤斤计较。例如,白菜卖2角钱,消费者就会很不满,因为前些天是卖1角的,涨了1角钱。而当由于冬季降温影响白菜生长以及冬运受阻导致白菜供给不足时,白菜卖到1元钱,消费者反而积极抢购。

此时,由于种种困难导致的供给不足,大大弱化了消费者对价格的敏感性。消费者对价格敏感是一种本能,毕竟都希望自己买的东西实惠。

资料来源:海波. 你其实不懂消费心理学[M]. 海口:南方出版社,2012.

一、消费者对一般价格的心理反应

(一)习惯性心理

消费者对价格的习惯性是消费者在认识价格问题上经常发生的心理现象之一,也就是消费者的一种价格心理,即消费者在购买活动中对商品价格认识的心理活动。它既反映消费者的个性心理,也反映消费者对价格的知晓程度。它不但受客观因素(价格)的影响,也受消费者自身的知识经验、兴趣爱好、性格等个体主观因素的影响。

消费者对商品价格的认识,是从多次购买、使用、评价的活动中逐步体验并形成的对某种商品价格的习惯性。从心理学角度说,是由于人们的神经系统反复通过一条路径,留下的痕迹逐步加深,变得越来越易于通过。所以,购买频率较大的一些日用商品,由于消费者长期地、频繁地购买和消费哪个商品需支付多少金额，在消费者的头脑中逐步加深，渐渐在购买中形成一种习惯性。消费者对这种商品价格习惯后，在以后的购买中就易于接受，认为是正常合理的价格。

价格的习惯性心理对消费者的购买行为有重要影响，消费者往往以习惯价格联想和对比价格的高低以及商品质量的优劣。同时，在许多消费者心目中，在已经形成的习惯价格的基础上，对商品价格都有一个上限和下限的观念。如果商品价格超过上限，则认为太贵，不合理；如果价格低于下限，则会对商品质量产生怀疑。即使质量不变的商品，当价格低于习惯价格时，如果不作宣传说明，力图以低价取得有利竞争的地位，在降价的初期也是难以奏效的。

当然，价格的习惯性并非固定不变。许多商品价格的变动都会经历从不习惯到习惯的过程，这需要一定的时间。据日本学者对于日本情况的研究，商品价格上升后，所需的“回复期”为半年至1年。据统计，日本国营铁路运费上涨1%，其后1年内利用者减少80.2%，以后又回到和超过原来的水准。可见，消费者在商品价格上升后，会在一段时间内减少对这种商品的消费，此后又恢复到正常的消费水平。但是习惯价格一旦形成，就不易改变。习惯价格的变动，不仅影响消费者的购买行为，影响企业在消费者心目中的形象，对社会的经济生活也会有一定影响。因此，对习惯价格的调整，要持慎重态度，事先应做好宣传和解释工作。

（二）感受性心理

感受性心理是指消费者对商品价格高低的感受和知觉程度。价格的高低、昂贵与便宜都是相对而言的。消费者对价格高低的判断往往是在同类商品中进行比较，或是在同一售货组中对不同类型商品进行比较而获得的。由于消费者个体的感受、知觉能力和水平的不同，因而他们对商品价格高低的判断结果就会有差异。一般来说，消费者常常会出现价格错觉，这是因为他们在判断商品的价格时除了考虑商品定价本身的因素外，还参考了商品的质量、大小、包装等因素，还受作为陪衬背景的其他商品价格的影响。例如，同样价格的商品，放在出售高档品的柜台上可能滞销，放在廉价商品中，则认为“便宜”而畅销。当然，贵重品不能放在一般商品中，否则会降低它的特殊性而影响销售。有时消费者因急需某种商品而又求而不得时，就往往不大计较这类商品价格；当消费者认为购买某种商品对他是一种负担时，他就会觉得价格是昂贵的。凡此种种对价格的错觉，皆源于消费者对价格感受不同而产生的价格心理。

（三）敏感性心理

价格的敏感性是指消费者对商品价格变动的反应程度。消费者对商品的价格在心目中都有一个大体的标准，是在长期的购买活动中，由于人们的意识、想象、习惯以及对商品品质的体验而逐步形成的。例如，对蔬菜、粮食、火柴、肥皂等日用品价格，消费者认为价格应是低的，且这类商品的品质也容易体验，并有一定的购买习惯和使用习惯，对其价格变动上下限幅度也认为是小的。所以，消费者对这类商品价格的变动的敏感性就高。一旦这些商品的价格变动超过想象中的上下限幅度,就会引起消费者的强烈反应。而对耐用品、化妆品等,想象中的价格标准较高,其上下限幅度也比较大,故而对价格变动的敏感性也就低一些。

(四) 倾向性心理

商品价格的倾向性是指消费者在购买过程中对商品价格的选择倾向。商品一般都有高、中、低档之分,它们分别标志商品不同价格和质量。不同消费者出于不同心理,都会对其产生不同的倾向性。喜欢购买高价商品的消费者总认为质量与价格密切相关,因此高价等于高质;倾向于购买低价商品的消费者,其价格心理则认为,价格不完全代表质量,只要经济实用就行,至于牌子、质量、价格等方面不太理想也无所谓。

消费者对价格的不同选择倾向,主要是由于消费者的经济地位、购买经验、消费方式以及对价格的知觉理解等方面的不同而产生。

在我国目前的经济条件下,多数消费者由于受到收入水平和支付能力阻碍比较倾向于选择中档消费品。因此,企业在组织商品流通中,应注意在商品的品种、规格、价格上适应消费者的心理要求,并针对消费者的不同价格倾向组织销售,使各类商品都能较大程度地满足消费者的需要。

(五) 逆反心理

正常情况下,消费者总是希望买到物美价廉的商品,对相同价值的商品总是希望其价格越低越好,但是在某些特定的情况下,商品的畅销性与其价格会呈反向表现,即并非价格越低越畅销。出现买涨不买跌的情况,这就是由于消费者对价格的逆反心理所致。商品的主观价格是依据其客观价格而形成的,但是主观价格与客观价格经常会出现不一致甚至背离的情况,在顾客心目中常会产生这样的判断:商品的价格太高,或者商品的价格偏低。主观价格是构成商品形象的一个组成部分。对于一个有较高自我比拟意识的人来说,购买一件他认为价格偏低的商品会感觉有失身份。如一件女式风衣刚开始的标价是68元,低于同等商品平均价格水平,但在商店挂了很久无人问津。当商家把价格改成680元,很多消费者注意到这件风衣,很快这件风衣便以500元的价格出售了。原因是消费者看到低价会认为这件风衣可能是滞销货,或者存在质量问题,不愿意购买。

二、消费者对调价的心理反应

调整商品价格是经常发生的现象。厂商调整价格的原因是多方面的,商品成本提高、技术含量增加、税收变化、竞争激烈、供求关系变化、商品技术经济寿命周期的不同阶段等因素,都会引起价格波动。当然,价格变化也必然会对顾客的消费心理与行为产生影响。

(一) 顾客对商品价格调整的一般心理反应

商品价格的变化必然会影响顾客的切身利益,促使顾客对市场价格的变化给予关注,也会引起顾客心理与行为上的反应。通常,某种商品价格上涨时,顾客会减少该种商品购买的数量和频次。如果此类商品是生活中必不可少的，顾客只能减少另类商品的购买数量，或者购买同类商品中质量稍次一点的商品，或者购买可替代的商品。如果商品价格下调，顾客则可能增加该类商品的购买数量和频次。尤其当该类商品消费量有伸缩性时，这种情况就更显著。例如，香蕉每斤从2元下降至每斤1元，某顾客原想买5斤，现在可能买8斤。也有可能出现这样一种情况，虽然该类商品的购买数量没有变化，其他商品的购买量却增加了。大米从1.5元/斤下调到1元/斤，顾客每月仍然只买100斤，省下的50元钱用于买其他商品。

（二）顾客对商品价格上调的各种心理反应

以上分析的是顾客对商品价格变化的一般心理反应。客观上由于各种原因，价格变化时顾客心里会产生多种反应与行为。当商品价格上调时，顾客的工资收入未能作同步调整，意味着其购买能力下降。然而，往往价格上调以后，反而激发顾客的购买热情。其心理因素如下。

(1) 顾客存在储备心理，可能认为商品涨价，提示供应量减少，应尽量提早购买一些，以防今后市场脱销时买不到这种商品。在短缺经济条件下，或者政局动荡，自然灾害来临前，顾客的这种心理状态表现明显。在政局稳定，经济增长的条件下，这种状态则不明显。

(2) 有的顾客在遇到商品提价时会认为，现在的提价仅仅是开始，以后价格还要进一步上涨，为了避免今后支出更多的货币，还是趁早多购进一些。这种心态在通货膨胀较为明显的经济环境中表现较多，以致出现抢购现象，加剧通货膨胀，给社会经济造成不良影响。

(3) 特殊商品如古玩、首饰、高档工艺美术品的提价，也会引发某些顾客增加购入，其内心目的是希望购买此类商品能得到保值、升值，因为今后此类商品价格还要上涨。

（三）对商品价格下调时的各种心理反应

通常，在商品价格下调时，顾客的购买能力相对有所提高，本应增加商品的购买数量和购买频次，然而，有时许多顾客却做出相反决策，这种行为是由以下几种心理因素引起的。

(1) 有质量等级观念的顾客认为，商品降价是由于商品质量等级下降而造成的，价格低就意味着质量差，还是不要买质量差的商品为好。顾客的这种心理在食品与耐用消费品的购买上表现尤为明显。有时，价格过低会损害某些顾客的自尊心和满足感。

(2) 有趋时心理的顾客认为，降价商品是落时商品、冷僻商品，也可能是商家库存积压商品，厂商要出清存货，或者即将有更新款式的商品上市，等等。因此，他们不愿购买这种降价商品。

(3) 有等待心理的顾客认为，目前商品价格还未降到最低点，日后将进一步下跌。他们宁可持币待购，待价格跌到顾客自认为的最低价时，再实施购买行为。

(4) 某些商品确实已经过时，即使价格一跌再跌也不能激起顾客的购买愿望。这是由于新产品、替代品已显示出明显的优越性,使原来商品处于被淘汰的地位所引起的。

商品定价的心理策略

案例 10-3

iPod 的定价策略

苹果 iPod 是近几年来最成功的消费类数码产品之一。第一款 iPod 零售价高达 399 美元,即使对于美国人来说,也是属于高价位产品,但是有很多"苹果迷"既有钱又愿意花钱,所以纷纷购买。苹果公司认为还可以"撇到更多的脂",于是不到半年又推出了一款容量更大的 iPod,定价 499 美元,仍然销路很好。苹果的撇脂定价大获成功。苹果 iPod 在最初采取撇脂定价法取得成功后,根据外部环境的变化,主动改变了定价方法,2004 年,苹果推出 iPod shuffle,这是一款大众化产品,价格降低到 99 美元一台。之所以在这个时候提出大众化产品,一方面市场容量已经很大,占据低端市场也能获得大量利润;另一方面,竞争对手也推出类似产品,苹果急需推出低价产品抗衡。原来的高价格产品并没有退出市场,而是略微降低价格而已,苹果公司只是在产品线的结构上形成了"高低搭配"的良好结构,改变了原来只有高端产品的格局。苹果的 iPod 产品在几年中的价格变化是撇脂定价和渗透定价交互运用的典范。

资料来源:https://www.asklib.com/view/049a6e6bd485.html,2018-10-20.

制定合理的商品价格,是商品成功地走向市场、取悦消费者的重要前提。因此企业制定商品价格必须以消费者为对象,探求、研究消费者的价格心理,明确不同价格水平下的顾客心理反应,最终获得令企业和消费者都满意的最佳价格。具体定价策略如下。

一、撇脂定价策略

撇脂定价策略是在产品投放到市场的初期,采取高价策略,以便在短期内获得尽可能多的利润,以后酌情逐步降低价格。就如同从鲜奶中撇取油脂一样,从厚到薄,从精华到一般。由于新产品初上市场还没有竞争者和替代物。因此,只要质量有保证,企业就可采用较高的价格出售,以获取巨额利润并尽快收回研制开发新产品的投资。高额的利润势必引来激烈的竞争,一旦竞争对手进入市场,就应酌情逐步降低价格以保持其在竞争中的优先地位。例如,美国雷诺公司生产的一款新式圆珠笔,取名"原子笔"。公司将原子笔作为圣诞礼物隆重推出,经大力宣传,原子笔身价倍增。虽然每支笔成本仅 50 美分,售价却高达 20 美元。等到其他公司纷纷效仿制作原子笔时,雷诺公司再以低价打压,这时,雷诺公司已赚取了巨额利润。

这种定价策略的好处在于可以提高产品的身价，可以及时收回投资和赚取利润，可随时调低价格，在竞争中处于主动。

二、渗透定价策略

渗透定价策略与撇脂定价策略正好相反，是在产品进入市场初期采用先以低价出售，然后逐步渗透，最后把价格提高到一定水平的策略。因为产品刚进入市场，消费者对它还不十分了解，购买率尚低。为增加产品销量，迅速占领和扩大市场，先以低价出售，待到消费者使用习惯而非用不可且又找不到代用品时，把价格提到一定高度。此时，消费者虽有不满但也只能无可奈何地接受。例如，著名美籍华人陈家庚先生，在20世纪30年代曾被誉为世界胶鞋大王。他生产的胶鞋刚问世时往往低于成本价出售，到商品成为名牌后，才逐步把价格提高，最后仍然赚大钱。

这种定价策略主要迎合了部分消费者要求的“物美价廉”的心理，给人一种经济实惠的感觉和印象，从而在消费者心中树起良好的形象，取得信赖，拓展市场，增加销售。它一般适用于低档品、日常生活必需品等。现在我们有的企业对新产品采取试销、展销的办法，在此期间价格从廉，给予一定的优待，也属于这一类做法。

这种策略的主要问题在于以后逐步提高价格时，易引起消费者心理上的反感和抑制。

三、满意定价策略

满意定价策略介于撇脂定价与渗透定价之间，既不像撇脂定价那样，一开始就把新产品的价格定得很高，也不像渗透定价那样一开始就把新产品定得很低。这种定价策略适用于生活日用品和技术要求不高的产品。

四、非整数定价

非整数定价是一种典型的心理定价策略。它是给商品定出一个带有零头尾数的非整数价格，使价格的最后一位数是奇数或接近于零(98.90)。这种方法依不同国家不同地区的消费者具有不同的价值心态和风俗习惯而做法各异。

美国零售商多采用奇数定价法，即价格最后一位数是奇数。据美国一些商业心理学家调查，零售价为49美分的商品，其销售量远远超过50美分的，甚至是48美分的。其原因是，美国的消费者普遍认为单数比双数小，因而奇数比偶数便宜。

我国零售业也偏好使用非整数定价策略，并且更多时候采用偶数定价，这主要利用了以下三类心理功能。

(1) 给消费者造成价格偏低的感觉。带零头的非整数定价给消费者的一个明显感觉是，商品的定价非常精确，连几角几分都算得清清楚楚。因而感到价格是实实在在的，非常精确合理，于是会产生一种可信赖感。

(2) 给消费者一种商品降价的错觉。当一种商品的价格靠近整数以下,如9元8角7分,由于整个价格系列是从大数到小数减少趋势,因而给消费者造成一种似乎价格降低的感觉,感到便宜而购买;相反,当商品价格在整数以上,如100元3角,110元8角等,整个价格既突破了100元大关且又呈增长趋势,因而给消费者造成一种提价的心理印象,抑制购买。

(3) 给消费者一种数字合意的感觉。在不同国家、地区,由于风俗习惯、文化传统等影响,消费者往往对某些数字产生偏爱或忌讳。如在我国消费者对"8"字价格存有偏好心理,其原因在于"8"与"发"谐音,有兴旺发达、吉祥如意之意。在西方,对"13"的忌讳则是众所周知的,西方人认为"13"表示倒霉、不吉利等。所以运用非整数定价,就是要有意识地选择消费者偏好的数字,以促进营销,避开消费者所忌讳的数字,以免引起反感而抑制购买。

总之,非整数定价策略主要是根据消费者对商品价格感知性的差异,用一些巧妙的数字安排,给消费者造成价格错觉,从而刺激消费。当然,事物总是一分为二的,这种价格策略在实践中屡屡奏效,但也不适合所有企业和商品,对于一些声誉较高的企业或高质量的商品就没有必要采用这种定价法。并且对于价格也不能搞得过于烦琐,否则会引起消费者的反感。

五、整数价格策略

在商品经营活动中,整数价格便于收款找零,从价格心理来说,便于给消费者留下印象。如把一些小食品包装成1元或2元一袋的,在售货时可以减少找零钱的麻烦,还会给消费者造成商品价格便宜的感觉而促进其购买。对于某些款式新颖、价格较高的新产品,采取整数定价,如价值997元的定为1000元,就可以赋予产品高贵的形象,从而提高商品的地位,这对于某些以满足社会性需要为主的消费者来说,可起到刺激其购买欲望的心理作用。

六、习惯价格策略

有些商品在长期的市场流通中,逐步形成了某种固定性,使消费者对此养成了习惯,这种价格就称为习惯价格。它是利用消费者对价格的习惯心理而采取的定价策略,消费者往往把商品的习惯价格作为衡量价格高低和质量好坏的标准。

运用习惯定价策略有两个明显的好处:①容易为消费者所接受,给买卖双方的交易带来很大的方便,从而有利于市场稳定;②由于价格在某种程度上固定不变,给消费者留下价格稳定合理的心理印象,从而有利于销售活动的稳定。

习惯价格的商品多是一些单价低、涉及面广的日用生活必需品及主副食品,如肥皂、火柴、粮、油、盐等,它们关系千家万户的日常生活和切身利益,因而价格稍有变动,消费者往往十分敏感。因此,对这类价格的调整,应十分谨慎。假若价格确实过低,确有调整的必要，则应首先从改善经营管理入手，从薄利多销中找出路，其次才考虑以某种变通办法调整价低，而且应尽可能采取渐进式、改革式的办法，如提高商品质量和功能，改变型号和包装等以新的价格代替旧价格，逐步形成新的习惯价格。

七、折让价格策略

折让价格策略是以降低定价或给予购买者以折扣的方式给消费者某些优惠，以争取更多顾客的定价策略。折让价格的心理功能是利用消费者追求“实惠”、抓住“机会”的心理，用优惠价格刺激和鼓励消费者大量地、连续地购买。在日本，每年 6 月和 12 月都要开展大规模的减价让价销售，据统计它可使销售额比平时增加 2～3 倍。

折让价格心理策略在实践运用时的方法很多，主要有以下几种。

(1) 数量折让策略。即按购买数量多少，分别给予大小不同的折扣，以刺激消费者大量购买商品。

(2) 节日折价策略。即在各种节日期间，优惠供应某些商品的价格策略。如儿童节、教师节，新华书店对购买儿童读物及持有教师证的消费者实行九折优惠。这大大提高了销售量，甚至连平时无人问津的滞销书也被带动销售，从而满足了消费者的求廉心理需要。

(3) 免费服务折扣策略。有些商品的价格中含有一定的服务费，如一定比例的保修费、送货费、堂内招待费等。但是由于消费成为企业一方的种种原因，事实上并不是所有顾客都能得到这种服务保障。为此，企业对没有条件享受这种服务的顾客给予免费折扣。如广州南方大厦就规定对购买含有保修费的商品而不要求保修的外地顾客，可以给予一定折扣；有的商品可以送货上门服务，对自提商品的顾客退回一定的运输费；餐馆对外卖顾客给予较多量，实际上就是含有免堂吃服务的意思。如此种种，可起到保护消费者的利益和增加吸引力的作用，还能提高企业的声誉。

此外，折让价格策略还对那些带头购买试销品或是在淡季购买商品的消费者以一定折扣；或以前经常光顾本店的老顾客，经常购买某种商品的消费者，在他的重复购买时给予一定的优惠。其优惠形式可以是多样，比如折扣、特价、出厂价、服务、奖券等。从而鼓励消费者连续购买。

市场经济条件下，企业之间的竞争已变得尤为激烈，而折让价格策略不失为提高竞争的一种有效办法。但需注意，那种虚张声势，先赠券后涨价，再夸大折价幅度的欺诈行为，是一种自毁信誉的不文明的经济行为，应为企业所不齿。

八、声望定价策略

声望定价策略是企业利用自己在长期经营与服务在消费者心目中树立的声望，通过制定较高的商品价格来满足消费者崇尚名牌的心理而采用的定价策略。因为消费者在购买商品时心理上会感到自己的身价也随之得到提高。声望定价特别适用于质量不易鉴别的商品。如两家商店出售同样的男皮夹克,一家商店声望高,虽然价格稍高,顾客也愿购买。但切忌滥用此种定价法,一般商店和商品不宜采用,否则会引起消费者的厌恶而造成销售损失。

九、分级定价策略

分级定价策略是指把不同品牌、规格及型号的同一类商品划为若干个等级,对每个等级的商品制定一种价格。这种定价策略的优点在于不同等级商品的价格有所不同,能使消费者产生货真价实、按质论价的感觉,能满足不同消费者的消费习惯和消费水平,既便于消费者挑选,也使交易手续得到简化。在实际运用中,要注意避免各个等级的商品标价过于接近,以防止消费者对分级产生疑问而影响购买。

第四节 商品调价的心理策略

案例 10-4

米其林巧妙调价

在米其林的销售数据中,一个新款轮胎比旧款的性能要好25%,但是据此收取25%的价格却十分困难——客户们已经适应了原来轮胎的价格水平,任何价差都会遭遇他们的抵抗。因此,米其林开拓了新的方式,货车车队无须再购买新的轮胎,他们按照轮胎的使用公里数付费。

在这种新形式中,如果轮胎的使用公里数延长了25%,顾客就要多支付25%的价格,这不仅让卖方在最大限度上获取了产品的附加价值,同时也让顾客受益,即只有车队在创收时,他们才需要支付费用,如果运输需求低迷,卡车尚未出动,轮胎就不会产生任何花费。

资料来源:http://www.sohu.com/a/153840397_355028,2018-10-20.

价格调整是市场活动中常有的事。调价的原因十分复杂,有人为的主观因素,也有客观因素。但不管怎样,企业在调价时应充分考虑消费者对调价的心理反应,以便合理地运用商品调价的心理策略。

一、商品降价的心理策略

企业在组织商品流通过程中,由于商品供过于求,或由于在装卸中受损,或由于保护不善而导致质量下降,或由于对市场预测不准,盲目进货,或因错过供应节令进入淡季等,凡此种种原因均可导致商品残损或积压滞销。为了加快商品流通,减少损失,商业部门往往被迫采用降价手段。降价策略若运用及时得当不仅可以减少损失，还可以促进其他正常价格商品的销售；反之，不仅会造成巨大损失，还可能会影响商店的信誉。

一般来说，为保证降价策略的成功须注意以下两个原则。

(1) 降价幅度要适宜。心理学研究表明，不是任何刺激都可以引起人们的感觉。如灰尘落在皮肤上就不能产生肤觉。刺激物达到一定的量，感觉才会产生；否则，就不能引起感觉。同样，降低幅度若较小，就无法诱起消费者的购买欲望。例如，一些处于淡季或款式过时的商品，若降价幅度过小，消费者将不屑一顾。但是，降价幅度也并非越大越好。因为价格是消费者用以衡量商品质量的主要依据，若降价幅度过大，就可能弄巧成拙，引起消费者的重重疑虑。通常，商品降价幅度以10%～30%为宜，若超过50%，消费者就会怀疑该商品的使用价值或品质等。当然也有例外，一些非常昂贵的商品，其降价幅度必定要超过50%，才会使消费者感兴趣，否则难以促销。

(2) 保持价格的相对稳定性。由于消费者对降价商品的质量、卫生和安全等方面本就心存疑虑，若商品在降价期间又是一降再降，或忽高忽低，变化不定，只能会使消费者认为，商品的价格之所以连续下降，是由于质量太差、无人问津的缘故，从而对商品的信心丧失殆尽。因此，降价商品在一段时间内应保持其价格的相对稳定性，以促进销售。

二、商品提价的心理策略

商品涨价对广大消费者的经济利益总是不利的，消费者心理上自然会有一种不愉快的反应。然而在现实生活中，由于多种因素的影响，迫使企业不得不提高商品的销售价格。但是企业在提价时，应充分了解消费者的心理反应，以便采取合适的提价策略。

(1) 对那些因商品价值增加(加生产成本、销售成本的提高)而造成的商品提价，企业要尽量降低提价幅度，同时要努力改善经营管理，减少费用开支。

(2) 因商品紧缺、供不应求而造成的商品提价，企业要在遵守国家政策的前提下，从维护消费者利益出发，积极寻找货源，充分考虑消费者的心理承受能力，适当提价。切忌乘机大幅度涨价，以致消费者怨声载道。

(3) 由于国家政策要求提价的，企业要多做宣传解释工作，尽快消除消费者的不满情绪。同时积极做好替代商品的经营。

(4) 由于进货渠道和环节而造成的提价，企业要说明原因，并热情地为消费者服务，以取得消费者的信任和谅解。

(5) 企业为获利的提价行为，严格说是应禁止的。如果是上级同意的，也必须搞好销售服务，努力改善销售环境，增加服务项目，使消费者切实感到在此店买东西，虽然贵些，但心情舒畅，花钱值得。

总之，商品提价事关重大，关系到消费者的利益和企业的声誉，稍有不慎，就会造成消费者心理上的伤害，给企业带来无可挽回的损失。所以，商品提价一定要充分考虑消费者的心理要求,严格掌握提价的幅度。

一、复习思考题

1. 举例说明消费者对价格的各种心理反应。
2. 商品定价的心理策略有哪些?
3. 消费者对于调价的心理反应有哪些?
4. 分析不同定价方法的消费心理依据。
5. 企业在进行商品提价时应如何应对消费者的不满情绪?

二、案例分析

清扬与海飞丝的对决

2007 年在洗发水领域清扬与海飞丝的对决,是一场"激烈、生动也扣人心弦"的商战。这一年,联合利华调整战术,推出其"十年磨一剑"的专业去屑品牌——清扬。早在 1986 年宝洁进入中国后,海飞丝的广告开始不厌其烦地宣扬,"头屑去无踪,秀发更出众",暗示可以让消费者更出色,更成功。然而世易时移,现实在潜移默化。消费群体扩大,消费观念改变,如今的孩子在 12 岁就开始使用成人洗发水进行日常头发清洁,而去屑作为洗发水最广泛的功能诉求,早已不是成人的专利了。有了这样的"突破点",清扬下定决心剑走偏锋,决心将产品塑造为"年轻人更喜欢、更个性、更有主张"的形象,同时强调品牌的专业性,"时尚而专业"。在价格上,高出海飞丝 2~3 元的单价,使品牌档次迅速提升;在产品形象上,清扬以冷酷的黑色为主基调,并将黑色包装为"拒绝白色头屑的无屑标准色",冲击消费者固有的传统审美观;品牌代言人上,他们找来了超人气主持人小 S,小 S 言辞犀利、个性张扬、时尚而果断的个性特点,恰与清扬不谋而合。

产品策略上,清扬采用"利益联盟"加"全面出击"的方式。这包括三个方面:首先在产品上,清扬推出黑盒的 400ml 清扬男性系列+200ml 通用系列组合装,"加量不加价";其次,在全国核心城市超过 300 家卖场建立去屑体验,终端大面积陈列,为消费者进行现场去屑检测。另外,针对屈臣氏等特殊卖场,清扬还推出了 2 万元体验装产品;对沃尔玛等核心大卖场还开展环保行动,鼓励以旧换新。

宝洁开始还手了,率先展开"价格战":将原有 400ml 海飞丝洗发水的市场价格从 34.90 元调整为 30.50 元,买 400ml 洗发水送 200ml 海飞丝洗发水。宝洁还主动扩大重点零售终端的自然陈列和付费陈列位置,扬言"清扬做的一切,宝洁都能够加倍做到"。

对手的反弹力度之大,出乎清扬意料,将其逼到一个尴尬的地步——宝洁可以打价格战,但对于刚上市的新产品清扬,打价格战无疑是自毁形象,得不偿失。他们认为,唯一的办法就是打"价值战",让消费者花同样的钱得到更多的实惠和产品。

尔后,清扬将联合利华旗下的旁氏品牌悉数作为促销赠品,购买 400ml 清扬洗发水可以送 85g 旁氏男士火山矿洗颜泥的套盒包装。尔后,又推出购买 700ml 清扬洗发水送

400ml 力士沐浴露的礼盒包装……

到 2007 年 10 月，清扬在各地卖场以买赠形式促销的产品约有 30 种之多。战争中琳琅满目的促销形式、异彩纷呈的选项升级、林林总总的花样翻新，让人目瞪口呆。

资料来源：中国美容化妆品网，2008(6)，2018-10-20.

【案例思考题】

1. 清扬在竞争开始抓住了消费者什么样的心理状态？后来促销的主要目的是什么？
2. 谈谈你对宝洁公司应对的策略理解，你认为这样做是否正确？

三、实训操练：从销售中了解顾客价格心理

1. 实训目标

通过实训掌握价格对于消费者心理的影响。

2. 实训背景

你有一家服装店。通常所卖服装主要是走个性化、差异化的路线，顾客难以通过其他服装店找出对比价格，这为小店的价格制定提供了足够的自由空间，你通常喜欢根据不同的顾客报不同的价格，并且常常能够顺利将服装“脱手”，原因就是你充分研究了顾客对于价格产生的各种心理反应，“对症下药”。

3. 实训内容

报出价格，根据顾客反映进行价格谈判。

4. 实训要求

(1) 本实训可选择在模拟的办公室或教室进行，最好能够有部分服装展示，增强现场气氛。

(2) 本实训可以 2～4 人一组，1 人扮演店主，另 1～3 人扮演结伴同行的顾客。

(3) 模拟结束后，每组的顾客扮演者和店主扮演者沟通交流，顾客说明自己扮演的顾客类型，并与店主分析出的顾客类型进行对照，判断是否符合，并分析判断依据和失误原因。

(4) 教师及时进行现场调节，保证均衡顾客对于价格的各种心理反应。

5. 实训总结

学生自我总结	
教师评价	

第十一章　商品广告与消费者心理

开篇案例

士力架"林黛玉版"：如何激起消费者联想能力

1930年，士力架(Snickers)在美国上市，历经75年，成长为世界巧克力家族中的巨头，是能量型巧克力的主力品牌。它内含烤花生和焦糖组成的"牛轧糖"，外部包裹以牛奶巧克力。1992年，玛氏公司把士力架带到中国，在十二年时间里，士力架自建立以来一直把品牌形象同运动结合，深受年轻人的喜爱。它是世界销量第一的条状巧克力，也是世界销量第二的巧克力品牌。

士力架的广告大多都是以风趣幽默为主调，其中林黛玉版是最让人印象深刻的。士力架情节创新内容搞笑。同时把它的广告词很清晰地反映出来——士力架：横扫饥饿。一直以来士力架的广告就强调其"横扫饥饿"的功能性，突出其"能量食品"的产品属性。

北京BBDO为士力架制作的广告为：守门员饿得跟林黛玉一样，站都站不稳，吃了一口士力架，立刻变回自己。这和士力架全球层面的广告保持一致，又不乏中国人特有的幽默。

该广告让消费者在饥饿无力时联想到士力架，想到“做回自己”，潜移默化地在消费者心中建立信心，对产品的认识度上升为对产品的忠诚度。

资料来源：https://wenku.baidu.com/view/d7f9fdb7b8f67c1cfad6b877.html，2018-10-20.

广告已成为与人们日常生活、消费活动密切相连的事物，是工商企业促销工作的重要工具之一。企业通过商业广告传播商品信息，不仅能促进商品的销售，指导消费，而且有利于提高企业的知名度、美誉度和竞争能力，甚至在改变社会思潮、推动消费观念的变革等许多方面都能发挥巨大的作用。

在市场经济不断发展之下，商业广告也成了市场上较为常见的一种营销方式，而且在消费者整个购买行为中发挥十分重要的作用，有效的商业广告甚至能够改变消费者的消费心理，诱导消费者产生消费行为。

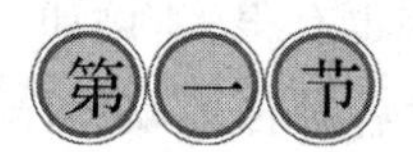

广告的概念、特点及心理功能

案例 11-1

本田汽车广告的制作

本田汽车公司的一款广告——New Accord，在播出后引起了全球广告界的轰动。除了广告创意设计外，拍摄细节等都使此广告堪称经典。该广告的最大亮点是利用多米诺骨牌效应展示本田汽车的全部零部件，不仅体现了本田公司对汽车零部件的重视，传达了本田汽车的团队合作精神，更多的是通过广告传达企业文化，让人们从广告内容体会深层含义，更加认可其创业的团队精神。

该广告一共拍摄605次，没有使用任何计算机绘图辅助，花费四天四夜在巴黎一个工作室完成。当时世界上共有六辆提前生产的New Accord，为拍这部广告将六辆中的一辆拆成了零件。例如，轮胎里放的是螺丝和螺帽，平衡之精细，连摄影组员走动时都得小心翼翼。常常一个大一点的动作或是不小心轻推一下，就得重复好几个小时的工作。而摄制组最自豪的就是其中一段，一个吊着的雨刷在空中旋转移动，拍摄一次成功。

在终于成功的第606次拍摄结束时，现场鸦雀无声，紧接着爆出了热烈的欢呼声和掌声，广告拍摄人员都沉浸在巨大的成功喜悦中。

此广告利用了理性诉求的方式，通过对汽车内部细小零件，以及它们一系列精确的连锁反应的展示，表现汽车做工精细，性能优越，吸引消费者的眼球，引发消费者的消费欲望，引导消费者进行理智选择。

资料来源：https://www.aboutcg.com/17543.html，2018-10-25.

一、广告的概念与特点

广告一词从汉语字面意义上看,是“广而告之”,即向广大公众告之某种事务,也可以解释为“广泛劝告”。由于广告在人们的经济生活中有着悠久的历史,其使用范围在历史上是非常广泛的,因而关于广告的概念,就有广义和狭义之分,它们有不同的特点,表述也不相同。

广义广告的主要特点是,广告的对象、内容都较广泛,包括经济广告和非经济广告。经济广告是为了推销商品和劳务,获得利润,属营利性广告;非经济广告则是为了达到某种宣传目的,属非营利性广告。例如,美国前总统里根竞选时,请美国杨乐广告公司为他做广告,就属政治宣传广告。对于广义广告的解释有多种,但基本含义还是相同的,是指一切面向公众的宣传活动,不仅包括出售商品和劳务的宣传活动,而且包括影响公众认识的非营利性宣传活动。

狭义广告是指经济广告,即商业广告。对于它的理解也有很多,例如,美国市场营销协会解释为:广告是由特定的广告主以付费的方式,通过各种传播媒体,对商品、劳务或观念等信息进行非人员的介绍和推广。我国1989年出版的《辞海》的定义:广告是向公众介绍商品、报道服务内容或文娱节目等的一种宣传方式。

本书讨论的广告,属于狭义的解释之列,即商业广告。我们将其定义为:广告是指广告主有计划地通过付费媒体,对商品、劳务或观念所进行的信息沟通和促销活动。

二、广告的心理功能

广告是商品经济的产物,在商品经济条件下,没有不做广告的商人,也没有不依赖广告进行商品销售的商业活动。生产的社会化、商品化越发展,就越需要在人们之间互通信息。随着广告业不断发展,广告功能也在多样化。广告具有促进生产、加速流通、引导消费、美化生活等功能。从营销心理学角度看,营销广告还具有以下心理功能。

(一)认识功能

认识功能是指广告具有帮助消费者了解新产品,重新或加深认识原有产品以及了解和认识劳务消费的功能。它主要表现在广告对商品品牌、商标、性能、规格、用途、使用保养、售后服务,以及对劳务内容、地点、方式等方面的介绍,由此给消费者留下深刻印象。认识功能是广告的基本功能。

(二)诱导功能

诱导功能是指广告可以促成和引发消费者对新产品或不熟悉产品的购买兴趣,或者改变对某些产品或厂商的原有态度,并激发其购买欲望的功能。当一则介绍新设计、新构思、新观念的商品广告推出后,可能会引起消费者新的消费兴趣,并树立商品和企业在消费者心目中的良好形象。广告信息的传递与诱导还可以改变消费者在日常生活中形成的某些偏见和消极态度,激发新的购买欲望和消费习惯的形成。

（三）教育功能

教育功能是就广告的形式和内容而言的，良好的广告采用文明道德、健康向上的表现形式和内容，对于扩大消费者的知识领域，丰富消费者的精神生活，指导消费者的生活消费，促进两个文明的发展有着潜移默化的影响。因此，广告在我国不仅要传递商品信息，还要传播社会主义精神文明，使其具有科学性和知识性。

（四）艺术功能

艺术功能是指广告媒体通过艺术与美的形式传递商品信息，用美来吸引消费者以达到促销目的的功能。一个普通的商品广告，如果有较高的艺术性和美感，既可起到很好的促销作用，给消费者以美的享受，又可使广告本身成为一件绝好的艺术品。如"可口可乐"的广告标志，是世界上公认的一个最为成功的广告设计。它构图单纯优美，色彩鲜明和谐，线条舒展流畅，修辞生动准确，不仅是一个深受消费者欢迎的广告，也是一幅上乘的艺术佳作。

（五）便利功能

便利功能是指广告通过各种媒体，及时、反复地传递商品信息，使消费者在繁多的商品中能够用较少的时间搜集或选择到适合自己需要的商品信息的要求成为可能。为消费者提供信息选择的便利是广告的重要功能之一，在市场需求千变万化、新产品层出不穷的今天，如果没有广告的指引，消费者想要从繁多的商品和星罗棋布的商业网点中寻找到自己所需的商品或劳务，或者想对那些不曾相识的新产品有所了解是非常困难的，而广告所具有的便利功能，成为解决这一困难的有力手段。

（六）促销功能

促销功能是指广告通过媒体的传播，把商品信息和企业信誉渗透到各目标区域和消费者群中，使消费者通过比较和选择，引起兴趣和注意，形成购买信念，从而促进销售。促销是企业对广告的最直接要求，也是广告的最基本功能之一。

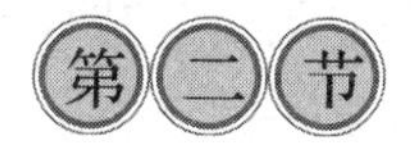

广告媒体的特征及其对顾客的心理影响

案例 11-2

江小白的瓶身广告营销

江小白，一款有自己卡通人物形象的小白酒，它说自己是"当下的热爱生活的文艺青年的代表"。以"我是江小白，生活很简单"为品牌理念，坚守"简单包装，精制佳酿"的反奢侈主义产品理念，坚持"简单纯粹，特立独行"的品牌精神；2017 年 7 月 3 日，江小白联合同道大叔推出了一款十二星座瓶身限量版包装，并且每个星座都有专属的星座酒话文案。

懂酒的人觉得"江小白"的口味并没有其他同等档次的白酒好,在醇香度上还是有很大欠缺。但是,它的文化营销策略促成了其成功。"江小白"提倡直面青春的情绪,不回避、不惧怕。与其让情绪煎熬压抑,不如任其释放。这个宣言直接决定了"江小白"的市场定位,就是年轻群体。2011年才出道的江小白,瓶身营销一度被业内奉为经典。每一句语录都抓住了痛点,说到了年轻人的心坎里。而不久前与同道大叔的跨界合作,更是整合了双方的粉丝群体。

资料来源:https://www.jianshu.com/p/4aa16af61013,2018-10-27.

广告媒体又称广告媒介物,是借以传播广告信息的物质载体,即广告者用以进行广告传播的物质技术手段和方法,是沟通广告发布者与广告受众的信息桥梁。广告媒体种类繁多,可达上百种。主要媒体有报纸、杂志、广播、电视、直接邮寄广告、户外广告、橱窗广告、网络广告、POP广告、新媒体广告等。

一、主要广告媒体及其心理特征

(一) 报纸广告

报纸原来的主要功能是传播新闻、政论等内容。由于它传播速度快、范围广、权威性高,能传播各种广告,因而受到广告发布者的重视,逐渐成为刊登广告的重要媒体,而广告费也成为报纸出版发行机构的主要经济来源。

1. 报纸的主要特征

1) 消息性

报纸以报道最新消息为主,现代计算机、卫星通信技术使报纸编辑、排版、传递速度与效率大大提高,可以迅速、及时地传播各类新闻和企业与商品促销活动的最新消息。某些关于商品、企业的新闻报道,还能起到免费广告的作用。

2) 广泛性

报纸发行量大、传播广泛、覆盖面宽,不仅可以在全国发行,还可到世界其他国家发行。订阅各类报纸的单位、家庭、个人多,报纸也是人们重要的信息渠道与精神食粮,人们可以从报纸上了解商品知识、市场行情、销售动态。

3) 可信性

许多著名报纸以报道准确、及时的信息而名扬天下,在广大读者心目中有极高的可信度和信赖感,权威性强,威望高,因此对其刊登的广告也深信不疑,可以使广告宣传的商品、厂商树立起较高的可信性。

4) 方便性

报纸价格低廉,携带方便,阅读灵活,在旅行途中、饭后茶余均可阅读,既丰富生活内容,又能获得大量新闻、知识,不受太多的时空限制。

5) 教育性

阅读报纸也是人们接受教育的好机会,报纸上常刊登知识性文章。还有关于介绍商品性能、用途、使用方法、注意事项的有关文章，也有介绍消费流行、消费观念变化、生活方式更新等方面的图片、文章，人们可以从中吸收大量的各种知识。

2. 报纸对顾客心理的影响

报纸所刊图文广告属于视觉广告。它对广告受众产生视觉刺激，而受众对报纸广告信息的接受常常表现得较为主动，读者在翻阅报纸时广告自动进入读者的视觉，会引起受众的心理反应，对有兴趣的广告或某些商品与其有较密切关系的广告便会仔细阅读。这样就能给受众留下较为深刻的印象，形成深刻持久的记忆。广告还可以借助每天不断变化的形式与信息内容等刺激读者的阅读兴趣，抓住顾客的心理。顾客也可将需要购买商品的广告剪下，作为购买商品时的指南，或者进一步咨询时的参考。报纸广告的不足之处在于，由于报纸的时效性较短，制作成本低，故印刷要求不高，从而影响商品广告的形象效果。

（二）杂志广告

我国的杂志种类繁多，发行量大，传播面广。杂志广告与报纸广告同属印刷类图文视觉广告，它们有许多共同之处。

1. 杂志广告的特征

(1) 专业性强，读者相对稳定。许多杂志属专业性杂志，常拥有一批较为固定的读者群体。这类杂志对刊登与专业有关的商品较为有利，如医学杂志刊登医药新书、新药、医疗设备，广告效果就很好。而休闲、消遣类杂志则适合非专业人士、一般社会公众、离退休人员阅读，也能拥有相对稳定的读者群体。这类杂志内容丰富、涉及面广，适应不同读者的需求。在上面刊登商业广告，能引起许多读者的注意，激发他们的兴趣与购买热情。

(2) 印刷精美，吸引力较强。许多杂志中封面、封里、插页等质量较好，印刷十分精美，图文并茂，色彩鲜艳，制作讲究，有较强的艺术表现力与感染力，带给读者美的享受，也易使读者留下深刻的印象。

(3) 持续性长，精读、复读率高。杂志通常每隔一段时间出版一期，读者不受阅读时间限制，利用空闲时间细读、精读，其中经典内容相隔较长时间后还可以复读。所以可读性强，持续时间长，刊登效果较好。杂志还可以在读者中传阅，相互借阅，产生延伸效果。

2. 杂志广告对顾客的心理影响

杂志广告也是通过视觉刺激引起顾客的注意与兴趣，起到促销的作用。专业杂志权威性高，可信性也很强，因此广告给顾客的影响力较大。顾客对此类杂志上刊登的专业产品常给予高度的信任，杂志色彩鲜艳，印刷精美，吸引顾客注意，容易使商品给顾客形成良好的印象。杂志广告的不足之处在于制作周期长，价格较高，灵活性差，使受众的反应迟缓。篇幅不多的杂志则刊登的广告有限，发行范围没有报纸广泛，这些在一定程度上影响了广告的效率和效果。

(三) 广播广告

1. 广播广告的特点

(1) 传播迅速、及时。广播广告可以在最短的时间内把广告信息传播到千家万户,能灵活地适应市场环境的变化,以便顾客能及时做出决策。

(2) 覆盖面广。广播广告传播的空间,全国各地,不论城乡、山区均能收听。

(3) 信息传播量大。广播广告的次数多、容量大、周期短,传播与收听几乎同时进行,易激发受众迅速采取购买行动,因而效果较佳。

(4) 针对性强。广播常在特定的时间播送专题节目,拥有一批稳定的听众群体。因而广告内容与宣传内容可以针对某类群体展开,效果显著。

(5) 广播内容形象生动,易懂、易记,容易被广大听众所接受。有关商品信息可以用新闻、小故事、小对话、广告热线、广播短剧、小品、说唱等广大听众喜闻乐见的文娱节目形式配以优美的音乐,使顾客记忆深刻。有的广告词、广告音乐常成为儿童们玩耍时的传唱内容。

(6) 费用低廉。广播广告费用相对电视、报纸的广告费用较为低廉;同时,由于收音机价格便宜,又可随身携带。加之广大民众都喜爱收听广播内容,在广播中穿插播送商业广告,能使广大听众自动接受广告信息。

2. 广播广告对顾客的心理影响

广播广告是一种以语言、声音、音乐为表现形式的听觉广告,及时性、灌输性强,而听众有时处于被动状态,在收音机开着时,不论顾客是否愿意听,广告声音会传入耳中,给顾客一种刺激。因此对受众的心理影响刺激强烈,能激活听众对某些商品的兴趣,一些听众进而希望得到更多此类商品的信息。广播广告艺术表现力强,权威性高,对顾客的感染力也强。广播广告不足之处是时间短,若听众未能及时听清广告内容,要等待下一次重播,若无重播,效果就差。此外,它没有视觉效果,听众不能见到商品的模样则难下购买决心。广播广告通常不易保存。

(四) 电视广告

电视的出现使广告传播的媒体出现革命性的变化。电视可融视觉与听觉于一体,借助文字、图像、声音、色彩直观地传播广告信息。

1. 电视广告的特点

1) 传播面广,收视率高

电视传播突破时空限制、可以将信息传送到世界各地,如人们在纽约也可看到我国中央电视台的节目。全国收看电视节目的人数空前庞大。由于它能生动直观地将商品形象传递给观众,即使国家、民族文化有差异,观众也能看清楚。因此,覆盖面广,是能赢得最多受众的传播媒体。

2) 电视广告声、形兼备,诉求力强

电视常以感人的形象、优美的音乐、独特的语言、艳丽的色彩,设计情节、情境、气氛,给顾客以感染力，也使顾客得到美的享受。

3）电视广告传播灵活

电视广告播出时间可以选择在收视黄金时段。如在中央电视台每天新闻联播前后时段，常可以获得较高的收视率。

2. 电视广告对顾客心理的影响

电视广告表现方法、方式灵活多样，创意可采用多种，如故事型、证明型、生活型、联想型等形式，也可以采用戏剧、舞蹈、智力竞赛、歌曲、曲艺、音乐等方式来表现传播的内容，给观众娱乐、知识、艺术等多种感受。在电视广告中可以让某些用户现身说法，表达对商品使用后效果良好的体会。有的电视广告请专家们来讲解商品的原理、使用范围、使用方法和效果，能大大增强商品的可信度。电视画面能生动形象地展示时尚、潮流的动态，对推动流行向高潮发展起到极大的作用。电视广告的不足之处在于播放速度太快，许多广告播放时间短，仅有数秒钟，观众反应会跟不上。有的电视广告穿插在许多电视剧的关键情节之处。使电视剧情节中断，引起观众反感。有的观众会立刻调换频道不看广告，使广告效果受到影响。有的电视广告播放次数太频繁，也使观众产生逆反心理和厌烦情绪。此外，电视广告制作费用高，制作周期长，对企业实力要求也就相应较高。

（五）直接邮寄广告

直接邮寄广告也是常见的广告方式，由发布广告的人通过邮递员或者派人将广告直接放入顾客的信箱中。直接邮寄广告的优点是针对性强。例如，超市可将商品广告送到周边一定范围内的顾客手中，距离很远的顾客就没有投送的必要。如果掌握好顾客的情况，可以分别针对不同情况的顾客投送不同的商品广告。此外，可以给顾客亲切感，使顾客产生商家对顾客比较重视的心理感受。有的广告附有反馈表、优惠券，能激发顾客的购买热情。直接邮寄广告的缺点在于其广泛性较前面几种媒体低，也有不少邮寄广告的对象不明确，浪费纸张费、印刷费，广告效果不佳。

（六）户外广告

户外广告包括招贴、路牌、壁画、灯箱、条幅等广告形式。它具有传播面广、费用低、收效明显的特点。它的语言简洁、画面生动、醒目，标志清楚，形式多样，引人注目，常在车站、码头、机场、闹市街头、交叉路口、高层建筑墙面、屋顶处设置。有的户外广告利用计算机特技做成动态的，也有的做成旋转跳跃的霓虹灯广告。这类户外广告是常见的大众信息传播方式，已成为繁华城市的美丽景观。户外广告的不足之处在于设置地点、宣传对象不固定，广告效果难以测评。

（七）橱窗广告

橱窗广告通常设置在商店门前或周围的橱窗里面。展示商品样品、模型、人型图片。配以文字说明、灯光、色彩及立体布景，吸引顾客的注意及兴趣，激发他们的购买愿望。布置精美、形象逼真高雅，以及采用声光和高科技手段的动态立体橱窗广告，不仅能给顾客强烈的视觉冲击，而且能给顾客以美的享受，使顾客亲眼看见商品的实体形象及使用效果,增强对商品的信任与喜好。据调查,北京一些主要商场的顾客中认为橱窗广告给人留下深刻印象的占61.7%,橱窗广告能吸引人注意的占81.3%,橱窗广告能促使顾客产生购买行为的占29.3%,可见橱窗广告的影响力是相当大的。设计和制作橱窗广告是技术与艺术完美结合的工作,制作者不仅需要有较高的电、声技术与绘画、布景技术,还必须懂得顾客的心理需求、购买行为的知识及流行时尚的变化趋势。创意新颖、独特,设计、制作精美,符合顾客的心理需求,体现流行时尚的变化,使商品与艺术美、装饰美完美结合,这样的橱窗广告能受到良好的宣传、促销效果。

(八) POP广告

POP(point of purchase)广告即销售现场广告,是"现场购买指南"的意思。它是指在零售商店、百货公司、超级市场等销售商品场所的一切广告的统称。销售现场的广告种类繁多,通常分为店外POP广告和店内POP广告两大类。店外POP广告包括商店建筑物、店名、橱窗、营业时间告示及其他饰物如彩带、锦旗、条幅、标语、现场散发的印刷广告等。这类广告的主要功能是使顾客能迅速、明确地认识商品的全貌及经营性质,吸引其进店购物。一方面,店外POP广告能体现现代商品的店容店貌,有利于满足顾客的需求与购物方便;另一方面,它也是现代化城市美化市容的需要。店内POP广告包括柜台、货架、墙面、地面、顶穹及商店内销售现场的陈列、装饰、布置、招贴、告示及各种模特和电动、声光广告装置或立体广告物,它是渲染与烘托商品销售现场气氛的极好形式,能起到良好的促销作用。

经专家们研究证实,顾客在购买活动中最容易受暗示的因素中,购货现场环境的暗示作用最大。因此,精心布置在商场各处的模特、招贴画、彩旗、条幅、霓虹灯、大型彩色气球、闪光彩灯以及商品实物的陈列、布置等,渲染、烘托、营造热情的购物氛围,对顾客购物有强烈的暗示作用。POP广告投资少、形式多、设置灵活、不拘一格,对顾客影响力大,是一种见效快的广告形式。因而也是商场最乐意采用的常用广告形式。据美国有关部门研究,采用良好的POP广告,商品销售额可增加15%以上。美国POP广告协会对210家百货零售部门负责人的调查资料显示,认为POP广告能促使顾客冲动购买的约占73%,能协助顾客自我服务的约占44.8%,能传播商品信息的约占27.6%,能使顾客认识、了解商品的约占26.7%,能介绍新产品的约占24.8%。可见POP广告的作用是很大的。

(九) 新媒体广告

新媒体是相对于传统媒体而言的,是一个不断变化的概念。只要媒体构成的基本要素有别于传统媒体,才能称得上是新媒体。否则,最多也就是在原来的基础上的变形或改进提高。新媒体的广告投放是专指在新媒体上所进行的广告投放,广告主在新媒体进行广告投放比例一般在20%左右。

歌风中国·新媒体研究中心经过对媒体的研究、大量市场数据分析,以及纵观业内对新媒体认识看法,结合消费者的观点,总结出新媒体相对准确的特点。"新媒体"必须具备以下四点特征：①价值(Value)；②原创性(Originality)；③效应(Effect)；④生命力(Life)。

新媒体是必须具备VOEL四个必备要素，因此真正意义上的新媒体可以简称为VOEL媒体或OEL媒体，用以区别于狭义上的个别性新的媒体。这四个要素可以涵盖其理念上的革新、技术上的创新或者形式上的革新。至于是否运用到高科技，不是决定其新旧的关键，更不能决定其在一定时间内存在的价值。

在这四个核心内容的基础上，尚可依据其理念或者形式上的差别简单区分如下。

就其理念而言，可分为：细分受众类的，如楼宇媒体、社区媒体、医院媒体、娱乐场所媒体、手机短信彩信、手机报媒体等，相对广众的如公车视频、地铁视频、网络媒体、卖场视频、人口聚集处互动网络媒体终端机等。

就其形式而言：有室外媒体，楼宇、社区、公车视频等均在此列；有无线形式的，如彩信类、手机报。

就其关注度区分：有强制性关注的，如楼宇、电梯、短信等；有选择性关注的，如网络博客、网络互动、电视购物等。

除了上述九种广告形式外，还有其他许多广告形式，如包装广告，展销会广告，交通工具内、外广告，飞艇广告，网络广告，等等。它们都有自己的特色，都能对顾客心理产生不同的影响。

二、商业广告媒体选择的影响因素

广告媒体的选择目的在于使广告收到尽可能大的促销效果，企业能获得良好的经济效益。广告媒体的经济效益是指媒体质与量的价值与广告投入费用之间的对比关系。广告媒体质的价值是指媒体的影响力与心理效能，量的价值是指媒体覆盖的范围和受众人数。广告发布者应选择能在尽可能多的顾客心目中产生直接影响并能促使其实施购买行为的广告媒体。为此，应分析影响媒体选样的各种因素。

（一）商品自身的特点

商品自身特点不同，对所需传播媒体的要求也有差异。这里所指的商品自身特点不仅包括商品的性能、效用，也包括商品能满足需求的对象。因此，广告所要宣传的商品要求相适应的媒体与之配合，例如服装、化妆品、家电商品、食品、保健商品等，选用报纸、杂志、广播、电视等媒体较为适合；钻石、珠宝、金银首饰、工艺美术品等商品由于其主要特点在于观赏价值，人们对其外观、造型、色泽等要求严格，十分挑剔，因而就应选择尽可能展示出清晰图像、色彩效果良好、感染力强的广告媒体如杂志、电视等媒体；适用于专业群体的商品则应选择专业性强的报纸、杂志；生产资料性工业品可选择车站、码头等路牌广告及专业性杂志或直接邮寄广告，这类商品举办展览会、订货会也是常用的促销分式，在会场设POP广告、散发产品说明书等资料效果也很好。

（二）传播对象

商业广告传播的对象是目标市场的潜在顾客。这些潜在顾客的性别、年龄、职业、受教育程度、文化背景、社会层次、兴趣爱好都存在差别,因而他们对各类媒体的接触机会、频率和方式也都不同。如时装杂志,则青年女性顾客接触的频率最高;青年文摘类杂志,其订阅或购买的读者大多数为高中文化程度以上的青年人;医疗、保健等杂志、报纸,则中老年人阅读较多。每一种媒体常有自己较稳定的视听群体,因此广告发布者就应对自己的传播对象的特点进行调查与分析,找到与之相适应的最佳媒体和组合方式。只有实施针对性强的广告宣传,才能收到理想的效果。

(三) 媒体特性

1. 媒体的社会威望

媒体的社会威望是指不同广告媒体对顾客心理的影响与可信程度。它体现了媒体质的价值。顾客对媒体信任程度越高,媒体对其的影响力越大,导致其采取购买行为的可能性也越大。因此,媒体的社会威望常成为商业广告的首选因素之一。

2. 传播范围与传播频率

不同的媒体其传播范围与频率是不同的,报纸的发行范围有全国发行与地方发行,出版的时间有每天出版或隔数日出版等不同。广播电台有全国广播与地方广播的不同,电视台也有地方频道与卫星频道的差别。这些都体现了广告媒体的价值。这种反映通常与顾客心理呈同步趋势。传播范围越广、传播频率越高,影响顾客的人数也越多,给顾客形成的印象越深,社会影响越大。

3. 媒体的表达能力

不同的媒体有不同的表达形式与效果,而不同的商品需要表达的重点信息也各不相同,故应根据商品的特点选择适宜的媒体。如高级时尚服装应选择印刷效果好的杂志或展示实体效果的橱窗模特展示,也可选择表现力强的电视媒体,但不适合选择报纸媒体,广播媒体效果也不明显。

(四) 市场竞争环境

在市场竞争较为激烈的环境条件下,厂商对竞争对手的广告媒体选择也应给予高度的关注。企业应根据自己的竞争战略选择媒体:作为市场领先者的企业应有力量选择影响力大、传播范围广的媒体(如中央电视台、中央人民广播电台、全国性报社)发布广告;而作为市场挑战者的企业,为了能战胜竞争对手,则应在竞争对手采用的同类媒体上作正面进攻性的商业广告,也可以采用迂回进攻的方式在竞争对手未加注意的领域开展广告攻势;如果是市场追随者企业,或者补缺者企业,往往遇到的竞争对手较少,可适当选择特定的媒体做广告,以针对特定的顾客群体,这样可以做到费用低、效果好。

(五) 广告费用

广告费用是企业促销活动的重要支出费用。不同的广告媒体费用有高有低,效果自然也有差异。电视台的广告费用很高,特别是中央电视台的黄金时段,收费达亿元以上,经济实力不强的企业难以承受。企业应量力而行,合理地选择广告媒体,切莫盲目攀高,应分析费用与效果的关系,力求选择费用低、效果好的广告媒体。

影响广告媒体选择的其他因素还有社会文化、经济、政治、法律、民族、宗教等诸多因素，企业应综合考虑各类影响因素并严格遵守《广告法》的有关规定，选择适宜的广告媒体，力求获得最佳的广告效果。

三、广告媒体的运用方式

（一）单一广告媒体

这是指企业仅采用一种广告媒体进行广告宣传的方式。由于这样可以节省费用，增加宣传的针对性，因此有些企业乐意采用这种方式。

（二）多种媒体组合方式

这是指企业同时采用两种或两种以上的媒体开展广告宣传的方式。由于现代信息传递的渠道不断增加，广告对象各有侧重，许多企业为了能充分发挥不同媒体的广告功效，愿意同时采用多种媒体进行广告宣传，构成一种复合的传播渠道，起到相互配合、协同宣传的立体态势的广告效果。采用这种方式应分析企业产品的特点及各类媒体对产品宣传的适应情况，并且分析不同媒体对不同顾客群体的影响力，力求做到多种媒体的最佳组合搭配，以收到尽可能大的效果。采用这种方式所需的费用必然较高，企业应量力而行，同时注意财力在不同媒体间的合理配置，避免平均使用费用。

此外，企业可以相互联合在同一媒体或多种媒体上做广告宣传，变相互竞争性广告宣传为相互配合、共同发展性广告宣传。

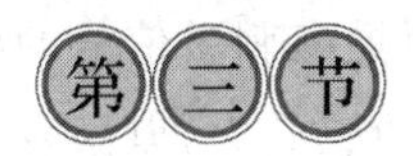

商业广告传播的心理策略

案例 11-3

益生堂三蛇胆胶囊的整合营销策略

益生堂三蛇胆胶囊是一种除痘保健品。它在保健品市场泛滥、普遍销售低潮的环境下脱颖而出，成为华南保健品市场的新星，其年销售额近亿元。

这是一个小预算、大手笔的经典策划案例。其成功之处在于完整地运用了整合营销策略，通过调查开始以准确的市场定位推出“战痘的青春”广告系列，结合巧妙的“投料曝光”“投保 1000 万元”公关活动，迅速崛起。其完善的销售管理工程的导入也为其长久发展奠定了基础。益生堂三蛇胆的广告、公关、促销创意及表现影响深远，仿效者众多。

“每粒胶囊必含一粒蛇胆”“1000 万投保产品质量险”以及“慰问交警、升国旗”等系列新闻行销的运用，不但在传媒界产生轰动，为保健品市场营销拓展了空间。更是令消费者感到新鲜不已，给消费者足够的承诺，目的是消除他们怀疑的心理，重新树立三蛇胆可信赖、确实有效、高档清火产品的品牌形象。

资料来源：http://www.tooopen.com/copy/view/40979.html，2018-10-26.

一、引起注意策略

商业广告宣传的首要任务是引起受众的注意。在广告策划中,要运用心理学的原理向顾客传递对其消费心理产生较大刺激的信息,从而导致其实施消费行为,这是广告成功的关键所在。因此,有意识地加强广告的吸引力以引起顾客的注意,是广告成功的重要基础。广告制作时首先考虑的是要抓住人的无意注意,并将无意注意迅速转化为有意注意,如此才能增强广告的效果。通常,引起顾客注意的策略有以下三个。

(一) 增加刺激信号的强度

广告信息刺激信号强度越大,对顾客的影响力、吸引力也越大。不仅刺激信号的绝对强度有此作用,相对强度也有此作用。增大商品模型的体积,提高光线、音响的强度,增加色彩的艳丽程度和画面的新奇程度,采用奇特的表现方式等,都能引起受众的极大注意。例如,很多商场会在入口处展示超大型的商品,如鞋子、戒指等,给人一种视觉刺激。

(二) 增加刺激信号的对比

刺激信号对比显著,也会引起顾客的注意。在一定条件下,这种对比信号越大,对人们的影响力、吸引力也越大。在商业广告设计策划中,有意识地处理各种刺激信号的对比关系和反差程度,能引起顾客显著的条件反射。如明暗、浓淡、动静、疏密、大小、厚薄等的对比度,可以使受众心理产生积极与兴奋的情绪,加深对广告的印象。

(三) 增加刺激信号的感染力

增加刺激信号的强度与对比能吸引顾客的注意,而提高刺激信号的感染力则可以维持与深化顾客的注意。有意识地加大广告各组成部分的感染力,以激发顾客对商业广告信息的兴趣,是深化与维持注意的重要因素。增强刺激信号感染力的途径很多,主要有以下三条。

1. 新奇有趣的构思

如出人意料的表现形式,别具一格的广告标题,亲切生动、幽默诙谐与人格化的广告词,奇异新颖、情感动人的广告图案,都能产生较大的感染力。

2. 独具匠心的艺术加工

广告中的艺术加工是激发兴趣的重要因素,如广告画面的色彩、色调、字体、造型,图案的布局,广告人物的衣饰、语言、动作等设计,能增强艺术性,必然会增加感染力。

3. 引人关心的题材

广告题材选择得当,采用社会热点和人们普遍比较关心的题材,能给顾客更大的吸引力和号召力,这是维持顾客对广告主题与内容长期关注与形成深刻印象的重要条件。

二、加深情感策略

商业广告宣传应能激发与加深消费者对商品和企业的情感。

（一）信任感

任何商业广告所宣传的内容必须博得受众的信任，即广告通过自身的媒体行为使受众激发起的信赖心理传导于所宣传的商品与服务之上。而广告内容的真实性是建立顾客信任感的基本前提。促使顾客产生信任感的方法如下。

（1）由权威人士或机构的评价、认证，并展示各类认证标志或证书。

（2）已使用过某商品的顾客现身说法。

（3）企业利用产品博览会、展销会或在销售现场、在顾客公众前演示，让顾客亲眼看见产品的功效。

（二）安全感

通过广告宣传增强顾客对使用商品时的安全信心，消除顾客对商品存在不安全因素的心理疑虑。

（三）好奇心

好奇心是人们认识新事物，探究其原理的内驱力，是人们的一种普遍的心理状态。人们对新接触的事物、不了解的事物常有探求其原理的心态。商业广告宣传应结合新产品的特点，设法激发顾客的好奇心。又如在商品、商店命名时，选用别出心裁的名称，也可以激发顾客的好奇心。这样，便可以促使顾客产生探究或尝试使用商品的愿望与动力。

（四）亲切感

广告宣传应能给顾客“关心、爱护、热情、体贴”的感受，形成厂商与顾客如同一家人的感觉。

（五）美感

爱美是人类的天性，美好的事物总能使人心情舒畅、赏心悦目。追求美也是丰富人们生活内容的重要途径，广告策划中实现满足人们的求美心理是广告成功的一个重要因素。因此，广告设计中应巧妙地运用画面构思，色彩与光线的艺术，以及新颖、亮丽、奇特的美学表现手法，使广告画面给受众以美感冲击。

三、启发联想策略

在商业广告宣传中，采用巧妙的象征、含蓄的语言，比拟或暗示的方法，利用事物之间的联系激发顾客产生联想，常常能收到很好的宣传效果。因此，在广告宣传中可以充分合理地运用联想的心理方法，使顾客拓宽思维的空间，增强对商品的感情，加深对企业的认识，增进购买的欲望。常用激发顾客联想的方法如下。

（一）形象法

形象法是利用顾客所熟悉的某些形象比喻和提高广告商品的形象。例如，某一品牌的摩托车以豹子自比，形象表达了摩托车本身的霸气和神速。

（二）暗示法

暗示也称暗喻、提示。它采用含蓄、间接的方式对顾客的心理和行为产生影响，从而使顾客产生顺从性反应,或接受暗示者的观点,或按暗示者要求的方式行事。例如,某皮鞋广告,画面出现两个妙龄少女正赤脚过小溪,每人手中提着一双皮鞋,字幕与画外音"宁失礼不湿鞋",暗示皮鞋的珍贵,给人以回味的余地。

(三) 反衬法

反衬法是指广告宣传的商品并不直接对准目标传播对象,而是采用其他形式表现商品,从另一个侧面间接影响目标传播对象。如麦当劳公司于2002年4月在我国中央电视台播放了一则广告:一个婴儿坐在摇椅上面,面向窗外一上一下地摇动,看到窗外时隐时现的麦当劳广告标志,一会儿笑,一会儿哭,最终妈妈过来才发现,婴儿看到麦当劳的标志"M"时笑,看不到时便哭。在32秒的广告时间内,通过婴儿的情感变化,反衬人们对麦当劳的喜爱。

(四) 对比法

对比法是利用同类产品中优质品与劣质品的对比或产品使用前后效果的对比使顾客联想到宣传产品的功效。如高露洁牙膏抗酸性腐蚀对比、海飞丝洗发水去头屑功效的对比,都是这种方法的应用。

四、增强记忆策略

商业广告宣传的目的之一就是使顾客能记住商品及其有关的信息。因为顾客从接受广告信息进而采取购买行动常常有一时间过程,如果广告看过不久就被遗忘,则广告宣传不能达到预期的效果。因此,既要使顾客能有意记忆,也要使顾客在无意记忆中记住商品的信息,这样才能使他们在以后的购买行为中联想这些信息,实施购买行动。增强记忆的方法如下。

(一) 不断重复法

增强广告信息与受众的接触频率或频次是增强记忆最常用的方法。具体办法如下。

(1) 在同一媒体上重复同一广告。

(2) 在不同媒体上重复同一广告。

(3) 在不同广告形式中重复同一产品的重要宣传内容。

(二) 艺术表现法

通过对广告所宣传的内容进行艺术加工,采用生动、形象、奇巧的语言、文字、画面、情节渲染、描述、表现出商品及企业的形象,使顾客产生浓厚的兴趣,进而留下深刻的印象,使顾客在艺术感受中产生轻松、愉快的心情,加深对商品的记忆。

(三) "现身说法"法

该法是由使用过某商品的顾客介绍商品的使用体会及经验。突出商品的功效,或者在销售现场演示商品的功能、用途和使用效果,给观众、听众较深的印象。

(四) 音乐效果法

广告宣传过程中配以精心设计的一段优美的音乐旋律及轻松愉快的节奏,并请著名歌唱家演唱，或乐器演奏家、乐队演奏，可以使人留下美好的记忆并且熟记音乐的旋律，由此增强广告宣传商品的记忆。

（五）谐意法

通过语言中的谐音、谐意，使广告易读、易记，加深顾客对广告内容的记忆，利用谐音也可充分运用语言逻辑加强顾客对广告内容的记忆。

（六）简单句法

在广告用语中，使用口号、警句、生活用语等人们所熟知的语言或非常容易记忆的语言来增强人们的记忆也不失为一种良好的方法。如移动为特定用户提供的“神州行”系列业务，用广告语“神州行，我看行”。

五、说服顾客的策略

说服是传递需要说服对象一定的信息，给予某种刺激或者一定的理由，使其态度、观念、行为发生按说服者需要的方向变化的活动。商业广告正是试图通过说服使顾客从原来不买某商品转而购买某商品。因此，广告策划时就应尽力使内容、表现形式和方式具有说服力。通常，说服的方式有两类。

（一）理性诉求

运用理性诉求应注意以下问题。

(1) 理性诉求广告首先应确定说服的重点，确定广告商品的定位，把握好广告目标的对象。

(2) 运用好说服中的暗示策略。

(3) 在广告说服中巧妙运用恐惧唤起，即向顾客传递不使用某商品将带来什么样的损失与不良后果。

（二）情感诉求

运用情感诉求应注意以下问题。

(1) 应采用充满情感的语言、文字、形象作用于顾客需求的兴奋点。

(2) 充分运用好晕轮效应。

(3) 商业广告与公共关系活动密切配合，能收到良好的情感诉求效果。

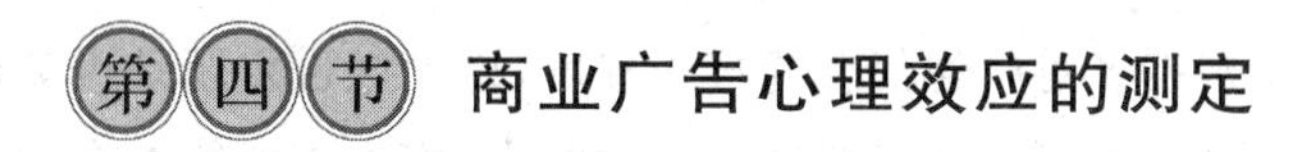

第四节　商业广告心理效应的测定

案例 11-4

一则心理效应测定调查问卷

对名人做广告的态度调查：

您认为名人做广告——

(1) 能提高广告的注意率;

(2) 有利于广告内容的记忆;

(3) 增强商品的可信度;

(4) 提高商品的知名度;

(5) 因崇拜名人而购买商品;

(6) 和其他广告无区别。

被试者基本能从上述选择答案中找到自己的感觉。

商品广告的效果主要表现在三个方面:广告的经济效果、社会效果和心理效果。经济效果主要是指广告促进商品销售和利润增加的程度;社会效果表现在对社会教育是否起到良好的推动作用;而心理效果是指广告在心理上反应的程度,以及最终能否促进购买。这三种效果密不可分,都会在促进销售上有所体现。本节主要是从消费心理学角度,探讨商品广告心理效果及其测定。

一、商品广告心理效果的含义及测定的作用

(一) 商品广告心理效果的含义

商品广告的心理效果是指广告通过特定的媒体将有关信息传递给消费者后,对消费者心理与购买行为的影响程度。它主要表现在消费者对广告内容所产生的注意、印象、兴趣、记忆、动机、行动等心理活动反应。这些心理反应相互联系、相互影响、相互促进。商品广告的成功与否,很大程度上取决于广告心理效应的大小。

(二) 商品广告心理效果测定的作用

商品广告心理效果的测定是指运用科学的方法对广告所引起消费者心理反应程度的测定,并以此作为判断广告的成功与否。广告心理效果测定的具体作用如下。

1. 检验广告决策

通过测定,可以检验当初确定的广告目标是否正确,媒体选择是否恰当,发布的时间、频率是否适宜,支出的费用是否合理,内容及表现方式是否妥当,广告总体策划水平如何等,以便总结经验、教训,并及时调整。

2. 改进广告设计

通过测定,收集消费者对广告信息的接受程度,检测广告主题是否突出,能否给消费者心理产生较大的影响,是否符合消费者的心理需求,广告创意能否有较大的感染力、影响力,广告能否收到应有的良好效果,以便进一步改进广告设计和制作。

3. 了解广告带来的经济效益

通过测定,了解广告给市场经营者带来经济效益的大小,检验实现经济效益与目标经济效益的对比关系,从而反映出广告的实际收效。

4. 提高生产经营者的信心

通过测定,能客观地反映广告对引导顾客实施购买行为的程度。效果好的广告能增强生产经营者的信心,并促使其进一步合理安排广告预算,改进广告设计,争取更多的消费者。如果广告效果不佳,也能查找原因,对症下药,以便提高今后广告的效果。

二、商品广告心理效果测定的内容

(一) 广告作品评价

广告作品评价是对构成广告作品的各要素进行检验与测定,主要测定以下三项内容。

1. 广告主题评价

广告主题评价是广告心理效果测定的第一个环节,是创意实施前对广告基本策略的检测。对广告主题的评价应选择广告的受众,了解他们对广告主题的看法;他们是否认同这个广告的主题;广告所传递的信息是否是他们所关心的问题;广告的商品能否满足他们的需要等。

2. 广告创意评价

广告的创意是指寻求表现主题的最佳方式,广告创意评价就是测定表现广告主题的手法是否新颖,是否有吸引力,能否准确表达主题,能否激发消费者的购买欲望,等等。通过广告创意评价,可以准确了解目标消费者对不同创意的反应,以寻求表现主题的最佳办法。

3. 广告完成稿评价

广告在明确主题及选择最佳的表现形式后,还须经过多个制作环节,才可完成广告作品,因此,还须对广告完成稿进行评价。通常是邀请广告目标消费者和有关专业人士观看完整的广告完成稿,并评价其优缺点,以便修改、调整,力求广告作品完美并产生最佳效果。

(二) 广告媒体组合

对广告媒体组合的评价,主要是根据已掌握的目标消费者接受媒体的一般规律,测定正在进行或准备进行的广告在媒体组合过程中能否与目标消费者的特点相吻合,选择的广告媒体是否是目标消费者最常接触的媒体,能否综合照顾到目标消费者的接受习惯、媒体近期视听率、阅读率有否变化等,以便确定本次广告活动媒体的选择、重点媒体的确定、媒体的组合是否合适。

(三) 广告目标效果测定

广告目标效果是指广告目标实现的程度。这可以从广告心理效应测定中体现出来。具体可从以下七个方面进行测试。

(1) 广告到达范围,即广告通过媒体传递到目标消费者的程度。

(2) 广告传播的频率。

(3) 广告接收的频率。

(4) 广告的注意率,指广告发布后在消费者中引起注意的程度,一般而言,广告收视率高,引起注意的程度也高。

(5) 广告的记忆率,指在接收广告的受众中能记住广告内容的人数比例。

(6) 消费者对广告的印象,即广告对消费者的心理、观念的影响,以及商品和市场经营者在消费者心目中的形象。

(7) 销售增长情况。

(四) 广告活动影响力评价

广告活动影响力评价是在广告活动全部结束后对广告活动传播效果的总体评价。其评价的主要内容有以下五个方面。

(1) 广告接触率,测定目标群体中有多少人接触过广告,从什么媒体上接触的。

(2) 知名度,测定目标群体中有多少人知晓广告宣传的商品、品牌、生产经营者、在同类商品中的知名度。

(3) 理解度,检测目标群体中对广告商品的了解程度,在对广告的不同诉求点中哪些诉求点理解度高,哪些诉求点理解度低,目标消费者是否通过广告全面了解商品特性。

(4) 偏爱度,检测目标群体中对高贵商品信任、偏爱的人数与比例。

(5) 欲望,了解有多少人在接触广告后产生了购买此商品的愿望,这种愿望的程度大小,等等。

三、商品广告心理效果测定的方法

广告心理效果测定分为事前测定和事后测定。事前测定又称为预审法,即广告作品未正式传播前,有计划地邀请若干有代表性的消费者或在小区域范围内预播广告,目的在于收集消费者对广告作品的反映,以便调整改进广告,或从多个广告作品中选出较好的广告作品。

事后测定又称复审法,是指广告正式发布后,进行总结性的收集广告心理效果,以便为制订下一阶段的广告计划提供依据。

以下介绍三种常用的商品广告心理效果测定方法。

(一) 广告评分法

广告评分法是邀请一些有代表性的消费者或专家对广告完成稿进行评价。评价项目主要有吸引力、有用性、清晰度、感染力和敦促力等,各项目所占的权重相同,总得分高者为效果优者。具体评价项目和内容如下。

(1) 吸引力,引起受众注意的程度。

(2) 有用性,有没有产生令路人停步看或听的作用。

(3) 清晰度,主题思想是否一目了然或给人留下印象。

(4) 感染力,使人感到亲切或产生兴趣的程度。

(5) 敦促力,有无促成购买行为的力量。

这个方法主要用在广告发布之前,对广告完成稿进行评价,以评估广告完成稿合适与否或选出最佳的广告作品。

(二) 组织测试法

组织测试法是根据具体的测试目的和内容,设计问卷,选择部分被测试者(媒体受众、接触过广告的消费者或目标消费者等),请他们回答问卷,并对问卷进行统计分析,从而得出广告的心理效果。

(三) 实验方法

实验方法是通过测试广告对消费者心理和生理上的反应程度衡量广告的潜在效应。目前正在研究与试用的方法有以下两种。

(1) 根据人的脑电波变化判断是否对骨干上宣传的商品感兴趣。这种测试的设备有脑电波记录器、分析仪和显示器。通过测试的结果分析广告对人脑所引起的刺激与兴奋程度。

(2) 按照人的瞳孔的放大或缩小判断对广告的反应。根据医学实验,当人们看到有兴趣的东西时,瞳孔会放大。因此,将测量瞳孔的仪器放置在广告媒体上,仪器自动记录观看者的瞳孔变化情况,并据此分析广告引起人们注意与兴奋的程度。

但是,实验方法也有缺陷,因为高兴与愤怒均会引起生理上相同的反应,而仪器却无法分辨出人们对广告是因喜欢还是因厌恶而引起脑电波或瞳孔变化。而且,实验方法受仪器设备及费用等的制约较大,目前应用并不多。

一、复习思考题

1. 解释广告的各种心理功能。
2. 列举在各种媒体中所看到的广告,并分析采用此种媒体的优势与不足。
3. 在广告媒体选择时要考虑的因素有哪些?
4. 广告传播中引起注意的策略有哪些?并结合日常所见举例说明。
5. 商品广告进行心理效果测定的方法有哪些?

二、材料阅读

广告策略中的心理学探析

把心理学的原理运用于广告,在世界上已有近百年的历史。虽然目前心理学运用和分支领域已越来越泛滥,大有令人厌恶之感。但我觉得,广告推销如何才能迎合消费者的购物心理,却大有学问,它是心理学研究中的一个领域。一般而言,广告成功,首先是引起消费者对某商品的注意;然后使消费者对某商品增进了解,发生兴趣,造成良好印象,进而引起购买的欲望或动机;最后变成购买行为。因而,广告选用的策略必须符合消费心理的要求,针对不同消费对象和商品特点精心设计广告的内容和形式。成功的广告都是很好地掌握了顾客的心理。生活中人们的心理是各种各样的,必须使消费者看了广告后觉得顺眼、顺心,才能达到广告促销的效果。商业广告制作的目的是在竞争激烈的同质化市场上引起消费者的注意,诱发消费者的购买欲望,促进商品和劳务的销售。而成功广告的一个重要的特征,就是始终如一地将广告的功能与消费者心理联结起来,通过对消费者心理的研究,更好地将广告信息传递给消费者。

消费者购买商品时的一般心理过程包括对商品的认知、注意、记忆、联想、想象等心理活动。企业为使消费者在琳琅满目的商品中选择自己的商品,就要有效发挥商业广告的认知、诱导、便利、教育和促销的心理功能,并将广告的心理功能与消费者的心理活动联结起来,在广告设计中充分重视对消费者心理活动的规律与特点的研究,增强广告的表现力、吸引力、感染力和诱导力。一般来讲,广告与消费者心理联系的过程大体如下:引起注意→启发联想→增进感情→增强记忆→实现购买。

1. 引起注意

广告中信息的成功传递,往往是首先作用于消费者的视觉、听觉心理,继而引发其心理感应,促进系列心理活动,最后导致消费者的购买行为。注意是消费者对广告作用的心理活动过程的第一个环节,若不能引起消费者的注意,以下的几个环节就无法产生。因此,能否引起注意,直接关系到广告成功与否。广告界流行一句话:“如果你的广告能引起人们的注意,则推销商品的任务已成功了一半。”正如美国BBDO董事长狄龙把广告一定要能得到顾客的注意作为第一条重要事项一样,引起注意仍是受众对广告作品好坏评价的一个重要因素。不管是电视广告,还是报纸广告,都是如此。引起注意是一个商业广告成功的基础。广告所要求的注意并不是蜻蜓点水、一闪而过的注意,而是持续时间相对较长的注意。但同时,引起注意在成功广告活动中只能作为一种手段,而不是目的,这种手段绝不能分散广告的注意力,不能让目光最终停留在“注意”上,而是商品上。广告有五大引人注目的原则:大物体比小物体显眼;活动的物体比静止的物体醒目;彩色的物体比黑白的物体引人注目;圆形比方形更显眼;人本身是最显眼的。

另外,广告制作还应该注意画面或文章的对比、调和以及新异性。例如,在北京首都机场附近,广告牌比比皆是,目不暇接。但在这广告海洋中,丰田广告却显得尤为醒目。广告牌上别具匠心地写道:“车到山前必有路,有路就有丰田车。”“车到山前必有路”是中国妇孺皆知的俗语,但与“有路必有丰田车”相联系,则表现了鲜明的新异性。这种新异性极易引发人们的无意注意,且使你过目不忘并回味无穷,这样广告制作者的目的可以说就达到了。

2. 启发联想

联想是指由一事物想到另一事物的心理过程,包括由当前感知的事物想起另一有关的事物,或由所想起的某一事物想起了有关的其他事物。这种心理现象的产生,是因为客观事物是相互联系的,一件事物总是和许多事物联系着。联想就是反映客观事物的相互关系,如一拿起香烟,人们就自然想到火柴;见到牙膏就想到牙刷;看到冰河解冻便想到冬去春来，万物复苏等。广告需要飞跃性、突破性联想，要通过对素材的细致加工，利用事物之间的内在联系，以比拟的手法唤起消费者对所宣传的商品的联想，从而加深对商品的认识，激发对商品的兴趣，形成一定的态度和行动。正所谓“引而不发，跃如也”。例如，在雪碧汽水的广告词中，一句“晶晶亮，透心凉”，道出了这种联想的真谛。又如，“滴血的太阳”是一幅日本广告招贴画，画面上是一个略呈椭圆的太阳，太阳不断往下滴着血，说明“日本应付出更多来抵御艾滋病”。广告内容的展示，必须调动消费者的联想，使之加深对广告的回忆。广告利用联想这个心理现象是比较广泛的，主要有接近联想、相似联想、对比联想、关系联想、颜色联想等。

3. 增进情感

广告是为人而作的，而人是有感情的。广告不仅应有明确的概念设计，还应使消费者产生某种联想和感情。“感情心者，莫先乎情。”以情动人是文艺作品的天条，也是广告制作应遵循的准则。消费者的情感直接影响着意志过程。如一则广告能增进消费者积极的情感，就会促进消费者的购买；反之，则会抑制消费者的购买行为。因此，一则成功的广告设计必须能够增进消费者积极的情感并抑制消费者的消极情感。例如，“南方黑芝麻糊”这一则电视广告设计就采用了一种怀旧的、故事性的、以情感诉求的创意获得成功而家喻户晓。还有“三九胃泰”广告，首先竭力渲染母子之情，把人们带入充满爱的境地，然后巧妙地推出“三九胃泰”，同时打出字幕“悠悠寸草心，报得三春晖”，整个过程自然得体，情意浓郁，给人以心灵的震撼，也给人以美的享受。为了诱发情感，可以考虑的广告策略是首先应确定创意中采用什么情感诉求，通常主要是亲热感、幽默感和害怕体验；其次，使用适宜的情感线索，诸如色彩、插图等，选择良好的心境发布广告又可以收到一定的移情效果。

4. 增强记忆

当我们购买某种商品时，会首先想起其中的某个牌子；或者是到商店的柜台旁，看到若干同类商品，最容易产生认同并发生购买行为的是那些头脑中已有印象的牌子，而很少会选择一个“陌生者”。看来，把自己的新产品或是自己所宣传的新产品“嵌入”消费者的记忆宝库，是厂商及广告制作者“心向往之”的目标与梦想。如何使这些梦想成为现实？我们认为，根据人类记忆规律来策划、制作广告是关键所在。反复是加强消费者记忆的最简单、最有效的方法。例如，宝洁公司从不轻易舍弃有效的广告，不管它运用了多久。虽然宝洁的电视广告带有这种模式化倾向，而且很难被认为具有所谓创意，但人们不得不承认它的电视广告很有效，很有推销力，这与它的这一重复“轰炸”的广告攻势不无关系。根据心理学家艾宾浩斯的研究证明：“遗忘的进程是不均衡的，在识记后的短时期内遗忘得较快，而以后逐渐缓慢，只经过一次加强的记忆，其衰减得非常快，即被遗忘得很快。记忆多次被加强后，就会形成永远性记忆。”另外，将代号与商品信息紧密结合，使它们以这些易记代号为标志，也不失为增强记忆的好方法。

消费者一般心理活动的特征以及商业广告心理效果的重要性，决定了广告设计必须结合消费者心理,才能增强广告效果。

资料来源:花蓉,梅云.广告策略中的心理学探析[J].江西社会科学,2004(12).

三、案例分析

高露洁:牙膏市场独树一帜的广告策略

国内北方经济咨询有限公司2001年调查结果显示,高露洁牙膏位居国内各品牌榜榜首,近三成的消费者最常使用高露洁,使用率高达29.9%,国内牙膏产品退居二流。实验证明,国内牙膏在基本质量指标上并不逊色于高露洁,在若干牙膏技术上,国内牙膏甚至强于高露洁。然而高露洁在质量上并无优势,价格处于明显劣势(高露洁价格往往是国内牙膏的2~3倍)的状况下,击败了所有竞争对手,让我们在感叹国内牙膏日渐衰微的同时,产生了研究高露洁广告策略的兴趣。

高露洁在进入中国市场之前,曾花大力气做市场调查。调查发现,国内牙膏广告竞争激烈,但日趋同质化,诉求对象几乎都是中老年消费者,格调老式,广告表现手法也平淡无奇。针对这些弱点,高露洁采取了独树一帜的广告策略。

首先,高露洁风格鲜明,它都以少年儿童做为广告片主角。高露洁为什么不以主要购买者——成年人做广告主角,而“反其道而行之”呢?因为当时的牙膏广告的主角一个一个比漂亮,她们比微笑,比牙齿洁白,让消费者心中生厌。高露洁采用迂回战术,打出了青少年牌,风格马上与国内大量的牙膏广告区别开来,赢得了消费者观感上的好评。此外,高露洁想通过儿童来影响他们父母对牙膏品牌的选择。高露洁充分考虑儿童对父母购买决策的影响,因此制作了以少年儿童为主角,很合广大儿童口味的广告。

还有一点就是,高露洁想让中国现在的一代儿童在“高露洁”的陪伴下成长。这些每天都刷高露洁牙膏的未来的一代,一旦建立了对高露洁的亲切感,培养了忠诚度,必将终生选择高露洁,并且影响他们的下一代子女,这样无形中又延续了这个品牌的生命周期。由此也可见高露洁考虑之长远。

高露洁广告一向以产品功能诉求为导向,这是它能立于不败之地的法宝之一。有则广告是这样的:一个慈祥亲切、知识渊博的牙医,在向孩子们讲述高露洁牙膏是如何以双层氟化物特护牙齿的,其中没有敷高露洁牙膏的白色贝壳在小槌的轻敲下塌陷了一侧。可能大家对这个电视广告都有些印象。高露洁设计这样一则广告的诉求是什么?牙膏虽然是一种低价值的生活消费品,但是又不同于一般性的随意购买的生活品,消费者很多时候是要经过深思熟虑、反复比较才确定选择,而高露洁公司就是充分抓住消费者这种微妙的心理特征,理性地就产品对保护牙齿、保健口腔有无实效展开诉求。所以高露洁广告简洁平实,却具有很强的说服力。恰恰在这点上,国产牙膏广告却总是偏离主题,做了很多“华而不实”的广告,却收效甚微。当然也有较为成功的,如蓝天六必治,“牙好,胃口就好,身体倍儿棒,吃嘛嘛香”,广告语也颇亲切实在。

资料来源:http://www.360doc.com/content/12/0508/14/128324_209490504.shtml,2018-10-29.

【案例思考题】

1. 高露洁还有哪些牙膏广告？广告诉求分别是什么？

2. 通过对本案例的阅读，思考高露洁在广告设计中利用了消费者的哪些消费心理？

四、实训操练：深入了解消费者对广告的心理反应

1. 实训目标

（1）掌握广告的传播媒体及其选择依据。

（2）掌握广告传播的各种心理策略。

（3）掌握广告心理效果的测定。

2. 实训内容

首先由教师提供有关广告的资料，学生进行分析，确定其传播媒体及传播策略；之后，学生分组选择具体产品，并设计相关问卷，进行该产品广告传播心理效果的市场调查，并对结果分析总结。

3. 实训要求

（1）本实训前部分可选择在教室进行，由教师准备充足的广告材料，并激发学生的思维。后半部分以小组合作的方式在人群密集区进行。

（2）前半部分可独立或小组进行，后半部分以每组 5～6 人的形式进行。

（3）要求小组成员充分发挥积极性，每人都必须有具体任务，通力合作。

4. 实训总结

学生自我总结	
教师评价	

第十二章　销售服务与消费者心理

攻心为上

古人云："上兵伐谋。"意为最高之兵法在于谋略。古人又云："攻心为上，攻城为下。"意为最高之战略在于攻心。现在的市场营销越来越依赖于对消费者心理的把握和迎合，进而影响消费者，最终达成产品的销售。"心战为上，兵战为下"已经成为营销战争的"心经"，而攻心为上，对营销来说关键就在于营销人员在面对消费者时要抓住消费者的心理。

资料来源：李文同．消费者心理与行为学[M]．郑州：河南人民出版社，2010.

随着现代企业营销观念的不断升级，提供完美、贴切的服务成为企业关注的焦点。各种各样的服务形式伴随着人们的日常生活，大大提高了人们的生活质量，服务竞争也成为现代企业的主要竞争点，谁能提供优质服务，谁就能在日益激烈的市场竞争中发展壮大，因为现代消费者不再是简单的物质购买者。他们在要求产品本身尽善尽美的同时，还要求享受优质的服务。

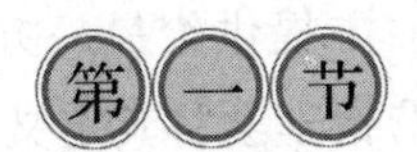 销售服务与消费者心理概述

案例 12-1

海尔集团的服务

从1984年到现在，海尔从无到有，从弱到强，发生了巨大变化。海尔的服务理念——“用户永远是对的”，也随之得到巩固和发展，并不断增添新的内容。

在1996—2000年，海尔的工作目标是：“以开展星级服务成为中国家电第一名牌为中心，以市场份额的不断扩大和产品的不断创新为重点，在2000年把海尔建设成为国际化的跨国集团公司。”这是海尔二次创业的核心目标。在星级服务上，海尔提出了两点要求：一是不断向用户提供意料之外的满足；二是让用户在使用海尔产品时毫无怨言。

“消费—服务—生产”这一结构已成为当今先进企业的基本经营框架。在这一框架中，服务起着连接消费与生产的中介作用，服务的主体地位是根本不容忽视和无法动摇的；没有先进完善的服务体系和服务手段，就无法吸引消费者和占领市场，也就无法扩大再生产。当前，海尔已确立了“高标准、精细化、零缺陷”星级服务战略，“向服务要市场”“靠服务创国际名牌”“靠服务拓展国际市场”“靠服务驱动产品创新”等已成为海尔二次创业的主体思想。

海尔的服务体系包括以下内容。

(1) 售前服务——真实地介绍产品特性和功能，通过耐心地讲解和演示，为顾客答疑解惑。如海尔产品质量好在哪里、功能全在何处、如何安全操作、用户享有哪些权利等，尽量使客户心中有数，以使顾客在购买中进行比较和选择。

(2) 售中服务——有条件的地方实行“无搬动服务”，向购买海尔产品的用户提供送货上门、安装到位、现场调试、月内回访等项服务。例如，广州用户陈志义写了一封求购海尔玛丽特洗衣机的信，公司驻广州安装服务人员毛宗良在送货途中由于车出现问题，万般无奈之下，毅然背起重约75千克的洗衣机上路，2千米路走了2个小时，将洗衣机送到了用户家中。

(3) 售后服务——通过计算机等先进手段与用户保持紧密联系，出现问题及时解决，以百分之百的热情弥补工作中可能存在的万分之一失误。

资料来源：https://wenku.baidu.com/view/5b1b0b04581b6bd97f19eafa.html，2018-10-30.

一、服务

（一）服务的含义

什么是服务？学术界曾对它下过许多定义，国际标准化组织(ISO)曾于1994年将服

务定义为:“为满足顾客的需要,供方和顾客之间接触的活动以及供方内部活动所产生的结果。”著名营销学家菲利普·科特勒把服务定义为:“一方提供给另一方的不可感知且不导致任何所有权转移的活动或利益。”又如,美国市场营销学会将其定义为:“主要为不可感知,却使欲望获得满足的活动,而这种活动并不需要与其他的产品或服务的出售联系在一起。生产服务时可能会或不会利用实物,而且即使需要借助某些实物协助生产服务,这些实物的所有权将不涉及转移的问题。”

现实经济生活中的服务可以区分为两大类:一类是伴随着有形商品销售而向顾客提供的附属服务,如向顾客提供商品信息咨询,帮助顾客挑选商品、包扎、送货上门、安装调试、保养、维修等;另一类是向顾客提供纯粹服务性质的产品,即服务产品。根据它们在产业经济中的地位,通常称其为第三产业,其范围、种类十分庞大。20世纪中后期,世界发达国家的服务业迅速发展。21世纪是知识经济时代,以知识为主导的服务业的发展将以锐不可当的发展态势迅速成为GDP的主要份额。这些新型的服务行业包括信息产业、咨询服务业、调研策划业、旅游服务业、科技教育保健业、环保服务业。

(二)服务的特征

与有形产品相比,服务具有以下共同特征。

1. 不可感知性

这是服务最为显著的一个特征,可以从三个不同的层次理解。首先,服务的很多元素看不见、摸不着,无形无质;其次,顾客在购买服务之前,往往不能肯定他能得到什么样的服务。因为大多数服务都非常抽象,很难描述;最后,顾客在接受服务后通常很难察觉或立即感受到服务的利益,也难以对服务的质量做出客观的评价。

当然,服务的不可感知性也不是绝对的。相反,在现实生活中,大多数服务都具有某种有形的特点。例如,餐饮业的服务中,不仅有厨师的烹饪过程,还有菜肴的物质加工过程。

2. 不可分离性

有形产品在从生产、流通到最终消费的过程中,往往要经过一系列的中间环节,生产和消费过程具有一定的时间间隔。而服务则与之不同,它具有不可分离性的特点,即服务的生产过程与消费过程同时进行,也就是说服务人员向顾客提供服务时,也正是顾客消费(享受、体验)服务的时刻,二者在时间上不可分离。服务的这一特性表明,顾客只有而且必须加入服务的生产过程才能最终消费到服务。例如,只有在顾客在场时,理发师才能完成理发的服务过程。但是在某些服务活动实施时,顾客并非一定要参与全过程,如邮政服务、托运服务、代办某类事务和维修等。

3. 差异性

差异性是指服务无法像有形产品那样实现标准化,每次服务带给顾客的效用、顾客感知的服务质量都可能存在差异。这主要体现在以下三个方面。

(1) 由于服务人员的原因,如心理状态、服务技能、努力程度等影响服务的质量和效果,即使同一服务人员提供的服务在质量上也可能会有差异。

(2) 由于顾客的原因,如知识水平、爱好等,也直接影响服务的质量和效果。比如,同是去旅游,有人流连忘返,有人败兴而归;同样听一堂课,有人津津有味,有人昏昏欲睡。

(3) 由于服务人员与顾客间相互作用的原因,在服务的不同次数的购买和消费过程中,即使是同一服务人员向同一顾客提供的服务也可能会存在差异。

不过,虽然不同的顾客对服务的心理期望与需求不同,但是制定最基本的服务质量标准仍然是十分必要的。

4. 不可储存性

服务与有形产品间的第四个重要差别是储存能力。产品是有形的,因而可以储存,而且有较长的使用寿命;而服务则无法储存。理发、外科手术、酒店住宿、旅游、现场文艺晚会以及其他任何服务,都无法在某一年生产并贮存,然后在下一年进行销售或消费。

5. 缺乏所有权

缺乏所有权是指在服务的生产和消费过程中不涉及所有权的转移。因为服务是无形的又不可储存,服务产品在交易完成后便消失了,消费者并没有实质性地拥有服务产品。缺乏所有权会使消费者在购买服务时感受到较大的风险。如何克服此种消费心理,促进服务销售,是营销管理人员所要面对的一个严峻挑战。一些企业逐步采取"会员制度"的方法建立与顾客的关系,当顾客成为会员后,他们可以享受某些特殊的优惠,从而在一定程度上消除了风险心理。

从上述五个特征的分析中不难看出,"不可感知性"大体上可被认为是服务产品的最基本特征。其他特征都是从这一特征派生出来的。事实上,正是因为服务的不可感知性,它才不可分离。而差异性、不可储存性、缺乏所有权在很大程度上是由不可感知性和不可分离性两大特征所决定的。

二、销售服务

(一) 销售服务的含义

销售服务是指有形或无形商品在销售过程中,企业为使顾客能安全、正确、妥善地使用产品或消费服务产品而实施的各类服务工作。属于服务内为促进有形产品销售而增加的附属服务一类。

现代市场营销实践表明,随着消费者收入水平的提高和消费观念的变化,消费者在选购产品时,不仅注重产品本身,而且更加注重厂家或商家提供的附加服务。企业向顾客提供的附加服务越完善,就越能吸引顾客购买。因此,在提供优质产品的同时,向消费者提供完善的服务,已成为现代企业市场竞争的新焦点。

(二) 销售服务的原则

1. 一视同仁的原则

服务一视同仁,就是不管消费者是谁,都同样热情对待。通常情况下,受款待的人心

听取客户的订货要求，向顾客展示和说明企业的质量保证措施与能力以及履行合同义务与责任的能力，使顾客放心。

(4) 帮助顾客挑选商品。销售人员应切实了解顾客的特点与要求，向顾客提出选购商品的合理化建议。绝对不能借此机会哄骗顾客购买质次价高的劣质商品。

(5) 为紧急需求的顾客提供及时的帮助。有的顾客遇到某种特殊情况，如意外灾害、伤病治疗等，急需企业提供产品或服务时，企业应千方百计给予支援，尽快供货，及时送货上门，帮助顾客安装调试，争取在最短时间内使产品或服务发挥功效，为顾客排忧解难。

(6) 代顾客做专用产品的设计工作。由于特殊情况，常规产品或服务产品不能适应顾客的要求，企业可以代顾客设计适合他们需求的产品或提供专门的特殊服务，如帮助残疾人设计假肢或专用车辆，为顾客新居进行装潢设计等。

(7) 消费教育。以上六点只是传统上的售前服务内容，真正的售前服务还应该更超前，应该体现在消费教育上，引导消费观念，挖掘潜在消费需求，从而创造现实消费需求。在竞争异常激烈的今天，厂商可以在售前服务中，引入消费教育的服务理念，向消费者传达新的消费知识和消费观念，引导消费，从而实现企业的销售目的。

例如，粽子作为一种时令性非常强的传统食品，有着极其鲜明的淡旺季划分，以端午节为中心的前后 2 个月是粽子的传统旺季，这段时间大约能占到全年销售的 50%，所以历来粽子的广告运动大战都基本上集中在 3 月、4 月这两个关键时期段。思念竹叶清香粽也由此打破常规广告操作策略，在侧重端午旺季的密度投放的同时，合理规划全年广告行程，参考日常消费品的媒介策略与促销规划，将整合营销推广运动继续开展下去。其中重要的策略之一，就是对于粽子消费观念的引导与改变：①早餐概念，将粽子作为早餐的替代品或补充，从而确定新的定位。早餐概念的提出打破了只有端午前后才吃粽子的习惯，倡导了一种新鲜早餐、营养早餐的消费理念，思念粽子的直观属性又一次证明了这一概念的正确性。②休闲食品概念，将粽子作为日常的休闲食品、方便食品定位。随着人们消费水平的提高，休闲越来越成为都市人的一种生活方式，相应的休闲食品市场不断扩大。而思念竹粽子抓住了这样的消费趋势，予以有利的引导，向消费者传达粽子其实是一种休闲食品的观念，逐渐使其获得了消费者的青睐。

2. 售中服务

售中服务是指顾客在实施购买决策与行为时，销售方为顾客提供的各种必要的服务工作，其主要有以下内容。

(1) 热情耐心地接待顾客，为顾客观察、挑选商品提供必要的帮助，例如让顾客试穿服装、鞋子，试尝食品等。

(2) 尽快为顾客开好发票，发票内容应按规定如实写清楚。

(3) 帮助顾客捆扎好商品，办理好需要运输、托运的相关手续等。

(4) 向顾客承诺售后服务的内容。销售人员应详细告知维修、保养等知识及服务网点的地址、联系方法等,并提供质量保证书和保修单。

(5) 建立顾客档案卡,档案卡在顾客购买时填好,其内容有:①顾客购买本公司产品的规格型号、价格、产品编号、购买日期、购买商店,单位顾客历次购买本公司产品的情况,对本公司产品的要求等;②顾客姓名、地址、电话号码、开户银行、账号、单位用户的联系人等。

(6) 上门销售或送货上门。上门销售人员或送货人员应做好交接商品的工作,清点商品的各种附件,如说明书、保修卡、合格证、各种易损件、导线、小工具等。完成交接后,应请顾客签字确认。重要的商品应派人押运,防止运输过程中发生意外损失。货到用户处就办理好交接手续,妥善处理货物缺损、错漏等问题。此外,还可利用上门销售的机会做用户调查的工作。

3. 售后服务

售后服务就是在商品出售以后所提供的各种服务活动。从销售工作看,售后服务本身同时也是一种促销手段。售后服务的主要内容包括以下几个方面。

(1) 送货到家服务。消费者在购买家具和家用电器等大件商品时,由于商品体积大,笨重难搬,携带很不方便,企业就有必要提供送货上门这一服务,以方便消费者。

(2) 质量保证服务。在销售活动中,企业应向消费者承诺,发现产品质量问题时可以及时得到检修或予以退换,这种售后服务可以弥补由于个别质量事故造成的顾客抱怨和舆论压力。

(3) 业务技术服务。业务技术服务分为两个环节:①技术咨询服务,这是为了解决顾客使用新产品时遇到的种种技术难题而提供的服务项目,提供这种业务技术上的咨询服务在于企业或销售人员主动向消费者提供必要的技术数据、产品性能、检测标准以及使用说明;②技术培训服务,通过对顾客的技术训练,帮助他们增强使用产品的技术力量,可在一定程度上避免因顾客缺乏操作技术导致的质量问题或使用问题,同时也可以听取他们的抱怨和投诉意见,从顾客那里搜集到具有一定价值的反馈信息。

(4) 安装调试服务。对于大件生产设备或技术复杂的商品,企业应负责调试安装,并且指导顾客正确使用商品。

(5) 网点维修服务。提供分布各地的网点维修,是售后服务的一个重要内容。对大型商品如冰箱、彩电、空调等,可以安排上门维修,以方便顾客。例如,1996年,一位四川成都的农民投诉海尔洗衣机排水管总是被堵,海尔服务人员上门维修时发现,这位农民用洗衣机洗红薯,泥土多,容易堵塞排水管。因此海尔的服务人员帮他加粗了排水管。

(6) 退换商品服务。对普通商品,应允许顾客在规定时间内无理由退货。有些店家挂着"商品售出,概不退换"的牌子,不知不觉中吓走了大批顾客。因为即使人们相信商品的质量总体是好的,但总是担心自己会不幸买到商品当中少数的次品,"概不退换"的标语成为阻碍消费者购买商品的主要因素。相反,做好商品的退换工作,可以在某种程度上打消顾客在购买商品时对各种风险存在的不确定心理,增强顾客对商店与商品的信任感，以利于他们做出购买决策。

(7) 定期上门服务。对一些设备产品，企业应定期上门进行安全检查、运行情况检查等。

(8) 接受咨询、申诉服务。企业应凭着对顾客负责的态度，接受顾客关于产品使用过程中出现各种问题的咨询。凡是涉及产品质量责任的问题，应及时弄清事实，实事求是地按国家法律和技术监督管理部门的规定妥善处理。

(9) 访问用户服务。企业应主动采用电话、信函、上门专访等方式，加强与顾客的沟通与联系，了解顾客对产品质量的意见及使用情况和满意度情况，并进行认真分析，及时改进产品质量与服务工作，并给顾客及时的信息反馈。

(10) 提供快速服务。对顾客急需的商品、配件或技术难题，企业可提供快速服务。如著名的国际商用机器公司(IBM)向社会承诺：不管在全世界哪个地方，保证在48小时内把顾客所需零配件送到。他们说到做到，有时为了把一个价值只有50美元的零件送到边远地区的用户那里，不惜动用一架直升机。

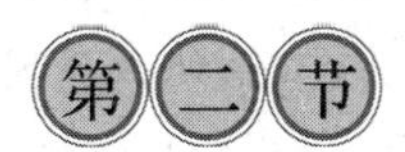

营销人员与消费者心理

案例 12-2

海底捞的服务

“海底捞”来自四川简阳，创建于1994年，以经营川味火锅为主。在短短10多年的时间里海底捞迅速崛起。如今在北京、西安、郑州、上海等全国各大城市，都可以看到海底捞的分店。

提到海底捞，最令人津津乐道的是他们的服务。而服务也成了海底捞的一大核心竞争力，也是海底捞能够获得持续发展的关键因素之一。海底捞的服务形成了从顾客进门到用餐结束离开的一套完整的服务体系。海底捞的服务之所以让消费者印象深刻，在于其将同类火锅店存在的普遍问题通过服务的形式予以很好的解决。例如，在就餐高峰的时候，很多火锅店都需要排队，而一般的火锅店都是让顾客在那“干等着”，很少提供相关的服务，这样难免会让一些着急的顾客提前离开。而海底捞却会在顾客等待的时候提供一些让人感觉很温暖、很温馨的服务，如免费为顾客送上西瓜、苹果、花生、炸虾片等各式小吃，还有豆浆、柠檬水、薄荷水等饮料。同时，顾客在等待的时候还可以免费上网，女士甚至可以在等待的时候免费修理指甲等。因此，很多顾客甚至很乐意在海底捞排队等候，这也在无形中形成了海底捞的服务招牌，从而有效地挽留了客源。看起来是不起眼的一件小事，但这个时候却让顾客感到了海底捞的不同之处，从而减少了顾客流失，也有效地提升了海底捞的营业额。

除了等位服务之外,在点菜和就餐期间,海底捞也无处不体现服务的细节。例如,客人点菜时,很多顾客为了面子,特别是在请朋友吃饭的时候,会点很多的菜品,换成一般的餐饮店,客人点的菜越多越好,但海底捞的服务员会对客人进行善意的提醒,让客人感觉很温暖,面子也过得去,让顾客感觉到店家会为顾客着想,更提高了对海底捞的好感度。同时,就餐期间,海底捞也会提供比较细致周到的服务,例如多次为顾客更换热毛巾,为女士提供发夹,为顾客提供手机袋,为顾客提供围裙等,总之都是一些细节上的服务,但这些细节组合就形成了一套服务体系。

另外,海底捞在店内建立了专供儿童玩耍的场所,这样做是让带儿童前来就餐的父母们能够专心用餐,而不用担心小孩调皮,甚至海底捞的服务员还可以带小孩一起玩,给小孩喂饭,充当这些小孩子的临时性"保姆"。在洗手间设有专人为洗手后的客人递上纸巾,让顾客仿佛到了星级酒店一样,这让顾客能够获得完全不同的感受。

海底捞不仅给予员工物质回报,还给他们"信任"与"授权",让他们一同收获幸福感和成就感。海底捞对员工非常信任,员工具有很大的权力:100万元以下签字是由副总、财务总监和大区经理负责的;大宗采购部长、工程部长和小区经理有30万元的签字权;店长有3万元的签字权。这种放心大胆的授权在民营企业实属少见,但其实这都不是最重要的授权,海底捞最重要的授权给予了基层的服务员:不论什么原因,只要员工认为有必要,都可以给客人免单一个菜或送一个菜,甚至免单。这个小细节体现了海底捞管理的奥秘。海底捞明白:一个餐馆不论其名气或者装饰,客人从进店到离店,始终只跟服务员打交道,所以客人的满意度基本掌握在基层员工手里。怎样才能为顾客提供优质服务呢?那就要充分发挥他们的才智。做法很简单——授权,给他们作决定的权力。如果客人对餐馆的服务不满意就要通过经理解决,这个解决问题的机制本身又会增加顾客的不满意度。在一般餐馆,顾客结账时不会同服务员谈打折或优惠。为什么?因为谈了半天,服务员连是否能给个98折都闪烁其词,因为她要看大堂经理的眼色行事。这种折扣,给与不给,餐馆都是输家——顾客找经理要到了折扣,却也不会念餐馆的好。

这等于海底捞的服务员都是经理,因为这种权力在所有餐馆都是经理才有的。德鲁克认为,企业的员工是否是管理者不取决于他是否管理别人,所有必须坚持自己的目标和标准进行决策,并对企业做出贡献的员工,实际上都在行使管理者的职责。显然,在海底捞的管理体系中,每一个基层服务员都是一个"管理者",对服务品质起到关键的影响,对公司至关重要。

还有就是在就餐后,海底捞和其他的餐饮店的做法一样,会送上一个果盘,但如果客人提出要求说再要一个,海底捞的服务员也会热情地送上。

虽然有些服务增加了运营成本,但这种付出是值得的,与稳定的客源、不断扩大的忠实消费群及品牌的美誉度相比较,这是十分划算的,这也正是海底捞的聪明之处。

从顾客进门到用餐完毕,海底捞的服务贯穿其中。虽然很多的餐饮店在其中某一个环节上也做到了如海底捞一样的服务,但是没有形成系统化、制度化。因此,海底捞的服务才会显得更加突出,而这也是餐饮企业在服务上所需要借鉴与学习的。

海底捞优质的服务成为其核心竞争力之一,成了海底捞的特色招牌之一。更为重要的是,海底捞的服务建立了一套完整的体系,给顾客留下了深刻的印象。说到海底捞,很多人都会说,服务不错。海底捞服务品牌赢得了顾客的认可,并且形成了口碑效应,为其品牌加分。

资料来源:http://www.qc99.com/gongwen/html/haidilaofuwuan_91979.html,2018-11-05.

一、营销人员的基本素质

营销工作是一项与人打交道、与顾客沟通的工作,具有很强的艺术性与复杂性,因此,营销人员必须具备良好的素质条件才能取得顾客的信任与好感,促进购买行为的产生、顾客满意度和忠诚度的培育。具体来说,一个营销人员应具备以下基本素质。

(一) 仪表风度

仪表即人的外表,包括容貌、服饰、姿态、风度等,是一个人精神面貌和内在素质的外在表现,也是给其他人产生第一印象的重要依据。对于一个直接面对顾客的营销人员来说,其仪表风度尤为重要,这是因为,营销人员每天要和大量的消费者接触,其整洁美观的仪容和优雅大方的风度不仅能创造一种和谐、舒适的人文环境,给消费者带来愉悦,而且也可以反映企业本身的实力、正规化程度以及对消费者的重视。营销人员接待消费者时,其得体礼貌的言谈举止,可以赢得消费者的信赖,从而促进消费者购买行为的产生。

1. 服饰、发型

衣着、发型等仪容,不仅装饰了人的外貌,同时也反映了人的文化修养、审美情趣和个性心理。在现代生活中,人们的穿着打扮可以根据个人的喜好,追求个性化。但由于人是社会中的人,因此,每一个人的打扮大都要符合社会流行、消费习俗,符合现阶段审美的大致标准。对于这一点,营销人员更应注意。一般来说,营销人员的着装要大方、整洁,发型要简单、自然,不要过于时髦,女士佩戴饰品要讲究少而精。商场的营业员被要求统一着装,并佩戴统一的标志牌,这不仅可表明营业员的身份,同时也反映一个商场的管理水平。

2. 容貌修饰

营销人员对自己的容貌做适当的修饰,使消费者看了比较舒服,也是对消费者的一种尊重。营销人员应保持面部清洁,男士不留胡须和大鬓角,女士要略施粉黛,淡妆上岗。

3. 行为举止

营销人员的行为举止是指在其服务中的站立、行走、动作等。如果营销人员的行为礼貌文雅、举止得体大方、待人热情庄重,能给消费者留下好的印象。商场营业员工的举止行为,更是直接关系商场形象和服务质量。营业员要从站、行、拿等多方面规范自己的行为。

(二) 心理素质

1. 坚定的自信心

自信心就是营销人员对自己行为的正确性坚信不疑,对营销的商品抱有充分的信心。营销人员在推销商品之前,须先把自己推销出去。营销人员只有对自己充满信心,才能感染顾客,影响顾客,改变顾客的态度,使顾客对营销人员产生信心,进而对商品产生购买信心。而缺乏自信,就会在营销活动中缩手缩脚,遇难而退,错失良机。因此,自信心是一个合格营销人员应当具备的基本条件之一。

2. 开朗的性格

营销人员应该是性格开朗、善于与人交往的人。只有性格开朗的人才能主动与他人接触,才懂得如何与他人进行沟通,才会熟练地、准确地将自己的意思表达出来,并恰当地领会其他人的想法。

3. 稳定的情绪

情绪是指与生理需要相联系的体验,它由情境引起并随之变化。在营销工作中,各种各样的情况都可能出现,可能很顺利地成交,也可能要经过艰难的讨价还价后达成交易,或者眼看着能够成功的交易却失败了,不同的过程和结果,促成了营销人员的高兴、轻松、惋惜或沮丧。而营销人员情绪的波动直接感染顾客的情绪。所以,营销人员不但要善于控制自己的情绪,而且要用自己良好心态感染顾客,控制顾客的情绪,为营销活动创造良好的气氛。

(三) 职业道德

道德是调整人们相互关系以及个人与社会关系的行为准则与规范的总和。营销人员应具有良好的职业道德,因为营销活动不仅是一种个人行为,也是一种社会行为。作为一个营销人员,应具备的职业道德主要有:遵纪守法,对企业、对顾客负责,信守承诺,公平交易、公平竞争。

(四) 业务素质

营销人员应具备的业务素质是指其业务知识。一般来说,业务知识主要包括如下三个方面。

1. 企业和产品知识

营销人员只有对产品和企业有一个正确的、透彻的认识,才能详细地向消费者介绍自己的产品,准确地回答消费者的咨询和解释消费者的疑问,帮助消费者选择商品、产生购买信心,做出购买决策。相反,如果销售人员对顾客的提问一知半解,在顾客要求对产品进行详细介绍时,三言两语就完事,则很难激起消费者的购买欲望,甚至使消费者产生退缩心理。

2. 市场知识

营销人员直接与市场、消费者接触,能及时、准确地捕捉市场信息。这些信息包括:消费者信息、市场供求信息、商品经营效果信息、竞争对手的信息等。营销人员应在营销过程中有意地收集各种信息加以整理、分析，及时反馈给企业，使企业能够掌握市场动态，把握市场的脉搏，相应地做出调整，大大增强了对市场的反应能力。

3. 心理学知识

营销人员如果不了解消费者的心理特征、消费者的心理活动过程，就无法准确地理解和判断消费者行为的产生和变化，也很难使自己的销售活动取得成效。

（五）能力要求

在通常情况下，营销人员在销售活动中与每个消费者的交往时间是短暂的，要在短暂的时间里建立买卖双方的良好关系，而且卖方又要帮助买方获得需要的商品和满意的服务，这就需要营销人员必须具备敏锐的观察力、灵活的反应能力、较强的自我控制能力和良好的语言表达能力。

1. 观察力

观察力是指发现事物典型特征的能力，实际上是感知能力和分析判断能力的综合。营销人员的观察能力，主要是指通过消费者的外部表现分析、判断其心理状态的能力。营销人员可以通过观察消费者的服饰、发型、面容等判断其职业、经济地位、消费能力与消费观念；可以通过观察其言谈举止更好地了解消费者。例如，从消费者走进商店的步态和眼光中能正确判断出他的购买意图；从消费者的谈话中就能了解他具有什么样的需求模式，这种模式已达到什么程度；通过消费者的询问就能知道他有什么顾虑，从消费者挑选商品的动作和方法就能明白他对商品的熟悉程度。营销人员应具有一双锐利的、能洞察消费者心理的眼睛，才能看清消费者所需、所急，明察消费者的购买意图，巧妙处理与消费者的沟通，才能促成交易的实现。许多经验丰富的营业员通过察言观色，便知顾客所求。

2. 反应能力

敏锐的观察力对于营销人员来说固然重要，但它必须要通过灵活的反应能力才能达到促销和使消费者满意的目的。反应能力是指人的思维、联想与行为的敏捷性、灵活性，它与人的观察能力、记忆能力、分析能力有较多的关系。营销人员每天要与许多消费者接触，他们的需要、购买动机不同，兴趣和爱好不同，性格各异。营销人员要使消费者满意，就要根据消费者的不同特点，分别对待，这就需要灵活的反应能力。营销人员接待消费者时注意力要高度集中，对消费者的一言一行要及时做出妥善的反应，为顾客提供满意的服务。有时柜台前顾客众多，营业员应接不暇，如果没有灵活的反应能力，就难以应付，快了容易出错，慢了又会引起顾客的急躁情绪和不满。

3. 自我控制能力

自我控制能力是一种自觉支配、调节和控制自己行为的能力。一个人自我控制能力的强弱是其意志力和理智水平的反映，因为人们对自己行为的控制是通过自觉的在意志努力下的对内部情绪骚动的克服和压抑而实现的。

在销售工作中，较强的自我控制能力是营销人员必备的一种能力。首先，销售人员接触的消费者是不可选择、千差万别的,有的随和讲理,也有的挑剔、蛮不讲理,有的性情温和,也有的脾气急躁。销售人员在遇到挑剔、不讲理或性格急躁的消费者时,应该能够避免或缓解冲突,在与消费者的人际关系中起主导作用,而不是对消费者的某些无理表现大动肝火,干扰销售活动。这就要求销售人员具有高度的自我修养、坚强的自我控制能力,能够控制自己和消费者的情绪,并以自己高尚的行为表现教育那些不讲文明礼貌的消费者,树立营销人员乃至商店和生产企业的文明形象。其次,由于营销人员的工作是辛苦繁重的,营业员要多次重复取货、放货、包扎、收款的一些动作,而销售人员则要不停地奔波寻找客户。这些对于一般的顾客是难以觉察到的,他们始终按照自己心目中的某种模式看待或要求销售人员的工作,有时甚至会表现出对其服务的不满或能力的怀疑,在这种情况下,销售人员很容易受到外界的刺激而导致消极情绪的流露,甚至出现不良情绪。因而,强大的自我控制能力可以使销售人员在工作劳累时或受到不平等待遇时避免消极情绪的出现,保证销售工作的顺利进行。

4. 语言表达能力

语言是表达思想、交流信息的工具。在人际交往中,语言是实现相互沟通最有效的途径。营销人员的语言表达能力,是指其与消费者接触时,运用语言、表情传递有关信息的能力。营销人员良好的语言表达能力,在实际销售中,对创造和谐的交易气氛,促进消费者购买起着重要的心理作用。俗语说:"良言一句三冬暖。"一个成功的营销人员在销售过程中是极其注重口才的,是否拥有"巧舌",决定着销售工作的成败。以下归纳了营销人员在语言表达方面的几点要求。

(1) 恰当称呼顾客。称呼顾客随便一些还是庄重一些,要根据营销场合、顾客的不同而有所区别。营销人员在与消费者交谈时,能恰当地使用"同志""师傅""先生""女士""老伯""大妈""小弟弟""小妹妹"等礼貌称谓,可以使对方有一种亲切感,不要用不适当的称呼。

(2) 文明、规范用语。营销人员在与消费者交谈时,应热情、友好、诚恳,应多讲"请""您""欢迎光临""您想看点什么,我给您拿""谢谢您的惠顾""没关系"等文明用语,会给人以好感,有利于建立企业的良好形象。

(3) 表达清晰、准确。营销人员在与消费者交谈时,应使用普通话,少用方言和多重意思的语汇以便消费者接受和理解。当然,若碰巧你能说消费者的方言,用方言与其交谈则可增加亲切感,有利于交易的成功。

(4) 介绍简洁、形象。营销人员的语言表达既要明确简洁,又要生动形象,还必须符合实际情况。这个方面在介绍商品使用效果时尤其重要,能使消费者对商品的认识更加形象深刻,对商品的兴趣和欲望更加强烈,对商品的信任感进一步加强。

(5) 表达方式灵活、有技巧。销售人员的语言表达方式要能根据各种消费者的心理特点、行为特征和外貌特点做出灵活的变换。会说话的营销人员会使顾客感到他善解人意、体贴周到。如果顾客的皮肤黑,就说"肤色较暗";如果顾客个子矮,就说"身材小巧";

顾客体胖，就说“丰满”等，将顾客比较敏感的问题用婉转的说法表达出来，不至于伤害顾客的自尊心，引起顾客不快。

销售人员良好的语言表达能力，是建立在一定的知识技能、思维能力、记忆能力、想象能力、分析判断能力等品质基础上的，是通过介绍商品和答复询问时言辞语调的表现力、吸引力、感染力和说服力等表现出来的。由此可见，销售活动中的语言表达是一门综合而复杂的销售艺术。要想在销售活动中发挥语言表达对消费者良好的影响功效，一方面，要求销售人员必须注意锻炼和提高各种能力，为语言表达能力的提高打好基础。例如，通过提高记忆能力，牢记商品的名称、产地、性能及其他知识，才能在顾客需要时迅速、准确地讲述；通过想象力的培养，能够对商品的个性和象征性，以及商标、包装等构成部分的特点与寓意自觉地进行一定目的的想象，使语言表达的内容丰富而富有感染力。另一方面，要求销售人员在语言表达中要力争达到上述五个方面的要求，并善于在实践中摸索和总结语言表达的技巧。在这个方面，著名售货员张秉贵三改“敬语”的例子能给营销人员一个很好的启示。

一次，有两位随意观看的消费者临近柜台，张秉贵问：“先生，你们买点什么?”其中一位忙摆手说：“不买，不买。”欲转身离去，而另一位却说：“不买就不准看看吗?”从这件事中，张师傅发现自己的问话无意间给消费者造成了心理上的压力。此后他便改说：“先生，您想要点什么?”可又有消费者和他开玩笑：“我什么都想要，您给吗?”后来，经过反复的琢磨，张秉贵终于找到了恰当的用语：“先生，您想看看什么?”这句话能够被消费者普遍地接受。

二、营业员柜台接待与消费心理

（一）消费者的购买心理发展过程

消费者通常是在具体消费需求和购买能力支配下，实施购买行为的。为了使有限的购买力更好地满足消费者的需求，消费者往往根据以往购买商品的经验和印象，选择购物的商店，甚至选择买卖的中介——营业人员。这种对销售者的选择，与商店的经营特色、服务质量(尤其是柜台接待水平)有着密切的关系。柜台接待工作的水平，对提高商店在消费者心目中的形象，促进习惯性购买，具有重要的影响。

消费者从走近柜台、接触商品、问价、挑选到成交，要经过一系列有形的活动过程，也要经过一系列无形的心理活动过程，而且有形的活动过程要受到无形的心理过程的支配和控制。因此，营业人员在接待消费者时，要提高柜台接待工作的水平，必须善于观其行、察其言，正确掌握消费者购买过程中各阶段心理的发展，采取相应的接待步骤和方法，才能很好地满足消费者购买商品的各种心理欲望，帮助消费者实现其购买行为。

前面已经介绍，消费者购买决策过程一般分为五个阶段，即认知需要、搜集信息、评价方案、购买决策、购后评价。这也是消费者购买行为过程中的基本程序。为了更好地掌握消费者在整个购买过程中细微的心理变化状态，可以通过剖析消费者购买过程中的外部表现,而把其购买过程的心理发展划分为以下十个阶段。

1. 店貌感知

消费者进入商店前或刚进入商店以后,通常都随意地环视商店的橱窗广告设计、货架商品陈列、营业场所装饰、卫生与秩序状况、营业员仪表等能够反映商店特征的环节,获得对商店的初步认识。

2. 寻找目标

消费者在对店貌有了初步认识之后,一般就要根据购买目的,有选择地知觉客体,把注意力集中在观赏商品上。经过随意地浏览或有目的地寻找后,发现感兴趣的或所要购买的商品。

3. 观察了解

目标商品选定后,消费者为了探索与了解其外观质量,往往会继续对商品的关注,并进行独立细致的全面观察或向营业员咨询了解。

4. 获得印象

经过观察了解,目标商品的外观、花色、款式、性能、价格和使用方法等有关信息经过人的感官传入大脑而产生效应,获得对目标商品的主观感受,主观感受得出的表面判断就是印象。伴随这个过程,对目标商品的情感也逐渐产生。消费者对目标商品有了良好的印象,就会由此产生喜悦之情。

5. 功能联想

由于印象受直观感受的支配,在许多情况下,消费者对目标商品所获得的印象往往是不准确的,多数是需要在认识深化后加以充实修正的。所以,消费者获得目标商品的印象后,还会通过联想这种扩展性思维活动,联想类似商品的使用,联想自己或他人过去使用这种商品的情形,深入认识目标商品的物理性能和心理性能,如商品的实用价值、欣赏价值和社会价值等。

6. 欲想拥有

功能联想的发展结果,帮助消费者从别的事物中得到启发,获得印证,从而激起为满足需要而拥有目标商品的购买欲望。然而,大多数消费者由于选择心理的作用,还不会在此阶段做出购买决定,但购买欲望的产生,促进了消费者对目标商品理性认识的进一步发展。

7. 思索评价

购买欲望产生后,消费者会对各种可供选择的同类商品进行多方面的比较鉴别,并根据主导需求、知识经验和购买能力等多方面因素,权衡其利弊,对商品做出综合的评价。

8. 确立信心

通过思索评价,消费者找到一个能满足其需求的目标商品,并对此商品产生信任,判定购买这个商品是最明智的选择,由此做出购买决定。

9. 采取行动

消费者对目标商品确定信心后，就会执行购买决定，把对商品的态度向营业员表达，开始进行商品成交的实际行动。

10. 购后体验

消费者购买到称心如意的商品后，会对商品本身、商店服务、购买环境等方面形成多种多样的心理感受。例如，购买到的商品外观美丽，质量优良，价格也比较合适，消费者会产生物美价廉的感受；营业员主动热情地接待消费者，对商品的介绍客观全面，能够耐心地协助挑选，能给消费者以亲切自然的感受，商店商品丰富，品种齐全，商品陈列有序、整齐，会给消费者以方便快捷的感受等。当然，消费者对商品的满意程度，与其购买时所具有的多种欲望被满足的程度有很大关系，而这些欲望并非是同时得到满足的，因此购后体验阶段往往延续到商品使用后的一段时间，甚至延续到商品使用终了。特别是对耐用消费品的购后体验，要经过很长的时间才能逐渐反映出来。

应该指出，上述消费者购买行为的心理活动过程，是针对选择性强、挑选活动较复杂或是技术复杂、价格较高的商品而言的。如果商品比较廉价，经常购买，心理活动过程就不一定会这样细微了。消费者购买心理过程除因购买不同商品而有差异外，还受消费者的年龄、性别、文化、知识经验、个性特征、购买习惯等因素的影响，所以，应对具体的人、具体的商品进行具体灵活的分析。

（二）营业员的柜台接待步骤和方法

消费者从进入商店到离开商店可以算作是一次购买过程。在此过程中，消费者心理发展的不同阶段具有各自的特点和一定的连续性，同时各阶段也都会产生消费者不购买的因素。这些因素是复杂多样的，如商店布局杂乱无章，光线昏暗；商品品种较少，选择条件差；顾客购买欲望本来就不强烈；价格太高；营业员态度不好等。其中，有些因素能够通过营业员的努力和消费者的权衡而被淡化，也有一些因素是无法改变的，而由此造成了消费者终止其购买行为。无论这个过程最终是否发展成实际购买，营业员的柜台接待工作都是至关重要的。它既能使一部分消费者买到称心如意的商品高兴离去，也会让一些购买欲望不强烈或没找到所需商品的顾客不会过于失望，而将购买欲望转移到别的商品上，产生另外的购买行为。因此，要想使消费者的购买过程顺利发展，并取得良好效果，必须按照消费者购买行为的心理状态，确定相应的柜台接待工作的步骤和方法。

1. 观察判断进店意图，抓住时机接近

消费者对营销人员服务的首要要求就是主动热情的接待。营业员在消费者走近柜台时，以饱满的精神、欢迎的态度、自然的微笑去主动接近消费者，问候其需求，是满足消费者心理要求的第一步。这一步做得好不好，对商品销售有举足轻重的影响。主动热情的接待要掌握好时机，并不是顾客一来就立刻对其招呼，而是要视其意图而定。实践证明，消费者一靠近柜台，就立刻上前询问需要，或用目光紧盯消费者，往往会给一些敏感的消费者以压迫感，产生拒绝购买的心理。因此，主动热情的接待，必须抓住最佳的接近时机，才能获得较好的效果。如果不注意消费者的举止意图，过早或过晚地接近消费者，都不会获得好的效果，甚至适得其反。营业员要做好这一步，最主要的就是细致地观察消费者的行动，判断其进店的意图，采取不同的接待方法。

进入商店的消费者，按其购买欲望大致可分为三类。

(1) 有明确购买目标的消费者。这类消费者购买目标明确，买什么、买多少、花多少钱等一般都已心中有数，其心理特点是求快，希望迅速成交。其行为特征是步履较快，目光集中于所需购买的商品上，径直朝商品柜台走来，开门见山地索要该商品，询问该商品价格，稍加挑选后便可成交。接待这类消费者要根据其"求快"的特点，主动提供快速服务，人未到语先到，立即展示商品，回答询问，付款后迅速包装好商品。由于这类消费者为买而来，成交率较高，如果接待动作迟缓，态度冷淡，消费者就可能不满意而拒绝购买。因此，在接待这类消费者时要特别注意良好的服务态度和熟练的售货技术。

(2) 巡视商品销售行情的消费者。这类消费者无确定的购买目标，购买心情不迫切，买与不买的灵活性较大。其选择的对象，一是商店及服务态度，二是商品的花色、款式、价格等。其行为特征是神情轻松随意，目光相对集中，环视陈列的商品，看的多，问的多，比较选择的多，但实际成交的不一定多，碰到特别中意的商品，也会毫不犹豫地购买。通常，这类消费者占商店客流总量的70%左右，他们虽然没有明确的购买目的，但仍有购买的可能性，有时会有成交机会，从成交总量上来看还是相当可观的。接待这类消费者时，营业员应让其在轻松自由的气氛下任意观赏，在他对某个商品发生兴趣，表露出中意的神情时才进行热情接待。例如，若消费者较长时间地把目光集中在某个商品，或巡视同类商品、相关商品时，当其用手触摸商品，神情发生变化时，就是营销人员与其搭话的最好时机。通过观察消费者用手接触商品的方式，可以大体了解其对商品感兴趣的程度，从而确定不同的接近方法。一般来说，消费者轻轻触摸商品一下或见到什么都摸一下，目光游移不定，观看毫无关联的商品，其感兴趣的程度还不深，目光还不明确，营销人员应静观其变；消费者一边用手触摸商品一边仔细欣赏商品，或一边用手触摸商品一边寻找同类商品或相关商品，进行细致比较，其感兴趣的程度就较深，目标也开始明确，此时营业员应接近消费者，招呼问候，介绍该商品的优点，促成购买。可见，要把握接近消费者的良机，必须善于察言观色，揣摩心理。如果过早地接触消费者，消费者还没有购买的兴趣时，不但会影响其对商品的注意，中断其购买心理的发展，冲淡选购情绪，甚至因破坏其自由自在观看的气氛而使消费者产生某种紧张心理或戒备心理。

(3) 随意浏览、游逛的消费者。现代很多消费者将逛商店当成一种休闲娱乐的方式，尤其女性消费者以游逛为主，没有明确购买商品的打算，但也可能会即兴购买。她们的心理特点是求新、求美、求名，一般是目光分散，逍遥自在，边游览，边评价，谈笑风生。对这类消费者，营销人员一般不要急着接待，但应注意观察她们的举止神情，随时准备接待。这类消费者虽然并无确切的购买意向，但如果碰到时尚的且特别中意的商品，也会产生冲动性购买。这时营销人员掌握顾客的心理状态，选择适当时机接近顾客很重要。

一般来说，当消费者停步观看某一商品，或在店内转一圈又转回来并停步凝视商品时，营业员就应及时地与其接触。

在这类消费者中，观看或比较了商品或询问了商品价格而不购买的人占多数，营销人员对这类情况应正确认识，热情接待。因为即使顾客没有购买行为，营业员良好的态度也是对企业形象的一种宣传，并且是对消费者将来选择本店或本品牌的一种鼓励。

在对具体消费者确定接待时机和接待方法时，除应考虑上述因素外，还应对消费者的职业、文化、个性、民族以及商品的特性和价格进行综合分析，采用适当的方法接待，使每个消费者都能获得满意的感受。

2. 介绍、展示目标商品，激发购买兴趣

消费者通常是在购买动机的促使下走进商店的，这时，消费者头脑中已有一定的购买目标。这个目标有时可能是具体的，例如，消费者想购买一个生日蛋糕送给朋友，买前对蛋糕的式样、花色、大小的要求非常明确；有时也可能是模糊的，例如，消费者想为朋友购买一个生日礼物，但在买前无法确定什么款式、色彩和功能的礼物最合适，要到商店通过选择以后才能确定。因此，营业员在与消费者接触后，接待的第二步，就是要从消费者的性别、年龄、穿戴和职业特征上，分析其爱好与习惯，从消费者的视线、言谈举止等方面探索其具体的购买目标和要求；根据目标商品特性，采取适宜的介绍和展示商品的方法，使消费者最大限度地感受到商品的优良品质，激发其浓厚的购买兴趣。要做好这一步，必须采取符合消费者心理要求的商品介绍和展示方法。

对商品的介绍和展示，应尽量满足消费者对不同商品的不同选择要求，从多方面、多角度来介绍和展示，还要想方设法将商品的使用效果、实际感受清晰地说明并展现出来。因为不同的消费者购买商品时的关注点不一样，营业员介绍片面触动消费者购买决策的概率就小。例如，介绍服装时，要着重说明式样、花色、穿着效果等方面的特点，也可以视情况对服装档次、价格等进行说明，并做成穿着状态给消费者观赏评判，这样全面地介绍总会有一方面触动消费者，之后根据消费者询问的方向进行重点介绍，将会大大增加达成交易的概率。

为了适应消费者自尊心的需要，在介绍和展示商品时，要特别注意处理好消费者敏感的商品价格问题。这主要体现在以下两个方面：①把握好对商品价格强调的程度。不同价格的商品能吸引不同支付能力、不同购买心理的消费者。通常价格高的商品给人优质、高档的感觉，能吸引支付能力强、追求高层次消费的消费者；价格低的商品给人经济、实惠的感觉，能吸引支付能力有限、注重商品实际效用的消费者。例如，色彩艳丽、式样新颖、价格较高的山地自行车，多是衣着时髦、风度翩翩的青年消费者问津的对象；而价格较低的自行车，多为穿着朴素的中老年消费者所关注。因此，应向消费者清楚地介绍商品的价格，但不宜过分强调，以免使消费者误认为营业员有嘲笑其贪图便宜或满身“铜臭”之意，致使消费者感到自尊心受到伤害而拒绝购买。②选择适当价格水平的商品向消费者做首先的介绍，以便其轻松自然地提出其他价格要求。一般情况下，可根据商店主营商品的价格水平和消费者的购买心理,由低档向高档或由高档向低档的介绍。例如,对消费层次高的顾客应先介绍中高档商品;对消费层次低的顾客应先介绍中低档商品;主营高档品的商店,可由高档向中档逐层介绍;主营中档品的商店,可先介绍中档,再视顾客反应向低档或高档介绍;主营低档品的商店,可由低档向中档介绍。这样进行介绍展示,能够满足消费者的自尊心或虚荣心,并给消费者更多的选择机会,容易实现购买。

3. 启发消费者的兴趣与联想,刺激购买欲望

消费者通过观看、触摸、询问对目标商品的外观、构造、功能等方面形成了初步印象以后,由此可能会产生购买的欲望,但消费者能否最终实现其购买行为,还要看商品的各种特点对消费者需求的各个组成方面的满足程度如何。因为在很多情况下,消费者多方面的需求所产生的心理冲突会抑制购买欲望的进一步发展。所以,在消费者经过了前面的购买过程,对目标商品已有一定感知的基础上,营业员应开始进行柜台接待的第二步,揣摩消费者的心理活动状态,进一步揭示商品的特点,力求给予消费者多种感官的刺激,以强化其心理感受,启发诱导消费者产生丰富的联想,消除消费者的心理冲突,促使消费者的各种购买动机趋于一致,形成更强烈的购买欲望。

在接待开始时,消费者的心理需要往往是对商品更深层次的了解,诸如了解商品的特点和商品的有关知识,体验商品的使用方法和使用效果,比较相关商品的优劣等。这些心理需要得以满足的程度,将导致不同的情感状态,或是欢喜、默认,或是厌恶、怀疑。营业员要向消费者如实介绍商品的优缺点、制造原料、保管方法、修理方法等商品知识,提供商品使用效果的尝试机会,适时推荐代用性或连带性商品,以满足消费者的求知欲望和择优心理,丰富消费者对商品的联想和感受,消除消极的情感,促进积极的情感,以激发强烈的购买欲望。

4. 强化购买信心,促成购买行为

在消费者产生较强烈的购买欲望后,营业员应帮助消费者确立购买的信心,促成实际的购买行为,这是柜台接待的第四步。

在接待中,营业员有意识地向消费者提供诱发需求的提示,对增强商品的综合吸引力、强化购买信心和促成购买行为具有良好的效果。例如,把该商品在社会流行的状况和商品的畅销程度、其他消费者对商品的评价意见以及营销人员自身试用和观察所获得的资料等信息传递给消费者;或者把商品售后服务的有关项目与方法、商店的经营传统、服务精神与信誉保证等方面的要点反映给消费者;也可以向伴随选购者同来的客人征求意见,特别是根据商品属性及其使用对象,创造条件让有影响力的陪伴者发表见解。

5. 妥善办好成交手续,让消费者心满意足地离柜

对于决定购买的消费者,营业员要准确迅速地协助消费者完成购买,这是柜台接待的最后一步,主要的工作就是对商品的包装与货币的结算。

对商品的包装与货币的结算工作虽然是柜台接待的最后一步,但对购买过程的影响

却是不容忽视的。如果做得不好，会使消费者误认为营业员前面的热情服务都是虚假的，只是为了商品成交，从而对商店服务精神产生怀疑，留下不良的印象。这种不良印象不仅使前面的所有良好感受荡然无存，还会使消费者产生再不来此商店购物的想法。所以这一步更应以温和的态度和高超的技术完成，使消费者自始至终在融洽和谐的交易活动中满足购买的欲望，并影响其购后体验的方向与程度，在消费者对商店和营业员形成良好形象的同时，还会产生下次再来的欲望。

包装和结算工作应具体做到以下三点：①包装前对商品进行严格检查，如有破损或脏污，应让消费者重新选取；②主动征求消费者对商品包装的具体要求，采取适应消费者携带要求、使用习惯、购买目的和某些心理需要的包装方法，如将食品按消费者要求的数量分成几个小包装，将携带时易损坏的商品用绳子或纸盒包扎牢固，将礼品用精美的礼品盒或缎带包装等；③包装时要轻快、小心、不错包、不漏包，做到牢固安全、美观快捷、便于携带。消费者付款时，营销人员可代其完成，要迅速准确、唱收唱付、清楚慎重，交付余款时要先零后整，嘱咐点清放好，并表示感谢光顾与欢迎再来的喜悦之意。

在实际接待工作中，消费者的需要、个性特征和引起心理变化的因素是多种多样的，消费者的购买行为存在很大的差异。因此，营业员不能只按照一两个固定的模式接待这些千差万别的消费者，而应该具体判断某个消费者的性格、气质，充分考虑一般消费者心理反应的普遍规律，并掌握特殊消费者独特的心理状态，采用恰当的接待方法和服务方式。

现在，商店柜台接待服务已由初级的“微笑服务”发展到了高级的“隐形服务”或“无干扰服务”。无干扰服务是在店内提供服务的同时不妨碍顾客购物，针对消费者在浏览购物过程中的心理特点提供的适时、适度的服务，使消费者良好服务的要求能够充分满足，体现了服务质量的更高境界。无干扰服务的优越性体现了现代营销观念“以人为本”的核心内容。随着人们生活和文化水平的提高以及收入的不断增加，消费者更注重精神愉悦、个性实现、感情满足等高层次的需要。无干扰服务基于现代消费者的需求、兴趣、心理作为服务的基本出发点，充分发挥消费者在购买过程中的自主性、主动性，提高购物热情，直接面对商品，摆脱了对销售人员的依赖，大大减少了发生矛盾和冲突的机会，且体现了对消费者的信任感和尊重感，使整个购物过程更人性化、更有人情味，消费者的心理状况是放松的、自由的，最大限度地得到自尊心理的满足。

无干扰服务不仅最大限度地满足消费者，也为商家带来丰厚的利润，但其最大的难度在于没有固定的模式，难以把握，操作起来较难，尤其是很难要求每个门店都拥有高素质的销售服务人员。

三、销售中人际关系冲突的心理分析

在实际购买活动中，消费者与销售人员时常会发生矛盾冲突，这种冲突对双方的身心都会产生不良影响。因此，分析冲突产生原因及解决途径是研究消费者购买行为十分重要的内容。

(一) 冲突产生的原因

1. 消费者要求退换商品时,双方争执导致的冲突

消费者要求退换商品是经常发生的事,现在商家对商品的退换也采取了比较宽松的态度,只要有在商店购物的凭证,商品完好无损,一般商家都予以退换货。但是,还有一些因素制约着商品的退换货制度。例如,退换商品的时间限制问题,对于商品质地保证完好的标准,顾客购买时的商品价格和退换时商品价格不一致等。由于双方认定的标准不同或缺乏统一的认定标准,都是导致矛盾冲突的导火线,特别是当消费者要求商家对自身遭受的人身伤害给予精神赔偿时更是如此。由于牵涉双方实际利益,因此,双方心境变化比较激烈,情绪容易波动,这种冲突的消除相对比较困难。

2. 顾客与销售人员双方情绪的相互影响

顾客或销售人员在购货现场情绪是引起冲突的一个重要因素。情绪是人在认识客观事物时产生的态度体验,具有起伏波动的特点,并经常会形成对抗性的变化,如快乐、失望、喜欢、厌恶等。人的情绪变化自然会影响人的言谈举止。所以,不论是销售人员,还是消费者,双方情绪都处于状态不佳时,就很可能形成矛盾冲突。消费者因情绪不佳而态度偏激、语气粗暴时,如果销售人员不能正确对待,双方就可能发生矛盾冲突;反之,销售人员态度不好,接待顾客不耐烦或故意怠慢,也会引起矛盾和冲突。

3. 销售人员不能正确对待顾客意见所引发的冲突

在购买活动中,常会出现顾客给企业和销售人员提意见的情况。顾客提出的意见形式多样,原因复杂,如有善意的批评意见,自我表现式的反对意见,带有强烈感情色彩的偏见,甚至有恶意的中伤。对于这些意见,如果销售人员不能正确对待,妥善处理,只是消极拖延或针锋相对地反驳,很可能造成矛盾冲突,甚至形成难以收拾的局面。

(二) 冲突的类型

1. 按冲突形成的原因划分

(1) 真正的冲突,即由双方或其中一方过失或无理而形成的冲突。这种冲突可能损失一方或双方的利益,对彼此身心及情绪都影响很大。

(2) 误会性的冲突。这类冲突是指一方误解了另一方的意思或行为而形成的冲突。所以,一旦误会消除,由冲突引起的不愉快也会消失,双方还可能产生比较融洽的关系。所谓“不打不相识”就是这个道理。

2. 按冲突发展的形式划分

(1) 渐进式的冲突,是指冲突的形成是由小到大逐渐发展起来的,过程比较缓慢,甚至曲折。

(2) 猛烈爆发的冲突,是指冲突的形成往往是先在一方经过一段的潜伏期后,猛烈爆发,破坏力较大。

（三）避免或消除冲突的方法

冲突是商品销售活动中十分消极的影响因素。它不仅会影响购买行为的完成，而且还对冲突双方当事人的心理、情绪产生长久不良影响，同时，也会影响企业的服务信誉。为此，必须从多方采取措施，尽量避免或消除购买行为中的矛盾冲突，使交易过程在融洽的气氛中顺利完成。避免或消除冲突的方法有多种，以下五点可供参考。

1. 树立“顾客至上”的营销理念

“顾客至上”的理念早已得到企业界的广泛认同，但真正把这一理念根植于企业的服务实践中却并非易事。企业应当教育员工树立“顾客第一”的思想，能够真正站在顾客的立场思考问题，急他们之所急，想他们之所想，坚持奉顾客为“上帝”。如沃尔玛超市的经营哲学为“原则一，顾客永远是对的；原则二，如果顾客错了，请参考第一条”，充分体现了顾客至上的经营理念。

2. 提高销售人员的自我修养，增强自控能力

修养是个人是不可缺少的。良好的思想道德修养可以使销售人员热爱本职工作，树立端正的服务态度，并在服务过程中保持思想道德水准的体现，自制力是个人控制和支配自己行为的能力。对于销售人员来讲，这两者都高度热情。而自制力的提高则使销售人员在面对各类顾客时都能够从容应对，处变不惊，并善于缓和紧张的局势，调节顾客的不良情绪，掌握销售服务的主动权。

3. 赢得信任与争取主动

销售人员在解答顾客的反对意见时要争取主动，不能只是被动地做出解释，而应尽可能变被动为主动，善于引导和控制局面。如果销售人员能够与顾客相处融洽，赢得顾客的信任，效果是最好的。

4. 正确处理消费者的不同意见或反对意见

销售人员学会妥善处理消费者的不同意见或反对意见，将有助于消除购买冲突，缓和购买气氛，促进交易实现。这就需要销售人员掌握持反对意见消费者的心理特点，学会分辨顾客反对意见的性质。有些反对意见是顾客因关心商品而发出的疑问，有些则是顾客不买商品的一种借口，还有的是顾客对商品性能误解而形成的偏见，在有些情况下，还可能是顾客表现自我的一种方式。销售人员在回答顾客的反对意见前，要仔细地分析顾客是在什么情况下、处于什么心理状态时提出的意见。找到意见产生的根源，对症下药，问题就比较容易解决。

5. 要把握反驳消费者不同意见的时机

顾客提不同意见，销售人员不能怕得罪顾客而一味迎合，选择适当的时机，找恰当的词汇予以解释说明是十分必要的。有些反对意见必须马上回答，有些则不需要回答，还有的以延缓回答为宜。处理反对意见也要考虑量力而行，对于不清楚或不知道的问题不勉强回答，否则弄巧成拙，反倒失去了顾客的信任。

一、复习思考题

1. 解释服务的各项特征的含义。

2. 售前服务的主要内容哪些?

3. 一个成功的营业人员应具备哪些素质?

4. 销售中人际关系冲突的类型有哪些?应如何解决?

二、材料阅读

店员接待技巧——心理篇

材料1

一位穿西装打领带的年轻人走入店内,在店内柜台前边走边看,一会儿停下来看看柜台内的药品,一会儿又抬头,好像在考虑什么。店员走近他身边打招呼:“您好,请问您需要点什么?”那位顾客也不搭话,快步离开了这个柜台。

走了没几步,他又停在保健品柜台前,开始翻看那些促销宣传品。店员见状,又走过来招呼:“是要买保健品吗?”话没有说完,顾客扔下一句“随便看看”就快步走了,店员被甩在那里,嘴里嘟囔着:“又是一个只看不买的主儿。”

【失误之处】

过于急迫,没有仔细观察和思考。

【案例分析】

以上这种场景我们经常在门店里见到,很多店员最终也没想明白顾客流失的原因。如果顾客走进店内,店员急躁地上前询问,很容易导致前述的后果。在第一次与顾客打完招呼后就应该观察顾客的反应。

很显然,以上这个例子中的顾客是个沉默型的顾客或是个有主见的顾客,甚至可能是自己的竞争对手过来探听价格,面对这样的顾客,最好的办法是在打完招呼后观察一下,一是让顾客在轻松自由的氛围下随意浏览,另外也给自己一些时间进行观察思考,借以了解顾客的真实目的,然后再进行相应的处理。只有在顾客对某个药品表露兴趣或中意的神情时再进行接触,并适当地提供适宜的讲解和咨询服务,促进交易的达成。

【建议】

(1) 与顾客打完招呼后观察顾客的反应,发掘顾客的目的性。同时应该注意与顾客之间的距离,避免过近接触造成顾客心理的警惕感,过度的热心易让顾客误认为店员功利心太重。

(2) 顾客走进店内,表示他有购买的欲望或对某种药品感兴趣,至少有购买的潜在可能。虽然他这次空手而去,但这份心意是抹杀不得的。良好得体的服务将是吸引他下次进店购买的保障。所以,上述例子中建议店员应该愉快地送顾客出门,并说“谢谢您的光临”等,而不是在背后论人长短。

材料 2

一位顾客正在挑选一种补钙产品，店员介绍说："这种产品效果好，价格也比同类其他产品便宜，比较实惠。"

顾客回答说："我以前吃过这种药，效果是不错的，我听说你们最近在做活动，买两盒送一小盒赠品。"

店员扭头大声问柜台内的同事："现在某某产品还有没有赠品送，这里有个想要赠品的顾客。"

店员这一叫，店内所有的顾客都把眼光投向了这位顾客，她不好意思地低下了头，还不等店员答复就离开了药店。

【失误之处】

忽视细节，没有替顾客着想。

【案例分析】

很多顾客在购买中会受很多的原因影响最终的决定，而这许多的原因中有很多是顾客不愿让别人知道的，以上例子中的顾客可能就是冲着赠品来的，但由于"面子"问题，不愿让其他人知道，该店员一句"无心之言"将顾客的本意"公之于众"，结果可想而知。像这样的例子还有很多，例如购买安全套的顾客、购买治疗性病产品的顾客等都会有一定的心理因素，而这些因素又往往会影响顾客的购买。

从另一个方面看，这也是药店服务人员的职业道德所要求的，所以店员必须注意这些，要时时为顾客着想。

【建议】

以已推人，时时将自己放在顾客的位置上，处处为顾客考虑。只有充分考虑顾客所思所想，巧妙地满足顾客要求，虽然顾客没有口头表示，但在心里已经对你感激万分。

三、实训操练：深入了解消费者购买心理

1. 实训目标

通过本实训力求获得以下收获：体验销售服务所包括的各项内容；掌握销售人员与消费者关系的维护；正确处理顾客冲突。

2. 实训背景

你是一家百货商场的营业员，该商场对员工要求严格，并提出通过顾客的一言一行判断顾客意图，以顾客最满意的方式满足其要求。

3. 实训内容

分别扮演顾客、营业员和店长。模拟从顾客进入视觉范围后就开始观察其可能购买意图、介绍产品、购买交易、售后服务以及对售后不满或冲突的处理过程。

4. 实训要求

（1）本实训可选择在模拟的办公室或教室进行，最好配备模拟柜台和具体销售产品。

(2) 实训过程中3～5人一组,其中1人扮演营业员,1人扮演店长对营业员进行监督或处理冲突,另外1～3人扮演顾客。

在模拟过程中,顾客要灵活进入角色,并试图扮演各种类型的顾客,例如闲暇游逛者、直奔目标者等。

5. 实训总结

学生自我总结	
教师评价	

第十三章　营业环境与消费者心理

小张的爱好

小张是典型的逛街一族。她喜欢逛商场，每逢周末，只要没有其他的事情，逛街总是她的首选。她最喜欢去的商场是太平洋百货，因为她喜欢那里的风格，名牌林立，淡雅的色彩，背景舒缓的轻音乐，空气中弥漫沁人心脾的香味，售货员化了妆的青春面容，还有许多从身边走过，打扮时尚的女孩子，从她们身上，她可以知道今年流行什么样子的鞋子，什么样的长裤，还有裙子的长短、款式，这为她如何装扮自己提供了很好的参考。她不会每次都买东西，但即使闲逛，她也喜欢待在那里，因为她觉得置身那样的环境里，就是一种享受，无论她有多疲惫，或是心情有多糟，只要一跨进商场的大门，她就会立刻精神焕发，力量倍增。连她自己也不知道这股神奇的力量从何而来。在越来越多的都市女性把逛商场作为休闲、享受的一种方式的时候，一个好的营业环境会给消费者留下美好的印象，吸引消费者流连忘返，引起消费者的购买欲望，进而影响其购买行为。因此，研究营业环境场所的内外环境对消费者心理的影响，是消费心理学所要研究的一个重要的问题。

资料来源：https://wenku.baidu.com/view/03cead3acdbff121dd36a32d7375a417866fc1d7.html，2018-11-10.

在现代商业经营活动中，商店外部的门面装饰、招牌设计、橱窗布置等，商店内部的商品陈列、灯光照明、色彩运用，甚至从业人员的技能等，都是消费者对商店产生第一印象的重要客观条件。这些事物给予消费者不同的印象，会引起他们对经营者的不同情绪感受并由此激起购买心理的变化，影响购买决策的确定与执行。所以根据消费者心理实施营销技巧布置出一个环境优美，气氛良好的购物场所以诱发消费者的购买情绪是十分重要的。

外部环境与消费者心理

案例 13-1

同仁堂的市政广告

"同仁堂"总店位于北京前门大栅栏里面，他们在胡同东口竖立一座金光闪闪的铜牌楼，上面写有斗大的"同仁堂药店"五个字。人们一看到牌楼上的字，便知道鼎鼎有名的"同仁堂"在胡同里面，吸引了很多顾客。旧时的北京，市政落后，没有电灯照明，晚上一片漆黑。"同仁堂"别出心裁，巧妙地利用中华民族挂红灯笼的传统习俗，在北京的一些主要街头巷口挂起红灯笼，五只一排，每只上书一个金色的大字，合起来就是"同仁堂药店"，使店铺的名号深深印入人们的脑海。这种别致、典雅的宣传手法，成为北京最早的市政广告。

资料来源：https://wenku.baidu.com/view/351e9bc9a0116c175e0e480d.html，2018-11-10.

思考：

(1)"同仁堂"是如何营造自己良好的外部经营环境的？

(2) 为什么"同仁堂"的新招牌使店铺的名号深深印入人们的脑海？

商店外部环境，包括地址、招牌、门面、橱窗、霓虹灯和周围环境等。商店外部环境是消费者购物之前首先要接触的内容，直接关系消费者对商店第一印象的好坏。

一、购物环境与消费者心理

(一) 购物环境选址与消费者心理

店址选择，就是对商店建筑应处的地理位置的选择。商店所处的地理位置相当重要，地理位置的好坏，不但直接影响消费者购物活动的正常进行，而且也直接影响商店的经营效果和经济效益。所以，在建筑商店以前，要充分考虑店址的选择和建筑风格的选取问题。

1．店址选择的意义

店址的选择是关系商店的经营活动和消费者的购买活动能否正常进行的重要问题，因此，选择好商店建筑的地理位置具有相当重要的意义。

(1) 有利于充分发挥商店的服务功能。商店是直接为消费者服务的商品销售机构，从某种意义上讲，商店能否很好地为消费者服务，能否充分发挥商店的各项服务功能，与店址选择有很大的关系。

(2) 方便消费者购买并满足消费者的需要。消费者一般都有就近购买商品的习惯，特别是日常生活必需品，更希望在附近就能买到。如果商店地址距离消费者的住址较远，而且又比较偏僻，会给消费者购买商品带来很多不便。

(3) 有利于商店在平等条件下竞争。为了能在平等条件下参与市场竞争，商店就必须选择有利于自己发展壮大的建筑地址。

(4) 有利于经济效益的提高。店址地理位置好的地段，一般都是居住人口稠密和流动人口多的热闹繁华区。

2．店址选择应遵循的原则

(1) 客流量多。店址应选择在客流量多的车站、码头、停车场、宾馆、旅店附近，这些地方的流动人口多，购买力强，商品销售量大，是建商店不可多得的“黄金码头”。

(2) 人口密度大。人口密度大的地方一般是居民住宅区、繁华街道和工厂、机关、学校附近等。在这些人口相对集中的区域建商店，可以方便群众购买，也可以给商店带来可观的经济效益。

(3) 交通便利。如果商店交通不方便，不仅直接影响消费者的购买活动，也影响商店的商品运输。因此，店址应选择在交通方便的街道两旁。

(4) 竞争对手少。一个地方的竞争对手少，有利于自身的生存和发展。有些地方经营同类商品的人还很少，且市场前景又相当好，需求量较大。

（二）购物环境建筑特色与消费者心理

大型购物中心、综合商场，首先建筑设计要有特色、独具风格，才能吸引消费者；其次，内部大厅明亮宽敞，大气、个性。这样的营业环境既是消费者的购物天堂，也是人们休闲的好地方，还是游览参观的标志性建筑。

小型零售场所，也要尽量装饰得别出心裁、风格独特。比如世界各地经常见到“大桶”可口可乐，实际上是外形设计得像可口可乐那样的小型售货亭；法国巴黎一家水果店，整体外形是一个剥开的巨大橘子，开口是商店的门，十分诱人；广州市有一家售货亭，外形像一个牛奶瓶；国外有家儿童用品商店，外观像一个火车站，店内相应设计为一节节的车厢，新奇、独特，深受小朋友的青睐。

商店的建筑设计即外观造型和建筑布局要引起消费者积极的情感,给消费者以美的享受。现代化商场不仅是消费者购物的场所,而且是社交、休闲的去处,同时也是进行商业宣传活动的地方。因此,在建筑的布局上,要注意迎合人们的这种需要。如香港的"新世界中心""太空城"等商场,在建筑的布局上都采用环形设计,店铺和橱窗都围绕中央的活动中心,活动中心有时装表演台、溜冰场、茶座、酒吧等。这种现代化的商场设计理念,极大地满足了消费者多种需求、多层次需要,吸引了大量的消费者。

(三) 购物环境周围与消费者心理

周边营业环境主要影响消费者对营业环境的辨认,还可能影响消费者购物的方便程度,比如营业环境周围的商业气氛、交通状况以及营业环境离消费者之间的地理距离等因素都会对消费者构成影响。

1. 交通条件

交通条件无疑是影响营业环境最重要的周围环境因素。交通条件越方便,消费者购买商品的困难越少;交通条件越差,消费者购买商品的难度越大。目前,大部分经营单位已为购买大件商品的顾客提供免费送货上门的服务,这是提高服务质量的一种方式。一般来说,经营单位要为所有顾客解决商品运输的问题是较为困难的。少数消费者拥有自己的交通工具,他们只需要营业单位提供交通工具存放的场地即可。不过这在商业密集的大城市及黄金地带确实是一个令人头痛的问题,要找一个停车位显得异常困难。因而便利的交通条件及为消费者提供充足的停车位能够对消费者的心理产生积极的影响。

2. 周围建筑物

商店周围的建筑物与商店外观的关系应该是既相互协调、相互照应,又各具特色、各具风格。消费者在去商店,特别是去一个新的商店购物时,首先就是靠对建筑物的辨别来认识商店的。如果商店周围所有的建筑物都是以相同的面孔出现在消费者的面前,就会给消费者辨认商店带来较大的困难,并使消费者产生厌恶、反感心理,影响对产品的购买。

3. 周围自然景观

大、中型商店内都比较嘈杂,加上人流量大,空气也不新鲜,很容易使人产生烦躁不安的心理反应,进而影响到购买情绪。如果商店周围有比较优美的自然风景,比如商店门前有旷地,种上一些名花、名草,再配以假山、喷水池和休息场地,让消费在购买之余来这里观赏、憩息,调节情绪,定会产生心旷神怡的心理感受。同时,还会引来更多的人前来观光游玩,并可能在游玩之余进商店逛一逛,甚至买点产品,这无疑会给商店带来生意兴隆的繁荣景象。

4. 商圈的规模效应

当消费者在一处营业环境购买商品或消费时,他们可能同时会在附近的营业场所游览、观光或消费,并可能产生购买行为,这样的购买行为就属于营业环境中的规模效应(也叫"马太效应")。比如去北京王府井大街,就可能要去北京百货大楼、新东安商场,也要去工艺美术大楼、中国照相馆等地方，还可能顺便逛一逛内联升、瑞蚨祥等老字号。

二、招牌设计与消费者心理

招牌是商店的名称，用来识别商店、招揽生意。在繁华的商业区或是一般的购物区，消费者往往首先浏览的是商店招牌，寻找实现自己购买目标或值得逛游的商店。一块设计出色的招牌，往往能激发消费者美好的联想和想象。所以，具有高度概括力与强烈吸引力的商店招牌，对消费者在购买活动中的视觉刺激和心理活动的影响是十分明显的。

（一）招牌的心理作用

1. 引导与方便消费者

商店招牌一般都简单标明行业属性、经营范围或服务项目等内容，消费者可一目了然，起引导和方便消费者购买活动的作用。

2. 引起消费者的注意与兴趣

一些新颖独特、别开生面、富有形象性和艺术性的招牌能迅速抓住消费者的视觉，引起消费者的注意，诱发消费者浓厚的兴趣与丰富的想象，给消费者以美的享受。

3. 反映经营特色与服务传统

每个商店都有自己的特色，有的经营名优特产品，有的经营特价产品，有的兼设批发业务，有的专门经营各种生产材料等。经营特点要通过招牌中反映出来。有的商店具有悠久的经营历史或浓郁的民族风格，其经营方法和服务方式都带有一定的传统色彩和民族特色，这些商店的招牌一般也采用传统的、典雅的字号，再加以名家题写的匾额，更显得雍容华贵、朴实庄重，使消费者看后或听后就能产生一种敬慕之情和信任之感。

4. 加强记忆与易于传播

有的招牌，设计精练独特，念之顺口，听之入耳，易读易记，加之招牌又与商店的服务质量和经营特点相符合，往往能在消费者脑海中留下深刻印象，并能在消费者中间广为传播，起着商业广告的作用。许多消费者之所以对有的招牌念念不忘，就是因为这些招牌设计得法，加上商店服务质量高，经营有特色，才赢得了消费者的信赖和喜爱。

（二）招牌的材料选择与文字设计

1. 材料选择

如今的店面外装饰材料已不限于木质和水泥，而是采用薄片大理石、花岗岩、不锈钢板、薄型涂色铝合金板等。石材门面显得厚实、稳重、高贵、庄严；金属材料门面显得明亮、轻快，富有时代感。随着季节的变化，还可以在门面上安置各种类型的遮阳篙架，这会使门面清新、活泼，并具有沟通商店内外联系的功能，无形中扩展了商业面积。

2. 设计手法

商店招牌在导入功能中具有不可缺少的作用与价值，它应在最引人注目的地方，采用各种装饰方法使其突出。如用霓虹灯、射灯、彩灯、反光灯、灯箱等加强效果，或用彩带、旗帜、鲜花等衬托。总之，格调高雅、清新，手法奇特往往是成功的关键之一。

3. 文字设计

商店招牌文字设计日益为经商者所重视,一些以标语口号、隶属关系和数字组合而成的艺术化、立体化和广告化的商店招牌不断涌现。商店招牌文字设计应注意以下四点。

(1) 店名的字形、大小、凸凹、色彩、位置上的考虑应有助于门的正常使用。

(2) 文字内容必须与本店所销售的商品相吻合。

(3) 文字精简,内容立意要深,又要顺口,易认易记,使消费者一目了然。

(4) 美术字和书写字要注意大众化,中文和外文美术字的变形不要太花或太乱,书写不要太潦草,否则不易辨认,也会在制作上造成麻烦。

(三) 招牌命名的方法

命名是招牌的首要问题。好的招牌命名要便于消费者识别和记忆,同时满足消费者好奇、方便、信赖、喜庆吉祥、慕名等心理需要,以便吸引众多的消费者。具体有以下六种做法。

(1) 以商店主营商品命名,满足消费者求方便的心理。这种命名方式,通常能从招牌上直接反映商店经营商品的类别,如“南大门副食店”“廖记棒棒鸡”“内联升鞋店”等。

(2) 以商店经营特点命名,使消费者产生信赖感。以商店经营特点命名,能反映商店的良好信誉和优质服务。例如,“真相照相馆”令人想到满意的照片,“精益眼镜行”让人觉得其服务和质量精益求精,“精时钟表店”使人联想到钟表的精确性。

(3) 以象征高贵事物的词语命名,满足消费者求名、求阔心理。追求高级、华贵、高雅是某些消费者特有的心理倾向,我们把它称为求奢侈心理。随着经济发展、人民生活水平的提高,现代消费者开始不断地追求名牌商品,如专营珠宝首饰的“戴梦得”在华贵中透着高雅。此外,在这种心理的支配下,一些消费者对取了外文名字的商品情有独钟。

(4) 以寓意美好的词语和事物命名,迎合消费者的喜庆吉祥心理。追求喜庆吉祥是我国各民族长期以来形成的一种重要的心理需求。

(5) 以历史名人或民间传说相联系的名称命名,通常能反映经营者的经营历史、文化厚重、服务经验和丰富学识,使消费者产生浓厚的兴趣和敬重心理。如“会仙楼”“杜康醉”“东坡酱肘店”等。

(6) 以新颖、奇特的表现方式命名,引起消费者的好奇心理。感情动机是重要的购买动机,好奇心引起兴趣、渴望、快乐、喜欢、满足等情感,最易诱发消费者购买商品的消费行为。浙江宁波有一家汤圆店,招牌上画着一口水缸、一只白鸭、一只小黄狗,这个招牌引来许多好奇的顾客。这个招牌使该店顾客盈门、生意兴隆。

三、门面装饰与消费者心理

门面装饰已越来越受到经营者的重视和消费者的注意。门面装饰除了以上所讲的商店招牌外,还包括对联、店门和颜色。

（一）对联

在我国，商店张贴或悬挂对联已有悠久的历史。利用对联做门面装饰，不仅能引起消费者的浓厚兴趣而驻足观赏，而且还能提高商店的名气和声誉。

1. 能帮助消费者认识商店

有不少商业对联都是根据本店的经营特色来写的，消费者在驻足欣赏的过程中，便可知道该店的经营范围和基本宗旨。例如，“客上天然居，居然天上客”，“天然居”是北京海淀区的一个餐馆。消费者一看对联便可知道该店的经营范围和经营宗旨。

2. 能博得消费者的好感

情真意切的商业对联能给人一种亲切感。例如，“但愿世间人无病，哪怕架上药生尘”（药店），卖药人不是为赚钱而卖药，而是为了人们身体健康而卖药。像这样的对联，不仅能博得消费者的好感，而且还能达到招徕顾客的目的。

3. 能给消费者以美感

对联是中华民族文化的精华，被誉为“诗中诗”。如“美味招来云外客，清香引出洞中仙”（餐馆）、“茶香高山云雾质，水甜幽泉霜雪魂”（茶馆）。这些对联的构思精巧，意境深远，音韵和谐，文字巧美瑰丽，读之心旷神怡，令人赏心悦目，给人以美的享受。

（二）店门

店门是商店的面孔，也是构成商店形象的重要组成部分。店门的设计风格如何，对消费者第一印象的影响很大。由于消费者对商店具有很强的选择性，而选择商店的一个重要因素就是店门的美观程度。如果店门的设计别具一格，就可以吸引消费者进店，哪怕是不购买产品，也要进店来欣赏一番。店门设计应注意以下两个方面。

1. 设计风格

店门的设计风格不同，给消费者的心理感受也不同。例如，新颖独特风格的店门会给消费者一种与众不同的心理感受，简洁明快风格的店门会给消费者一种现代气息的心理感受，古老庄重风格的店门会给消费者一种古朴典雅的心理感受，民族特色风格的店门会给消费者一种地方情调的心理感受。因此，商店应根据自己的经营特色或产品特点等因素设计店门。

2. 店门开放度

店门的开放度与商店的经营品种直接相关，经营品种不同，店门的开放度也有所不同。例如，经营珠宝玉器、金银首饰、名人字画、古董以及精制工艺品之类产品的商店，适合采用封闭型店门，这样，既可以保护这些贵重产品不受店外空气尘埃的污染，又可满足消费者的安全心理需要。

（三）颜色

门是消费者进入商店的必经之路，整个门面装饰配以什么色调，直接影响消费者的心理感受，进而影响消费者是否进店的抉择。因此，商店门面装饰颜色的配置应与商店建筑风格相一致，与周围环境相协调，与消费者心理要求相符合，与经营特色相匹配，冷暖色对比搭配要和谐。

总之,装饰颜色要以温和为主基调,既不能太艳丽,更不能太暗淡,应给人一种舒服、恬静、柔和的感觉。

四、橱窗的布置与消费者心理

商店橱窗是以产品为主体,通过布景、道具和装饰画的背景衬托,再配以灯光、色彩和文字说明,进行产品介绍和商品宣传的一种综合艺术形式。

橱窗的种类很多,就其内容来讲,有综合陈列橱窗、系列陈列橱窗、专项陈列橱窗;就其结构来讲,有立式与横式之分,横式又有单式和连式之别,连式多为大型橱窗,立式和单式多为小型橱窗。

商品橱窗对于消费者行为也具有重要影响作用,它可以激发购买兴趣、促进购买欲望、增加购买信心。因此企业必须根据所经营商品的特性和消费者行为的规律,精心设计布置商品橱窗,以期收到最佳效益。成功的橱窗宣传,应该力争做到以下七点。

1. 突出商品,提供信息

在商品橱窗里,消费者最关心的视觉对象是商品。大多数消费者观看橱窗的目的,往往就是为了观赏、了解和评价橱窗的陈列商品,为选购商品收集有关资料,以便做出购买决策。因此,设计商品橱窗首先要充分显示商品、突出商品。

2. 掌握行情,优先快货

商店要密切注视市场需求的变化,经常更换陈列商品。越是引人注目、便利购买的陈列位置,越要摆放畅销商品,新潮商品要有优先占用权,而不宜让滞销品和残次品充斥橱窗。

3. 巧妙构思,整体设计

如果在橱窗中搞商品堆砌,会使消费者产生拥塞和杂乱无章的感觉,因此要适应消费者的审美趋势,运用多种艺术处理手段,生动巧妙地布置橱窗。具有强烈艺术感染力的商品橱窗不仅可以装点市容、美化商店,而且可以使消费者从中得到美的享受。

4. 色彩协调,格调相宜

橱窗的艺术形象,主要是通过构图与色彩表现陈列内容与主题。一般根据商品本身色彩和季节的变化以及题材的要求,合理灵活地运用色彩,处理好色彩之间的对比关系、调和关系和冷暖色调的变化,给消费者以深刻的印象和悦目的感受。橱窗构图要求均衡和谐、层次鲜明、排列新颖、疏密有致、虚实相兼、有主有从。

5. 光线适宜,位置恰当

橱窗的灯光照明要有足够的亮度,光线要柔和而不刺目,聚光灯要照射橱窗的主要部位和重点商品,彩色灯要注意与商品、背景的颜色协调。商品摆放位置一般与消费者视平线高低相当为宜,过度俯视或仰视都会使消费者观看时感到不舒服、不方便。

6. 适时应季，渲染节日

橱窗陈列随季节更替而变换，不仅有助于刺激消费者购买季节性商品的欲望，而且表明商店本身顺应时尚、反应灵敏。在各种节日前夕和期间，要在橱窗中突出节日特征，渲染喜庆气氛，创造意境，激发情感，以掀起节日购买商品的高潮。

7. 示范用途，方便选购

市场上的很多商品是由于顾客不了解其性质和如何使用而阻碍了销售，因此橱窗宣传要告知消费者有关知识，要展现使用状态，并通过生动具体的图文说明，解释商品用途和使用效果，使消费者不仅能清晰地观察到商品的外观，同时还能了解商品的性能、用途、使用方法、保管方法等，便于进行评价、比较和选择。

五、霓虹灯和广告牌与消费者心理

商店外部的霓虹灯和广告牌，虽然是一种广告媒体，但是作为商店门面的设置，如同橱窗一样，也成了商店外观的组成部分。与橱窗不同的是，霓虹灯不是专门宣传某种产品的，而是弥补商店招牌显示的某些不足，或表达商店的服务精神，或介绍商店的经营范围和经营项目。霓虹灯不仅有装饰门面的作用，而且还能产生一定的招徕力。商店门口的广告牌多数是宣传最新上市的新产品或流行产品的，其主要作用是能造成一种活跃气氛，吸引消费者注意，鼓励消费者购买。

霓虹灯或广告牌的设计必须与商店建筑结构相互和谐、浑然一体。霓虹灯一般都以艳丽的色彩、活动变化的字体或图案来吸引消费者的注意。霓虹灯和广告牌的设计要突出科学性和艺术美感，要以能引起消费者足够的注意为设计目的，以真正取得既宣传产品，又引导消费的效果。

内部环境与消费者心理

案例 13-2

超市卖场的 5 个磁石点

第一磁石点位于卖场中主通道的两侧，是顾客必经之地，也是商品销售最好的地方。此处配置的商品主要是：主力商品，购买频率高的商品和采购力强的商品。这类商品大多是消费者随时需要，又时常要购买的。例如，蔬菜、肉类、日用品（牛奶、面包、豆制品等）放在第一磁石点内，可以增加销售量。

第二磁石点在第一磁石点的基础上摆放，主要放置流行商品，色泽鲜艳、引人注目的商品和季节性强的商品。第二磁石点需要超乎一般的照明度和陈列装饰，以最显眼的方式突出表现，让顾客一眼就能辨别其与众不同的特点。同时，第二磁石点上的商品应根据需要隔一段时间便进行调整,保持其基本特征。

第三磁石点指的是超市中央陈列货架两头的端架位置,端架是卖场中顾客接触频率最高的地方,其中一头的端架又对着入口,因此配置在第三磁石点的商品,就是要刺激顾客,一般为高利润商品、季节性商品和厂家促销商品。

第四磁石点通常指的是卖场中副通道的两侧,是充实卖场各个有效空间的摆设商品的地点,这是个让顾客在长长的陈列线中引起注意的位置,因此在商品的配置上必须以单项商品规划,即以商品的单个类别放置,为了使这些单项商品能引起顾客的注意,应在商品的陈列方法和促销方法上对顾客作刻意表达诉求,主要有:热门商品、有意大量陈列的商品和广告宣传的商品等。

第五磁石点位于收银处前的中间卖场,是各门店按总部安排,根据各种节日组织大型展销、特卖活动的非固定卖场,其目的在于通过采取单独一处多品种大量陈列方式,造成一定程度的顾客集中,从而烘托门店气氛,同时展销主题的不断变化,也给消费者带来新鲜感,从而达到促进销售的目的。

资料来源:https://wenku.baidu.com/view/43d6916d7e21af45b307a892? pu=,2018-11-15.

思考:

(1) 超市磁石点应用了内部环境布置的什么方法?

(2) 为什么商品位置摆放如此重要?

商店内部环境的内容包括环境美化、商品陈列、灯光照明、色彩调配、音响设施、空气调节和便利设施等方面。商店内部环境的好坏,不仅会影响消费者的购买情绪和购买行为,而且还会影响服务员的工作效率和服务质量。因此,搞好商店内部环境美化工作的意义重大。

一、环境美化与消费者心理

店内环境美化的方式和风格应各具特色,以满足不同消费者的审美需要。现代商店已越来越重视店内环境的美化问题。有的商店已将绿化引入店内,并人工创造富有自然气息的田园风光,如在店内放置常青树大盆景,或在店堂中央开辟小型喷水池,或安放大型鱼缸,或在各个角落甚至柜台上安置花盆、小盆景等,使商店犹如一座小公园。有的商店对墙壁、地板、天花板、柱子、货架等进行各式各样的装饰,如壁画、装饰画、广告画、木刻、雕塑等,使商店犹如一座艺术殿堂。

店内环境的美化具有相当重要的心理意义,一方面可以满足和迎合消费者越来越喜欢的清雅、恬静、舒适的心理要求,使消费者能积极而愉快地接受各种产品的刺激,并始终保持兴致勃勃的心理状态,从而促进购买行为的发生;另一方面,可使服务员心情舒畅、精神饱满、情绪高昂,从而提高工作效率和服务质量,更好地为消费者服务。

二、柜台设置和商品陈列与消费者心理

柜台与货架是陈列商品的载体，柜台与货架的设置方式直接影响消费者的购买心理。

（一）柜台设置

1. 按照售货方式不同，选择开放式和封闭式的货架陈列

(1) 开放式柜台采取由消费者直接挑选商品的方式，消费者可以根据自己的需要和意愿，任意从货架上拿取、选择和比较商品，从而最大限度地缩短与商品的距离，增强亲身体验和感受，可以获得较大的行为自由度，产生自主感和成就感，可以减轻心理压力和其他因素的干扰，在自由接触商品中形成轻松愉悦的情绪感受，还可以使消费者感受到商店对自己的尊重和信任。这些都会进一步激发消费者的购买欲望，促成购买行为，书店、花店、家具商店、超级市场、专卖店等大多采用开放式柜台。现在，一些大商场也在采用开放式货架陈列，如服装区、儿童玩具区等。

(2) 封闭式柜台是依靠售货员向消费者递拿、出售商品的设置形式，这种形式增加了消费者与商品联系的中间环节，扩大了距离感，降低了个人的行为自主性，同时增加了与售货员产生摩擦的可能性，对消费者心理的负面影响较多。但在诸如珠宝首饰、钟表、化妆品、电器、副食等不宜或无法直接挑选的商品销售中，封闭式柜台仍不失为较为妥当的柜台形式。

2. 按照排列方式不同，可以采用岛屿式和直线式两种方式

(1) 直线式柜台是将若干个柜台呈直线排列，这种方式便于消费者通行，视野较开阔和深远，但不利于迅速寻找和发现目标，一般常用于小型商店的柜台设置。

(2) 岛屿式柜台是将一组柜台呈环状排列，形成一个“售货岛屿”，这种排列方式可以增加柜台的总长度，扩大商品陈列面积，还可以按经营大类划分和集中陈列商品，以便于消费者迅速查找和发现所要购买的商品，这种方式还有利于营业现场的装饰和美化，通常为大型商场采用。

3. 按照经营商品的特点及消费者的购买特点，可以选择不同的设置区位

在柜台的摆放地点或区位设计中，应以经营商品的性质及消费者的需求和购买特点作为主要依据，对于人们日常生活必需品，价格较低、供求弹性小、交易次数多、无售后服务的便利商品，如香烟、糖果、电池、饮料等柜台，应摆放在出入口附近，以满足消费者求方便、求快捷的心理；对于一些价格较高、供求弹性较大、交易次数少、挑选性强、使用期较长的选购商品，如时装、家具等，应相对集中摆放在宽敞明亮的位置，以便让消费者观看、接近、触摸商品，从而满足消费者的选择心理；对于一些高档、稀有、名贵、价格昂贵的特殊商品，如彩电、照相机、工艺品、珠宝首饰、古董等柜台，可以摆放在距出入口和便利品柜台较远、环境优雅的地方，以满足消费者求名、自尊、私密等特殊需求。

(二) 商品陈列

商品陈列是指柜台及货架上商品摆放的位置、搭配及整体表现形式,根据国外的成功经验,通过顾客购买行为调查,按照需求取向灵活配置商品布局比例,是目前最有效的办法。

不同的零售业态因为其经营特点、出售商品和服务对象的不同,在商品陈列上也表现出不同的形式,总体来说,商品的陈列可采用以下方法。

1. 醒目陈列法

商品摆放应力求醒目突出,以便迅速引起消费者的注意。

(1) 陈列高度。商品摆放位置的高低会直接影响消费者的视觉范围及程度,研究表明,正常人眼睛的视场与距离成正比;而视觉清晰度与距离成反比。通常,消费者在店内无意注意的展望高度是0.7~1.7米,同视线轴大约30°的商品最容易为人们清晰感知,在1米的距离内,视场的平均宽度为1.64米;在2米的距离内,视场的平均宽度达3.3米;在5米的距离内,视场的平均宽度达8.2米;到8米的距离内,视场的平均宽度就扩大到16.4米。商品摆放高度要根据商品的大小和消费者的视线、视角来综合考虑,一般来说,摆放高度应以1~1.7米为宜,与消费者的距离为2~5米,视场宽度应保持在3.3~8.2米。

(2) 商品的量感。量感是指陈列商品的数量要充足,给消费者以丰满、丰富的印象,量感可以使消费者产生有充分挑选余地的心理感受,进而激发购买欲望。据一项市场调查显示,有明确购买目标的顾客只占总顾客的25%,而75%的消费者属于随机购买和冲动型购买。因此,如何增强商品的存在感,使店内商品最大限度地变得让顾客目之可及,伸手可得,进而吸引顾客更长时间停留,最终实现冲动购买,便成为一个关键性问题。

(3) 突出商品特点。商品的功能和特点是消费者关注并产生兴趣的集中点,将商品独有的优良性能、质量、款式、造型、包装等在陈列中突出,可以有效地刺激消费者的购买欲望。例如,把气味芬芳的商品摆放在最能引起消费者嗅觉感受的位置,把款式新颖的商品摆放在最能吸引消费者视线的位置,把名牌和流行性商品摆放在显要位置,都可以起到促进消费者购买的心理效应。

2. 重点陈列法

现代商店经营商品种类繁多,少则几千种,多则几十万种,要使全部商品都引人注目是非常困难的。为此,可以选择为消费者大量需要的商品作为陈列重点,同时附带陈列一些次要的、周转缓慢的商品,使消费者在先对重点商品产生注意后,附带关注大批次要商品。对于重点陈列,业内有一种商品布局中的磁石理论,所谓磁石,顾名思义,即卖场中最能吸引顾客眼光,最能引起购买冲动的地方。而要发挥这些磁石点的作用,必须依靠一些布局技巧,在商品布局中运用磁石理论,具体而言就是在卖场中最优越的位置陈列最合适的商品促进销售,并且以此引导顾客顺畅地逛遍整个卖场,达到增加顾客随机消费和冲动性购买的目的。

3. 连带陈列法

许多商品在使用上具有连带性，如牙膏和牙刷、照相机和胶卷等，为引起消费者潜在的购买意识，方便其购买相关商品，可采用连带陈列方式，把具有连带关系的商品相邻摆放。此外，还应注意消费者的无意注意。无意注意是指消费者没有目标或目的，在市场上因受到外在刺激物的影响而不由自主地对某些商品产生的注意。如果在售货现场的布局方面考虑到这一特点，有意识地将有关的商品柜组设置在一起，如妇女用品柜与儿童用品柜、儿童玩具柜邻近设置，向消费者发出暗示，引起消费者的无意注意，诱导其产生购买冲动，会获得较好的效果。

4. 裸露陈列法

好的商品摆放，应为消费者观察、触摸以及选购商品提供最大便利。为此，多数商品应采取裸露陈列，应允许消费者自由接触、选择、试穿、试用、品尝商品，以便减少消费者心理疑虑，降低购买风险，坚定购买信心。

5. 季节陈列法

季节性强的商品，应随着季节的变化不断调整陈列方式和色调，尽量减少店内环境与自然环境变化的反差，这样不仅可以促进应季商品的销售，而且可以使消费者产生与自然环境和谐一致、愉悦顺畅的心理感受。

6. 艺术陈列法

艺术陈列法是通过商品组合的艺术造型进行摆放的方法，各种商品都有其独特的审美性，在陈列中，应在保持商品独立美感的前提下，通过艺术造型使各种商品巧妙布局，相映生辉，达到整体美的艺术效果。

在实践中，上述方法经常可以灵活组合，综合运用，同时要适应环境和需求变化，不断调整，大胆创新，使静态的商品摆放充满生机和活力。

三、店内通道设计与消费者心理

在现代零售企业，通道设计也成为改善店内环境，为消费者提供一个舒适购物环境的重要因素，良好的通道设计，要求能引导顾客按设计的自然走向，步入卖场的每一个角落，能接触尽可能多的商品，消灭死角和盲点，使入店时间和卖场空间得到最高效的利用。售货现场的通道设计要考虑便于消费者行走、参观浏览、选购商品，同时，特别要考虑为消费者之间传递信息、相互影响创造条件。

合理的通道设计有诱导和刺激消费者购买的作用，进入商店的人群大体可分为三类，即有明确购买动机的消费者、无明确购买动机的消费者和无购买动机的消费者，引起后两类消费者购买欲望的是零售企业营销管理的重要内容之一。

通道设计时应注意以下六点。

1. 宽度要保证顾客提着购物筐或推着购物车

能与其他顾客并肩而行或顺利地擦肩而过。对大型综合超市和仓储式商场来说，为了方便更多顾客的流动,其主通道和副通道的宽度可以基本保持一致,同时,也应适当放宽收银台周围通道的宽度,以保证收银处的通畅。

2. 通道要尽可能笔直的单向通道设计

避免迷宫式通道,在顾客购物过程中尽可能依货架的排列方式,将商品以不重复、顾客不回头走的设计方式布局。

3. 通道地面应保持平坦

处于同一层面上,有些门店由两个建筑物改造连接而成,通道途中要上或下几个楼梯,有"中二层""加三层"之类的情况,令顾客眼花缭乱,不知何去何从,显然不利于门店商品销售。

4. 少拐角

事实上一侧直线进入,沿同一直线从另一侧出来的店铺并不多见,这里的少拐角处是指拐角尽可能少,即通道途中可拐弯的地方要少,有时需要借助于连续展开不间断的商品陈列线来调节。

5. 通道上的照明度比卖场明亮

通常通道上的照度要达到1000勒克斯(Lux)(勒克斯:照度单位,1流明的光通量均匀分布在1平方米面积上的照度,就是1勒克斯,简称勒。流明:光通量单位,1国际烛光照射在距离为1厘米、面积为1平方厘米的平面上的光通量,就是1流明,简称流),尤其是主通道,相对空间较大,是客流量最大、利用率最高的地方,要充分考虑到顾客走动的舒适性和非拥挤感。

6. 没有障碍物

通道是用来诱导顾客多走、多看、多买商品的,通道应避免死角,在通道内不能陈设、摆放一些与陈列商品或促销无关的器具或设备,以免阻断卖场通道,损害购物环境。

四、灯光照明与消费者心理

照明直接作用于消费者的视觉,灯光照明是对商场的"软包装",体现商家在一定时期内销售主体的诉求意向,也是向顾客传递购物信息的媒介。店内的灯光照明应与消费者通过视觉所反映的心理感受相适应,营业厅明亮、柔和的照明,可以充分展示店容,宣传商品,吸引消费者的注意力;可以渲染气氛、调节情绪,为消费者创造良好的心境;还可以突出商品的个性特点、增强刺激强度、激发消费者的购买欲望。

商店内除了采用自然光源外,还要采用灯光照明,明亮、柔和的照明不仅可以吸引消费者对产品的注意和缩短选购时间,而且可以加快售货员的售货速度和提高服务质量,是一种促销的手段。

1. 基本照明

基本照明以在天花板上配置荧光灯为主,起着保持整个商店均匀亮度的作用,照明光度的强弱,要视商店的经营范围和主要销售对象而定。一般而言,质地精密、色彩多样，挑选性较强的商品，光度要大些；结构简单，色彩单调、挑选性不强的商品，光度可小些，主要销售对象是老年顾客的，光度要强些；主要销售对象是青年顾客的，光度可弱些。商店不同位置照明度也有差别，营业厅前部可适当弱些，使消费者进店后有一个短暂的视觉适应过程，里部光度渐次增强，使消费者的视线本能地转向明亮的地方，吸引他们向商店内部行走。

2. 特殊照明

特殊照明是为了突出部分产品的特性而布置的照明，主要目的是显现产品的个性，以便更好地吸引消费者的注意，激发其购物兴趣。特殊照明的配置要视产品的特性而定，例如，金银首饰、珠宝玉器、手表等贵重产品，往往用定向集中的光束直接照射产品，以增加产品的美感和珠光宝气的特性，并给消费者一种高贵稀有的心理感觉，激起他们的购买动机和购买行为。

3. 装饰照明

装饰照明大多采用彩灯、壁灯、吊灯、落地灯和霓虹灯等照明设备，这类照明有美化店容、渲染气氛的作用，会使消费者感到轻松愉快、情绪兴奋。

照明设置必须与商店建筑结构相协调，强弱对比不宜过大，彩色灯光和闪烁的灯光要适度运用，如果过多，过杂或光线变化剧烈，会破坏店内环境，歪曲商品颜色，造成消费者紧张、厌烦等不良心理感受，破坏选购情绪，改变购买行动。

五、色彩运用与消费者心理

色彩是指商店内部墙壁、天花板和地面的颜色。在商店内部环境设计中，色彩可以用于创造特定的气氛，它既可以帮助顾客认识商店形象，也能使顾客产生良好的记忆和深刻的心理感觉。不同的环境色彩能引起顾客产生不同的联想和不同的心理感受，激发人们潜在的消费欲望，同时还可以使顾客产生即时的视觉震撼。

不同的颜色对人的视觉的刺激不同。其原因是各种颜色对应的光波波长的长短不一，对人的视神经的刺激程度也不同。红色、橙色、黄色等光波波长较长，颜色鲜明突出，对视神经的刺激较强；蓝色、灰色、紫色等光波波长较短，色彩暗淡，对视神经的刺激就较弱。

不同颜色能使人们产生不同的情绪变化，暖色会促使人的心理活动趋向活跃，情绪高涨，但也会使人感到焦躁不安；冷色会促使人的心理活动趋向平静，但也使人感到沉闷、压抑。

不同颜色对人具有不同的象征意义，但色彩的象征意义与消费者的国籍、民族、地域、文化等有关。

因此，在进行商店内部色彩调配时，必须考虑以下五个因素。

1. 店堂的空间

浅色具有扩张空间的感觉，深色具有压缩空间的感觉，所以，可以根据店堂的不同空间状况，利用色彩的这种作用，改变消费者的视觉感受，给人以舒展开阔的良好感觉。

2. 营业场所的空间状况

由于浅色具有扩展空间、深色具有压缩空间的感觉，可利用色彩调配，扬长避短，改变消费者的视觉感受。

3. 主营商品的色彩

装饰用色彩要有利于突出商品本身的色彩和形象，把商品衬托得更加美观，更具吸引力，以刺激购买。

4. 季节变化与地区气候

店内装饰的色彩调配要因季节和地区而异，利用色彩的特性，从心理上调节消费者由于气温等自然因素造成的不良情绪，使其在严寒季节进店有温暖如春之感，从而产生积极的情绪，促进购买行动。

5. 装饰色彩与灯光照明的相互制约

有些颜色会吸收光线，而有些则反射光线。颜色越深，吸收光线越多，反之亦然，因而要考虑调配的色彩在不同光线及照明情况下的变化和效果。

六、音响设施与消费者心理

音响也是商店气氛的重要组成部分，用音乐促进销售，可以说是古老的经商艺术。早在传统商业时期，敲击竹梆、金属器物等就成为小商小贩招揽生意的独特形式。

心理学研究表明，人的听觉器官一旦接受某种适宜音响，传入大脑中枢神经，便会极大地调动听者的情绪，造成一种必要的意境。在此基础上，人们会萌发某种欲望，并受到欲望驱使而采取行动。但是，并不是任何音响都能唤起消费者的购买欲望，相反，一些不合时宜的音响会使人产生不适感，店内的各种声响一旦超过一定限度，不仅使顾客心情烦乱，注意力分散，还会使顾客反感；一些轻松柔和，优美动听的乐曲能抑制噪声并创造欢愉、轻松、悠闲的浪漫气氛，使进店顾客产生一种舒适的心情，放慢节奏，甚至流连忘返。一项调查结果显示有77%的调查对象在其购物活动中偏爱有背景音乐的伴随。

商店背景音乐的选择一定要结合商店的特点和顾客特征，以形成一定的店内风格，同时还应注意音量的高低，既不能影响顾客用普通声音说话，又不能被店内外的噪声淹没，音乐的播放也要适时有度，以免使顾客产生不适感，甚至厌烦而达不到预期的效果。因此，音乐的播放应注意以下三个方面。

1. 音量要适度

为了给消费者一个比较安静的购物环境，商店音响的音量必须严格控制在一定范围内，商店在营业时间的嘈杂声本来就很大，若再加上音量大得刺耳的音响，会使消费者产生反感和厌烦心理。

2. 音质要清晰

商店播放广告信息所产生的音响十分重要，如果这类音响的音质清晰，能让消费者听得真切，就会引起他们对广告内容的注意，并可能对广告的产品产生兴趣或购买行为，如果音响的音质不清晰，甚至很模糊，使消费者不明白其中的意思，则达不到传递产品信息的目的。所以，提高音响的清晰度，是使消费者保持良好心理状态的重要因素之一。

3. 音乐要优美

为了调节消费者的情绪，缓解紧张的购物心情，活跃购物气氛，增强购物环境的生机，商店还要适当播放一些背景音乐，但是，播放的音乐题材必须与购物环境相适应，即音乐所产生的心理和情绪反应要与购物环境基本一致。

七、气味与消费者心理

宜人的气味通常对人体生理有积极的影响，空气污浊有异味的商店顾客不会久留，无味的商店易使顾客感到疲劳，而清新的、令人心旷神怡的购物环境则使顾客得到美的享受。商店内部如能根据经营的商品特征适宜地散发一些宜人的气味，能使顾客在购买活动中精神爽快、心情舒畅。

有的食品零售店利用气味对消费者的影响诱发消费者的购物动机，以此增加销售。一些甜品店人为地制造诱发人食欲的气味，吸引过往行人的注意，刺激其购买行为。一些出售小装饰品、礼品的精品店使用轻淡的花香型香料，营造店内温馨、雅致的氛围，以与其陈列的精美商品相呼应，给消费者以美的享受，进而激发其购买欲望。

一、复习思考题

1. 根据消费者心理需要，分析不同商店应该如何进行选址。
2. 什么是招牌？招牌命名有何技巧？
3. 橱窗设计的方法有哪些？
4. 商店在商品陈列上应注意哪些问题？
5. 从消费心理的角度考虑，商品陈列有哪些方法？
6. 从业人员技能如何影响顾客心理？
7. 商店应该如何利用灯光和音乐对消费者的心理产生影响？

二、案例分析

某超市购物环境改造

某超市营业面积约 260 平方米，位于居民聚集区的主要街道上，附近有许多同类商场和超市，与同等面积的商场相比，该超市营业额与利润并不理想，通过询问部分顾客得知，顾客认为店内拥挤杂乱，商品质量差档次低。听到这种反映，该超市的经理感到很诧异，我们超市的顾客没有同类超市多，生意比较差，怎会拥挤呢？本店的商品都货真价实，与别的超市相同，怎会质量差档次低？经过对超市购物环境的分析发现，该超市商品柜台放置不合理，顾客不易找到所需的商品，因而显得杂乱。为了充分利用商品的空间，柜台安放过多,过道过于狭窄,购物高峰期时就会显得拥挤,顾客不愿入内,即使入内也是草草转一圈。商场灯光暗淡,货架陈旧,墙壁多年未粉刷,优质商品放在这种背景下也会显得质量差档次低。为了提高竞争力,超市的经理痛下决心,拿出一笔资金对商店购物环境进行了彻底改造。整修后重新开业立刻取得了效果,第一个星期的销售额和利润就比过去增加了70%。

【案例思考题】

1. 该超市原先的购物环境设计忽视了营业现场设计的哪些心理效应?
2. 该超市怎样改造购物环境从而满足了消费者的心理需求?

三、实训操练:调查超市商品陈列

1. 实训目标

通过本次实训掌握超市卖场布局、商品陈列与消费者心理的关系。

2. 实训内容

选择一家大型综合超市,重点观察其卖场整体布局以及商品陈列。

3. 实训要求

(1) 学生每5人分为一组,选定一人为负责人,明确分工和具体责任。

(2) 利用周末观察一家大型综合超市的卖场布局和商品陈列情况,设计问卷并至少向20位顾客针对这些项目做调查。

(3) 观察结束后,要求每组学生绘制所观察超市的卖场布局图。

(4) 整理、分析观察和调查问卷结果并写成调查报告。

(5) 在班级交流,并由教师点评。

(6) 每组撰写一份《××超市卖场布局和消费者心理的调查报告》,报告要说明调查时间、调查方式、调查过程、调查结果分析和启示。

4. 实训总结

学生自我总结	
教师评价	

第四篇
消费者心理与行为新发展

第十四章　品牌与消费者心理

iPhone的上市与推广

iPhone由苹果公司首席执行官史蒂夫·乔布斯在2007年1月9日举行的Macworld宣布推出。2007年6月29日在美国上市，将创新的移动电话、可触摸宽屏iPod以及具有桌面级电子邮件、网页浏览、搜索和地图功能的突破性因特网通信设备三种产品完美地融为一体。

iPhone引入基于大型多触点显示屏和领先性新软件的全新用户界面，让用户用手指即可控制iPhone。iPhone还开创了移动设备软件尖端功能的新纪元，重新定义了移动电话的功能。“iPhone是一款革命性的、不可思议的产品，比市场上的其他任何移动电话整整领先了五年，”苹果公司首席执行官史蒂夫·乔布斯说：“手指是我们与生俱来的终极定点设备，而iPhone利用它们创造了自鼠标以来最具创新意义的用户界面。”这使消费者明白，这是一款新颖的产品，它的设计体现了当代消费者的品牌消费行为特点。

年轻人追求时尚、刺激、新鲜的东西，通常接触媒体信息，对新产品接受很快。而iPhone的诞生吸引了年轻人的眼球，年轻人找到了一款能够代表他们个性的产品。因此iPhone这个品牌产品的顾客主要是年轻人。iPhone手机同样采用了“苹果味”的工业设计风格,它的推出立刻让同一时期的其他手机黯然失色。完美、时尚的外观和触摸宽屏,相信不少人对苹果产品的外观设计都非常赞叹,圆弧形的边角处理加上钢琴烤漆的后壳设计,更像是一件艺术品,让人爱不释手。乔布斯曾经要求苹果公司的产品不仅是数码产品,而且要是一件艺术品。正是这种态度让苹果公司的每件产品都深受广大消费者的喜爱,这点也使其他厂商的产品所难以望其项背。独特的设计、完美的图案、时尚的外观,是群众追求美的体现。iPhone在设计的同时更好地掌握了消费者的求美心理。他们要求品牌的图案、色彩等具有较高的艺术价值,丰富的美学意蕴,而iPhone处处体现消费者的愿望和要求。随后iPhone不断升级,拥有超强的网络适应能力、强大的硬件配置、海量的存储空间、多样化的拍照娱乐功能、强悍的卫星导航功能等,不断提高自身产品的技术含量。这些功能很好地满足了消费者对高新技术的追求和渴望。重要的是iPhone贯穿始终的人性化操作。iPhone手机主要采用了以下四大人性化科技。

(1) 光感应,iPhone可以根据周围环境,自动调节屏幕的亮度,不但可以省电,而且可以让用户得到最佳视觉效果。

(2) 红外感应,当用户脸颊贴近屏幕时,系统认为是人在听电话,就会自动关闭屏幕达到省电的目的。

(3) 加速度感应,当机器做自由落体运动时(从高处坠下),操作系统会自动关机,以减少可能造成的不必要损害。

(4) 湿度感应,当iPhone手机不幸落水或者带入蒸汽浴室内,操作系统检测到湿度变化,便会自动关机以减少可能造成的不必要损害。

这些设计很好地满足了消费者讲究精致的生活享受和消费品位,同时区别于其他款手机,具有独特的风格和个性,满足了年青一代追求标新立异,注重与众不同。iPhone这一品牌产品懂得很好地掌握消费者的品牌消费心理特征和行为,求新、求异的品牌消费心理无不在这里体现。

资料来源:https://wenku.baidu.com/view/dd2a2ece9b89680203d825d9.html,2018-11-15.

思考:结合上述案例谈谈品牌通过哪些方面影响消费者心理?

第一节 消费体验

案例14-1

“非常美国”:持续“升舱”的主场消费体验

随着飞机缓缓降落,赵女士的“非常美国”之行画上了圆满的句号。15天的行程让她饱览美景、收获满满，返程时还因客流激增享受到升舱，这也为旅程增色不少。

对于像赵女士这样的赴外旅游的游客来说，信用卡支付发挥了非常重要的作用，而且调查显示，信用卡对于境外消费的拉动作用日益显著。

例如，招商银行信用卡作为信用卡赴美消费的品牌之一，2011 年占据了境外交易市场份额的 1/4，强势领跑国内信用卡境外消费市场。“非常美国”是其六大营销平台旗下非常旅游系列活动的重要组成部分。这不仅让持卡人获得更多折扣、现金返还的实惠，还能让持卡人享受到各类专属服务，真正体验境外消费、境内感受的便利，为持卡人的境外旅游提供便利。

正如其广告语“去美国，每笔都刷招商银行信用卡”所示，他们在境外游市场显示出了强大的自信。而这自信的背后是他们精耕细作式的不断努力，及其在服务与营销上的不断“升舱”的境外旅游一站式服务平台。

资料来源：http://finance.ifeng.com/news/corporate/20121112/7286084.shtml，2018-11-20.

一、消费体验

消费者使用商品、获得商品价值的过程中，形成主观体验、出现情绪反应、做出主观评估和判断的心理过程称为消费体验。

消费者的满意体验具体地表现为：对商品形象的肯定、对商品经营单位和服务人员的信赖、对商品价格的肯定与认同感等。

把商品买回去之后、消费者就要使用它、享受它、消费它，商品的质量、功能、味道以及使用的效果等，会在商品的使用和消费中得以体现。消费者通过使用商品、消费商品，用自己的标准作一些评价，这些评价可能影响下一次消费行为，还可能影响其他消费者的行为。

我们研究消费体验的重点是，消费者在哪些方面的体验会更深刻一些，哪些因素影响消费者购物后的体验，这些体验积累形成的消费经验又是怎样影响下一次的消费行为或影响他人消费行为的。

从消费需要的满足程度看，商品特性接近或高于消费者的期望，产生满意的消费体验会更深刻，消费者的满意体验具体表现为对于商品形象的肯定、对于商品经营单位和服务人员的信赖、对于商品价格的肯定与认同感等。当消费者亲身体验到满意的效果之后，对经营单位和服务人员形成愉快的记忆，会使一些消费者非常愿意将愉快的印象向其他消费者传播。

如果商品特性低于消费者的期望（尤其是商品特性远远低于消费者的期望）时，消费者不满意的体验会很深刻。这种不满意的体验表现为：对商品形象的否定；对商品经营单位的怀疑与不信赖；在商品价格与功能等方面产生不平衡的心理，有上当吃亏的感觉，在情绪上容易变得消极而不愉快。除了消费者自己会尽力避免这种吃亏上当的消费行为外，有些消费者还会把这种体验告诉其他人，令其他消费者对商品或经营单位产生戒备心,最终损害该经营单位的企业形象。

除上述两种极端的消费体验外,更普遍的情况是消费者处于中间类型的消费体验,比如对于商品或企业形象比较满意、稍不满意、无所谓等。对所有这些体验都可以进行量化研究。

二、消费评价

消费体验的评价内容,会表现在如下三个方面。

(1) 对商品质量、商品属性等的评价。消费者按照原来各种渠道得来的信息和判断标准来评价商品的质量,也从商品的价格、包装、功能和使用效果等方面综合评价商品的质量。这种综合评价的方式类似于平衡效应,商品的价格高,消费者会要求商品的质量也要好;否则就会做出质次价高的评价。

(2) 对商品形象及品牌形象的评价。商品的名称会留在消费者的头脑中,形成记忆和印象,在一个消费群体中这种记忆和印象即构成商品名称的知名度。这种知名度是影响消费者下一次选购商品的心理基础。

(3) 对经营单位及服务质量的评价,包括对经营单位、服务人员的评价。这些评价主要体现在营业环境方面。

对消费者体验与评价的研究,已经成为现代营销活动的基本组成部分。工商企业研究消费者体验与评价的目的是创造让顾客满意的要素,最终让顾客对商品满意,对营业环境满意,促成顾客对品牌保持一定的忠诚度并在该营业环境保持重复的购买行为。围绕着让顾客心理满意问题的研究,形成了一整套理论,即顾客满意度理论。

第二节 满意度

案例 14-2

奇瑞汽车"三大举措"提升客户满意

奇瑞"纵横中国"服务战略的出发点是想加强自身服务系统能力,从整体规划、技术、硬件、管理等方面保证客户满意度的稳定提升。"纵横中国"服务战略的技术服务中心定位于两条主线:一是着力于直接客户关系管理,直接服务客户,使客户能够享受更高标准服务;二是着眼于间接客户服务,通过对同区域的服务网络技术支持,拉升区域整体服务能力,从而提高全区域的客户满意度。

直接客户关系管理主线具备三大功能,分别是区域救援、区域客户管理示范、区域快乐体验示范。区域技术支持管理五大功能:区域检测鉴定、区域技术资讯、区域培训、区域新产品新技术管理、区域备件。这种设计更利于区域客户享受快速高效的厂商联动服务。

奇瑞延长整车免费服务周期和降低用户单次服务支出。8608种备件价格全线下调30.1%与A1的4年12万千米质保期限给消费者带来实惠，而全部原厂配件、先进技术与设备、全球知名供应商提供更多配件服务保障。

便捷方面，奇瑞着手于网点布局、救援保障、配件储备：近600家服务网点大大缩小了服务半径；耗资1.14亿元向全国服务站投放了1000辆带有全球卫星定位系统和车载电话功能的服务救援车，实现24小时全天候救援；"1＋15"全国配件库分布，将配件配送距离半径缩短至500千米范围内。

在提升客户满意度方面，奇瑞从服务标准提高、技术支持、服务站升级三个方面着手，发布了八步服务流程和99项保养标准，使服务每个环节都有法可依。

资料来源：https://wenku.baidu.com/view/dd2a2ece9b89680203d825d9.html,2018-11-20.

一、顾客满意度的概念

顾客满意度是指顾客存在着对商品、服务及相关因素的情感体验，这种情感体验会影响到顾客本人及他人的消费行为，顾客的情绪体验越强烈，对顾客本人和其他顾客的影响力越大。

作为科学的概念，"顾客满意度"是美国消费心理学家在1986年提出的。瑞典是全国范围首先形成顾客满意度指标的国家。当时瑞典面临国际竞争加剧、国内经济增长速度减慢、市场已经发展成熟等困难，价格已不再是最有力的竞争武器，减小重复购买者的需求价格弹性变得日益重要，因为在低弹性时，企业价格即使高于竞争者也能保住顾客，这就要求有高的顾客满意度。在20世纪90年代初日本在生产力指标上还远不如美国，但却享有大额贸易顺差、强劲的经济及良好的产品声誉，关键原因就是顾客的高满意度带来顾客对品牌的忠诚度，而这也与企业利润息息相关。

顾客满意度的概念提出之后，在市场上直接形成了一整套的营销策略，再由营销策略向上渗透，进入企业的管理理念中，成为企业管理策略的重要组成部分。

二、顾客满意度的理论

顾客满意度理论是指研究顾客满意体验的形成机制，制定顾客满意体验的营销策略而形成一整套思想体系和经营规则。顾客满意度不是决定顾客忠诚的唯一因素，但无疑是最重要的因素。顾客的满意与不满意情绪，不仅仅会影响顾客个人将来的消费行为，而且会影响他人将来的消费行为，营销人员便不得不研究这种重要的影响因素。解释顾客满意度的学说较多，这里介绍其中的两种。

（一）"双因素"法

目前比较流行的方法是顾客满意度"双因素"法，这是从双因素理论发展而来的。双因素理论是由美国心理学家弗雷德里克·赫茨伯格(Frederick Herzberg)于1959年提出来的。他和他的同事们对匹兹堡附近一些工商业机构的约200位专业人士做了一次调查,主要是想了解影响人们对工作满意和不满意的因素,结果发现,导致对工作满意的因素主要有:成就、认可、工作本身的吸引力、责任和发展,导致对工作不满的主要因素有企业政策与行政管理、监督、工资、人际关系及工作条件等。

他认为影响顾客满意度的诸多因子中,有些因子是顾客要求企业必须做到的,如果做不到,顾客会非常不满意,这些因子即不满意因子,如食品的质量、家用电器的安全性能等;有些因子是顾客期望企业能够做到的,如果企业做不到,顾客没有严重的不满意,但是当企业满足了顾客的期望以至超过了顾客的期望时,顾客会非常满意,这些因子即满意因子,如购物时的等候时间、商品增值服务等。因此,顾客满意度分为三个层次:第一层次是不满意水平;第二层次是期望水平;第三层次是满意水平。相应地,每个层次都有各自的影响因子,即满意因子、期望因子、不满意因子,如图14-1所示。

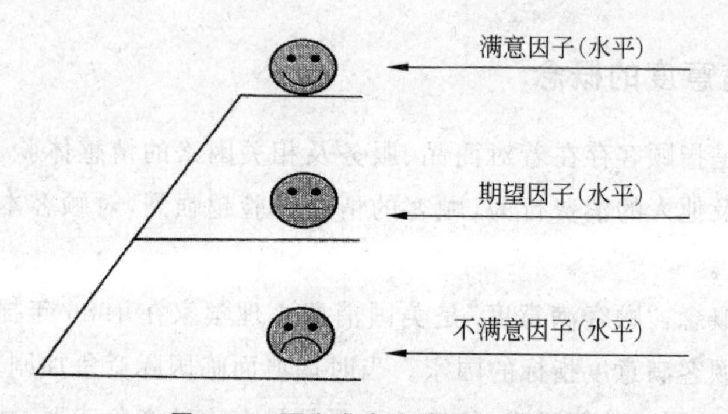

图14-1 顾客满意度的三个层次

早期的双因子理论把"满意因子""不满意因子"及"期望因子"分别看待,认为这三个层次的因子在性质与类型上存在不同。近期的研究显示,从"期望因子"到"满意因子"在层次上与性质上存在不同,但在种类上可能是一致的,即满意因子是连续的变量,从期望水平到满意水平之间存在一个可接受的区间。比如礼仪服务方面,企业礼仪服务做得较好,顾客认为这是应该的;企业礼仪服务做得很好,顾客的满意度会上升;企业一旦没有做好,这个因素会成为不满意因子。因此,在满意与期望的体验之间,存在一个区间,这个区间称为可接受区间,区间的峰值为"理想水平",区间的谷值为"可接受水平"。研究人员使用这种思路分析玻璃行业的服务质量体系,其结论是,"供货因素"的可接受区间最小,也就是说,用户对供货的要求非常严格,供货因素有严格的保障,用户才能真正满意;而供货因素稍有差错,用户的满意度会迅速下降。这一行业中的"服务礼仪因素"可接受区间最大,也就是用户对这一行业的礼仪要求相对宽容。

(二)图示法

解释顾客满意度的第二种方法是图示法。它是将顾客满意度的数据与企业策略实施情况结合起来,构成顾客满意度策略图,横轴表示该因子的策略实施效果,竖轴表示顾客的满意度。所有满意度因子可以分为四大类:①"锦上添花类",企业的策略实施得当,顾客满意度高；②“保持类”，企业策略实施效果平平，但顾客还比较满意；③“改进类”，企业策略实施较好，但顾客满意度较低，必须找出问题的根源，提高顾客满意度；④“无效类”，该类因子对顾客不太重要，顾客满意度也较低。图 14-2 是某食物品牌的满意度示意图。

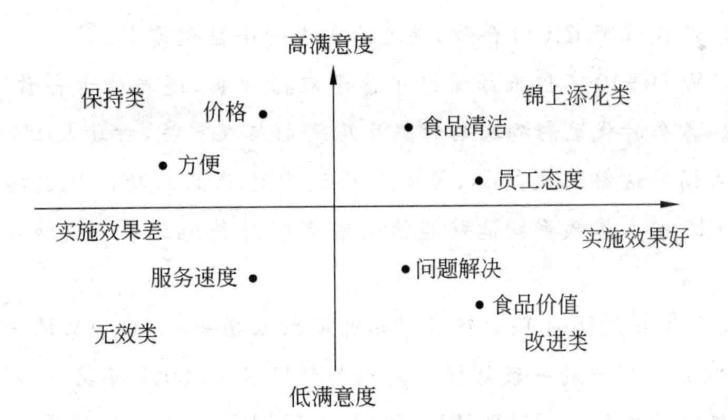

图 14-2　某食物品牌的满意度示意图

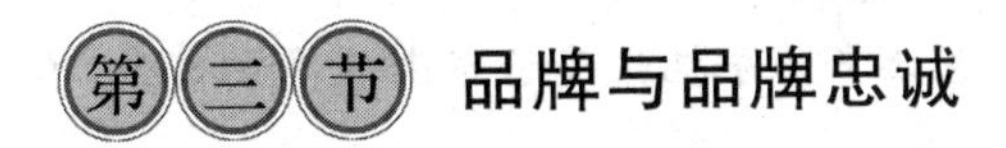

第三节　品牌与品牌忠诚

案例 14-3

越用越倾心　华为当选忠诚度最高品牌

目前，国内领先的移动大数据服务商极光大数据发布了《2017 年 Q1 手机行业数据报告》，从手机市场的保有率、销量、品牌忠诚度、双摄手机等多维度对智能手机市场进行了解析。从报告来看，华为保持了上一季度的优异成绩，以 19.2%的佳绩继续保持销量第一的宝座。

此外，在产品忠诚度上，华为手机也收获了消费者的高度认可，根据极光大数据的行业报告显示，华为用户的忠诚度出现大幅增长，从 2016 年 Q4 的 23.5%提升到 30.4%，超过 1/3 的用户在再次购机时会继续选择华为手机的产品。

在更迭出新的智能手机市场中，获得消费者青睐实属不易。深究华为手机在用户忠诚度中取得好成绩的原因是，华为手机从消费者业务一层管理团队做起，在零售、服务店面实践体验，从最基础的体验夯实中，洞察消费者诉求不断出新，从而赢得市场，赢得消费者。

华为消费者业务负责人表示，针对当前消费升级，不仅仅是产品品质、品牌价值要跟得上消费者逐渐鼓起的钱包，更要满足消费者精神层面的需求，华为希望通过自己的产品和品牌,把消费者对智能终端的消费幸福感提升起来。

比如,华为最新发布的 HUAWEI P10/HUAWEI P10 Plus 是特别为追求时尚的用户打造的一款商品。华为不仅注重在时尚元素上有所提升,还与 PANTONE 合作推出了两款特殊的颜色:草木绿和钻雕蓝。另外,在手机配件上,华为与著名的中央圣马丁艺术与设计学院以及设计师 RICO 合作,满足消费者的个性化需求。

此外,HUAWEI P10 不仅继续保持了徕卡双摄像头,还与徕卡合作了前置摄像头,主打艺术人像。各个时代里影响深刻的照片几乎都与人有关,打动人心的都是身处大时代的人们。华为倡导这种人文情怀,并希望通过自己产品的功能把这些信息传递给用户,HUAWEI P10 的人像摄影功能就能使消费者随时随地记录下发生在身边的那些被打动与动容的时刻。

与此同时,华为在 2016 年联合徕卡推出的两款双摄手机 HUAWEI P9 与 HUAWEI Mate 9 也同样收获了用户的一致好评。极光大数据显示,2017 年第一季度,国内主流后置双摄像头手机销量排行中,HUAWEI P9 与 HUAWEI Mate 9 霸屏榜单,在消费者心目中地位可见一斑。

从 HUAWEI Mate 8、HUAWEI P9、HUAWEI Mate 9 再到 HUAWEI P10,华为手机图像处理能力、系统性能、续航能力,再到近年来大放异彩的双摄像头一步步提升,不仅成了行业品质的标杆,也让华为手机收获了越来越多的客户,真正实现了以产品为"情书",以品牌为"注脚"的承诺。

资料来源:http://mobile.pconline.com.cn/911/9111004.html,2018-12-01.

一、品牌忠诚

品牌忠诚表现为消费者在较长的一段时间内,对特定品牌所保持的选择偏好和重复性购买行为。高水平的忠诚度表现为消费者对该品牌保持强烈的选择偏好与高频率的重复性购买,甚至将该品牌视为唯一的购买选择;低水平的忠诚度表现为选择偏好不强,重复购买的频率低等。

品牌忠诚度是品牌之间相比较而言的一个概念。如果市场上竞争的品牌较少,消费者不得不重复购买,这种情况不能视为品牌忠诚;只有当市场竞争品牌多,消费者可以自由选择却仍对某些品牌保持重复性购买,才是真正的品牌忠诚。

消费者的高忠诚度意味着该品牌能够保持稳定的市场规模;消费者选择品牌时较低的忠诚度或没有品牌忠诚,意味着同类品牌市场中更大的动态变化,品牌之间的竞争加剧,每一品牌为争取更多的市场机会而进行的营销投入就要加大。如果消费者能够形成对特定品牌较高水平的忠诚度,该品牌面临的竞争压力相对要小一些,面对市场竞争而进行的营销投入也会少一些,从宏观的竞争角度看是在以更经济有效的手段运作商品与市场。

情舒畅,以后还愿意来;受歧视的人心情悲凉,不会再来。不管消费者是谁都应平等相待,这条原则非常重要。谁也不能断定,今天只买小件物品的消费者,明天就不买大件物品,以及穿着寒酸的消费者口袋里肯定没有钱。

2. 符合意愿的原则

服务的核心就是提供符合消费者愿望的帮助。服务再好,如果不符合消费者的愿望,也就没有价值。例如,20 世纪 80 年代曾流行搭配商品,有些商店在出售一些走俏商品时,“搭配”一些滞销商品,败坏了企业声誉。服务的真正含义是,在消费者需要时,用其希望的方式提供其需要的方便,收不收钱是次要的。在一些国家和地区的一些零售商店,不论你在店里买不买商品,得到的礼遇都是高档的。售货员会不厌其烦地介绍、展示商品,每个柜台都有商店的包装纸和手纸,消费者可以随便拿;有的店还奉送小商品。这一举动看似免费,其实不是真的不要钱,而是用某种计算方法算在商品的售价中,只是消费者不知罢了。这样做对零售企业来讲是两全其美的好办法,既不损本企业的利益和形象又使消费者产生惠顾心理动机,经常光顾此地并购买该店的商品。

3. 周到细致的原则

不论消费者年龄、职业、收入如何,周到细致的服务都是他们所愿意享受的。周到细致的服务关键在于对消费者体贴入微。它体现在营销人员的诚意上,体现在推销员或营业员的动作和态度上。具体地说,就是急消费者之所急,想消费者之所想。周到细微、设身处地为消费者着想的精神,一定会让消费者心悦,为企业稳定顾客源、创造效益做出贡献。

(三)销售服务的主要内容与消费心理

从商品销售的过程来看,销售服务通常分为售前服务、售中服务和售后服务三个阶段。

1. 售前服务

售前服务是指企业通过调查研究,了解消费的需求愿望,挖掘消费者的潜在需求,采取有效措施,在消费者尚未购买商品之前就提供必要的服务,以引导、促进消费者购买。

(1) 进行全面的消费者需求调查与消费者心理分析。企业或销售人员应为顾客准备好他们迫切需要购买的商品或服务产品,并准备好有关附加服务的项目、内容等,使顾客能及时方便地获得商品与服务的有关信息、资料。

(2) 实事求是地向顾客介绍商品。企业应本着实事求是的原则,通过广告宣传、产品目录、样本资料及营业人员等向消费者介绍、宣传自己的商品。企业的介绍要符合实际,使消费者对商品的特点、用途、质量、价格及服务承诺等特性有真实的了解。

(3) 对产品质量水平、技术特点等进行深入浅出的讲解。销售人员向顾客详细说明产品的质量水平、技术特征,必要时应向顾客展示内部结构,演示商品的功能,以增加顾客对商品的感性认识与切身体验。对购买复杂产品的顾客,必要时还可邀请其参观考察本企业的生产状况及质量控制和保证措施,增强他们的信任感。对订货产品,则应认真

二、品牌忠诚度的基础

保持高水平忠诚度需要五个方面的心理行为基础。

(1) 品牌知名度很高。虽然消费者对自己不忠诚的品牌也可能有较高的品牌认知度,但对自己所忠诚的品牌,消费者必然表现最高程度的认知度,未提示知名度与提示知名度都在100%或接近100%。

(2) 对品牌的价值判断很高。消费者对商品的价值判断包括对总体质量、包装与形象、档次、服务质量、价格适应性,满足需要的程度等多方面的评价。价值判断通过价格反映出来。消费者对商品的价值判断对忠诚行为有非常重要的影响,较高的价值判断会降低消费者的购买阻力,有利于长期保持稳定、重复的购买行为。

(3) 消费者的满意度很高。满意度是消费体验、情绪与态度的综合表现,很高的满意度才能促成消费者重复购买。如果消费者的满意度降低时,忠诚行为就会被中断。

(4) 消费者的重复购买习惯。高的忠诚度,意味着消费者在较长的时间内对于该品牌表现出较高频率的重复购买行为。比如快餐食品的消费中,忠诚度高的品牌,消费者购买的频率可达到每月4～6次甚至更多;而对竞争品牌中的购买频率只有每月1次甚至为零。

(5) 消费者向他人介绍。忠诚度高的消费者十分乐意向其他消费者进行介绍和推荐,比如很乐意介绍自己使用这种品牌的经验,希望与亲朋好友共同分享消费这种商品的快乐,介绍购买这种品牌的渠道等。这种行为在消费群体中具有典型的示范作用,消费者在无形中推动品牌形象的传播,并延伸了品牌忠诚度。

对品牌忠诚度高起作用的外在因素包括:长期稳定的商品质量;商品本身的特色,这些特色与消费者动机吻合;优雅的营业环境与特色,与消费者的购买风格一致或接近;长期稳定的商品形象与广告诉求;有相对稳定的消费群体。

三、品牌忠诚度测量

既然品牌忠诚度已经被列入企业资产评估的指标之一,高的忠诚度代表较稳定的消费习惯,即稳定的市场份额,任何厂商都会珍惜品牌忠诚度,因此对忠诚度进行测量是必不可少的。

测量忠诚度的指标主要分为五大类,其逻辑关系是依照上述忠诚度构成的基础而确定的,即品牌认知、品牌价值、使用经验、行为习惯、介绍推荐。这些测量指标中有一部分与消费者购买行为测量、顾客满意度测量、品牌形象测量等指标相互交叉,具有特色的指标是"重复购买率""品牌替代率""向他人推荐"等核心指标。

1. 品牌认知

品牌认知方面一般包括5个子指标:①未提示知名度,即无提示状态下对于品牌的回忆率;②提示知名度,即提示状态下对于品牌的回忆率;③媒体认知,即对传播该品牌的媒介状态与特征的认知；④商品属性认知，即对商品各属性及其综合性的评价，包括商品特色、商品优势等方面的认知；⑤形象联想，即在品牌个性、品牌特征在情感方面的联想。

2. 品牌价值

品牌价值判断包括4个子指标：①价格认知，即对商品实际价格的认知，认为该品牌商品的价格是高了还是低了；②价值评价，即对商品价值大小做出的综合性评价。评价商品的价值越大消费者心理上会认为值得付出更多的货币；③价格需求弹性，即在不同的价格等级水平上，消费者群体表现的不同的接受与需求程度；④价格的延伸性，如果该品牌延伸到同类商品的另一品种，所表现的价格认同感。

3. 使用经验

消费者使用经验方面的测量指标有3个：①购买愿望，即主观上购买该品牌的动机强烈程度；②使用时间，即消费者使用该品牌的时间，一般以年或月表示；③满意度，即使用商品后，消费体验中的情绪与态度反应，包括积极、满意的反应和消极、不满意的反应。

4. 行为习惯

行为习惯方面的测量指标有5个：①购买频率，即在一定时间段内购买该品牌的次数；②重复购买率，即继续购买该品牌的意向性；③品牌替代率，即当前与过去相比，购买目标品牌比率的变化；④品牌替代意向，即缺乏目标品牌时转向购买竞争品牌的意愿程度；⑤购买趋势，即计划购买与当前购买相比，购买目标品牌的变动趋势。

5. 介绍推荐

消费者向他人主动介绍或推荐的行为，是反映品牌忠诚度的重要特征，一般使用4个子指标：①推荐意向强度，即向其他消费者推荐的意向性与强度；②推荐理由，即消费者向他人推荐商品的优势、理由与消费经验；③推荐渠道，即消费者向他人推荐的消费方式与购买渠道；④代购意向，即消费者为其他消费者代为购买的意向强度。

一、复习思考题

1. 解释消费体验的含义。
2. 解释顾客满意度有哪两种方式？请简要介绍。
3. 为什么说品牌忠诚度是企业的无形资产？
4. 保持高水平忠诚度需要哪5个方面的心理行为基础？

二、案例分析

史上“最丑”哪吒凭什么“火爆”全网

一口小“钢”牙、两个黑眼圈，双手插兜、面带坏笑，在《哪吒之魔童降世》公布预告时，很多人都不敢相信，影片中的这个“小魔王”就是哪吒。影片上映第5天，累计票房已超过10亿元，超越《西游记之大圣归来》，成为国产动画电影票房冠军。这个号称“史上最丑”的哪吒，究竟为什么会如此火爆？

一场崛起的“国漫之光”

你印象中关于哪吒最深的场景是什么？是闹东海、抽龙筋、痛打龙王三太子，还是四海龙王水淹陈塘关，乌云翻滚，浊浪滔天，逼哪吒挥剑自刎。

而这一次的《哪吒之魔童降世》完全变了，他反抗的是整个成年人的世界。

很多人说这次的哪吒诠释了人性，人们都是戴着有色眼镜看别人的，当误解发生时，你怎么解释都没用，甚至别人根本不给你解释的机会，你只有承受这份误解和偏见，努力跟命运抗争，用行动证明自己！“若天不公，便与它抗争到底！”

有人说它引起了每一个观看者的情感共鸣，里面的人不像以往的作品里过于正直、刚正不阿甚至让人觉得冷漠无情……

与其说这是一部神话故事，不如说这是一次成长的蜕变，影片中哪吒最大的敌人是来自百姓和天界的成见。他因成见生而孤独，倔强生长，逐渐认清自我，最终对抗命运的不公。

老掉牙的励志主题，但在如此真实而丰满的人物的表达中，充满了少年意气。在这个营销遍地走的时代，还未上映便已人尽皆知的动漫电影不在少数，那为什么偏偏只有“哪吒”做到了如此火爆的口碑效果？

关于口碑的那些事

可以说“80后”“90后”的成长经历中动漫是必不可少的，黑猫警长、哆啦A梦、柯南……动漫也逐渐变成了两代人熟悉的“通用语言”，所以《哪吒之魔童降世》在上映前就备受期待。

“80后”“90后”的观众对中国动漫的发展有着自己特殊的情怀，从心底希望国漫能够创造奇迹，《哪吒之魔童降世》正是抓住了人们的心理，在正式上映前就选择了在几个城市限定点映，吸引众多动漫爱好者前来观影，完成第一轮前端话题的引爆。

《哪吒之魔童降世》还制作了许多前端海报，充分利用网友的神奇想法，通过结合生活中的各种问题引起众多网友的不断“吐槽”。

不仅如此，官方还特意发布了各种表情包，吸引用户产出了许多具有传播性的内容，这些有趣有料的内容在社群内发酵后形成二次传播，对品牌信息进行新一轮扩散。

此外，在《西游记之大圣归来》里，江流儿问大圣：哪吒是女孩吗？四年后，这一历史难题，还被做成宣传片，与《西游记之大圣归来》互相联动又一次引爆了话题传播。

总而言之，此次营销从用户的角度出发，所有的营销活动都是围绕着用户展开，使《哪吒之魔童降世》的观众深度参与到传播活动中，用一种社群交互式的营销理念实现了电影与用户的深刻对话，开启了社群消费体验的新时代。

【案例思考题】

1.《哪吒之魔童降世》影片从哪几个角度做了品牌建设和宣传？

2. 结合所学知识,分析中国动漫品牌应该如何塑造和维护。

三、实训操练

1. 实训目标

通过实训掌握品牌对消费者心理的影响。

2. 实训背景

研究大学生的品牌消费心理。

3. 实训内容

讨论大学生对于纯净水第一个想起的品牌、第二个想起的品牌、第三个想起的品牌等纯净水七个品牌的排名,总结分析为什么会是这种情况。

4. 实训要求

从消费体验、满意度、品牌忠诚三个方面思考造成这种情况的原因。

5. 实训总结

学生自我总结	
教师评价	

第十五章　网络、大数据与消费者心理

支付宝的制胜秘诀

支付宝(中国)网络技术有限公司是国内领先的第三方支付平台。从2004年建立开始,始终将“信任”作为产品和服务的核心。不仅从产品上确保用户在线支付的安全,同时让用户通过支付宝在网络上建立起相互的信任,为建立纯净的互联网环境迈出了非常有意义的一步。

支付宝提出的“建立信任,化繁为简,以技术的创新带动信用体系完善”的理念深入人心。在不到5年的时间内,用户覆盖了整个C2C(consumer to consumer,个人与个人之间的电子商务)、B2C(business to consumer,商家对客户的电子商务)及B2B(business to business,商家对商家的电子商务)领域。截至2015年6月底,实名用户数已经超过4亿。在覆盖绝大部分线上消费场景的同时,支付宝也大力拓展各种线下场景,包括餐饮、超市、便利店、出租车、公共交通等。目前,支持支付宝的线下门店超过20万家,出租车专车超过50万辆。支付宝的国际拓展也在加速。目前,境外超过30个国家和地区,近2000家商户已经支持支付宝收款,覆盖 14 种主流货币。在金融理财领域,支付宝为用户购买余额宝、基金等理财产品提供支付服务,使用支付宝的理财用户数超过 2 亿。

支付宝创新的产品技术、独特的理念及庞大的用户群吸引越来越多的互联网商家主动选择支付宝作为其在线支付体系。

自 2004 年成立以来,支付宝已经与超过 200 家金融机构达成合作,为近千万小微商户提供支付服务,涵盖了虚拟游戏、数码通信、商业服务、机票等行业。这些商家在享受支付宝服务的同时,还拥有了一个极具潜力的消费市场。

资料来源:http://www.alipay.com,2018-11-26.

思考:基于以上案例,你认为支付宝的制胜秘诀是什么?与消费者心理有无关系?

随着互联网的迅速发展和普及,网民数量的持续增长,我国网民的特征结构也在发生相应的变化。如何从庞大的网民群体中识别潜在顾客,分析他们的心理与行为特征,是企业进行网络营销的首要任务。企业必须认识到消费者心理对于网络营销的重要性,并主动采取相应的营销策略影响网络消费者的心理和行为,才能在未来的营销竞争中立于不败之地。

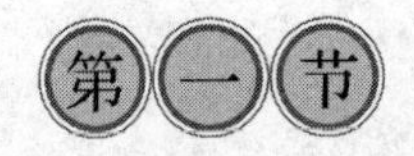

网络、大数据与消费者心理概述

案例 15-1

中国消费者消费心理的变化

一些调查表明,进入 21 世纪以后,中国消费者陷入非正常购物怪圈,一些消费者的家庭消费支出打破了计划性,不再是量入为出,而是有钱就花,为了追赶消费潮流盲目地把货币变成商品:一些消费者没有处理好即期消费和中远期消费的关系,在市场上超常购物,有的消费者无目的地多买多存,影响了中远期消费;一些消费者的购物心理短时期内出现逆向转移,购买心理动机由求稳、求全、求廉、求实发展为喜新、争胜、保值,又发展为求稳、求全、选择、求廉。这个非正常的购物圈,不仅"圈"住了消费者的正常消费,也制约了我国消费品生产、流通、消费的正常运行,许多生产企业也由此陷入困境,即使企业销售人员全力进行推销,仍没有减轻企业产成品货满为患、资金占压过多无法运营的压力。21 世纪后,中国消费者的消费心理出现了变化,人们在购买行为上出现了"十买十不买"。

十买:名牌、质高、价格适中的商品买;新潮、时代感强的商品买;新颖别致、有特色的商品买;迎合消费者喜庆、吉祥心理的商品买;名优土特商品买;拾遗补阙商品买;卫生、方便、节省时间的商品买;落实保修的商品买;物美价廉的商品买;日用小商品买。

十不买：削价拍卖商品不买；宣传介绍摆"噱头"的商品不买；不配套服务的商品不买；无特色的商品不买；缺乏安全感的商品不买；一次性消费的商品不买；无厂家、产地、保质期的"三无"商品不买；监制联营商品不买；粗制滥造商品不买；不符合卫生要求的商品不买。

由此可见，近年来人们的消费心理和行为明显地更加理性化。

资料来源：王官诚，汤晖，万宏．消费者心理学[M]．2版．北京：电子工业出版社，2013.

一、我国网络与大数据发展现状

（一）我国网络发展概况、特点及网络营销

1．我国网络发展概况

2018年1月31日，中国互联网络信息中心（CNNIC）在京发布第41次《中国互联网络发展状况统计报告》。我国网民数量继续保持平稳增长，互联网模式不断创新、线上线下服务融合加速以及公共服务线上化步伐加快，成为网民数量增长推动力。

截至2017年12月，我国网民数量达7.72亿，普及率达到55.8%，超过全球平均水平（51.7%）4.1个百分点，超过亚洲平均水平（46.7%）9.1个百分点。手机网民占比达97.5%，移动网络促进"万物互联"。截至2017年12月，我国手机网民数量达7.53亿，网民中使用手机上网人群的占比由2016年的95.1%提升至97.5%。以手机为中心的智能设备，成为"万物互联"的基础，车联网、智能家电促进"住行"体验升级，构筑个性化、智能化应用场景。移动互联网服务场景不断丰富、移动终端规模加速提升、移动数据量持续扩大，为移动互联网产业创造更多价值挖掘空间。

2．我国网络发展呈现的特点

我国网络发展呈现的特点如下。

（1）移动支付使用不断深入，互联网理财用户数量增长明显。我国移动支付用户规模持续扩大，用户使用习惯进一步巩固，网民在线下消费使用手机网上支付比例由2016年年底的50.3%提升至65.5%。我国购买互联网理财产品的网民数量达到1.29亿，同比增长30.2%，货币基金在线理财规模保持高速增长，同时，P2P行业政策密集出台与加强监管举措推动着行业走向规范化发展。

（2）网络娱乐用户规模持续高速增长，文化娱乐产业进入全面繁荣期。2017年网络娱乐应用中网络直播用户规模年增长率最高，达到22.6%。网络文化娱乐内容进一步规范，以网络游戏和网络视频为代表的网络娱乐行业营业收入进一步提升。良好的行业营业收入推动网络娱乐厂商加大了对内容创作者的扶持力度，为网络娱乐内容的繁荣发展打下基础。

（3）数字经济繁荣发展，电子商务持续快速增长。2017年电子商务、网络游戏、网络广告收入水平增速均在20%以上，发展势头良好。网络游戏产业在移动化、国际化、竞技化方面表现突出。网络广告市场进一步成熟，市场结构更加趋于稳定。

(4) 移动互联网发展推动消费模式共享化、设备智能化和场景多元化。首先,移动互联网发展为共享经济提供了平台支持,网约车、共享单车和在线短租等共享模式的出现,进一步减少交易成本,提高资源利用效率;其次,智能穿戴设备、智能家居、智能工业等行业的快速发展,推动智能硬件通过移动互联网互联互通,"万物互联"时代到来;最后,移动互联网用户工作场景、消费场景向多元化发展,线上线下不断融合,推动不同使用场景细化,同时推动服务范围向更深更广扩散。

3. 网络营销

网络营销(Cyber Marketing)全称是网络直复营销,属于直复营销的一种,是企业营销实践与现代信息通信技术、计算机网络技术相结合的产物,是指企业以电子信息技术为基础,以计算机网络为媒介和手段而进行的各种营销活动(包括网络调研、网络新产品开发、网络促销、网络分销、网络服务等)的总称。

网络营销可以定义为:运用以互联网技术为基础的信息技术,整合传统媒介,实现企业营销目标和观念的过程。广义地说,凡是以互联网为主要手段进行的、为达到一定营销目标的经营活动,都可以称为网络营销。

(二) 大数据的定义、来源、特征与大数据营销

1. 大数据的定义

随着互联网的飞速发展,以数量庞大、种类众多、时效性强为特征的非结构化数据不断涌现,数据的重要性愈发凸显,传统的数据存储、分析技术难以实时处理大量的非结构化信息,大数据的概念应运而生。

互联网数据中心(IDC)对大数据的定义为:大数据一般会涉及2种或2种以上数据形式,它要收集超过100TB的数据,并且是高速、实时数据流;或者是从小数据开始,但数据每年会增长60%以上。这个定义给出了量化标准,但只强调数据量大、种类多、增长快等数据本身的特征。

麦肯锡全球研究所给出的定义是:一种规模大到在获取、存储、管理、分析方面大大超出了传统数据库软件工具能力范围的数据集合,具有海量的数据规模、快速的数据流转、多样的数据类型和价值密度低四大特征。

2. 大数据的来源

大数据的来源非常多,如信息管理系统、网络信息系统、物联网系统、科学实验系统等,其数据类型包括结构化数据、半结构化数据和非结构化数据。

(1) 信息管理系统:企业内部使用的信息系统,包括办公自动化系统、业务管理系统等。信息管理系统主要通过用户输入和系统二次加工的方式产生数据,其产生的大数据大多数为结构化数据,通常存储在数据库中。

(2) 网络信息系统:基于网络运行的信息系统即网络信息系统是大数据产生的重要方式,如电子商务系统、社交网络、社会媒体、搜索引擎等。网络信息系统产生的大数据多为半结构化或非结构化的数据,在本质上,网络信息系统是信息管理系统的延伸,是专

属于某个领域的应用，具备某个特定的目的。因此，网络信息系统有着更独特的应用。

(3) 物联网系统：物联网是新一代信息技术，其核心和基础仍然是互联网，是在互联网基础上延伸和扩展的网络，其用户端延伸和扩展到了任何物品与物品之间，进行信息交换和通信，而其具体实现是通过传感技术获取外界的物理、化学、生物等数据信息。

(4) 科学实验系统：主要用于科学技术研究，可以由真实的实验产生数据，也可以通过模拟方式仿真数据。

3. 大数据的特征

当前，较为统一的认识是大数据有四个基本特征：数据规模大(Volume)，数据种类多(Variety)，数据要求处理速度快(Velocity)，数据价值密度低(Value)，即所谓的四"V"特性。

(1) 数据规模大。导致数据规模激增的原因有很多，首先是随着互联网的广泛应用，使用网络的人、企业、机构增多，数据获取、分享变得相对容易，现在用户可以通过网络非常方便的获取数据，同时用户在有意的分享和无意的点击、浏览都可以快速地提供大量数据；其次是随着各种传感器数据获取能力的大幅提高，使人们获取的数据越来越接近原始事物本身，描述同一事物的数据量激增。近年来，图像、视频等二维数据大规模涌现，而随着三维扫描设备以及动作捕捉设备的普及，数据越来越接近真实的世界，数据的描述能力不断增强，而数据量本身必将以几何级数增长。此外，数据量大还体现在人们处理数据的方法和理念发生了根本的改变。随着技术的发展，样本数目逐渐逼近原始的总体数据，且在某些特定的应用领域，采样数据可能远远不能描述整个事物，可能丢掉大量重要细节，甚至可能得到完全相反的结论，因此，当今有直接处理所有数据而不是只考虑采样数据的趋势。

(2) 数据类型多样。随着互联网与传感器的飞速发展，非结构化数据大量涌现，非结构化数据没有统一的结构属性，增加了数据存储、处理的难度。如在网络上流动的数据大部分是非结构化数据，人们上网不只是看看新闻，发送文字邮件，还会上传下载照片、视频、发送微博等都会产生非结构化数据。

(3) 数据处理速度快。随着各种传感器和互联网络等信息获取、传播技术的飞速发展，数据快速增长，新数据不断涌现，快速增长的数据量要求数据处理的速度也要相应地提升，才能使大量的数据得到有效的利用。心理学实验证实，从用户体验的角度，瞬间(3 秒)是可以容忍的最大极限，对于大数据应用而言，很多情况下都必须要在 1 秒或者瞬间内形成结果，否则处理结果就是过时和无效的，这种情况下，大数据要求快速、持续地实时处理。

(4) 数据价值密度低。数据价值密度低是大数据关注的非结构化数据的重要属性。传统的结构化数据，对事物进行了相应的抽象，每一条数据都包含该应用需要考量的信息，而大数据为了获取事物的全部细节，不对事物进行抽象、归纳等处理，直接采用原始的数据，保留了数据的原貌，且通常不对数据进行采样，直接采用全体数据。由于减少了采样和抽象,呈现所有数据和全部细节信息,可以分析更多的信息,但也引入了大量没有意义的信息,甚至是错误的信息。因此相对于特定的应用,大数据关注的非结构化数据的价值密度偏低。

4. 大数据营销

大数据营销是基于多平台的大量数据,依托大数据技术的基础上,应用于互联网广告行业的营销方式。大数据营销的核心在于让网络广告在合适的时间,通过合适的载体,以合适的方式,投给合适的人。

大数据营销并非是一个停留在概念上的名词,而是一个在大量运算基础上的技术实现过程。大数据营销衍生于互联网行业,又作用于互联网行业。依托多平台的大数据采集,以及大数据技术的分析与预测能力,能够使广告更加精准有效,给品牌企业带来更高的投资回报率。大数据营销是基于大数据分析的基础上,描绘、预测、分析、指引消费者行为,从而帮助企业制定有针对性的商业策略。

二、网络、大数据与消费者心理结合的必要性

(1) 整合网络营销、大数据营销和消费者心理学是深入研究动态交互消费心理的必然要求。

消费主体寻求交互的消费心理已成为影响消费行为的重要因素。传统营销强调产品、价格、渠道和促销组合,现代网络营销、大数据营销则追求顾客、成本、方便和沟通。无论是传统还是现代,企业必须实行过程完全化营销。由于消费者与企业之间沟通成本过高,在传统营销中并不能实现。在网络营销和大数据营销环境下,消费者则有机会对产品研发和后期服务等一系列问题提出见解。这种非单向式的交互式沟通提高了消费者的积极性,更重要的是它能为企业的营销决策明确目标,从实质上提高消费者的满意度。

(2) 整合网络营销、大数据营销和消费者心理学是深入研究现代个性化消费心理的必然要求。

消费主体的个性化消费心理已引起学者和企业的重视,而网络营销、大数据营销可以精准满足消费者个性化的消费体验。因为消费者在互联网中可以尝试比传统更自由的购物空间。他们可根据自己的个性特点在网络商城中寻找所需要的商品,使购物更彰显个性。更重要的是,企业可以根据消费者提供的信息解决产品设计、质量等方面的问题并且通过网络服务系统提供其他服务,以满足不同消费者的不同心理需要。

(3) 整合网络营销、大数据营销和消费心理学是深入研究便捷消费心理的必然要求。

便捷消费心理的产生其实质是人本主义营销思潮蔓延的结果。企业向消费主体提供快捷、便利的服务是每一个企业在网络营销和大数据营销中始终应当坚持的理念。企业在营销中应保留消费者的全部购物习惯与购物行为的相关信息,同时要建立与消费者在货款支付、送货及售后服务等方面"点对点"的信息反馈联系,努力做到一体化、全方位

服务，充分精准满足消费者寻求便利的心理需要。

第二节　网络、大数据下的消费者心理概述

案例 15-2

大学生网购：男生重方便，女生重价钱

淘宝、支付宝、商家信誉等词语如今是大学生的常用语。在校园里，怎样买到物美价廉的商品，也是每天都能听到的讨论，还有那些快递人员每天中午就像开展销会一样，在宿舍楼下摆开各式各样的快递包裹和邮件。

研究发现：阻碍大学生进行网上购物的主要因素是产品的品牌、价格、质量、可靠性、保质期等方面，以及网站上同类产品的信息丰富程度、可筛选性、可对比性是否能够达到购买者的预期标准。此外，网上交易的安全性、方便与否也是影响因素。

同时，求乐、求廉、求方便是大学生网上购物的主要消费动机，男女消费动机存在显著差异，男生比较看重便捷，而女生更加重视价格。

另外，研究发现，对网上买来的一件商品是否满意，除了商品本身外，支付方式、商家信誉、运送满意度也是影响总体满意度的几个重要方面。

资料来源：http://b2b.toocle.com/，2018-12-1.

点评：

从网络营销角度看，互联网会造成消费者的心理和行为变化。传统的消费行为和网络消费行为的主要区别之一就是互联网本身所发挥的作用，也就是互联网对消费行为的影响。

现代网络营销理论认为，了解市场的需要和欲望，对消费者行为进行分析是企业网络营销的出发点，其最终目的便是开发适销对路的商品以满足消费者的需求；而策划一个好的营销方案又必须建立在对消费者行为习惯细致周密的调研基础上，市场调研能促使公司及时地调整营销策略，引导营销人员制订出合理的产品推广和促销方案。

一、大数据可实现的消费者行为分析

大数据可实现的消费者行为分析包括以下十个方面。

（1）消费者行为与特征分析。只有积累足够的消费者数据，才能分析出消费者的喜好与购买习惯，甚至做到“比消费者更了解消费者自己”。这是大数据营销的前提与出发点。

(2) 精准营销信息推送支撑。精准营销总在被提及,但是真正做到的少之又少,反而是垃圾信息泛滥。究其原因,主要就是过去名义上的精准营销并不精准,因为其缺少消费者特征数据支撑及详细准确的分析。

(3) 引导产品及营销活动投消费者所好。如果能在产品生产之前了解潜在消费者的主要特征,以及他们对产品的期待,那么产品生产即可投其所好。

(4) 竞争对手监测与品牌传播。竞争对手在干什么是许多企业想了解的,虽然对方不会告诉你,但可以通过大数据监测分析得知。品牌传播的有效性也可通过大数据分析找准方向。

(5) 品牌危机监测及管理支持。新媒体时代,品牌危机使许多企业谈虎色变,然而大数据可以让企业提前洞悉。在危机爆发过程中,最需要做的是跟踪危机传播趋势,识别重要参与人员,方便快速应对。大数据可以采集负面定义内容,及时启动危机跟踪和报警,按照消费者社会属性分析,收集事件过程中的观点,识别关键人物及传播路径,进而可以保护企业、产品的声誉,抓住源头和关键节点,快速有效地处理危机。

(6) 企业重点客户筛选。许多企业家纠结的是:在企业的消费者、好友与粉丝中,哪些是最有价值的。有了大数据,或许这一切都可以更加有事实支撑。从消费者访问的各种网站可判断其最近关心的商品是否与你的企业相关;从消费者在社会化媒体上所发布的各类内容及与他人互动的内容中,可以找出千丝万缕的信息,利用某种规则关联及综合起来,就可以帮助企业筛选重点的目标消费者。

(7) 大数据用于改善消费者体验。要改善消费者体验,关键在于真正了解消费者及他们所使用的产品状况,做最适时的提醒。例如,在大数据时代,只要通过遍布全车的传感器收集车辆运行信息,在汽车关键部件发生问题之前,就会提前向车主或4S店预警,这不仅仅是节省金钱,更是保护生命。

(8) 社会关系管理(SCRM)中的消费者分级管理支持。面对日新月异的新媒体,许多企业通过对粉丝的公开内容和互动记录分析,将粉丝转化为潜在消费者,激活社会化资产价值,并对潜在消费者进行多个维度的画像。大数据可以分析活跃粉丝的互动内容,设定消费者画像的各种规则,关联潜在消费者与会员数据,关联潜在消费者与客服数据,筛选目标群体做精准营销,进而可以使传统客户关系管理结合社会化数据,丰富用户不同维度的标签,并可动态更新消费者生命周期数据,保持信息新鲜有效。

(9) 发现新市场与新趋势。基于大数据的分析与预测,对企业洞察新市场与把握经济走向都是极大的支持。

(10) 市场预测与决策分析支持。数据对市场预测及决策分析的支持早就在数据分析与数据挖掘盛行的年代被提出过。而更全面、更及时的大数据,必然对市场预测及决策分析进一步上台阶提供更好的支撑。

二、当前网络、大数据下的消费者心理特点

（一）易受外部介绍的影响

传统的消费者常常通过杂志、电视广告、用户沟通等得知对商品的评价。而在网络、大数据时代，消费者可以通过微博、朋友圈、公众号等多种方式发表评价。这些评价信息可以毫无保留地传递给其他消费者，这不仅会影响他们的选择倾向，还会影响他们的购买和使用行为。因此，网络、大数据时代的大众评价影响会更深刻和更广泛，而且会更深程度地影响顾客。大众的评价将会被转载或更大范围地传播、放大，影响到的消费者也会更多，最终产品的购买情况也会受到很大的影响。

（二）品牌依赖度逐渐下降

根据品牌成长的社会链：知名度—可信度—美誉度—忠诚度—依赖度理论，传统销售时代品牌的知名度和美誉度很大程度上取决于产品的质量和评价。而在网络、大数据时代，随着科技的进步和经济的发展，名牌产品和普通产品在质量上的差距越来越小，与此同时，消费者个性化需求越来越强烈，从而打破了传统的品牌成长社会链，使之形成质量优先，个性驱动，便捷消费促生产的循环。再加上网络传播和口碑效应，消费者在新一轮的消费中对品牌依赖程度逐渐呈下降趋势。

（三）个性化需求凸显

随着经济社会的发展，消费者对个性体验的重视不断加强。商品已经超越了简单的物质需求，成为消费者心理需求与生活方式的选择。诸多消费者会把消费作为树立个人形象、反映精神世界、发布个性宣言的方式。因此，在网络、大数据时代，企业要在追求产品性能和质量的基础上丰富商品外在元素，以满足消费者个性化的心理需求。

（四）心理价格尺度影响购买

随着大数据时代而来的是价格信息的透明化及可接触化。消费者网上购物中不再处于信息缺失的劣势，网络、大数据使消费者接触到更多有利的信息，这其中最为直接的就是价格信息。

价格是影响购买心理与购买决策的重要因素。网络、大数据让商品的价格变得透明，通过对比，消费者会对同类商品的心理价位会发生变化，随之变化的是心理价位与实际价格的差值，这个差值会直接影响消费者的购买满意度。价格因素的刺激会对消费者的心理产生影响，导致其对原价格的容忍度发生变化，这种变化最终会影响消费决策行为。

三、网络、大数据下的消费心理优势

（一）网络、大数据能最大限度满足消费者个性化消费心理需求

网络和大数据营销的最大特点在于以消费者为主导。消费者可以根据自己的个性特点和需求在全球范围内寻找商品。这将促使企业重新制定营销战略，把消费者的个性

需求作为出发点,为精准满足个性消费心理的需求提供多品种、小批量产品。同时企业也可以通过自动服务系统为消费者提供特别服务。

(二) 网络、大数据能满足消费者对购物方便性的需求

网络能够提供24小时的服务,但不受节假日或营业时间限制。消费者可随时查询所需资料或购物。查询和购物过程程序便捷。这一特点特别受到那些需要大量信息进行决策的分析型消费者以及以缩短购物时间的消费者的青睐。

(三) 网络、大数据能满足消费者高质量、低价格的产品要求

网络与大数据营销让商家直接“面对”消费者,能够为企业和商家节省促销与流通费用,使产品成本和价格降低成为可能。而消费者也可以在全球范围内寻找价格最优惠的商品,甚至可以绕过中间商直接向生产者订货。

(四) 网络、大数据能满足生产者及经营者实现全程营销的需求

传统营销模式中消费者与企业之间缺乏合适的沟通渠道或沟通成本过高,消费者一般只能针对现有产品提出建议或批评。网络、大数据营销在消费者与生产者及经营者之间建立了便利、快捷的沟通渠道,使中小企业可以通过多种方式,以较低的成本收集消费者所提出的从产品设计到定价和服务等一系列建议,能够使企业的营销策略有的放矢,提高消费者的参与性、积极性和满意度。

四、网络、大数据下的消费心理障碍

(一) 信任障碍

在网络虚拟环境中,企业的实力和规模无法通过网页直观地呈现给广大消费者。所以,只要充分利用网络资源,中小型企业能起到和大型企业相同的营销效果,从而缩短中小型企业和大型企业的差距。

反过来从消费者的角度看,中小型企业在网络上的营销活动有可能会造成信息的混淆,增加了消费者辨别和选择企业的难度,从而使保守的消费者对基于网络和大数据的营销活动会存在一定的信任障碍。

(二) 计算机网络安全问题构成的心理及行为障碍

网络环境的复杂性主要体现在其技术上的复杂性,而技术复杂性所带来的安全性问题一直是消费者最大的心理和行为障碍。这种对网络的不安全感主要来自以下两个方面。

(1) 病毒和网络钓鱼活动比较猖獗,网络犯罪活动难以防范,这虽然直接“繁荣”了计算机网络安全行业,但对利用互联网从事网络营销活动的企业而言,却增大了消费者的心理疑虑。

(2) 消费者的浏览痕迹和个人资料容易被盗取(如信用卡信息),这可能使消费者在生活中遭受损失,从而在一定程度上构成了消费者的心理行为障碍。

消费者的信任障碍会一直存在,所以,网络营销主体需要更进一步地完善网络环境,

增强消费者信心。

（三）消费者特定的心理需求无法满足

尽管网络与大数据营销具有传统营销模式所不具备的一些优点，但它同时也丧失了传统营销模式的一些特点，这使部分消费者的特定心理需求无法得到满足。

(1) 人际交往的心理需求。人与人面对面交流不仅是信息的交换，同时也是人类社会性特征的一种体现。网络即时通信(QQ、微信等)虽然可以替代部分人际沟通的功能，但人与人之间的那种"四目相对"却是无法代替的，虽然繁复的人际交往令人生厌，但长时间的人机交流却更显乏味。

(2) 购物过程中的心理满足需要。在和销售人员的交易过程中，无论是商讨交流，还是讨价还价，都会给消费者带来某些心理方面的满足感。但在网络营销中简化了消费者筛选、评判的环节，部分消费者可能会缺乏一些"成就感"，从而降低了消费体验。

（四）法律在网络、大数据营销方面的保障滞后造成的障碍

针对网络营销的特殊情况进行监管和规范的法律法规仍不完善。一旦纠纷发生，消费者权益的保障底线在哪里、保障的程度、如何实施等问题都困扰着消费者。

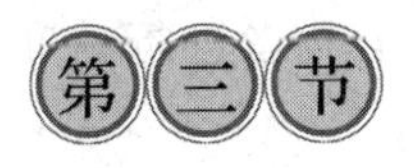

第三节　网络、大数据下的促销策略概述

案例 15-3

间谍界的"谷歌"

如今，一个被称为 RIOT 的程序证明了涌入大数据分析的技术专长与金融投资的范围。RIOT 程序是由世界第五大国防承包商雷神公司(Raytheon) 开发的，这个程序不仅能够追踪世界上任何地方的人，也能预测他们未来的行为，它已经被一些评论者称为"间谍界的谷歌"。这几个首字母缩略词代表的意思是快速信息叠加技术。RIOT 不仅能从社交网站上搜集到大量个人信息，也能使用全球定位数据来确定某个人所在的位置。

这类信息的来源是智能手机上的定位软件和 Foursquare 网站。Foursquare 是一个拥有超过 2500 万用户的手机应用程序，用户可以用这个应用程序向他们的朋友和同事分享自己的位置。借助 Foursquare 的数据，RIOT 能够确定某个人在 7 天内到访最频繁的 10 个地点，也能确定他们前往这些地点的具体时间。

关于这种信息是如何被用于追踪某个人在全国的活动，曾经有过一次戏剧性的示范。在当事人知情且同意的情况下，这家公司对一位员工进行了一周的追踪。根据搜集到的关于这名员工的活动信息，它发现这名员工会有规律地在每天早晨 6 点去一家健身房。"我们知道尼克去了哪里，我们也知道尼克的样貌，"雷神公司的主要研究人布赖恩尼奇说道，"现在我们想要预测他未来可能会在哪里"。

所以,当雷神公司在一场会议上将RIOT作为秘密创新成果向美国政府和安全部门领导人展示之后,全球的安全服务商都已经对RIOT表现出了一定程度的兴趣,市场营销与零售公司也不例外,他们能运用RIOT的创新算法,来对它搜集到的大数据进行分析,从而创造出一种终极销售工具。通过了解将在客户可能出现在什么地点,以及他们在某个给定的时间可能在做些什么,广告商可以根据预测对广告信息进行调整,从而满足他们的确切需求。

资料来源:刘易斯.心理学家的营销术[M].广州:广东人民出版社,2015.

企业要想满足消费者的需求,就必须按照消费者的消费心理变化,运用互联网和大数据的特点和优势,更好地为消费者和各类组织服务。

一、精准营销在商业中的应用发展

在网络、大数据时代,企业掌握了大量的用户数据、产品数据、消费数据,如何在合理范围内使用这些数据,并使之转化成为消费者购买力,成为企业亟待解决的难题。准确把握消费者心理和行为,生产和销售消费者喜欢的商品,提升综合服务效率,进行精准营销,将是网络、大数据时代企业创造价值的最佳切入点。企业可以通过收集和整理这些数据,分析消费者的消费习惯,判断其类型和消费偏好,对消费者进行精准定位,制订出针对性的产品组合、营销计划和商业决策。

二、网络营销等全渠道营销结合将成为趋势

随着信息技术和电子商务的快速发展,传统销售渠道正在面临着严重的挑战。一方面房租价格上涨、人力成本增加、传统思维模式落后;另一方面电子商务在网络、大数据的推动下更加全面的精准营销使电商规模不断扩大,线上线下整合势在必行。电商企业既可以借助线下渠道补足网络购物中的商品触感问题和信誉问题,同时传统企业也可以借助电商平台改善传统销售渠道单一、辐射面积有限等问题。在网络、大数据时代,市场将会越来越趋向于简单、快捷、多样,商家的渠道构建也越来越要求全面和准确,所以线上线下相融合的方式发展将会成为趋势。

三、商业定位的转变

在网络、大数据时代,消费者对品牌的忠诚度不断下降,商业模式需要从以品牌为中心向以消费者为中心转变。阿里巴巴于2016年提出的围绕“消费者的生命周期”做销售就充分体现了现代商业社会对品牌的转变逐步增加到了以消费者为中心的转变。在工业时代,我们无法获知消费者的翔实数据,但是在网络、大数据时代,数据的原始积累和获取变得更加容易,智能手机和穿戴设备等科技的发展,使数据变得越来越翔实,因此商家更容易全方位了解消费者,更能够针对消费者做到“千人千面”。所以未来企业的竞争力逐步转变为:谁能全面了解和分析信息,谁能提供专业化的产品和服务,谁就能走在时

代前列。

四、商业理念从以商品为主向以服务为主转型

在网络、大数据时代，消费者的知识水平越来越高，消费者能够全面了解商品的功能、价值，只介绍商品的品牌、包装及使用方法已经远远不能满足消费者的需求了。消费可以对产品的了解程度比营业员还要充分，因此企业不仅要非常精准地把商品构架、性能指标等详细展示，还必须向消费者提供解决方案，也就是在网络、大数据时代企业卖出的不是简单的商品，而是商品和方案系统集成和服务。

一、复习思考题

1. 简述网络营销的概念。
2. 简述网络消费者的心理特征。
3. 简述网络营销中的心理优势和心理行为障碍。

二、案例分析

凡客V+：抓住“80后”“90后”网络消费者的心

凡客诚品就是靠网络起家的，也是靠网络推广流行起来的。

凡客诚品通过对目标受众的长期跟踪，根据目标受众的爱好与关注点的分析结果，从众多的媒体中选出目标群体较为集中的网站进行广告投放。广告的高效投放不仅为V+网站带来了一定量的消费者与潜在消费者，更促使了V+影响力与知名度的提高。V+网站是凡客诚品旗下的一家专注于时尚潮流品牌的网购平台。它利用凡客专业的服装类电子商务运营能力及资源，通过向客户提供良好的服务体验和品牌价值，始终致力于为网购人群提供专属优质的高性价比服装、服饰系列产品。V+是专注于时尚潮流用品的网上购物平台，特价低折扣销售男装、女装、运动品、户外品、鞋品、箱包、配饰等各大时尚生活品类商品，精选全球时尚潮流名牌耐克、匡威、马克华菲、Lee等。据悉，目前已经有上百个传统品牌入驻V+，其精准的市场定位及专业的运营能力，是这些传统品牌选择其为线上推广合作伙伴的重要原因。

2010年9月，V+进行了一次大规模的网站改版，新版首页的设计风格更具时尚流行元素，更符合“80后”“90后”主力购买人群的浏览习惯和喜好，也更注重提升用户体验。“宅”和“晒”都是当下红遍互联网的流行语，具有网络化和口语化的普遍性。汇品牌和晒新货是新增设的频道，前者按照首字母将V+现有的品牌汇总分类，让用户可以更容易、更方便地选择自己喜欢的品牌；晒新货是将最近上线的新产品进行汇总，用户体验更加直接。

V+自上线以来，一直致力于提升用户体验，以用户的选择和喜好为主导。改版之后的V+特别在首页增设了“用户最关注的品牌”和“用户最关注的产品”两个频道，根据用

户的购买和点击浏览的次数,通过技术手段排列出最受欢迎的品牌和单品。

在节假日期间,服装的全面打折成为吸引消费者的最好手段,2010年12月24日,V+也推出了圣诞节特别活动:12月24—27日全场5折封顶。

凡客主要是提升V+在时尚领域,“80后”“90后”主力消费人群中的影响力,扩大V+在电子商务服饰类网站中的知名度。“80后”“90后”是互联网上最具活力和消费潜力的群体,他们希望自己时尚、有个性、敢于尝试新事物的个性和对高品质生活的追求,使那些有独特品牌文化的服装更容易获得他们的青睐。

那么凡客的网络营销策略是什么样的呢?

由于“80后”“90后”的新生代伴随着互联网出生和成长,互联网已经成为生活中的必要部分,学习、工作、娱乐都需要互联网作为载体进行。根据消费者的上网时间,悠易(凡客的广告代理)将广告的投放时间定在每天早上的9:30后,因为这个时间点后,目标消费者陆续开始上网。基于目标用户上网时间的分布,悠易对广告的投放做了相应的优化。在目标群体上网的时间段内,通过网络追踪技术,确保广告对同一个用户的展现次数控制在最佳临界值以内,避免用户对广告产生厌烦情绪,减少投放成本。

“80后”“90后”追求个性、爱时尚、享受高品质生活,根据这些共性特点,国内权威的时尚网站成为悠易投放V+广告的媒体。开放的环境给“80后”“90后”提供了丰富的成长元素,他们的爱好更加多样化。面对开放与多元化爱好的消费群体,通过对目标受众的长期跟踪,根据目标受众的爱好与关注点的分析结果,从众多的媒体中选出目标群体较为集中的网站进行广告的投放,其中体坛网、小说阅读网、北青网,MSN门户等成了悠易重点投放的媒体。

在活动期内,短短的4天,就有266484目标用户点击广告,进入V+官方网站进行下一步的查看和购买活动,点击率达到6.21%。

资料来源:http://www.afd2010.com/,2018-12-02.

【案例思考题】

1. 凡客V+成功的关键是什么?
2. 结合案例分析“80后”“90后”网络消费者的心理特点。
3. 本案例似乎显示消费者心理对网络营销的影响很大,对此你如何理解?

三、实训操练一

1. 实训目标

通过本实训了解不同消费者对网络营销的态度。

2. 实训背景

“双十一”“双十二”“京东6·18”等购物狂欢节的流行,每一次购物节,各大电商平台、购物网站竞相推出各种促销活动。

3. 实训内容

问卷调查消费者在购物节对商家促销活动的看法。

4. 实训要求

(1) 问卷制作符合要求，设计要科学。

(2) 调查对象的选择、抽样要有代表性。

(3) 运用科学有效的方法进行问卷数据的统计、处理、分析。

(4) 教师可以在现场进行指导。

5. 实训总结

学生自我总结	
教师评价	

四、实训操练二

1. 实训目标

通过本实训了解不同消费者对大数据的认知。

2. 实训背景

面对大数据迅猛大潮，作为大学生，你了解多少大数据与我们生活的联系？

3. 实训内容

问卷调查，对大学生大数据及其与消费者心理的联系认知进行调研。

4. 实训要求

(1) 问卷制作符合要求，设计要科学。

(2) 调查对象的选择、抽样要有代表性。

(3) 运用科学有效的方法进行问卷数据的统计、处理、分析。

(4) 教师可以在现场进行指导。

5. 实训总结

学生自我总结	
教师评价	

第十六章　消费者引导与教育

预购房订金的挽回

四川省的王先生，于2011年1月25日在某房地产开发公司交5万元预购订金购房。3月10日该楼盘开盘，价格及实景明确。3月16日，家人经过考虑，认为负担太重，资金压力太大，决定不购此房，并迅速找到销售商协商退款，遭拒绝，情急之下投诉到消委会，要求维权。开发区消委分会受理后，迅速组织介入，通过调查，在事实清楚，情况属实的情况下，要求房地产开发商遵照《四川省消费者权益保护条例》特别规定第34条执行，房地产经营者与房屋买受人订立商品房买卖合同前以"诚信金""排号费""预购订金"等形式向买受人收取的费用，收取后买受人改变购买意愿的，经营者应当全额退还。因此，通过对经营者的消费教育，经营者全额退还了消费者预购订金5万元。消费者对此非常满意。

资料来源：http://www.lawtime.cn/info/xiaofeizhe/xiaofeijiufenweiquan/weiquanjiufenanli/20110722/20689.html，2018-12-29.

消费教育是消费和提高消费质量的前提条件。从理智与消费行为的关系而言，消费行为有三种表现。①本能性消费，即由人的本能引起的消费行为。这种消费行为不需要学习和诱导，天生就会。例如，初生的婴儿不用学习就会吃奶、饮水，就会抓住各种玩具和小器物玩耍，等等。②非理性消费，这是一种理智上未能控制的消费行为。例如，对于某些人而言，他们并非不知道“白色消费”（吸毒）、“黄色消费”（色情消费）的危害，只是理智上未能控制或已经控制不住而进行消费。这是一种非理性消费行为。非理性消费行为还有多种表现，例如，炫耀性消费、奢侈性消费、愚昧性消费以及其他不良消费行为甚至违法消费行为等。③理性消费，这是一种冷静理智的消费行为。理智消费是一种高级消费行为，需要消费者具备较高的素质和较高的消费技能。必须充分肯定消费教育对上述三种消费行为的发展、转化和实现的作用。通过消费教育可以使消费者不断受到启迪和启蒙，使本能的消费行为逐步向自由的消费行为发展；可以引导非理性消费行为向健康的消费行为转化；可以为理性消费行为的实现创造必备的条件。

第一节 消费误区

案例 16-1

小李信用卡取款的烦恼

大学生小李看到很多人办理信用卡，也办了一张。他想以后家里给他打钱，可以把钱打入信用卡，取款也方便，还免去办理储蓄卡的麻烦。使用一段时间后，他发现每次从信用卡里取钱都会被扣取一定的费用，因而觉得很郁闷。

其实，不少银行规定，持卡人提取信用卡里面的溢存款要收取手续费。银行的理由是，虽然信用卡溢存款是持卡人自己的钱，但是信用卡的功能是用来透支而不是储蓄，溢存款占用了银行的相关资源，因此需要付手续费。

银行提示：持卡人最好不要将闲置的资金存入信用卡，因为将信用卡当储蓄卡使用，不仅不会产生利息，反而会给自己造成不必要的取现开支。与银行交流后，小李知道原来信用卡不是借记卡，储蓄提款都要收费，这样要花去一笔费用，得不偿失，于是他又重新办理了借记卡。

资料来源：http://www.chinadmd.com/file/e3swaieazroccaaevwvtv6rw_1.html，2018-12-29.

思考：小李对信用卡消费存在什么消费误区？如何避免消费误区？

一、消费误区的概念

消费误区是指消费者在消费过程中存在不正确的、对环境和社会有潜在危害的甚至违法的行为。

二、消费误区的表现

归纳起来,消费误区主要表现在如下方面。

(一) 消费格局中存在不公平现象

从宏观经济上看,表现为少数高消费国家耗费更多的资源;从消费行为上看,表现为少数高消费群体耗费更多的资源,造成了消费分布上的不公平、不合理。这样的消费格局很难说不是少数消费者对总体消费利益的一种损害。因为资源是有限的,而且许多资源是不可再生的,因此这种消费格局破坏了可持续性消费的"代内公正"的原则,是一种不公平不合理的消费格局。

虽然个人收入是消费的基础,但是个人的收入绝对不等于个人的全部消费。尤其是当个人的收入大大超出社会平均水平时,高收入者必须向社会平均消费水平靠拢。减少贫富差距,并不是要将每个人的收入平均,而是讲究消费责任,实现财富消费方面的总体平均,是社会文明发展的方向。

历史的教训告诉我们,过度的贫富差距,是造成社会动荡的重要原因之一。因此,在个人财富与个人消费的问题上,不能把个人的财富等级完全等同于个人消费能力,人类社会是作为一个整体向前发展的,个人过分超常的消费行为,不符合共同发展的基本原则。

(二) 非持续性消费浪费大量资源

现有非持续性消费模式表现为对资源的无限制过度滥用和对环境的污染与破坏,消费者需要什么就开发什么,消费者需求具有重复性和无限性,于是产品的更新换代越来越快,产品的市场寿命周期越来越短,对资源的开采与使用越来越泛滥,资源浪费也越来越突出。过度的开发和过度的消费破坏了生态平衡,污染了环境,最终损害的还是消费者自身的利益。这类消费品包括非再生性纸质品、木制品、矿物性能源、花样繁多的合成化学品等。在能量消耗方面,发达国家占用了更多的消费比重。一些市场营销观念对这种"非持续性消费"起着推波助澜的作用。这样的消费模式绝不是科学合理的消费模式,一味适应这种消费模式的营销活动,同样不能很好地实现消费者总体利益、长远利益的增加。

(三) 消费食用珍稀生物,毁灭生物多样性

消费食用珍稀生物是违反国家法律和国际法规的行为,是对人类环境的一种摧毁和破坏,也是消费者缺乏消费责任的表现形式。存在这种消费行为的人普遍地对其严重性认识不足。这个问题在全球范围内存在,在我国少数地区有一定的普遍性,包括猎杀国家明令禁止的珍稀动物,过量砍伐毁坏植被等。

每一个物种都是一个独一无二的基因库,具有无法估量的现实价值和潜在价值,保护环境,保护生物的多样性,就等于保护这些独一无二的基因库。在人类历史的最近

1600年中,已有700多种有史料记载的动物灭绝。在国际公认的640个濒危野生动物物种中,中国就占了156个。在保护野生动物方面,中国面临的形势十分严峻。

因此,一些科学家倡议,保护生态环境,保护人体健康,提倡文明生活,不吃野生动物;请嘴下留情,做一个文明的人,过一种文明的生活,别让滥捕乱吃野生动物成为一种社会公害和国耻。这些善良的建议难以迅速形成社会压力,国家法制的强化更具有迫切性,而消费者自身的责任感和环境保护意识,是保护环境的第一道闸门。

(四) 愉悦类产品损害感官与身体健康

许多产品虽能对消费者产生感官满足,但是长期使用却对消费者产生了潜在的危害。为了满足感官的无穷欲望,产品愈加精益求精,"食不厌精,烩不厌细",美味佳肴带来了心脑血管疾病和肥胖症,目前心脑血管疾病已成为人类的头号杀手。过度舒适的生活带来了人类自身素质的下降等问题。

某些快速食品、休闲商品、文化愉悦品、电子娱乐产品等,对消费者的感官刺激强烈,导致感官享受功能下降。有些人消费具有精神依赖或生理依赖的毒品,摧毁消费者的感官系统和神经功能,导致严重的生理问题和心理问题。

(五) 个人消费的不合理和非理性

某些消费者的不良嗜好消费、带有封建迷信色彩的消费等属于非理性消费,盲目消费、盲从消费则是属于不合理消费。不合理消费和非理性消费在我国消费生活中相当突出。据山东省的调查资料,2000年城镇居民消费支出结构中,人均烟酒类的消费相当于粮食消费的60%,鲜菜消费的85.6%,猪肉消费的80%,干鲜果类消费的1.2倍,家禽消费的6倍。其他省市情况也存在大体相似的情况。因为消费者不合理和非理性的消费行为而导致消费者利益的损害。

(六) 消费习惯中的落后现象

在西方的快餐店用餐,人们按自己的需要买食物,不会为了面子购买自己无力享受的多余食物。用餐之后自觉地将食物残渣放在托盘内,托盘堆放到清洁台上,因此餐厅里非常干净整洁,后来的用餐者不会面对乱七八糟的场面,这是一种文明的消费方式,消费者本人也没有付出过多的代价。反观我国大部分的消费者,既没有主动清洁用餐环境的愿望(我花了钱,应该由餐馆服务),也没有自觉维持用餐环境的行为,为了个人面子而超量点购食物的现象仍然普遍存在,不能消费的一扔了之,浪费现象比较严重。比如北京某区环卫局垃圾分选站在回收类别中增加了"馒头类",他们每个月都能回收20吨左右的馒头、米饭、包子等食物垃圾。据北京市垃圾渣土管理处统计,北京市每天产生的剩菜剩饭泔水就达1600吨,这些泔水大部分是人们的浪费习惯造成的。

(七) 个人消费缺乏社会责任

公共场所的吸烟行为是典型的损人不利己、缺乏环保责任的消费行为,消费者个人获得了短时的享受,却给自己身体造成了潜在危害,给周围的被动吸烟者造成了更为严重的生理性伤害和心理上的不舒服。

无线通信技术的发展,给人们的沟通带来了许多好处,但是这类东西的使用也有一定限制,通信管制范围内不得私自使用无线通信设备,比如飞机上乘客不得使用手机等设备。有些乘客的虚荣心经常作怪,在飞行途中使用手机设备,这可能给飞行和机上乘客带来灾难性的后果。

饲养宠物是某些城市居民的一种爱好,对于少数老年人来说,可以减少晚年的孤独。城市居民饲养宠物必须遵守相应的规定,但是违规饲养宠物的现象比较普遍,尤其是不负责的饲养行为,对其他人是一种伤害。有些人不收拾宠物的污秽物,影响环境卫生;有些人任凭宠物的叫唤,影响左邻右舍的生活;有些人以为宠物仅仅是个畜生,不加管制任其伤人。

(八)个人消费缺乏环保责任

有些消费者购买商品后,随手遗弃包装材料,这些遗弃的东西中,以塑料薄膜对环境的破坏力最大,已被公认为白色污染。铁路两旁、建筑物背风处、游人较多的旅游区和风景点、垃圾场四周等,白色污染随处可见。这些消费行为的不良后果,已经对生态环境造成了严重的危害,生活环境质量遭到破坏。被遗弃的塑料薄膜在土壤中或水里不易分解,对陆上、河流及海洋生物的生存构成巨大威胁;即使在举世闻名的万里长城这样的历史古迹四周,白色污染也非常严重,这些问题已经引起了国际社会的关注。

自1998年1月1日起,我国许多地区禁止在农贸市场、集市、商业等网点销售、使用超薄型(厚度在0.015mm以下)塑料食品袋、购物袋、垃圾袋等(简称塑料袋);用于食品包装的塑料袋必须符合相应食品包装材料卫生标准,再生料生产的塑料袋不得用于食品包装;再生料生产的塑料袋用于其他包装的厚度需要达到0.02mm。对违反通告,在规定期限后继续经营、销售(使用)超薄型塑料袋者,各有关部门依据通告严厉查处。

除了制造白色污染之外,不负责任的行为还包括消费口香糖、水果、小吃零食等商品时,随意丢弃残渣与剩余物等不良习惯,给环境造成污染,一些有名的风景区与观光点因为这些污染而严重地影响到景点的质量。

(九)消费行为带有封建、迷信和丑陋色彩

迷信、丑陋的消费行为既危害了消费者本人,也给社会和环境社会造成危害。由于封建残渣的泛起及生活恶习的延续,卖淫嫖娼的行为也在某些地区以及某些群体中一直存在。这些消费行为除了给本人造成危害,也对社会道德构成了巨大的破坏力。

消费行为的前提是消费者必须支付费用,因此,有些人认为个人的消费行为是绝对自由的,不受任何因素的限制。这是自由主义思想的滥用,不管消费者是否付费,消费行为本身没有绝对的、无限制的自由。其一,付费消费不能解决商品来源合法问题,污染环境、猎杀珍稀动物并出售等,可能包含其中,但是这违反了法律,要受到法律的制裁。其二,有些消费行为不合乎社会公德要求,如封建、迷信、色情等消费现象,应受到谴责。

第二节　消费者权益

案例 16-2

邹某的烦恼

2009 年年底，邹某通过电话联系甲公司某市分公司人员办理了某套餐。2011 年 1 月，邹某发现话费异常，查询后发现自 2010 年 8 月至 2011 年 1 月，每月均被收取上网费合计 181.32 元，遂至甲公司某市分公司营业厅申请取消 GPRS 功能，后诉至法院，请求判决甲公司某市分公司双倍退还已收取的上网使用费计 362.64 元。经查，邹某使用的某套餐必须由用户在甲公司某市分公司的实体营业厅办理，该套餐中包含 GPRS 功能，按照实际上网流量收费。甲公司某市分公司未能提供邹某开通某套餐的业务受理单。法院认为，甲公司某分公司不能提供业务受理单等证据证实邹某知晓其手机开通了 GPRS 功能，且使用该功能会产生相应费用，侵犯了邹某作为消费者接受服务时的知情权，并造成了邹某的财产损失，应当承担相应的赔偿责任。

资料来源：吴宏伟．消费者权益保护法[M]. 北京：中国人民大学出版社，2014.

思考：本案法院认定邹某的知情权遭到侵害，该认定是否合理？

一、消费者权利的概念与特征

权利和义务是法律规范的核心内容。对于权利的概念，学者们有不同的理解。有人持客观说，或称为利益说，如德国法学家耶林认为权利的本质就是法律保护的利益；有人持主观说，认为权利的本质是意思自由；有人持法力说，认为权利的本质是在法律上的力量；等等。我们认为，以利益说的观点来理解消费者权利更为恰当：消费者权利就是消费者在从事消费活动的过程中所享有的、为法律所保护的正当利益。消费者权利通常具有以下三方面特征。

(1) 权利主体是消费者。消费者应当是不以生产经营为目的而购买、使用商品或者接受服务的自然人。因此，企业不以生产经营为目的而购买、使用商品或者接受服务，或者自然人以生产经营为目的而购买、使用商品或者接受服务，都不能算作是此处的消费者，当然也就不享有消费者权利。应当注意的是，虽然不能以消费者的身份享有相关权利，但并不妨碍其根据产品质量法等其他法律享有相应的权利。

(2) 消费者权利的现实享有要求其从事消费活动。虽然人人都是消费者，但就特定的消费活动而言，如果人们不购买商品或接受服务，就不能成为该特定消费活动的主体之一，也就不能向经营者主张相关的权利。在从事特定的消费活动之前，人们在该领域中所享有的消费者权利仅是一种理论上的、潜在的权利，一旦人们进行了消费活动，这种权利就立即转化为一种现实的权利。

(3) 消费者权利必须是法律所保护的权利。如果没有得到法律的认可与保护,就不能认为是消费者权利。如消费者享有的受教育权,是指其享有的获得有关消费和消费者权益保护方面的知识的权利,如果消费者要求相关主体提供的知识与消费和消费者权益保护无关,则这种要求就不会得到法律的支持,至少不会得到消费者权益保护法的支持。

二、消费者权利的具体内容

(一) 安全保障权

安全保障权是消费者在消费过程中享有的最重要的权利。消费者购买商品、接受服务都是为了提高自己的生活质量、满足自己的一定需求,而这首先是建立在安全的基础之上的,如果安全都难以保障,消费者不仅不能通过消费活动达到一定的目的,反而会使自己的利益受到损害。所以,保障安全是前提,只有在此前提下,才有探讨消费者权利的空间,消费者应当享有的其他权利也才有保障。我国消费者权益保护法对消费者安全权作了明确规定:消费者在购买、使用商品和接受服务时享有人身、财产安全不受损害的权利。这说明,我国消费者享有的安全权包括以下两个方面。

(1) 人身安全权,即消费者享有不因消费行为而身体受到伤害或遭受其他危险的权利。其中,最为重要的是生命安全的保障,不能使消费者的生命受到威胁。消费者人身安全权的另一个重要方面就是身体健康权,身体健康权是消费者享有的基本权利,是消费者从事其他活动的前提。

(2) 财产安全权,即消费者享有不因商品的消费或接受服务而使自己的其他财产受到任何损失的权利。财产是个人发展、从事其他活动的物质基础,一旦消费者的财产权受到损害,往往会影响人身权等各个方面权益的实现。此处的财产是指消费者购买的商品以外的财产或者所接受的服务以外的其他财产性权利,而不包括该商品或服务本身。

消费者有权要求经营者提供的商品和服务,符合保障人身、财产安全的要求。同时,经营者应当保证其提供的商品或者服务符合保障人身、财产安全的要求,对于可能危及人身、财产安全的商品和服务,应当向消费者做出真实的说明和明确的警示,并说明和标明正确使用商品或者接受服务的方法以及防止危害发生的方法。宾馆、商场、餐馆、银行、机场、车站、港口、影剧院等经营场所的经营者,应当对消费者尽到安全保障义务。因此,经营者作为商品和服务的提供者,应当保证自己提供的商品和服务的安全,不能因此而给消费者带来任何危险。经营者同样具有保证经营场所和服务设施安全的义务,这更有利于保护消费者的利益。经营者应当保证自己的经营场所符合有关的安全标准,如消防设施的齐备等。另外,经营者也应当保证服务设施的质量,经常进行检修,以避免可能的危害。

此外,食品安全法、药品管理法、产品质量法、刑法、缺陷汽车产品召回管理规定等法律法规,也对消费者的安全权作了相应规定,这些法律法规同消费者权益保护法一起,成为保障消费者安全的安全网。

（二）知情权

知情权就是消费者在购买、使用商品或接受服务时享有获悉有关商品或服务的全面、真实信息的权利。信息已经成为一个决定竞争力的重要因素。消费者在选购商品、接受服务时只有掌握相关信息，才能做出理性的消费决策。然而，现实中存在严重的信息不对称问题，许多消费者的利益受到损害在很大程度上都可以归结为消费者信息的缺乏。经营者由于种种原因而怠于提供相关信息，消费者也往往止于了解如价格、产地等最肤浅的信息，而未能有时也不可能对商品、服务进行全面的了解。即使消费者要求经营者予以详细说明，经营者也可能找各种借口予以搪塞。总的来说，消费者处于信息弱势方的地位，因而要求经营者向消费者提供全面而真实的信息。

(1) 全面就是要提供所有与商品、服务有关的重要信息，这些信息的获得与否将直接影响消费者能否有效地利用商品或接受服务，经营者不能只提供部分信息而隐藏其他信息。

(2) 真实就是消费者有权获取有关商品和服务的准确、客观的信息，这些信息不含有任何欺诈性的内容。真实的信息是消费者做出理性判断的前提，通常包括：①商品的产地；②商品本身的性质，包括商品的规格、性能、等级、主要成分等；③商品的有效期限；④商品的使用方法及售后的服务等；⑤商品的价格，因为消费者经济承受能力不尽相同，经营者明码标价、真实标价，就能使消费者根据自身的情况做出决定。

我国消费者权益保护法明确规定，消费者享有知悉其购买、使用的商品或者接受的服务的真实情况的权利。消费者有权根据商品或者服务的不同情况，要求经营者提供商品的价格、产地、生产者、用途、性能、规格、等级、主要成分、生产日期、有效期限、检验合格证明、使用方法说明书、售后服务，或者服务的内容、规格、费用等有关情况。消费者获取有关商品和服务的信息，包括两种情况：①被动地接受信息，即消费者在难以和生产者、销售者接触时，通过商品包装上的信息了解商品的具体情况。事实上，这也是消费者了解商品的主要方式。这就要求生产者应当尽可能地对商品做出详细说明，以保障消费者的知情权。②主动获取信息权，即消费者主动向生产者、销售商等直接询问，以获取在商品上未显示的相关信息。服务具有无形性，消费者获取有关信息需要通过服务者提供的相关资料或者直接询问服务者。

（三）自主选择权

自主选择权是指消费者所享有的在消费过程中根据自己内心的真实意愿决定进行何种消费行为的自由。不同消费者的需求是不相同的，大多数商品都是根据一般消费者的需求来进行生产的，因而也就难以完全满足每一个消费者的个性化需要。消费者通过对同种类不同品牌的商品、服务进行比较，才能决定何种商品、服务是最符合自身需要的。作为经营者，就是要尽可能地提供更多的选择机会，消费行为的决定权在于消费者自身。

消费者权益保护法明确规定,消费者享有自主选择商品或者服务的权利。其中,"自主"强调的是消费者自己做主,不允许他人的干涉。消费过程中,禁止经营者对消费者的意志施加任何强制力,阻碍消费者自行做出选择。消费者的自主选择权具体体现在以下三个方面。

(1) 选择交易对象的自由。消费者有权选择提供商品或服务的经营者,选择和谁进行交易。经营者之间的竞争主要就是对交易机会的竞争,消费者由于有自身的偏好,所以有权在不同的经营者之间进行选择。

(2) 选择商品或者服务的自由。经营者提供的商品或者服务是多种多样的,不同商品或者服务的性能、特点又不尽相同,因此,消费者有权根据自身的需求在不同的商品或者服务之间做出选择。这既包括在不同经营者提供的商品或者服务之间进行选择,也包括在同一经营者提供的不同商品或者服务之间进行选择。事实上,前一种选择可以归入对交易对象的选择,所以在此主要是指后一种情形。经营者应当为消费者的比较、鉴别和挑选提供便利,不得设置种种障碍。

(3) 选择是否进行交易的自由。消费者有权决定是否进行最终的交易,有权进行比较、鉴别和挑选。这也是消费者行使自主选择权的最高表现。此外,还应当注意的是,消费者权益保护法中提到的是消费者有权"自主决定购买或者不购买任何一种商品、接受或者不接受任何一项服务"所使用的"任何"一词,更加扩大了消费者的权利,从而有利于保护消费者的利益,这实际上暗指消费者有权对经营者搭建的一些商品或服务予以拒绝。

针对网络销售、电视销售、电话销售、邮售、上门销售等新兴交易方式或领域,为了实现利益的平衡,适当向消费者倾斜,我国消费者权益保护法借鉴并部分吸收了冷静期制度,从而给予消费者一定的时间,让其经过冷静、理性的思考后再做出决定。也即对于通过网络销售、电视销售、电话销售、邮售等销售方式购买的商品,消费者有权在收到商品之日起7日内予以退货,但影响商品再次销售的除外,如消费者定做的商品、鲜活易腐的商品,在线下载或者消费者拆封的音像制品、计算机软件等数字化商品,交付的报纸、期刊。

(四) 公平交易权

公平交易权是公平的要求在消费者进行消费活动时的具体体现,是消费者所享有的、在购买商品或接受服务时有从经营者那里获得公平的交易条件,从而达到公平交易结果的权利。消费活动既要实现交易过程的公平,也要实现交易结果的公平。我国消费者权益保护法明确规定,消费者享有公平交易的权利。消费者在购买商品或者接受服务时,有权获得质量保障、价格合理、计量正确等公平交易条件,有权拒绝经营者的强制交易行为。具体来说,可以从以下四个方面理解和把握公平交易权。

(1) 质量保障。消费者有权获得质量有保障的商品或服务,商品或服务的质量直接决定了其能否满足消费者的需要。经营者应当健全质量管理制度,严把质量关,对于应当检验的商品必须依法进行检验，不得以不合格产品冒充合格产品。如果有关商品或者服务有国家标准、行业标准，经营者应当保证达到这些标准，确保自己的商品、服务符合保障人身、财产安全的要求，商品应当具有正常的使用性能，不得生产、销售有缺陷的商品，对于有瑕疵的商品，经营者应当向消费者予以说明。

(2) 价格合理。经营者应当使商品和服务的价格与其价值相符，遵循公平、合法和诚实信用的原则来定价，不得出现过大的偏差，为消费者提供价格合理的商品和服务；不得在标价以外收取其他未予标明的费用。经营者不得利用虚假的或使人误解的价格手段，诱骗消费者与其进行交易，不得进行价格歧视。

(3) 计量正确。消费者享有要求商品计量正确的权利，经营者应当采取法定的计量单位，使用标准的计量器具，不得因计量错误而损害消费者的利益。计量上较小的误差是允许的，但存在较大的偏差则是对消费者的不公。

(4) 自愿交易。消费者有权根据自身的需求自愿选择是否购买商品或接受服务，拒绝经营者的强制交易行为。经营者的强制，既包括身体上的强制，也包括精神上的强制。前者是指经营者用暴力、殴打等方式强迫消费者购买商品、接受服务；后者是指经营者通过辱骂、嘲讽等方式，对消费者形成一种精神上的压力，从而迫使消费者购买商品、接受服务。

消费者权益保护法要求经营者与消费者进行交易，应当遵循自愿、平等、公平、诚实信用的原则。公平交易权实际上就是这一基本原则的体现与具体化。当然，除此之外，我国产品质量法、价格法、计量法等法律法规分别对产品质量、价格、计量等方面作了规定，这些规定有利于规范经营者的经营行为，从而加强对消费者的保护。

（五）依法求偿权

依法求偿权是维护消费者利益的一项重要权利，它是在经营者对消费者的利益造成损害之后产生的一项权利，是一种事后的救济性权利。消费者在购买、使用商品或接受服务的过程中，可能会受到人身、财产方面的损害，作为商品、服务的提供者，经营者当然有义务对消费者的损害进行赔偿。消费者与经营者相比，明显处于弱势的地位，这不仅仅表现在经济实力、获取信息的能力等方面，还表现在风险的承担上，消费者在购买、使用商品或接受服务的过程中，需要承担自己的身体、财产受到损害的风险。如果此项权利难以得到保障，消费者利益的保护就会成为一句空话。

我国消费者权益保护法明确规定，消费者若因购买、使用商品或者接受服务受到人身、财产损害的，享有依法获得赔偿的权利。这表明，法律对于受到损害的消费者支持通过法律的途径向经营者寻求赔偿，鼓励消费者积极进行维权，维护自身的合法权益。消费者依法求偿，通常包括以下三种情形。①对消费者的身体造成了伤害，损害了消费者的健康权。这包括造成了轻微的损害，也包括造成消费者残疾等严重损害消费者健康权的行为。②侵害了消费者人格权等利益。例如，违法拘禁消费者、限制消费者的人身自由，因怀疑消费者偷拿物品而对消费者的身体及随身物品进行非法搜查，对相同的消费者进行歧视性的待遇,非法收集或使用消费者个人信息,等等。对于经营者侵害消费者人格利益的违法行为,消费者可以要求经营者予以精神损害赔偿。③对消费者的财产造成了损害。这主要是指在消费者购买,使用商品或者接受服务的过程中,因经营者的行为或者经营者提供的商品或者服务本身有缺陷等而造成消费者原本所有的财产的损害。财产上的损坏包括直接损失与间接损失。直接损失是现有财物的减少,如财物被毁损,间接损失是可得到的利益而没有得到,如伤残后丧失劳动能力而无法得到劳动报酬。

消费者行使依法求偿权,不仅可以要求经营者赔偿损失,还可以要求经营者修理,重作、退货、补足商品数量、退还货款、停止侵害、恢复名誉、赔礼道歉,等等。在有些情形下,消费者还可以要求经营者进行惩罚性赔偿。例如,经营者提供商品或服务有欺诈行为的,应按照消费者的要求增加赔偿其受到的损失,增加赔偿的金额为消费者购买商品的价款或者接受服务的费用的3倍。

(六)结社权

结社权是指消费者享有依法成立维护自身合法权益的社会组织的权利,是消费者享有的一项基本权利。消费者只有通过某种形式结合,才能形成一股合力,获得话语权,更好地保护自身的合法权益。结社则是其中重要的途径之一,我国消费者权益保护法明确规定并赋予了消费者这一权利。

消费者自身利益得到有效保护,离不开消费者的参与,更离不开消费者通过组成自己的团体,将分散的利益集合起来这种方式。消费者组织的成立,不仅是维护消费者合法利益的手段,也有助于提高消费者的自我维权意识和能力。

但消费者结社权的真正实现却需要政府的大力支持,政府应当为消费者行使该权利提供便利,对各消费者组织的活动进行指导,防止任何非法干涉消费者组织活动的行为。消费者也应当积极行使自己的结社权,发挥消费者组织的群体性优势,不断提高自身的素质,增强自我维权的意识和能力。消费者要善于通过结社同经营者的各种损害行为做斗争,增强自身的话语权。当然,消费者也应当依法行使结社权,不得通过结社从事各种与维护自身合法权益无关的活动,更不得从事各种违法活动。消费者结社权是社会政治文明的体现,它不仅有助于提高消费者的政治意识水平,也能够推动消费者借此维护自身的经济利益。

(七)受教育权

受教育权是指消费者所享有的为了维护自身利益而获得与消费有关的知识的权利。它不仅是消费者的一项权利,同时也是消费者的一项义务。我国消费者权益保护法明确规定,消费者享有获得有关消费和消费者权益保护方面的知识的权利。同时,消费者应当努力掌握所需商品或者服务的知识和使用技能,正确使用商品,提高自我保护意识。可见,消费者受教育权主要包括以下两方面。

(1) 有关消费的理念和知识。当前,我国消费者的消费观念还存在一些问题,如盲目攀比、铺张浪费、过度消费等落后的、不科学的消费观念。为此,《消费者权益保护法》第5

条第3款规定，国家倡导文明、健康、节约资源和保护环境的消费方式，反对浪费。就有关识别假冒伪劣商品、正确使用商品的知识等而言，有关政府部门、消费者组织、经营者应当通过各种方式向消费者进行宣传，以增强消费者对有关消费知识的了解，提高消费者消费活动的自主性。

(2) 有关消费者权益保护方面的知识。国家为消费者提供了各种保护的途径，但有的消费者不知道自己享有哪些权利，在面对消费损害时不知如何维护自身的合法权益。相关政府机关及消费者团体应当通过举办各种讲座、宣传会、新闻媒介等方式向消费者宣传这方面的知识，使消费者做到事前能预防、事后能寻求各种救济保护自身的合法利益。

因此，消费者为了更好地维护自身的合法权益，需要通过接受各种形式的消费者教育提高自己的素质。加强消费者教育是实现消费者与经营者之间的平衡、消除或减少消费者问题的一种途径，是消费者保护工作中的重要一环。

（八）受尊重权与隐私权

受尊重权与隐私权是指消费者的人格尊严、民族风俗习惯得到尊重及个人信息得到保护的权利。对此，消费者权益保护法明确规定，消费者在购买、使用商品和接受服务时，享有其人格尊严、民族风俗习惯得到尊重的权利，享有个人信息依法得到保护的权利。

(1) 人格尊严受到尊重。保护消费者人格尊严，要求在消费过程中，消费者不分性别、年龄、职业、民族、宗教信仰、财产状况、文化程度等，在基本业务平等权基础上享受经营者及其从业人员的基本尊重，其内容随社会经济的进步而不断发展、完善。消费者在购买、使用商品和接受服务时，时常会遭遇缺乏应有的尊重，对消费者的人格尊严造成严重的损害。一般而言，侵犯消费者人格尊严大多表现为侮辱消费者、搜查消费者的身体及携带的物品、限制消费者人身自由，等等。

(2) 民族风俗习惯受到应有的尊重。消费者的民族风俗习惯受到尊重，要求在饮食、服饰、居住、婚葬、节庆、礼节、禁忌等方面，消费者应受到经营者及其从业人员的基本尊重，其具体内容依据不同地域、不同时期而不断发展、变化。我国是多民族的国家，各民族的风俗习惯各不相同，对于不同民族的消费者，应当给予应有的尊重，而不能有所歧视。实践中也存在不尊重消费者民族风俗习惯的情形，例如，商场、超市按习惯做法归类和陈列商品，造成清真食品和非清真食品混放；在清真食品生产、运输、经营等环节中，由于管理不严，出现了“清真不清”的情况；没有清真饮食营业执照的企业非法生产和经营清真食品，等等。

(3) 个人信息受到保护。保护消费者个人信息，要求经营者收集个人信息，应遵循合法、正当、必要的原则，不得泄露、出售或非法向他人提供消费者个人信息，不得未经消费者同意而向其发送商业性信息。消费者在消费过程中，可能需要向经营者提交相关的个人信息，如姓名、性别、年龄、职业、联系方式、健康状况、家庭状况、财产状况、消费记录等与消费者个人及其家庭密切相关的信息,这些都是消费者个人的隐私,经营者应当对这些信息进行保护,不得非法收集、使用、披露、出租、出售、转让。

(九)监督权

消费者监督权是消费者依法享有对经营者和保护消费者利益的机构的行为以及经营者提供的商品、服务进行监督的权利。消费者在消费过程中,有权对涉及自身利益的一切行为进行监督。保护消费者的利益,不仅是有关国家机关及消费者组织的事情,更是消费者自己的事情。由于消费者在消费的过程中,对自身的利益会更为关注,较之其他主体更为敏感,因此,如果消费者能够有效地行使监督权,积极同各种损害自身利益的行为做斗争,及时向有关机关反映存在的种种违法行为,就能更好地保护自身的利益。

我国消费者权益保护法明确规定,消费者享有对商品和服务以及保护消费者利益工作进行监督的权利。消费者有权检举、控告侵害消费者权益的行为和国家机关及其工作人员在保护消费者权益工作中的违法、失职行为,有权对保护消费者权益工作提出批评建议。由此可见,我国消费者所享有的监督权包括两方面内容。

(1)对商品和服务进行监督。消费者在购买商品或接受服务的过程中,有权对商品和服务进行监督。商品和服务直接关系到消费者的消费目的能否得到实现,消费者有权对商品和服务的质量、等级等进行检查,向经营者进行询问,要求经营者进行解释。当消费者发现商品质量存在问题时,可以向质量监督检验检疫部门、工商行政管理部门等反映,请求这些机关进行查处。消费者对于自己不购买的商品或者不接受的服务,如果发现存在问题,也应当积极行使监督权,以保障其他消费者的利益。

(2)对保护消费者利益的各种机构的监督。这些机构包括保护消费者利益的有关国家机关及其工作人员,也包括保护消费者利益的消费者组织。有的国家机关不仅不积极保护消费者的利益,反而对经营者侵害消费者利益的行为视而不见,进行包庇,甚至同经营者进行勾结,从事种种损害消费者利益的行为。对此,消费者有权进行检举、控告,提出自己的批评和建议。对于消费者的检举和控告,有关行政机关应当及时依法予以处理。消费者也可以针对相关行政机构及其工作人员以及消费者组织的工作提出批评、建议。上述机构和工作人员对于消费者的批评,应当虚心接受,如存在此方面的问题,应当及时予以改正。对于消费者的建议,相关机构认为具有价值的,应当积极予以采纳。消费者也应当注意不能对这些机构及其工作人员进行诽谤,从而影响这些机构的正常工作。

以上几项消费者的基本权利,为消费者权益保护制度提供了原则性指引,具体内容及保障方式有待经营者义务、消费者纠纷处理制度、法律责任制度等予以细化和充实,还有待于其他相关法律、法规的具体化和补充。随着消费者权益保护制度的不断发展与完善,还将在这些基本权利的基础上,发展出新型的消费者权利如公平信贷权、征信权和可持续消费权。这些新型消费者权利的内涵及性质,有待法学界的进一步反思以及立法政策的逐步考量。

第三节　消费者引导与教育概述

案例 16-3

吃不了请“兜”着走

许多饭店的客人会放弃吃不完的饭菜，特别浪费。甲饭店为减少客人浪费食物，于是想出一则广告，“吃不了请‘兜’着走”，奉劝人们在饭店宴请客人后，把剩余的菜肴带回去，提倡节约。因为这则广告，该饭店消费的顾客都没有了浪费食物。

资料来源：https://wenku.baidu.com/view/20215ece02d276a200292e64.html，2018-12-28.

思考：该饭店通过什么方式引导消费者，这样会带来什么样的意义？

一、消费教育的内涵

消费教育（或称国民消费教育）是指有组织、有计划地向全体国民传授消费知识和技能，培养科学、文明的消费观念和维权意识，提高消费者自身素质的一种社会教育活动。据美国罗德岛大学教授肖经建介绍，美国有一个广为人们接受的消费者教育的定义：消费者掌握有关消费资源管理和如何采取行动影响消费决策因素的知识和技能的过程。美国有关消费教育的界定窄了一些。消费教育不仅要使受教育者掌握消费方面的知识和技能，还要使消费者转变观念、改善消费方式、使自身素质得到提高并为其提供参与解决消费方面问题的机会。

二、消费教育的目的和目标

消费教育的目的是培养人们对消费在国民经济和社会生产总过程中的地位及对拉动经济增长作用的清晰意识和关注，对消费与人口、收入、政策、环境之间相互关系的清晰意识和关注；向每一个人提供科学的、健康的消费所必需的观念、知识、技能、方法、道德和法律保护；创造个人、群体和作为整体的社会对待消费的新的消费模式，在坚持经济社会可持续发展的同时，坚持可持续消费。从目的出发，消费教育的目标可作如下分类。

（1）观念，帮助消费者树立科学的、正确的消费观念及对待消费对象、环境、政策及其他相关问题的意识和敏感。

（2）知识，帮助消费者了解和掌握消费经济学常识、商品知识和商品养护知识。

（3）技能，帮助消费者获得消费各种消费对象必须具备的各种技能和方法。

（4）行为，运用掌握的消费方面的知识、技能，积极实现可持续消费；遵守生产和消费的法律法规；积极参与解决生产和消费违反法律法规的问题；勇于伸张消费正义，运用有关的法律法规维护个人或群体的合法权益;积极把消费教育引入家庭、单位和群体中。

按照上述消费教育的目的和目标要求,消费教育的基本任务是培养“六有”消费者:①有消费经济学的常识;②有科学的、正确的消费观念;③有科学的消费知识、技能和方法;④有文明的消费习惯和消费方式;⑤有个人和群体的消费行为,有利于经济社会可持续发展的责任感;⑥有能动的、强烈的维护消费者权益的意识。

三、消费教育的内容

(一)消费经济学常识教育

消费经济学常识教育包括收入影响消费、人口影响消费、环境影响消费。

(二)消费观念教育

消费观念是左右人的消费行为的思想意识。消费行为是由选择、购买、使用(享受)三个相互联系的阶段组合统一的过程。就购买行为而言,消费观念可以转化为两种动机,即购买动机和不购买动机。购买动机是一种基于需求而由多种刺激所引起的心理冲动,是购买行为的直接动力。一个消费者的一切与消费有关的行为,如选择、购买、消费等,都受一定的动机所支配。消费者需求的多样性、收入水平、文化状况、消费技能、消费观念以及客观方面的诸多因素,决定了他的动机必然具有多样性。

(三)消费技术教育

消费技术教育是指针对消费者所进行的以培养消费技能为目的,以传播消费知识、传授消费经验、提高消费者消费能力为主要内容的系统的社会教育活动。消费技术教育是消费教育的重要方面,它主要围绕消费者的消费技能进行教育,即培育消费者的高消费能力。这里消费能力是指在一定的货币支付能力前提下,消费者为了满足自己的物质文化生活需要而与消费资料相结合的能力。

消费技术教育的内容很广泛,主要内容包括消费决策技术教育、商品识别技术教育、商品使用和维护技术教育以及劳务和精神文化产品等服务性消费的能力培育等。

(四)消费习惯与消费方式教育

消费习惯是消费者长期逐渐养成的、一时不易改变的消费行为和消费倾向。消费习惯是有差别的,不同的人有着不同的消费习惯,消费习惯的差别在于:①健康的消费习惯和不健康的消费习惯;②积极的消费习惯和消极的消费习惯;③先进的消费习惯和落后的消费习惯。

影响个人或家庭消费习惯的因素很多,主要有:个人或家庭的可支配收入、消费观念、所在地区的经济社会发达状况和开放度。消费习惯的形成是一个过程,因而培养良好的消费习惯也不可能一蹴而就。在不断推进经济社会发展的条件下,要综合运用教育手段、经济手段、行政手段和法律手段改变人们的不良消费习惯,把积极的、健康的、先进的消费习惯推广到千家万户。

消费方式是指人们消耗和享受消费对象（物质的、精神的和服务的）的方法和形式。消费方法是指消费者消费每一种消费资料都要采用的特定的方法；消费形式是指消费的社会形式，包括消费者在消费中所处的地位及其相互关系。

（五）可持续消费教育

可持续消费的内涵包括五个方面：①提供服务及其他各类消费品以满足人类的基本需求；②提高人类的生活质量；③最大限度地减少生产过程中自然资源的消耗；④最大限度地减少生产和消费过程中对环境的污染和对生态的破坏；⑤确保代内公平和代际公平。

（六）消费决策教育

消费者是消费决策的主体。消费决策包括信息收集、态度形成、方案选择、购买实施和消费评价等内容，重点是购买前的信息收集、方案选择过程。进入使用消费品、满足消费需求的过程后，重要的问题就是提高消费效果、进行消费评估和维护自身合法权益。

（七）消费法律法规教育

消费者法律法规教育包括：①对国家有关保护消费者权益法律法规的整体认识；②对尊重消费者权利的法律意识的培养；③对消费者权利的认识；④对经营者义务、责任的认识；⑤对消费争议解决途径及有关仲裁、诉讼知识的认识；⑥对我国消费者权益保护法保护体系的认识。

四、企业研究消费者心理，引导消费者的需求

在现实的购买活动中，许多消费者事先不一定有明确的购买意图和目标，但是却把东西买下来了。只有少部分消费者才是在有明确购买计划时购买的。由此可见，有如此众多的具有潜在需要的消费者在等待诱发他们的购买愿望。

企业在市场营销活动中的最终目的在于售出商品，实现商品价值，获得利润。而要达到这一目的，关键在于商品是否能满足消费者的需要，以及如何满足消费者的需求。企业只有了解掌握了消费者的需要和购买心理及其变化规律，才能不断调整产品结构，进行产品创新，扩大产品销路，以多种多样的营销服务方式赢得更多的客户，求得企业的生存发展壮大。这就决定了消费心理和营销活动是密不可分的，不利用消费者的心理企业将不可能发展壮大。不同的消费心理则表现出不同的消费行为，主要表现如下。

(1) 习惯性购买行为特点是：品牌差异不大，消费者购买时心理表现为漫不经心，有爱占便宜的心理。对此，要通过利用价格与销售促进吸引和引导顾客购买，开展大量重复性广告，增加购买者介入程度和进一步认识品牌差异，从而引导其对不同品牌有不同的需求。

(2) 多样性购买行为特点是：品牌差异明显，但购买者对品牌的挑选并不十分经心。对这种购买行为类型，各个企业制定对策的出发点不同。某些在市场占主导地位的企业

期望消费者保持一种购买习惯,这样有利于它对市场的控制;而与其竞争的企业则千方百计地鼓励消费者变换购买习惯,因为只有这样它们才有营销机会。比如以较低的价格、折扣、销售券等。

(3) 减少失调感购买行为特点是: 品牌差异不明显,购买者非常投入。根据这一特点经营者应采取如下对策: 主动与客人沟通,包括主动为顾客介绍商品知识,协助顾客选购,开设咨询和售后服务,以满足消费者购买时对产品了解的需求,增加购后满意度。

(4) 复杂性购买行为特点是: 品牌差异明显,此时购买者对各品牌都非常想了解且购买者非常投入。对应的营销策略是: 主动向顾客提供产品知识和产品概况介绍,使其形成客观而公正的看法,雇用专业推销员,帮助顾客熟悉本企业产品性能和操作方法。

五、消费教育的理论意义和现实意义

全面系统地开展国民消费教育具有重大的理论意义和现实意义。

(一) 有助于发展和完善消费经济理论

尹世杰是我国消费经济理论的主要奠基人。从 20 世纪 80 年代初至今,经过尹世杰等一批消费经济理论工作者的共同努力,有中国特色的消费经济理论日益发展。然而,作为应用性很强的消费教育理论却没有随着消费经济理论的发展而得到相应的发展。不仅实践需要消费教育和消费教育理论的指导,而且发展消费教育理论本应包括在发展和完善消费经济理论中。

实践是理论的源泉。消费教育的实践是消费教育理论的源泉。开展消费教育,总结消费教育实践的经验并将其提升为理论,再用消费教育理论指导消费教育的实践,正是在这种消费教育实践—消费教育理论—消费教育实践互动循环中实现消费实践和消费教育理论的共同发展。

(二) 开展消费教育是确保人权的重要举措

消费教育与国民教育有着不可分割的必然联系,是国民教育的组成部分。谁都不会否认享受消费教育的权利与享受教育的权利具有一致性。享受消费教育也是一种人权。每一个有生命的人都是消费教育的对象,他们都有权接受消费教育,有权享受一种与环境相和谐的富足而高质量的生活。消费教育同样也是个人的全面发展必不可少的关键所在。

(三) 消费教育是提高国民素质的必经之路

国民素质主要包括文化素质、科技素质、道德素质、消费素质、健康素质、理智素质等方面。全面提高国民素质是实现现代化的需要,是实现中华民族伟大复兴的需要,也是不断提高国民生活质量的需要。国民素质中的上述六个主要方面的提高,都同消费教育有关。通过消费教育可以使受教育者丰富文化、科技知识,增加物质消费、精神消费和服务消费的文化含量;可以使受教育者提高道德修养水平,自觉地为净化和美化人类的生存环境而斗争,自觉维护人们(包括消费者本人)的健康和安全;可以使受教育者提高消费素质进而提高生活质量；可以帮助受教育者在发展智力、德力的同时，也使体力得到健康发展；可以帮助受教育者提高辨别是非、美丑、好坏，从而控制个人行为的能力。

（四）消费教育是促使消费者转变观念、扩大消费需求的重要手段

居民消费疲软、市场不旺、商品积压的主要原因，除了广大中低收入者的收入水平不高、预期支出增加、消费环境欠佳、商品供需错位、消费政策的改革滞后外，消费观念落后也是一个不容忽视的原因。长期以来，城乡居民较普遍存在重视储蓄积累，忽视即期消费；重视物质消费，忽视精神消费；重视经久耐用，忽视追求时尚；重视维持性消费，忽视消费更新；重视子女消费，忽视成人消费；重视大路货消费，忽视品牌消费等落后的消费观念。在这些陈旧落后的消费观念指导下的消费行为，必然呈现保守型、积累型的特征，抵消或部分抵消了国家改革消费体制、扩大内需政策的效果，影响了居民消费需求的扩大和生活质量的改善。因此，通过消费教育转变落后的消费观念，就成为扩大居民消费需求、进一步活跃市场的重要手段。

（五）消费教育为抵制假冒伪劣产品、净化消费品市场筑起一道屏障

当今我国的消费品市场，假冒伪劣屡禁不止，危害甚重。究其原因主要在于两个方面：①生产经营者不具备参与市场经济起码的企业道德和职业道德，其制售假冒伪劣的劣行没有受到应有的惩处；②为数甚众的消费者严重缺乏起码的商品知识、消费常识和辨别优劣的理智，这就不自觉地为假冒伪劣的泛滥提供了市场，起到了推波助澜的作用。为了净化消费品市场，维护消费者权益，除了运用法律手段严厉打击制售假冒伪劣产品的行径外，还需要通过消费教育让生产经营者们懂得制售假冒伪劣产品可能得益于一时，但最终必定要被市场淘汰出局。

（六）消费教育是增强消费者维权意识、伸张消费正义、保护消费者合法权益的有效方式

我国很多消费者在自己的合法权益受到侵害时，往往忍气吞声、自认倒霉，很少有人敢于理直气壮地拿起法律武器，与不法厂商和商贩的非法行为做坚决的斗争，敢于、善于用法律武器保护自己合法权益的理智、认真、自主的消费者毕竟还是少数。

（七）消费教育是建立文明消费方式，实现可持续消费的需要

从整体上看，我国目前的消费方式还是一种不可持续的消费方式，既消耗大量资源，又造成大面积污染，使资源、环境和生态遭到严重破坏，大大削弱了经济社会可持续发展的能力。1995 年 3 月世界社会发展问题首脑会议通过的《哥本哈根社会发展问题宣言》严肃提出："全球环境继续恶化的主要原因，是不可持续的消费方式和生产方式，这在工业化国家尤为突出。这是一个令人关注的严重问题，它加剧了贫穷和失衡。"从根本上改变这种破坏力极大的消费方式，建立与环境友好的、节约自然资本消耗的，坚持代际公平、确保生产和消费可持续的消费模式，就必须对广大城乡居民广泛开展消费教育，在全社会形成文明消费、节约消费、无污染消费的风尚，提高消费的社会效益和经济效益，促进经济社会的健康持续发展。

一、复习思考题

1. 简述消费误区的表现。

2. 简述消费者权利的概念和特征。

3. 消费教育的意义有哪些?

二、案例分析

材料1

2003年3月15日,某市教师高某在某家电中心购买了一台品牌电冰箱,价格2000元。试机时发现冷冻室没有挂霜,家电中心经理认为这是因为室外湿度过高所致,并说电冰箱是直接从厂家进的货,质量没有问题,还表示1个月内如有质量问题包退包换,高某在得到保证后遂运走了冰箱。3月20日,高某在家试机,发现冰箱不制冷,同时还发现冰箱上下门中间有一条边发烫,封条变形,冷冻室有流水现象。高某立即找到该中心经理说明情况,经家电中心修理后,冰箱仍不制冷。原来冰箱是一台有质量问题而被其他客户退回来的次品,但家电中心经理却故意隐瞒了实情。高某提出退还要求,但被拒绝。高某遂向人民法院提起诉讼。

资料来源:http://www.doc88.com/p-274608757973.html,2018-12-29.

【案例思考题】

案例中家电中心经理侵犯了高某的什么消费者权利?该家电中心应该承担什么样的责任?

材料2

2008年6月24日,某市消费者尹女士在使用从某商场购买的化妆品后,脸部出现了严重的过敏及身体不适,多次与经营者协商赔偿未果,遂采取跳楼这一过激行为讨说法。

经查,商家销售的化妆品属于不合格产品,导致消费者出现严重的皮肤过敏及尿汞严重超标等现象。后经调解,商家和经销商先支付5000元作为治疗期间的生活费,其余治疗费则由商家及经销商共同承担。

资料来源:https://www.wenku1.com/news/2905B2DFB659663F.html,2018-12-30.

【案例思考题】

案例中尹女士的什么权利被侵犯了?

三、实训操练:情景剧表演

1. 实训目标

通过本实训提升对消费者引导与教育重要性的认知。

2. 实训背景

消费者引导与教育的重要作用在哪里?

3. 实训内容

以4～6人为一组,每组任选以下一个主题,进行情景剧表演。要求:情景剧角色分工明确,内容贴合主题,每组表演时间为20分钟以内,在表演结束后,小组派一名代表对所演的情景剧进行分析解读。

可选主题(主题也可自拟,但要与消费教育与引导内容相关):

(1) 消费者权益的保护;

(2) 消费心理引导消费者的购买;

(3) 消费者的消费误区。

4. 实训要求

(1) 各组长对表演组的服装、感染力、是否紧扣主题、表演技巧和表演时间控制进行打分;每项最高分为10分。

(2) 教师进行打分,最后加上组长打分分数,评出第一名、第二名、第三名并进行奖励。

5. 实训总结

学生自我总结	
教师评价	

参考文献

[1] 李晓霞.消费心理学[M].北京：清华大学出版社，2010.

[2] 徐萍.消费心理学教程[M].上海：上海财经大学出版社，2008.

[3] 顾文钧.顾客消费心理学[M].上海：同济大学出版社，2011.

[4] 戴卫东.消费心理学[M].北京：北京大学出版社，2011.

[5] 江林.消费者心理与行为[M].北京：中国人民大学出版社，2015.

[6] 臧良运.消费心理学[M].北京：北京大学出版社，2015.

[7] 王官诚.消费心理学[M].北京：电子工业出版社，2013.

[8] 李付庆.消费行为学[M].北京：清华大学出版社，2015.

[9] 罗子明.消费者心理学[M].北京：清华大学出版社，2007.

[10] 周斌.消费者行为学[M].北京：清华大学出版社，2013.

[11] 刘志友，聂旭日.消费心理学[M].大连：大连理工大学出版社，2007.

[12] 李文同.消费者心理与行为学[M].郑州：河南人民出版社，2010.

[13] 叶敏.消费行为学[M].北京：北京邮电大学出版社，2008.

[14] 郑书莉.消费者行为理论与实训[M].南京：南京大学出版社，2009.

[15] 海波.你其实不懂消费心理学[M].海口：南方出版社，2012.

[16] 吴宏伟.消费者权益保护法[M].北京：中国人民大学出版社，2014.

[17] 卢嘉瑞.消费者教育[M].北京：人民出版社，2005.

[18] 耿黎辉.消费心理学[M].成都：西南财经大学出版社，2004.

[19] 王官诚，汤晖，万宏.消费者心理学[M].2版.北京：电子工业出版社，2013.

[20] 吴佩勋.网络营销[M].上海：上海人民出版社，2011.

[21] 程虹.网络营销[M].北京：北京大学出版社，2013.

[22] 于惠川，林莉.消费者心理与行为[M].北京：清华大学出版社，2012.

[23] 李琳.网络营销[M].北京：电子工业出版社，2015.

[24] 戴卫东，刘鸽.消费者心理学[M].北京：北京大学出版社，2011.

[25] 黎友隆.网络营销[M].北京：中国言实出版社，2012.

[26] 李改霞.电商销售心理学：把东西卖给任何人的网络营销方法[M].北京：人民邮电出版社，2017.